法への根源的視座

Criticism of Some Legal Theories

笹倉秀夫 著
Hideo Sasakura

北大路書房

はしがき

　本書は，筆者がこれまでに執筆した諸論文から法理論・法哲学に関連する12編を選んで，それぞれにかなりの改訂を加えたうえでまとめたものから成り立っている。もっとも古い論文は，第8章「民主主義科学者協会法律部会50年の理論的総括──現代法論を中心に」（1997年に『法の科学』26号に発表）であり，もっとも新しい論文は，第3章「法と擬制；末弘厳太郎『嘘の効用』・来栖三郎『法とフィクション』考」（2015年に『早稲田法学』90巻2号に発表）である。

　通読すれば分かるが，論じ方には共通した特徴がある。正義や自由や法の問題を，できるだけその全体，根本原理・理念，および現実の姿に照らしつつ考察する作法がそれである。実定法解釈に関わる問題をも，哲学や歴史学や比較法等を踏まえて考える；法哲学の問題をも，社会科学（経済学・政治学・法史学等）と結びつけて考える，という指向である。この手法の提示が，本書出版の主たる目的である。

　たとえば，(a)第2章「「良心」とは何か：憲法19条の考察」は，実定法解釈上の問題を，「良心」をめぐる原理・理念を深め，その全体構造から考えようとする。第5章「国家法人と個人：日本国による戦時犯罪への国家賠償をめぐって」や，第4章「「責任」について：歴史からの考察」も，同様である。(b)第1章「正義の構造：サンデル，ロールズ，井上達夫から考える」では，正義を構成する諸側面の全体がどういうものであり，道徳その他の基本価値とどう関係しあっているかを押さえ，それらの全体構造を踏まえつつ，サンデル等3人の，一側面に偏ったままで正義を扱う傾向を乗り越えようとする。(c)第3章「法と擬制：末弘厳太郎『嘘の効用』・来栖三郎『法とフィクション』考」は，擬制（フィクション）の実際の原理がどういうものであり，擬制と関連する，ウソ・でたらめ，空想，理想像・目標提示，仮象，幻覚・幻聴，形骸化，象徴の全体がどういう構造連関にあるかを考えつつ，擬制をとらえ直そうとする。(d)第6章「法と権利：法が先か権利が先か」と，第7章「法解釈論と法の基礎研究：平井宜雄『損害賠償法の理論』考」は，当該問題を，対象物の実際の姿の把握を踏まえて，すなわちトータルな実証研究を踏まえて，考察したものである。

i

第8章「民主主義科学者協会法律部会50年の理論的総括：現代法論を中心に」,
第9章「「法学」なるものの再考／再興も，そうである。第4章「「責任」について：歴史からの考察」も，この側面をももっている。書名にある「根源的視座」とは，このような見方の総称である。

　本書では，先達に対しかなり厳しい批判をしている章も多い。第7章，第3章，第1章，第2章などがそうである。しかしそれには他意はない。先達たちから学び取った学問姿勢を，当該テーマに関して貫いたまでのことである。

　本書の出版に関しては，このような学術論文集の出版をお引き受けくださった北大路書房の皆様に厚く御礼を申し上げる。とりわけ編集作業を担当しかつ貴重なご教示を賜った出版工房ひうち《燧》の秋山泰氏には，深い感謝の意を表したい。秋山氏には，法律文化社で『新現代法学入門』（2002年）を企画していただいた時から大変お世話になって来たが，今回の出版に際しては，企画の成立から仕上げに至るまで，本当にいろいろご尽力いただいた。

　　2017年9月

　　　　　　　　　　　　　　　　　　　　　笹倉　秀夫

■法への根源的視座───目次

はしがき

第1章 正義の構造：サンデル，ロールズ，井上達夫から考える ─── 1

1.1─はじめに …………………………………………………………… 1

1.2─サンデル考：正義論と道徳論の関係 ……………………… 4

　1.2.1　道徳論の整理（7）　　1.2.2　正義論上の重要な関心対象（14）
　1.2.3　正義の構造（18）　　1.2.4　諸事例の検討（23）

1.3─ロールズ考：分配論と正義論の関係 ……………………… 35

1.4─井上達夫考：「正義概念」・「善に対する正の基底性」の射程… 38

　1.4.1　第一の批判点（39）　　1.4.2　第二の批判点（47）　　1.4.3
　第三の批判点（48）　　1.4.4　正義がリベラリズムの基底を成すか（51）

1.5─むすび：正義の個別性 ……………………………………… 53

第2章 「良心」とは何か：憲法19条の考察 ─── 55

2.1─問題の所在 …………………………………………………… 55

2.2─良心とは何か ………………………………………………… 57

　2.2.1　良心のチェック作用を支えるもの（61）　　2.2.2　良心の構造
　図（64）　　2.2.3　良心の客観性・個人性（65）　　2.2.4　「良心の呵責」・
　「良心の葛藤」（66）　　2.2.5　良心は内面だけに関わるのか？：思想と
　良心のちがい（68）

2.3─良心の自由侵害がもたらすもの…………………………… 71

　2.3.1　日本の裁判所と良心問題（72）　　2.3.2　踏み絵との比較（80）

2.4─良心防衛の法理 ……………………………………………… 83

2.5─むすび ………………………………………………………… 87

第3章 法と擬制：
末弘厳太郎『嘘の効用』・来栖三郎『法とフィクション』考 —— 89

3.1—はじめに ………………………………………………………… 89

3.2—大岡裁きの事例の検討 …………………………………………… 92

3.3—他の六つの事例の検討 …………………………………………… 100

3.3.1 夫の渡米中の借金（100） 3.3.2 嬰児殺害（102） 3.3.3 「名義上の損害賠償」（nominal damages）（103） 3.3.4 起訴便宜主義（105） 3.3.5 ヨーロッパの離婚裁判（105） 3.3.6 フランスの過失論（107）

3.4—来栖三郎のフィクション論 ……………………………………… 108

3.5—正義論からの考察 ………………………………………………… 116

第4章 「責任」について：歴史からの考察 ————— 120

4.1—はじめに ………………………………………………………… 120

4.2—刑事責任 …………………………………………………………… 122

4.2.1 古いアジアの刑法から（123） 4.2.2 古いヨーロッパの刑法から（126） 4.2.3 近代の刑事上の責任論から（131）

4.3—民事責任 …………………………………………………………… 134

4.3.1 現代民事責任の客観主義化と政策的判断（134） 4.3.2 民事責任の帰責範囲と政策的判断（137）

4.4—ヨーロッパ原初の不法行為責任 ……………………………… 138

4.5—むすび …………………………………………………………… 141

第5章 国家法人と個人：
日本国による戦時犯罪への国家賠償をめぐって ————— 143

5.1—はじめに ………………………………………………………… 143

5.2—現代における国家法人 ………………………………………… 145

5.3──現代の国家法人と個人 ……………………………………… 153

5.4──むすび …………………………………………………………… 158

第**6**章 法と権利：法が先か権利が先か ──────── 160

6.1──はじめに ………………………………………………………… 160

6.2──思想によって異なる …………………………………………… 161

  6.2.1　ホッブズ（161）　6.2.2　ケルゼン（163）

6.3──実務との関係：「民事訴訟の目的」論 ……………………… 168

第**7**章 法解釈論と法の基礎研究：
平井宜雄『損害賠償法の理論』考 ──────── 171

7.1──はじめに ………………………………………………………… 171

7.2──前半部分：相当因果関係説をめぐって ……………………… 174

  7.2.1　議論の前提（175）　7.2.2　トレーガー説をめぐる疑問点（185）
  7.2.3　「相当因果関係説の崩壊」論の疑問点（194）　7.2.4　〈相当因
  果関係説と日本民法416条の関係〉論の疑問点（206）　7.2.5　損害賠
  償を広く認める法理論は欠陥理論か？（209）

7.3──後半部分：不法行為法の基礎理論をめぐって ……………… 213

  7.3.1　「違法性」をめぐる疑問点（214）　7.3.2　「過失」一元化論の
  疑問点（230）　7.3.3　比較法論の疑問点（242）

7.4──まとめ …………………………………………………………… 245

第**8**章 民主主義科学者協会法律部会50年の理論的総括：
現代法論を中心に ──────── 248

8.1──はじめに ………………………………………………………… 248

8.2──国独資論と経済主義 …………………………………………… 249

8.3―国家論 ……………………………………………………… 251

8.4―法の歴史分析 ………………………………………………… 255

8.5―国際的な諸関係 ……………………………………………… 257

8.6―新自由主義 …………………………………………………… 259

8.7―**Grand Theory** ……………………………………………… 262

8.8―近代法・社会法への新スタンス …………………………… 264

第9章 「法学」なるものの再考／再興―――――――― 267

9.1―法的思考はどこから法的か？ ……………………………… 267

9.1.1 法的思考の特質？（267） 9.1.2 定説の法的思考（268）
9.1.3 文芸等と法学（269） 9.1.4 見えてくるもの（271）

9.2―開いた法学/閉じた法学 ……………………………………… 272

9.2.1 開いた法学（273） 9.2.2 閉じた法学（275） 9.2.3 日本
の法学部（277） 9.2.4 ロースクール下の日本法学（278）

9.3―法科大学院を出て基礎法学研究者へ ……………………… 279

9.3.1 はじめに（279） 9.3.2 法科大学院修了生と基礎法学研究者の
多様性（280） 9.3.3 基礎法学研究者への具体的道程（283）
9.3.4 研究者の道の魅力（285）

9.4―近代法の再定位 ……………………………………………… 286

9.4.1 はじめに（286） 9.4.2 西欧近代の内実の考察（287）
9.4.3 「市民法」の現代的再評価（290） 9.4.4 むすび（293）

人名索引　　295

事項索引　　297

第**1**章

正義の構造： サンデル，ロールズ，井上達夫から考える[*1)]

1.1——はじめに

　2010年にサンデル（Michael Sandel）のハーバード大学講義が放映され，それに関連した*"Justice"*（『これからの「正義」の話をしよう』鬼澤忍訳，早川書房，2010年。本書では，ハヤカワ文庫本，2011年，を使い，その頁番号を記す。以下「サンデル本」と呼ぶ）がベストセラーになって，日本でも正義論への関心がかなり高まった(かれの『公共哲学』*Public Philosophy*，2005年も，興味深い)。

　現代正義論は，つとにロールズ（John Rawls）の『正義論』（1971年）によって，アメリカ版「実践哲学の復興」の主テーマとなっていた。アメリカの動きは日本にも影響を与え，多くの正義論関連本が出されてきた。日本の法哲学界で正義論で注目されたのは，井上達夫である。井上はその『共生の作法』（創文社，1986年）等において，ロールズが「正義の2原理」を引き出す際に打ち出した「善に対する正の優先[*2)]」の議論に手を加え，（それぞれの善を求める）人間の，共存の社会条件が正義にあるとする「善に対する正の基底性」を押し出した。

　正義については——道徳・法・権利・政治などと同様——それの概念分析からは，意味ある中身は出てこない。日常生活上で「正義に関わる」とわれわれが観念する諸事例を集め，そこからの帰納ないしアブダクションを踏まえつつ

---

*1) 「マイケル・サンデルにおける正義と道徳——併せてロールズ・井上達夫考」（『早稲田法学』90巻3号，2015年，所収）に，改訂を加えたもの。

*2) 「善」(good)概念には，三つのものがある。①「善」は，一方では，道徳的価値を意味する。「真・善・美・聖」中の「善」，善行・善人・勧善懲悪の「善」がこれである。筆者は，「善」をこの意味で使う。②common goodが公共善と訳される際，その中身は，財物・富や知識・文化などである。ロールズの使い方でも，自由・機会，富・収入，自己への確信等の「価値物」を指す（『正義論』第47，60節）。これらは総称して，「財」と訳しうる。③「善」は，価値があるもの一般，すなわち「真・善・美・聖」と「財」の全体を指すこともある。

考える他ない。この事例収集による考察の姿勢を前面に押し出したのが，サンデル本である。この本には正義をめぐる，多彩かつ印象深い事例が示されている。それらの事例においては，多様な道徳論や，後述する「事物のもつ論理」（事物論理とも言う。Sachlogik, Natur der Sache. ことがらの基本的性質がもつ論理に従うべきだとする）が正義判断を規定している事実が，浮かび上がっている。

　だが事例を集めるといっても，あらかじめ，正義に関係しているとはどういうことを意味するか，正義は一枚岩かそれとも多様な構成要素から成り立つものつのか，正義は法や道徳・「事物のもつ論理」・宗教原理等とどう関わるのかなどが分かっていなければ，うまく集めることはできない。また，そうした基礎がある場合にのみ，事例を相互に関連させつつ議論できる。

　この点については私見によれば，サンデルの正義論にはかなり欠陥がある。かれにおいては，真（正しく認識された事実性。「事物のもつ論理」に関わる）・善（ここでは道徳に適っていること）・美（芸術的価値）・聖（宗教的価値）などの価値が正義とどう関係するのかが詰められていない。また，実際には道徳の考え方はサンデルが取り上げている三つ（本書5頁以下参照）の他にも数多くあるのだが，それらと正義との関係解明が不完全だからでもある。サンデルのこの欠陥は最終的には，かれが正義の構造を正しく踏まえておらず，それゆえ正義と道徳等を正しく関係づけられないことに起因する。

　そして，このサンデル本が出した正義論上の豊かな事例に照らしつつロールズや井上の議論を見直すと，これらでは以下の点が問題になる。

　まず，ロールズ。かれは，分配論が多様な正義論中の主要問題だという前提に立って（『正義論』の第**2**章の冒頭参照）考察を進め，「正義の**2**原理」や「善に対する正の優先」を打ち出した。問題なのは，ロールズやかれに依拠する多くの人びと（以下「ロールズら」と呼ぶ）が，「正義の**2**原理」等は正義全体をカバーする原理だと思い込み，それゆえ『正義論』は文字通り正義の総論・原理論だとの誤解に立って議論している点である。[*3]

---

*3) ロールズ自身は別の論文では，自分の仕事のテーマがdistributive（＝social）justice に関わるものであり，正義の全体をカバーするものではないと自認している。しかしかれは他方では，自著をA Theory of Justiceと題し，自分が得た分配原則を「正義の**2**原理」と表現し，自分が確認した，正義と諸価値の関係づけを「善に対する正の優先」と呼ぶ。 ↗

私見によれば，公正な分配は——正義に関する重要事項であるものの——実際には正義の一問題（一関心事）に過ぎない。ロールズらは，正義がその全体においてどういう構造にあるかを踏まえつつ論じているわけではない。後述する筆者の構造図に照らしてかれらの議論を考察すると，かれの議論は分配論だけに終始している，すなわち正義論上の一つの論点しか扱っていないことが明らかである。たとえ分配が正義の主要関心事だとしても，分配論をめぐって得た結論が正義全体をどこまでカバーするかは別の問題である。実際，ロールズ的正義は，たとえばサンデル本が出している，「障害あるゴルフ＝プレーヤーに大会でカート使用を認めるべきか」，「車いすのチアリーダーを認めるべきか」，「同性婚をどう考えるか」，「後の世代はなぜ戦争責任を引き受けるべきなのか」，「妊娠何ヶ月目まで中絶の自由を認めるべきか」等々の正義問題についてさえ，（自由・平等に関係する論点を越える重要論点については）本質に関わっての方向性は出せない。

　次に，井上の正義論。これも，実際には正義の全体の一部にしか及ばない性質のものである。かれは，正義における「ルール重視」の側面に議論を集中させている。かれはこの前提上で思考するため，「正義概念」の核として「正義の普遍主義的要請」を引き出し，その中身として，フリーライドの禁止，ダブルスタンダードの禁止，既得権益の主張の排除，集団エゴイズムの排除の四つを強調する。そして或る関係が「正統性」をもつと言えるためには，これら四つを充たしている必要があるから，「善に対する正の基底性」が妥当するとする（後述参照）。しかしこの点をめぐっては——ロールズで配分論が正義の部分問題に過ぎなかったのと同様のかたちで——「ルール重視」から得た「正義」概念が正義のどこまでをカバーしうるかが問われる。また，井上的正義概念がそもそも正義の中心に関わる事項か，が問われる。そして，そもそもこの井上的正義概念がかれがおこなったようなかたちで本当に構築できるのか，の疑問も生じる。

◪そして『正義論』第2編では，2原理の適用として憲法問題を扱っている（本書37頁参照）。これらは，自分の作業が正義全体をカバーするもの，正義の全体に適用できるものと考えていないと，出てこない。そしてこれらのことがらが相まって，ロールズの議論は正義論そのものだと錯覚させる原因となった。

以上3人における疑問点の根源は共通して，正義が全体としてどういう構造であるのかがとらえられていないことにある。全体構造の認識がないと，正義の諸論点の相互関係，正義と他の諸価値との関係が認識できず，このため自分の議論を全体の中に正しく位置づけつつ展開することができない。

　そこで筆者はまず，筆者が提起してきた，正義の全体構造を踏まえつつ，サンデル本がおこなった正義論上の豊かな事例の検討を独自に位置づけ直し，正義は法や権利・責任，また真・善・美・聖などの諸価値とどう関係しており，その全体においてどういう構造を成しているかを検討し，その観点から現代正義論を検討し直そうと思う。

1.2──サンデル考： 正義論と道徳論の関係

　サンデルは，2005年8月にアメリカ南部を襲ったハリケーン=カタリーナ後の被災地で起きた便乗値上げをめぐる論争について，次のように述べている。

> 　「これらの問題は，<u>個人がおたがいをどう扱うべきかというテーマ</u>にかかわるだけではない。<u>法律はいかにあるべきか，社会はいかに組み立てられるべきかというテーマ</u>にもかかわっている。つまり，これは「正義」にかかわる問題なのだ。これに答えるためには，正義の意味を探求しなければならない。実は，われわれはすでにその探求を始めている。便乗値上げをめぐる論争を詳しく見てみれば，便乗値上げ禁止法への賛成論と反対論が三つの理念を中心に展開されていることがわかるだろう。つまり，<u>福祉の最大化，自由の尊重，美徳の促進である。これらの三つの理念</u>はそれぞれ，正義に関して異なる考え方を提示している。」（以下，サンデル本による。17-18頁）（下線は筆者による。）

　ここから分かることは二つある。

　第一に，かれは，道徳と正義とのちがいを，道徳が「個人がおたがいをどう扱うべきか」に関わるのに対し，正義が「法律はいかにあるべきか，社会はいかに組み立てられるべきか」に関わる点にあると考えている。

　確かにわれわれは，第一義的には，道徳（とくに個人道徳）を各個人における行動の指針とし，正義を（個人的および）社会的な行動のレヴェルで働く指針の一つとしてとらえている。われわれは正義に関わって，次のように考える：

法は，（中身が妥当か，法としての条件を備えているか，成立・運用の手続をまもっているかの点で）正義による規正を受ける；立法・政治・裁判・戦争の仕方なども，（中身，手続の点で）正義による規正を受ける（裁判を提起する者や戦争をする者は，提訴・戦争が正義実現の行為でもあると主張する）。権利・責任も，分配も（中身，手続の点で），正義による規正を受ける；これに対し個人だけの行動や純個人間の問題（法や社会行動に関連しない）は，道徳の問題であって正義には関わらない。裁判においても，法ではなく道徳の問題だとされる部分は，正義には関わらない；このように道徳は，それ自体は正義とは働く場を異にする，と。

　第二に，サンデルは，正義論上の立場には「幸福の最大化」，「自由の尊重」，「美徳の促進」の三つの立場があるとしている。これは──ハリケーン゠カトリーナ問題に限って述べられていることではなく──他の諸事例に関しても繰り返し言及されているところである。たとえば，334頁以下では，「正義に対する三つの考え方」として，①「正義は功用や福祉を最大化すること」だとする功利主義者，②「正義は選択の自由の尊重を意味する」とするリバータリアンと（ロールズ的な）リベラルな平等主義者，③「正義には美徳を涵養することと共通善について論理的に考えること」が関わるとするアリストテレス，の考え方を挙げている。37頁以下も，同様である。サンデルは──他の正義論があることを認めつつも本書ではこれら三つに限定して議論した，ということではなく──そもそも正義論はこれら三つに帰着すると考えているようでもある。

　ところで，上の第一点の，道徳と正義の関係については，サンデルは，別のところでは矛盾することを次のように書いている。「道徳についての考察〔……〕はいかにしてわれわれを正義，つまり道徳的真理へ導くのだろうか」（53頁），「だが，われわれはどれくらい正確に，具体的状況についての判断から，あらゆる状況に適用すべきだと信じる正義の原理を導き出せるのだろうか。要するに，道徳的な推論とはどんなものなのだろうか」（40頁），と。これらでは，正義と道徳が同一視されている。正義とは「道徳的真理」のことだ，「正義の原理」の導出は「道徳的な推論」だ，とするのだからである（上記第二点も，一部この考え方を反映している。後述）。

　正義をこのように道徳的価値・徳目の一つだとする見方は，内外の学界でもよく

第1章　正義の構造：サンデル，ロールズ，井上達夫から考える　　5

見かける。しかし後述するように正義は，道徳（善）によって方向付けられるだけではなく，他に真・美・聖などの価値によっても方向付けられることがある。そして正義は——とりわけ法に関わる原理として——道徳とは原理的に中身を異にする。[*4)]したがって正義を道徳の一部分とすることは，できない。サンデルにおいては，正義と道徳との関係づけがこのように不鮮明であるがゆえに，後述するように，道徳論に終始する問題を正義論として議論したりしているのである。

　また，上の第二点については，次の問題がある。功利主義と「美徳」の立場とは，第一義的には道徳論である。他方（ロールズ的な）リベラリズムは，個

---

*4)　道徳が何か，正義が何かの見方によって異なるが，通常の観念を前提にして論じると，正義（ここではもちろん「C」の正義は——道徳を基準の一つとしたものであるから——除外する），と道徳は次の点で相互に異なる。① 正義は報復を重視するが，道徳は赦しを重視する：したがって，ある加害行為を赦そうとせず制裁に走ることは道徳的には問題だが，正義に適っており，制裁が法に適っておれば法的にも問題ない。② 正義は暴力を含む強制力をもつが，道徳は強制に頼らず相手の良心に訴える（①・②の点で道徳は「暴力反対」である。「正戦」は①・②からして正義に属するが，道徳の立場からは許されない。③ 正義はgive and take を重視するが，道徳は惜しみなく与える：ある人から友誼で贈物をもらったことに対しては，お返しをしなくとも正義違反は問われない。しかし，道徳（マナー）には反する（とされる社会もある）。④ 正義は権利主張，権利の保護を重視するが，道徳は権利に固執することを恥とする：権利を強く主張して譲らないことは道徳的には好ましくないけれども，法的には，すなわち正義の観点からは，問題がない。⑤ 正義は法の貫徹を重視するが，道徳は法を超える：相手の事情を考えないで「法はこうだから」と強力にルールを主張することは，道徳的には問題だけれども，正義とくに「ルール正義」の観点からは問題ではない。⑥ 道徳は「人を助けよ」と命じるが，正義は命じない（ちなみにアダム＝スミス（Adam Smith）は『道徳感情論』II-2で，道徳の規則のうち「人を助けよ」を慈善，「人を害するな」を正義と呼ぶ。法に結びつくのは，正義の方だけだとする。これは，正義を道徳の一部としている誤りを除けば，妥当である）。⑦ 内面で殺意や窃取の意思をもつだけで道徳上は問題だが，正義には反していない。正義は，内面の意図にではなく外面に表れた結果に着目する。⑧ 仮言命法で行為することは，道徳には反するが正義上は問題ない（正義は動機の純粋性は問わないからである）。これら八つの相異は，法と道徳の相異とも重なる。

　他方，正義と道徳が似ている点は次の通りである。① 両者とも，至上目的となる：「世界が滅ぶとも，正義（道徳も）は貫かれよ」（Fiat iustitia（fiat moralis), pereat mundus）ということになるのだ（ただし功利主義の正義・道徳からは，この姿勢は出てこない）。② 両者とも，制定したものではなく，たいていは自然に成立した：ミルも言っているが，両者ともが人の感情面に大きく依存する（正義感，義憤，道徳感情といった言葉が，これを示している）のは，このことと関わる。

人道徳には関わらない。したがって，これら三つを並列させられるかが問われる。また，道徳論も正義に関わる議論も，それぞれ後述のようにこれら三つ以外にもいくつかあるのだから，それらをこれら三つとどう関係づけるかも問われる。

以下は，サンデル本に触発された考察である。議論の中心点は，1）道徳論にはどういうものがあり，2）正義論上の重要な関心対象にはどういうものがあるか，3）正義はどういう全体構造を成しているか，4）サンデルが挙げている諸事例では正義は道徳等とどう関係しているか，にある。

1. 2. 1　道徳論の整理

まず，サンデルが挙げている三つの正義論のうち，功利主義と「美徳」の立場とでは，「道徳的な推論」が重要な位置を占めることを確認しておこう。これらは本来，道徳論として成立した。たとえばベンタムは，功利主義を道徳論として提唱した。そしてかれの功利主義は，集団の政策決定・立法における正しさに関わるが，同時に個人の道徳的選択においても方向付けをする。この点をサンデルは，「功利主義は，道徳の科学を提供すると主張する」，「道徳的選択を一つの科学にするというこの展望」（72頁）と述べ，功利主義が第一義的には道徳論であることを認める。また「美徳」の立場は，何が伝統的に善い社会的行為とされているかを明らかにし，そのことを通じて個人の道徳生活をも方向付けようとする。

これに対し（ロールズ的）リベラリズムは，正義論に当たってそもそも個人道徳論に立ち入らない。ウソをつくことは悪いことか，溺れている人を助けるべきかなどの個人道徳上の判断は，ロールズらでは問題にならない。加えてロールズ的正義論は，分配の公正さしか視野に入れていないので，正義全体を視野に置く，功利主義や「美徳」の立場に比してその射程距離は短い。

それでは，道徳論は，上記の功利主義と「美徳」の立場に尽きるか。この点については実はサンデル本自体が，正義論がこれら以外にもあることを多様なケースの提示を通じて示唆してもいる。

第一に，この本は，功利主義に反対の立場として，「人間の権利や尊厳は効用を超えた道徳的基盤を持っている」（68頁）という考えがあるとする。この

第1章　正義の構造：サンデル，ロールズ，井上達夫から考える　　7

考えは，たいていの「美徳」の立場からは出てこない。（ロールズ的）リベラリズムからも，（自尊や自己確信を前提にしてはいるものの）そういう道徳的判断は基礎としないのだから，出てこない。サンデルが，正義を考えるうえで道徳の考察が重要になることがあると言うのならば，功利主義と「美徳」の立場以外の道徳論，（ロールズ的）リベラリズム以外の正義論，およびそれら道徳論と正義論の関係をも正しく押さえたうえで言うべきである。それらの議論の一つとしては，カントの議論が挙げられる。サンデルはこれを，（ロールズ的）リベラリズムに含めている。しかしそれは——サンデルも認めるように——カント（Immanuel Kant）の手法に形式的な面（定言命法や一般化可能性のテスト，自然状態論）がある限りでのことであって，カントはロールズらとは異なり，個人の理性の重要性，理性による感性の支配，人間性讃美，人間各人の自己目的性・尊厳を直接の立脚点にし，何よりも，（分配論ではなく）道徳論を軸に議論をする。また正義・道徳論としてはさらに，道徳感情論などが他にあるが，これらを正当に位置づけなければならない。

　第二に，サンデル本が扱っている諸事例のうち，かれが「美徳」の立場に関わる事例としているものには,実際には「美徳」にではなく,「事物のもつ論理」に関わるものが多い。サンデル本には，両者の混同が見られるのである[*5]。正義は,第一義的には法に関係し，また道徳（善）にも関係するが，そのほかにも真・美・聖などにも関係する。「美徳」は，このうちの道徳でしか問題にならない。これに対し,「事物のもつ論理」は，法や真・美・聖等をめぐる議論でも——すなわち道徳においてだけではなく,それ以外の所でも——重要な働きをする。

　たとえば，①「人工妊娠中絶を，法的に認めるべきか」（392頁以下）のポイ

---

*5)　他方ではサンデルは，後述するように「美徳」にではなく「事物のもつ論理」に関わる事例を，「目的論」として数多く扱っている。かれはこの立場から，コミュニタリアニズムを批判しさえする。後述の注14）参照。しかしサンデル本は，「事物のもつ論理」に関わる事例を扱っている箇所で，「美徳」を前面に押し出しているのでもある。「事物のもつ論理」が徳論と結びつくことはある。ストア派の倫理がその典型である。しかし,「事物のもつ論理」は道徳と切り離された法論ともなりうる。条理を使う際にそれは典型的に見られる（拙著『法解釈講義』東京大学出版会，2009年，第3章参照）。これらの事実と照らし合わせると，サンデルは「事物のもつ論理」がどういうものかを正しく理解していないことが明らかになる。

ントの一つは、「胎児はいつから人間的存在となるか」の事物評価にある。この問題自体は、「事物のもつ論理」の思考には関わるが、「美徳」とは関係ない（中絶一般が生命倫理（「美徳」に関わる）に反するか否かは、もちろん上の問題とは別問題である）。②アファーマティブ＝アクションを法的に認めるべきか（264頁以下）も、そのポイントの一つは、〈開かれた業務を確保する〉（〈　〉は、筆者による概括を示す。以下同じ）などのその目的と実際の結果＝効果とが合致しているかにある。これは、事物評価に関わる。③宗教が私事であるという法的主張（386頁以下）のポイントは、宗教というものの性格や過去の歴史の総括などにある。他にも、④有罪か無罪か、刑が軽すぎるか重すぎるか等は重要な正義問題だが、（ルールに照らすこととともに）行為の性質・態様の認識による。⑤原発に伴う核廃棄物や開発に伴う自然破壊が後の世代にとって不公平を生じるかは、核廃棄物や自然破壊という事物評価にもよる。⑥先進国がその産業を保護する政策や特許の強化を進めることが、途上国の輸出困難や医療上の困難をもたらすのは正義問題だが、それらの解決には諸関係の客観的論理・性質の認識・判断が欠かせない、等々である。

　以上においては、「美徳」ではなく、事物の判断、制度の目的や客観的論理（ある制度を導入することによって、その趣旨・目的や、基盤となる作法・共通意識などから必然的に出てくる方向性）・実際の効果の態様が中心問題である。正義論は実際には道徳論（善に関わることがら）だけによって方向が定まるのではなく、何が「事物のもつ論理」か（何が真か、美か、聖なるものか等に関わることがら）の考察も重要なのである。[6]

---

*6)　「事物のもつ論理」による正義論――「美徳」とは関係のない――は、日本の実務でも数多く見られる。目的論に関わるものも、関わらないものも、ある。
　　次のような制度体に関しては、それぞれが設置された目的によって、その扱い方の方向を考える。その際、その目的が何であるかは、社会的合意による。この点からは、目的論と社会的了解とがともに重要である。すなわち、① 大学の自治を考える場合には、大学設置の目的としての「真理の発見」と自由との制度上の関係が重要である（後述）。② 地方自治を考える場合には、その目的としての住民の民主主義的教育や、自治の原理としての住民の自己決定が重要である。③ 家族を考える場合には、愛・親密圏の確保ないし子供を産み育てることとの関係が重要である。
　　他方、目的論と直接的には無関係な制度論として、次のようなものがある。① 行政裁量・立法裁量を認めるべきかどうかをめぐっては、三権分立の制度から帰結するかどう↗

加えてアリストテレス（Aristoteles）自身，正義に関係して実際には「美徳」だけを扱っているのではなく，それとは関係ないかたちで「事物のもつ論理」の問題を扱っている。[*7)]

だとすると，サンデルのように（正義論の前提となる）道徳論として功利主義と「美徳」の立場，（ロールズ的）リベラリズムの三つしか挙げないのでは，不十分である。われわれは，（正義論の前提となる）道徳論としては，上のように大別して，功利主義・「美徳」・カントの議論・道徳感情論・（部分的には）「事物のもつ論理」の五つ（（ロールズ的）リベラリズムは除くべきである）の議論があることを正当に受け止めなければならない。そして，「このケースでは何が正義か」を考える際には，その作業の前提として，これら五つの議論，および真・美・聖等などの価値論が，それぞれどう展開するのか，それら道徳と，道徳以外の諸価値との展開態様は正義の同定にどう作用するのか，を考える必要がある。

以上を踏まえつつ，さらに歴史をも振り返りつつ，本章の議論に必要な限りで歴史上の主要道徳論をまとめると，次のようになる。[*8)]

かが重要である。② 憲法9条と自衛権の関係をめぐっては，個人の自然権としての自己防衛権が，組織体（集団）としての国の自衛権とどういう関係にあるかなどが一つのポイントとなる。③ 象徴天皇をどう処遇すべきかをめぐっては，象徴とは何かが問題になる。拙著『法哲学講義』（東京大学出版会，2002年）で見たように，（コロナ型か単なる象徴かなど，象徴の種類・性質論が決め手となる），これらの議論はそれぞれのことがらの重要な構成要素をめぐる議論であって，道徳・「美徳」とは関係ない（目的論とも関係ない）。それらとは別個の，「真」をめぐる議論である。なお，法解釈における，目的論的解釈や「事物のもつ論理」に関わる条理の思考も，この種の議論の一つとしてある（拙著『法解釈講義』第1章）。ここでは道徳は主要論点ではなく，コミュニタリアン的な「美徳」の立場などは関係しない。サンデルが押し出す「美徳」の立場が正義論のごく一部でしかないことは，これらの点からも明らかになる。

*7)　アリストテレスは，①『政治学』1261b以下で，プラトンの正義論に反対する立場から家族や私有財産の自由を説く際，人間のもつ自分本位の傾向や幸福の重視を基盤にして論じている。② 同1319aで，善い国は中産農民層を基軸にすべきだと主張する際には，この層がもつ余暇や質実剛健さを根拠にしている。③ 同1286aで，政治への民衆参加を主張するに当たっては，「大衆は少数者よりは腐敗し難いものである」ことを理由に挙げる。かれのこれらの正義論は，いわば心理学・社会学的な考察にもとづく事物評価であって，「美徳」と（も目的論とも）直結はしていない。〈アリストテレス＝美徳論〉ではないのだ。

*8)　道徳論と呼ばれているものは，宗教や社会哲学・習俗の数に対応して無数にある。たとえば，キリスト教・仏教・儒教・イスラム教等々の宗教的道徳論，ストア派・プラト↗

(1) 「美徳」の立場

　これは，その社会で尊重されてきた基準である，（共同で積み上げてきた）道徳の常識（良識），ないし（共同の基盤である）共同体自体という価値を基底にした道徳論（conventionalism）を展開する。古代以来のたいていの道徳論，すなわちプラトン（ソクラテス），アリストテレス，キケロ，東洋の儒教等には，これが見られる。現代においてはこの発想が，コミュニタリアニズム（Communitarianism, 共同体主義）として再生させられようとしている。サンデルは，この立場をとる面ももつ。その社会の共通了解を無視した道徳や法は成り立たないし，それらがその社会の各人のアイデンティティを構成している面もあるのだから，それらを重視すべきだという主張は，今日においても否定しきれない。

　しかし，その社会で積み上げられてきた良識・美徳といっても多様であって，それらが社会内で競合しあっているのだから，どの良識・美徳を採るかの選択問題が発生する（古いもの・伝統を選ぶか新時代のものを選ぶか，現代の部分集団ごとに異なるものの中からどれを選ぶかなどが問題になる）。旧い共同体道徳には，最近の良識に照らすととうてい受け容れられないものも多い。アメリカでは，建国以来基本的価値（自由や共和主義，さらには民主主義や基本的人権尊重，ヒューマニズム）はあまり変わっていないから，共有されてきた倫理を重視する議論が説得力をもつ余地がある。もっとも，変わらないといっても，建国時に当然視されていた，奴隷制，女性蔑視，家父長主義，民衆の困窮を放置すること，諸自由に対する制限などは，今日では認められない（これらを許さない立場が，今日の美徳である）。また，建国時に基軸となった原理である，古代共和制原理，プロテスタンティズム，ロック的自由，中世の名残をもつ身分制的自由のうち，今日においてはどれをどう基軸にするかで，ちがってくる。サンデル自身は，アメリカの最新社会において共有されている倫理を「美徳」として踏まえているから，個々の問題処理では中身においてリベラリスト的発言をするのである（かれは，共同体至上の立場や集団主義者ではないのである）。

　☒ン・アリストテレス・ベンタム・カント等々の哲学的道徳論，騎士道・武士道・個々のギルドの道徳などそれぞれの社会集団ごとに定まった道徳論がある。ただ，これらそれぞれは主として，下図のC:「価値適合正義」中の「善」を介して，正義に作用する。したがって，それらを一つひとつ別個に扱う必要はない。

⑵ 「事物のもつ論理」の理論

　これは，制度や関係を扱う際に，それらの根底にある基本的な性質・論理（作法や共通意識）を方向付けに使う立場である。

　サンデルが言う目的論は，この一部を成す。目的論は，アリストテレスやストア派，（アリストテレスの影響を受けた）スコラ哲学などに見られた。東洋の儒教も，同じ思考による。これらは，各個物に本質が内在しており，それらは世界全体の究極目的に向かって階序構造を成している；その構造を理性によって認識し，各行為においてことがらの目的（telos）・使命を把握し，それにかなった生き方をすることが善だ，とするのである。目的が何かは，その時代に共有されている価値観によって決まるから，目的論は「美徳」の立場と重なることが多い。目的論は，近代科学によって否定され影響力を弱めたが，カトリック世界などではなお重要な位置を占めている。しかし上述したように，「事物のもつ論理」は目的論に解消はできないし，道徳論に専属のものでもない（法や政治，経済でも重要である）。

⑶　道徳感情論（theory of moral sentiment）

　これは，イギリスで，シャフツベリー（Lord Shaftesbury, 1671-1713），ハチソン（Francis Hutcheson, 1694 -1746），アダム＝スミス（*The Theory of Moral Sentiments*, 1759），ドイツでシラー（J. C. F von Schiller, *Über Anmut und Würde*, 1793）らが提唱した。かれらは，道徳の根源を，人間がもつ道徳感に求めた。人は，ある行為や状態に対して他人がもつ感情に配慮して自分の行為を調整する。したがって他人の感情を受け止め理解する道徳感が，重要である。人はこうした人間関係を重ねるなかから，心の中に公平な観察者としての判断力をもつようになる。この判断力は，相手からの反応を待たず，自分で相手の感情を察して行為を規正する，と。こうした議論は，道徳の判断が社会生活を通じて獲得されるとするので，「美徳」の立場に近くなる。しかし同時に，各人の心の中に住む公平な観察者は各人を客観的立場から規正するものだと見る点では，カント的道徳論に近いとも言える。

　道徳感情論では，相手を思いやり大切にすることが道徳的だということが帰結するから，他者の尊重，人間の相互尊重，相手を尊厳ある存在として扱うことは，前提となっている。

⑷　義務論（deontology）

　これは，無条件に従うべき原理にもとづかせた道徳論である。たとえばカント
は，各自の理性が次の二つのかたちをとって各自に「そうすべきだから」と
端的に（kategorisch）命令し，それに従えば，道徳的だとする。第一に，理性
が感性（欲望）を支配しているかたちでの命令であること。欲望に支配されて
いる場合は，行為の相手は自分の欲望実現の手段となっている。第二に，一般
化が可能な命題である（すべての人がそう行為しても問題が生じない）と判断しう
る命令であること。たとえば「人を助けよ」は一般化可能だが，「人を殺せ」
は一般化できない。この第二点が重要なのは，道徳が普遍妥当のルールの一つ
であるところ，あるルールが一般化可能なものであって初めてそういう道徳の
特徴を満たすからである。

　とくにカントの立場では，人間は，そういう理性をもち，それによって自分
で自分を方向付ける者として，自由で主体的な存在とされている。また人は，
一般化可能な命令を自分でつくるのだから，普遍的なあり方を自分で選びうる
存在として，尊厳ある存在であることが確認される。理性に端的に従うことが
道徳的であることの条件だということは，利己的なものである欲望に規定され
たのではないことを意味するから，行為の対象である他者は，自分の欲望の道
具としてある存在ではなく，逆に自己目的的存在だということになる。自分も
他人も，それぞれが尊厳ある存在となるのである。

　他に，リバータリアニズムは自己支配を，ドゥウォーキンは「平等な尊重と配
慮」を，アプリオリな原理としつつ議論する点で義務論である。

⑸　帰結主義（consequentialism）

　これは，公害保険を導入すべきか，ある不法行為を無過失責任に近づけて処
理すべきか，ある薬物を解禁すべきか，禁煙を徹底させるべきか等，多くの政
策決定に際し，その善し悪しを帰結，実際の効果によって判断する立場である。

　帰結主義の中で重要なのは，ベンタム（Jeremy Bentham, 1748-1832）によって
提唱された功利主義（utilitarianism）である。かれは，道徳論を科学化する立場
から，人間は多様だが，各自が同じ単位の快・不快を等しくもった者としてあ
ると言う前提から出発した。この，快（幸福）の最大化が善であると定義した。
これの追求が，「善は追求されるべし」の原則に従うことによって道徳的義務

になるのである（この点では義務論的である）。道徳的な善は，この各人に帰結する快を選択肢ごとに総計し，快が最大となる選択肢を選ぶことにある。

　功利主義は，多様な個人の共存枠組を考える点では，「善に対する正の優先」をそれなりに追求している。一人ひとりを「快」，幸福の持ち主として最低限保護されるべき存在として位置づけるのであるから，その限りでは個人の尊重や平等もある。しかし功利主義では個人の幸福は，最大多数の最大幸福に服するべき位置にある。場合によっては，少数派の犠牲が当然視される。そうでなくとも，最大多数の最大幸福に属する幸福とは別の幸福を選ぼうとしていた者に前者が分配されても，かれは幸福ではない。また，最大多数の最大幸福に属する幸福が確定したあと，それが全員に平等に分配されるかは，別の問題としてある。

1. 2. 2　正義論上の重要な関心対象

　では——サンデル自身は自覚していないが——かれが示している諸事例を正しく踏まえると，正義論上の重要な関心対象にはどういうものがあり，それらは相互にどう関係しあっているか。とりあえず，かれがランダムに出している，正義の諸要素を取り上げてみよう。

　(a)　公平は，正義の重要な関心事である。サンデル本131頁以下では，アメリカがおこなう戦争における徴兵・志願兵・職業的軍隊・傭兵に関して，兵役を割り当てる公平な方法が問われている。所定の金を国家に支払えば兵役を免除させるという制度だと，貧しい人びとが軍役を負担しがちとなり，死の危険の公平分担に反する。また，良心にもとづく徴兵忌避に関しても，忌避しない人との間で危険の公平分担があるかが——良心の自由という権利問題と重なって——問われる。

　(b)　その人にかれが値するものを帰属させることが，正義の重要な関心事である。27頁以下では，2008-09年における金融危機で問題となったことがらが扱われている。アメリカの巨大保険会社AIGが投機的経営によって破綻に直面し国の資金で救済されたのに，そのCEOたちが多額のボーナスを得た。ここでは，事業に失敗し社会を混乱させた責任がある人物がそういうボーナスを受け取るに値するかが，正義の観点から問われている。

(c) 権利の尊重が，正義の重要な関心事である。実際，サンデル本の第3章では累進課税に関するリバータリアニズムの主張をめぐって，正義が問題にされている。ここでリバータリアニズムは，個人的自由の絶対性から出発し，その個人の自己支配の延長線上に所有を位置づけ，それを不当に収奪する累進課税は，所有権侵害として正義に反すると言うのである。

(d) 「美徳」，日本で言う公序良俗，社会の伝統や秩序尊重も，正義の重要な関心事である。実際，155頁以下では，代理母契約の事例が扱われているが，ここでの主要問題は，「道徳的な観点から考えた場合，この契約は履行されるべきだったのだろうか」(150頁) である。子供を出産するという行為に，金銭が関わっている点が問題となる。これが「美徳」，公序良俗の違反になるかが問われるのである。

また373頁以下のバルジャー兄弟の事例では，多数の殺人を犯して逃亡している凶悪犯である兄の在所を弟 (大学の学長だった) が警察に告げず，捜査に協力しなかった。兄弟間でかばいあう「美徳」が「犯罪者を罰する正義」を破ったのである。他方，375頁以下のユナボマーの事例では，「兄がテロ犯のようだ」と，弟が警察に通告した。これらで問題となるのは，家族員同士の道徳的絆の問題である。これは，コミュニタリアニズムの「美徳」に関わる。これらが正義の問題として扱われているのだが，それらがなぜ正義に関わるのかと言えば，それは事件が犯罪の処罰，裁判に関わっているからであろう。バルジャー兄弟事件では，家族間の「美徳」が犯罪者を罰する正義を破ったのであり，逆にユナボマーの事件では，犯罪者を罰する正義が家族間の「美徳」を破ったのである。

さらに332頁以下では，後の世代が先祖が犯した罪について法的および道義的な責任を負うべきかの事例が扱われている。ここでは，二つの考え方が対置されている。一方は，自分の自由な意志による自己選択にのみ責任を負うとすべきだとの立場である。他方は，人間はすべてを自分でつくりえたのではなく，自分が属する集団の舞台においてはじめてつくりうる；共同体は，言語・文化・アイデンティティの基礎であり生活の基盤である；共同体から恩恵を受けた以上，その負の遺産も引き受けるべきだ；しかも人は，そうした関係性の中で生きていることを自分の意志で選んでそこにいるのだ，とする。この後者は，典型的なコミュニタリアン的な道義的責任論である。法的責任は，第一義的に正

義の問題である。これの対し道義的責任は，道徳を介して（後述の「価値適合正義」において）正義に関わる。

　(e)「事物のもつ論理」が，正義の重要な関心事である。「このケースでは何が正義か」を考える場合には，道徳に照らしてどうかの議論だけではなく，真や美，聖等に照らしてどうかも重要である。これの事例が，サンデル本ではとくに多い。たとえば，

　24頁以下の，PTSDになった元兵士もパープルハート勲章をもらう資格があるかの事例がその一つである。勲章の目的との関係が重要となる。当初想定されていたのは，肉体に流血を伴う負傷をした英雄的行為の表彰である。この勲章の目的は，戦傷の「美徳」を称えることであるが，PTSDについては，名誉の戦傷とするか精神的な弱さがもたらすものとするかで分かれる。「勇敢に戦ったことに変わりはない。その戦いで傷を精神に受けたのだ」とか「精神の傷は原因の特定が困難だ」とかといった判断は，それ自体は道徳問題ではなく，病気をどう識別し評価するかの問題である。

　392頁以下の，人工妊娠中絶とES細胞の事例は，胎児ないしES細胞は人間か，いつから人間に近いと言えるかの問題である。これも，ことがらの性質に関わる問題であり，「美徳」の問題とは間接的にしか関係していない（ただし人工妊娠中絶は，女性の自己決定権を尊重する点においては権利に関わる。「胎児の生命尊重」の点においては，生命倫理に関わる。国家はそういう倫理問題について中立であるべきだとするのは，国家論，「事物のもつ論理」に関わる。ES細胞も，それを売買したり実験に使うことが，人間的存在ないし生命の尊厳に関わる倫理感＝公序に合っているかが問題になる）。

　290頁以下の，障害で車いすを常用する女性をチアリーダーとして認めるべきかの事例は，（平等問題以上に）チアリーディングの目的は何か，宙返りや両脚開きはチアリーディングにとって重要不可欠な要素に当たるかの問題に関わる。

　298頁の，大学の最良のテニスコートは教師の独占物にすべきか，ストラディバリウスは最高のバイオリニストのみ使えるとすべきかの事例では，それら事物がもつ本質的性質を実現する（高価値を引き出す）のが正しいことだとした場合，誰がそれを最高に実現しうるかが（平等問題のほかに）主要問題となる。

これらは，サンデルが言うのとは異なって，「美徳」には直接的には関係していない。

321頁以下の，歩行が困難なプロゴルファーのケイシー=マーティンがゴルフ=カートの使用許可を求めた事例では，（ゴルファー間の公平とともに）コースを歩くことがゴルフにとってどういう位置にあるかが主要問題となっている。前述のようにこれらをもサンデルは「名誉」を媒介にして「美徳」と結びつけようとしているが，ゴルフというスポーツの要素・評価に関わり，名誉・美徳が本質の問題ではない。

(f)　政策の妥当性（追求すべき価値物に照らした）も，正義の重要な関心事である。264頁以下の，アファーマティブ=アクションの事例では，サンデルは，法律論（憲法論）でなく，道徳的正当性を問うている。かれは黒人やヒスパニック系の学生の優遇措置について，「われわれが論じようとしているのは人種を基準とすることの合法性ではなく，正当性なのだ」と言い，ユダヤ人学生の入学を制限するため，かれらの合格割合を決めていた（12%以下に抑える）制度については，「このような制度を道徳的に擁護できるだろうか」と問う。「正当」である・「道徳的」であるとの評価は，実現しようとする価値物による。これらの事例で決め手となるのは，黒人やヒスパニックを優遇する措置が，主要な職業分野での人種の多様性を確保するかどうかである。措置がこの政策目的に適合的ならば「この区別はある程度の道徳的力を持つ」（278頁）となる。したがってここで「道徳的」といっても，中身は政策の妥当性である。効果が期待できれば（そしてLRAのテスト等に合格すれば），正義論的に「正しい」となるのである。他方，ユダヤ人学生の入学数を制限することについては，政策目的はただ差別することにあるだけだから，「正当」・「道徳的」ではない，ということになる。

(g)　生命・財産・名誉を尊重することも，刑事事件等に関わる場では正義の重要な関心事となる。法的責任が問われなければ，道徳問題に留まる。41頁以下の暴走する電車の転轍の事例や，56頁以下のミニョネット号事件の事例である。これはあとで詳論する。

こうした正義上の関心事の分類との関係で，ミル『功利主義』（J. S. Mill, *Utilitarianizum*, 1861）の第**5**章を検討しておこう。ミルは，「われわれは日常的

に，何を正義ないし不正と考えてきたか」を問うことによって，「正義とは何か」を明らかにしようとしている点で，サンデルに重なるからだ。ミルはその考察をまとめるかたちで，正義・不正義の関心事として次の五つを——これまたランダムに——挙げている：①「法がその人に付与しているもの，たとえば自由や財産を剥奪するのは，正義に反する」。②「かれに帰属するのが道徳上の権利だと考えられるものを剥奪したり帰属させなかったりすることは，正義に反する」。③「ある人に，その人が値する利益ないし不利益を帰属させないことは，正義に反する」。④「約束を破ることは，正義に反する」。⑤「一方だけを利すこと，ある人を他の人よりも優遇することは，正義に反する」（かれはこれを「平等」の問題だとする）。

　以上が「正義」が意味することがらの，ミル的整理である。これら①～⑤は，先のサンデルの分類とは，重なるところと，重ならないところとがある。何よりも，ミルにおいては，道徳論が直接には問題になっていない（道徳と中身が重なるものとして，④があるが）。

　ミルのこの議論には，次の問題がある。第一に，正義はこれらだけに尽きるわけではなく，次の二つを付け加える必要がある：⑥（約束だけではなく）ルールを破ることは，正義に反する。⑦道徳や真，聖，美に反する社会面での扱いは，正義に反する。第二に，上のうち①，②，③，⑤は，相互に関連しあっているから，まとめる必要がある。すなわちこれらは，「ある人に，その人が値するものを帰属させることは，正義に適う」との上位原理に包摂されうる。ミル自身，⑤が②からの帰結（corollaries from the principles already laid down）であることを認めている。また，次の関係もある。すなわち，①は，法を破る点では⑥に包摂される。②は，道徳に関わる点では⑦に包摂される。④は，約束とはルール定立行為の一種だから，⑥に包摂できる。

1. 2. 3　正義の構造

　サンデルとミルの議論を踏まえつつそれらを整理すると，正義はやはり次の構造図においてまとめることができる。「やはり」とは，筆者が2002年に『法哲学講義』（注6）第5章で出した正義の構造的把握（これも筆者なりの諸事例の検討による）が使えるということである（他に，『法学講義』東京大学出版会，2014年，

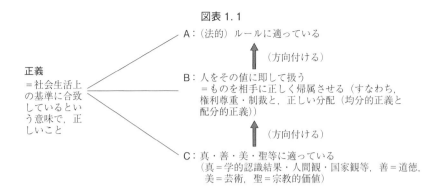

第9・10章をも参照)。サンデルは前述のように,たとえば社会の「美徳」や「事物のもつ論理」に関わる議論を正義論として展開した。こういう展開ができるのは,正義が図1.1のA・B・Cに分けられ,とくにCがサンデルで重要であるからだ。このCでは,社会の「美徳」や「事物のもつ論理」が正義を規定して,正義論として表に出る。

図1.1を本章の主題に即して説明すると,次のようになる:正義は,三つの構成部分から成り立っている。A:(法的)ルールに適っている,B:各人にものを正しく帰属させる,C:真・善・美・聖等に適っている,の三つである(このうち「C」について筆者は,これまでの著書において詳論してこなかったが,本書ではこれも重要対象となる)。

正義は,なぜこの三つの構成部分に分かれるか。この三つ以外には,ないか。まずこの点を考えよう。「正義に適っている」の核は,「正しい社会的行為をすること」にある。それを法とそれに準ずるルールとに関わらせて考えるときに(立法・行政・司法の場なので),正義が問題になる。しかるに「正しい」(just, right, richtig等) とは,何かを基準にして測ったとき,それに合致しているということである。それゆえ,基準になるべきものによって,「正しい」の中身は変わる。基準になるべきものには,ルール,個々の人間,人びとの間で承認されている価値(すなわち真・善・美・聖等の価値)の三つがある。そこで,ある社会的行為が「正しい」とは,次の三つを意味する。

第一には,定められているルールという行為基準に合致していることである。この点で,「A:(法的)ルールに適っている」が正義の一部を構成するのである。

上述のミルの④に関わる。この正義の観点からは，とくに法（制定法・慣習法・判例法）を尊重することが求められる。どんな中身の法でもよいかという問題がある。これは，次の第二，第三の構成部分と関係づけ，それらによって方向付けられなくては，決まらない。

　第二には，個々の人間に帰属すべきものを基準にしており，それを帰属させていることである。上述の（本書17〜18頁の）ミルの①・②・③・⑤，（本書14〜17頁の）サンデルの(a)・(b)・(c)・(g)に関わる。この点で，「B：各人にものを正しく帰属させる」が正義の他の一部を構成する。帰属させるとは，（個人自身に着目して）各人の権利を尊重しその責任に応じて制裁を加えること（匡正的正義），および（他人との関係に着目して）その人の，受け取る資格（desert）に応じて正しく受け取らせることである。正しく受け取らせるとは，通常「平等」の問題である。平等といっても，形式的平等（均分的正義）と実質的平等（配分的正義）とがあり，どちらを基準にするかで帰結は分かれる（どちらを基準にするかは，ルールに従う場合もあるが，たいていは（第三の構成部分に方向付けられた）その都度の判断・了解で決まり，法則はない）。この点は，後述する。

　第三には，真・善・美・聖等に内容的に合致していることである。上述（14〜17頁）では，サンデルの(d)・(e)・(f)に関わる。この点で，「C：真・善・美・聖等に適っている」も，正義のもう一つの部分を構成する（法に関わるのは，真・善・美・聖等のうちの一部ではあるが）。「真」とは，ことがらについてある命題と，ことがらの基本となる性質との合致であるから，合致していない命題による取り扱いや，合致している命題に反した取り扱いは，正義に反することになる。たとえば，真理追究には大学での自由が不可欠だから，その否定，大学の自治の蹂躙は，真理追究を前提にする立場からは，「事物のもつ論理」（大学の使命）に反するので正義に反することになる。大学の自治を蹂躙する法律は真理追究を妨げるので，悪法だということになる。[9]

---

*9)　この悪法論の場合は，「C」によって「A」を批判するものである（道徳に反する法を批判する場合も，同様である）。他に，これとは別のかたちで，人権蹂躙の法や差別法が悪法とされる場合など，「B」によって「A」を批判している悪法論もある。これに対し，「悪法も法だから従え」というのは，「A」のレール正義だけを正義だとするところに出てくる議論である。

同じようなかたちの議論が,「善」(道徳),「美」(芸術),「聖」(宗教) についても妥当する。前述の五つの道徳論(本書11頁以下)は,それぞれがここでの「善」を通じて正義に関わっているのである。

社会的行為が「正しい」とされる場合の基準となるものは,ルール,帰属すべきもの,価値の三つ以外にはない。それゆえ正義は,「A」・「B」・「C」の三つに尽きる[*10]。しかもこの三つは,相互に相異なり,相対立する場合もあるが,相互に協調しあう場合もある。こういう構造図を示すことは,上の点,とくに「A」・「B」・「C」間の対立,そして究極的には「C」が規定的・基底的であることを明らかにする上で重要なのである。

以下では,省略のため,「A:(法的) ルールに適っている」を「ルール正義」,「B:各人にものを正しく帰属させる」を「帰属正義」,「C:真・善・美・聖等に適っている」を「価値適合正義」と呼ぶ[*11]。

[*10] 「正しい社会的行為をすること」は,法の場だけでなく道徳の場でも求められる。道徳の場で「正しさ」の基準となるのは,様々な道徳命題 (ルール) の他,「真」・「聖」からの道徳行為への方向付けである。なお,道徳に反することが常に法,したがってまた正義に反することになるというものではない (注4) 参照)。法と道徳とは異なるからである。たとえば,ウソ・暴力・戦争や救助不履行等は,道徳に反するが,すべてが法,正義に反するわけではない。これに対して或る社会での差別は,すべてが道徳に反し正義にも反する。法に背くことは,正義に反するが,すべてが道徳に反するわけではない。

[*11] 上の図が,正義に関する歴史上の諸議論の説明に有効であることを示してくれる事例を,一つここで扱っておく。たとえば,プラトン (Platon) の国家構想がなぜ正義と関係するのかは,上の図によって読み解ける:プラトンは四元徳に関わらせて,次のように論じた。正義の国家とは,知性の徳の持ち主である哲人が最高の指導者としてピラミッドの頂上にあり,勇気の徳の人である戦士たちが補助者としてこれを支え,節制の徳を身につけた庶民が底辺で国家の生活を支えるという構造にある,と。どうしてそういう3身分構成であれば,正義の国家となるのか。

それは,第一に,三つの身分にそれぞれ適合者を割り振ることによって,それぞれにふさわしいものを帰属させるという点で,「帰属正義」が実現しているからである。第二に,そういう国家では,支配者と被支配者とにおいて,ともに欲望の爆発が抑えられ,その結果,知性と勇気,節制の徳による政治がおこなわれうるからである。そういう国家では,公共性が尊重され,欲望・エゴイズムが制御される。これは,「美徳」の実現であるから,道徳的な善が実現され,「価値適合正義」が実現されたことになるからである。第三に,欲望が制限される結果,人びとがルールをまもり,身分的区分をまもって生活するから,安定した秩序ある政治状況が確保されるからである。これは,「ルール正義」が実現できている状態である。プラトンが自分の国家が正義の国家状態だと考えたのは——かれが▱

個々のケースで本来は善や真，美，聖等に関わることも，ことがらが社会行動に発展し，とくに法的関係に入った場合（たとえば裁判や立法，権利論の中身となったり，分配に関わったりする場合）には，これら「ルール正義」，「帰属正義」，「価値適合正義」のいずれかをめぐって，「何がここでの正義か」が問題となる。たとえば，「ルール正義」においては法に適うことが正義となるが，何が法かは，何を法源にするか，その法をどう解釈するか，それを妥当な法とするか，でちがいが生じる。「帰属正義」においては権利ないしその人の受け取りの資格（desert）が正義の基準となるが，何を，どこまで権利・desertとするかの判断のちがいによって，ちがいが生じる。さらには均分的正義をとるか配分的正義をとるかのちがいによって，ちがいが生じる。これらはともに，権利論や分配の妥当性論，それの前提となる人間論，女性論，労働観などに依存している。そしてこれら人間論等の中身を決めるのは，「価値適合正義」である。最終的には価値判断によるからである。最後に，「価値適合正義」では真・善・美・聖等が基準となるものの，何をもって真・善・美・聖等とするか，それらを正義に関しては（法的な場では）どこまで前に押し出すべきかによって，ちがいが生じる（そして，何が真・善・美・聖かは後述のように，それぞれ学問論，道徳論，芸術論，宗教論の問題であって，それ自体は直接的には正義論の問題ではない）。

　それでは，これらA・B・Cのうち，とりわけ法の世界で重要な正義はどれか。この点は，「正義」ないしjusticeの語を考えることによって，明らかになる：

　まず西洋では，dikaiosyne, iustitia, justiceは，ルール（神法，法律，慣習法．慣習上の権利秩序等）に従うことを意味する。したがって，この語は，道徳的善に適うことは本来含んでいない。他方，righteousness, Gerechtigkeitは，（（法的）ルールに従うことと共に）道徳に適うことをも意味する。たとえば，right conductとは法や道徳に従った行為を意味し，Es ist nicht richtig, zu lügenは道徳的に適うことに関連する（right personは適任者（任務に合致している人），right answerは正解（事実・論理に合致していること）を意味するので道徳性には関わらないが）。

　ということは，西洋で（法的正義としての）justiceに主として関わるのは，A

☑意識しているわけではないが——それが上述のようなかたちで「ルール正義」・「帰属正義」・「価値適合正義」の三つの正義にともに適っている，という関係があるからである。

とBである。これらとは異なりCは，間接的に（すなわち，何が善かの道徳論，何がことがらの本質かの真に関わる議論，何が美かの芸術論，何が聖かの宗教論をそれ自体として議論し，その結果得た「正しさ」によって），正義の問題と結びつくに過ぎない。

日本ではどうか。日本では，「正義」，すなわち「正」＋「義」のうち，「正」は多くの場合規準・事実に合うことを意味し，道徳的な意味はもたない（たとえば，正解とは事実に合致する答えを，正真正銘とは本物であることを，正面は人にまともに対することを，正則は規準通りであることを意味する）。したがって「正」はjusticeと同様，法的正義に主として関わっている，すなわち主にA・Bに関わる。他方，「義」は道徳性に関係しており，righteousness, Gerechtigkeitに対応しているから，Cの「善」（道徳的価値）に関わる。たとえば，義民とは人びとを救うため自己を犠牲にした人であり，赤穂義士とは忠を貫いた人である。忠を貫いた点で，Cの正義に関わる「善」＝武士の道徳に適うから「義士」である。しかしこの赤穂義士は，幕府の裁決に従わず，かつ御法度である無許可の仇討ちをした点では，Aの正義には適わない。論語の「義を見て為ざるは勇なきなり」の義は道徳的善を意味し，大義は人として守るべき善（国家・君主への忠節，親への孝行）を，道義は人がまもるべき社会道徳を意味する。

それゆえ，西洋のjusticeに対応した語として「正」があり，これらはAとBの正義，特殊法的正義に関連している。これに対し，righteousness, Gerechtigkeitに対応した語として「義」があり，これらはCの正義に関連している。「正義」はその全体として，justice＋Gerechtigkeitを含意しているのである。

1. 2. 4　諸事例の検討

ここでは，サンデル本が出している多数の事例の内の七つを対象にして，筆者による，上述の正義の構造図，および正義と道徳の関係の見方を踏まえれば，サンデルの議論はどう是正されることになるかを示しておこう。

(1)　第一義的には——justiceではなく——道徳に関わる事例

　【事例Ⅰ】　電車の運転手の転轍　サンデル本の41頁以下に出てくる有名な事例である。ブレーキが故障し暴走する路面電車を運転している運転手が，線路上

第1章　正義の構造：サンデル，ロールズ，井上達夫から考える　**23**

に5人の工夫が知らずに働いておりそのまま直進すればひき殺してしまう，と見た。ところが，かれらの手前に転轍できる部分があり，そこで転轍させて別の線路に向かえる。しかし，その別の線路上にも1人が知らずに働いており，かれ1人をひき殺すことになる。5人を救うために，1人を犠牲にすることは，正義に適っているか。

【事例Ⅱ】　ミニョネット号事件（1884年7月）　56頁以下の事例である。イギリス船ミニョネット号（Mignonette）が難破し，4人は救命ボートに避難した。水・食料がまもなく尽き，このままでは確実に全員が死ぬ。そこで3人（妻帯者で上の地位にあった）が，救助船が来るまで生き残るために，衰弱した水夫（独身で若かった）を殺して食べ，その血を飲んだ。そして，それによって1ヶ月近く生きて救助された。この殺害・食人は，正義に適っていたか。

　サンデルはこれらⅠ・Ⅱの2事例を，直接に正義に関わる問題として扱っている。しかし私見によれば，これらは直接的には道徳の問題である。正義に関わらせる以前に，道徳論として問題になり，それにほぼ終始するからである。すなわち「その行為は，道徳的に（自分たちの道徳観に照らして）許されるか」が問題である。とくにⅠの事例では，運転手が──過失致死の疑いがない限り──裁判に掛けられるなどということはないのだから，道徳問題に終始する。このように裁判で追及を受けなければ，問題は生き残った3人の当事者の自己内省（良心）だけに関わるものとなり，これに終始する（仲間を殺害・食人をしたミニョネット号の3人はもちろんのこと，工夫を轢いた運転手も，その道徳上の立場によっては，良心の呵責に苦しめられる）。

　正義は，法や裁判に関連してはじめて，すなわちその行為が犯罪かどうか，不法行為かどうかが問われる場で問題となる。（Ⅰの事件はともかく）Ⅱのミニョネット号事件は刑事・民事の裁判で追及されうる事件であるから，その場合は「期待可能性」等の法的問題＝「ルール正義」が問題になる。「殺した行為が道徳的に見て正しかったか」も問題になるが，それは裁判では決め手にはならない。

　ではⅠ・Ⅱの事例に対しては，先に述べた5つの道徳論上の立場はどう関わるか。Ⅰ・Ⅱの事例に対しもっとも直截に方向を出せるのは，功利主義である。この立場からは──命の問題に限定して考える場合──Ⅰ・Ⅱの事例はともに，少ない人を犠牲にして多くの人を救う選択が「道徳論上，是だ，善だ」となる。

「最大多数の最大幸福」の観点から考えると，Iの場合は5人の快（生存すること）と1人の快との比較，換言すれば1人の不快（死亡すること）と5人の不快との比較となり，IIの場合は3人の快（生存すること）と0人の快との比較，換言すれば1人の不快（死亡すること）と4人の不快（全員の死亡）の比較の問題となる。

　次に，義務論，近代の理性道徳から考えると，人間の尊厳性は無限の価値だから，1人の生存ないし死も，5人の生存ないし死も，価値的には同じ値となり，「どちらを選択することも，道徳論的には不可能」となる。工夫たち自身の側では，義務論的に考えれば，自分を犠牲にしてでも相手を自己目的的に扱って救うことが道徳だから，誰もが他人のために自分が犠牲となって死ぬことを提案する。これらの思考の下では，結局，Iでは，直進するのと転轍するのとでは是非の区別ができないとして，「判断停止」（ことの成り行きに任す）となる。IIでは，全員が生きられるところまで共に生き延び，その後，次々と死んでいくのが道徳にかなったことになる。この義務論の立場から見れば，功利主義と「美徳」の立場とは「人間各人の無限価値・個人の無限の尊厳性を認めないから，不道徳な議論」となる。

　道徳感情論からは，公平な第三者の立場から判断すると，同情は被害者各人に対し同じで，人数で変わらないとすれば，これも，ともに選択は不可能・「判断停止」となる。このときは，功利主義と「美徳」の立場（後述）とが出した結論は，「われわれの自然な道徳感情に反するから，不道徳な議論」となる。しかし，犠牲者の人数とかかれらの境遇とかによって，同情が一方の側へは強まり他方の側へは相対的に弱まるものであるとすれば（その可能性はある），そのちがいが判断を左右することになるから，功利主義と「美徳」の立場とが出した結論に近づく。

　サンデルが上のI・IIの事例を取り上げたのは，義務論や道徳感情論の立場をとることが多い学生たちに，死者の数の多寡で善悪を決める功利主義が，あまりにも非常識だということを印象づけ，道徳をめぐる議論の面白さを喚起しようとしてのことである。[12]

---

*12)　功利主義の問題処理態様が非常識だとはいっても，それは，功利主義以外の道徳論を基準にすれば非常識だということである。功利主義も「C」（とくに善＝道徳）を媒介にして正義を構成するのであるから，「正義 vs 功利主義」と言うものではない。

また，「事物のもつ論理」からは，「人間の本質」が問題になり，たいていは上記の義務論と同様な結論になる。

　「美徳」の立場からは，結論は分かれるであろう。一方では，古代以来，軍事や政治の道徳では，「より多くの人命を救うために，少数者が犠牲になるのは美徳に適うことだ。少なくとも損失を少なくする観点からして良策である」とするのが普通である。しかし他方では，今日においては人びとは個人の尊厳を重視しているので，後述のカント的義務論等と同じ方向をとることもあるだろう。

　このようなかたちで，上のⅠ・Ⅱの事例は第一義的には——正義論に入るまでもなく——道徳論だけで決着がつく。たとえ，後述のようにⅠ・Ⅱの事例で正義が問題になるケースでも，そこでの正義判断は上記の道徳論的考察に全面的に依拠しており，道徳論と別個に展開する正義論は，ここでは存在しない。サンデル本が，Ⅰ・Ⅱの事例では三つの正義論がそれぞれ直接に規定的に働いているとしているのは，ことがらの正確な把握ではない。

　以上を前提にして今度は，Ⅰ・Ⅱの事例を正義論との関係という観点から位置づけよう。前述のように裁判で行為の責任が問われた場合などには，正義問題となるからだ。

　まず，これら2事例では，正義のうちの「A：ルール正義」に適うかが，殺人・死体損壊に関して問題になる。しかしまた，この問題を審理するときには，違法性阻却や期待可能性によって不可罰とすべきかどうか，量刑をどう考えるか，の検討が必要である。これは，「B：帰属正義」の判断である。だがこのBの判断も，最終的には上記の道徳論に依存している。したがってⅠ・Ⅱの事例の双方を最終的に方向付けるのは，「C：価値適合正義」のうちの「善」，すなわち道徳である。ある道徳論の立場からする道徳に適っておれば，それにもとづいた社会的行為は——「真・善・美・聖等に適っている」という意味における「正しさ」であるという意味で——正義に適っている行為だということになるのだ。

　この観点からは，Ⅰ・Ⅱの事例は，功利主義を前提にしつつ「C：価値適合正義」における「善」を問題にすれば，正義にかなうことになる。義務論や道徳感情論を前提にしつつ「善」を問題にすれば，正義に反することになる。

Ⅰ・Ⅱの事例は，以上の程度でしか正義論には関わらない。したがってサンデルのように，正義論の授業でⅠ・Ⅱの事例を出して，正義論の中心問題であるかのような教え方をすると，新入生に正義と道徳との関係について，誤った見方を与える。正義論を道徳論の一種と錯覚させてしまうのだ。

【事例Ⅲ】 ニューオーリンズの水害と便乗値上げ　　13頁以下の事例である。
ハリケーン＝カタリーナによる大災害で生活物資が不足しているときに，商人がそれらを買い占め，高い値段で販売した。これは，正義に適っているか。

この事例は，どういうかたちで，どの程度まで，正義に関わるか。買い占め・高価販売を禁止した法律がない場合には，「ルール正義」には関わらない。

他方，生活物資を緊急に必要とする人が，それらを高い値段でしか手に入れられないのであれば，その人の幸福追求が妨げられることになる。しかし法的には，この程度の侵害では人権ないし私権の侵害とは言えない。しかも，商売の世界ではものの値段は需要と供給との相関で決まるのだから，こういう行為もその原則には抵触しない。人権侵害なら「帰属正義」に関わるが，ここではその問題でもない。

結局，本ケースでの主要問題は，こういう買い占め・値上げ行為が道徳的に見て非難に値するか否か，である。困窮している人の弱みにつけ込んで自分が利得するのは，「他人を害するな」，「他人の不幸を利用して利得をするな」の道徳に反し，また，他人の困窮を知りながら援助の手を差し伸べないのであるから，「他人に奉仕せよ」に反する。これは，「美徳」の立場でも義務論でも，道徳感情論でも，そうなる。加えて他人を道具にして自己のエゴイズムを貫徹させることであるから，欲望に規定された行為であり，かつ人を自己目的として扱わないのだから，このカント的な意味でも道徳に反する。これらの点で，この事例もまた，第一義的には道徳違反の問題である。

正義が問題になるのは，こういう便乗値上げ者の道徳違反性に対して行政がどう対処するか等が問われるときである。道徳に反する者には，法的制裁は難しいとしても，行政指導や出入り禁止の行政的制裁が科されうる。この際には，「価値適合正義」のうちの「善」を介して正義判断がおこなわれているのである。

それでは，逆の面から見て，物資の買い占めや便乗値上げを禁止ないし規制

する法的措置は，正義とどう関係するか。生活物資を緊急に必要とする人の人権を尊重する立場からの規制であれば，「帰属正義」にかないそうだ。しかし他方では，リバータリアン的な立場からすれば，営業の自由という人権に対する制限であり，「帰属正義」に反することになる。また，他人を困らせる反道徳的な行為を禁止するというのであれば，「価値適合正義」に関係する。功利主義からは，この措置が社会の善をもたらすかがポイントとなる。

　まとめると，この事例Ⅲもまた，第一義的には道徳の問題であって，典型的な正義である「ルール正義」と「帰属正義」とには関わらない。

(2)　第一義的には——justiceでも道徳でもなく——「事物のもつ論理」に関わる事例

　【事例Ⅳ】　プロゴルファーとカート使用　　321頁以下の事例である。プロゴルファーのマーチンが足に障害があることを理由に，PGAトーナメントでゴルフ゠コースをカートで廻りたいと申し入れた。プロゴルフ協会（Professional Golfers' Association：PGA）側は，これを認めなかった。この不許可は，正義に適っているか。

　【事例Ⅴ】　車いすのチアリーダー　　290頁以下の事例である。障害をもち，正規のパフォーマンスができないが，車いすで動く姿のゆえに人気のあるチアリーダーに，他のメンバーがそういう活動に対し異議申し立てした。

　先にも取り上げたがこの二つの事例も，第一義的には正義に関わらない。しかもこれらは，上記Ⅰ，Ⅱ，Ⅲの事例とは異なって道徳とも関係しない。道徳に違反する行為は，この事例では見当たらないのだ。これらⅣ，Ⅴの2事例の検討からは，「C：価値適合正義」において道徳論だけが正義を規定するのではないことが，明らかになる。

　事例Ⅳで問題になるのは，第一には，カートを使う者と使わない者との間で，平等が確保されるかである。これは，「帰属正義」のうちの，平等に関わる。このゴルファーは，自分は足が悪いのだから，カートを使うことによって，実質的平等，すなわち配分的正義が確保されると考えた。これに対してPGA側は，このゴルファーだけが，歩くことによる疲労が少なくなるので，打つときに有利となり，平等に反すると考えた。これは，均分的正義・形式的平等に反するとしたのである。しかし，配分的正義でいくべきか均分的正義でいくべきかは，

「正義」からは方向が出てこない。結局，次の点が，決め手となる。

　すなわち**事例IV**での主要問題は，ゴルフ＝コースを歩いてまわることがゴルフというスポーツの重要な構成要素か（Is walking essential to the game of golf?），本質に属するかの問題である。これは「事物のもつ論理」――「善」ではなく「真」等に該当する――の問題である。まずこの問題を確定し，それにもとづいて扱い方を検討する，というものである。「真」といっても，客観的に事実に合致しているかの問題ではなく，そう主張することがゴルフについて人びとが共有する観念からして受け容れうるかどうかの問題である。マーチンは，ボールを打ってホールに入れることだけがゴルフというスポーツの重要な構成要素だと考えた。これに対してPGA側は，歩くこともゴルフというスポーツの重要な構成要素だと考えた。ともにゴルフというスポーツの本質，「事物のもつ論理」を考え，それに対応した扱いをすべきだとするのである。

　ここでも，上の点自体は正義に関わるような問題ではない。他のプレイヤーとの条件の差が問題になるから，さらには裁判に訴えたから，正義との関わりが出てきた程度である。そして裁判では，真に関わる「価値適合正義」を媒介にして，正義判断がおこなわれたのである。

　ちなみに，サンデルはこの議論を，「美徳」に関わらせている。スポーツとして承認されることで，勝者は勇者の「美徳あり」として世間の「称賛」を受けるから，と言うのである。しかし，本件ではカートを認めるかどうかが主要事項であり，称賛・「美徳」問題は付随事項にすぎない。「美徳」問題がカート利用を認めるかどうかを左右する関係にはない。たとえカート利用を認められても，そのことが必然的に勝利に結びつくわけではない（ホールに入れる技が決め手であることは崩れない）から，カート利用で勝利した者も，すぐれた功績を挙げた者として称賛されうる。すなわちカート利用を認めても認めなくとも，勝者となれば勇者として称賛されるのであるから，本件では称賛は基軸問題ではない。

　事例Vも，チアリーディングの目的は何か，ピラミッド，宙返りや開脚はチアリーディングにとって不可欠のパフォーマンスに当たるかの問題に関わる点で，事例IVと同質である。

　まとめるとこの事例IV・Vもまた，第一義的には「真」，とくに「事物のも

つ論理」をめぐる問題であって，典型的な正義の問題である「ルール正義」と「帰属正義」とには関わらない。両事例はまた，「美徳」・称賛の道徳論にも関わらない。この「事物のもつ論理」は，道徳論とは別ものである。サンデルのように両者を混同することは，正しくない。

【事例Ⅵ】　同性婚　　395頁以下の事例である。同性婚を法的に認めないことは，正義に適っているか。認めることは，どうか。法的に認めるべきでないとしても，そういう事実婚をすることは，正義に反するか。

同性婚は，法の問題に関係ない事実婚のレヴェルであれば，「道徳に反する」とする人がいても，それは単に道徳違反かどうかの問題に留まり，正義には関わらない。

社会行動の対象となったり，立法や司法に関係して議論される場合は，正義の問題となる。性に関わる差別の問題とされる場合も，正義の問題となる。「美徳」の立場に照らして「道徳論上認めるべきでない」とする人にとっては，裁判で認めたり，認める法律をつくったりすれば，正しくないことを国が積極的におこなうのであるから「正義に反する」となる。

①婚姻制度の目的，重要な構成要素が子供の生殖と養育にあるとする立場，すなわち，カトリック的な目的論的道徳論からは，それから外れる同性婚を裁判で認めず，また認める法律をつくらないことが「正義に適っている」となる。この場合も，事例Ⅳと同様，「C：価値適合正義」のうちの「真」に関わり，それを媒介にして正義に関わる（カトリックでは聖にも関わる。それを媒介にして宗教的道徳にも関わる）。逆に，婚姻の目的，結婚の重要な構成要素を「性愛を軸にした愛の共同性樹立だ」とする立場からは，同性婚も法的に認められる。ここでは「事物のもつ論理」による「同性婚は性愛の関係の一つだ」との認識が，「この点で道徳的制度だ」というかたちで——カトリックとは別の——道徳や「聖」に結びつく。

②「婚姻制度自体には，固有の目的はない。あるとしても，それは2人の当事者がどういう目的を付与するかによるに過ぎない」とするのも，一つの見方である。この立場では，従来の道徳や「聖」は直接には関係しない。また，

③「どのような共同生活を営むかは，各人の自己決定権に属する」とする立

場は，「帰属正義」のうちの，人権の尊重に関わる。この立場では，およそ道徳や「聖」は直接には関係しない。

正義の問題といっても，その中身は，婚姻観・制度論とか人権観とかといった，価値判断に定礎しているのである。この事実も，「正に対する善(価値)の基底性」を証明している。

ところで，これらは日本では，条理論（それの2本柱である「事物のもつ論理」の条理と「正義公平の原則」の条理とのうちの前者）にもとづく問題として古くから扱われてきた。[*13]それゆえ，別にサンデルに依拠してアリストテレスを持ち出さなくとも，日本のこれまでの議論の成果で展開できるところだ。ただ，こういう条理に関わる議論をすること（そもそも論）は，アメリカの裁判所では日本のそれに比べ，はるかに多い。アメリカの裁判官は，条文があっても，その解釈論だけに終始せず，そもそも論を加えるかたちで処理することが多い（連邦憲法では第14修正に関わる問題であるが，裁判所はそれを越えたレヴェルでも議論するのである）。

まとめるとこの事例Ⅵもまた，第一義的には「真」ないし「善」（道徳)・「聖」をめぐる問題であって，典型的な正義の問題（「ルール正義」と「帰属正義」）には関わらない。

さて以上の6事例で中心問題は，「C：価値適合正義」に適っているかにある。これらに対しては，後述する（ロールズの）「無知のヴェール」や「善に対する正の優先」，（井上の）「善に対する正の基底性」や「正義の普遍主義的要請」は，どう考えても使えない。ロールズら（や井上）の道具立ては，正義の議

---

*13）　条理は，多義的である。それは，一つには，法律家（あるいは法生活を営む市民）の了解事項（正義感覚・良識）を意味する（これに反するものは正義に反するとされる）。それはまた，ことがらの基本性質（「事物のもつ論理」），とくに「真」に関わるものである。これらはともに，「C」の一環であり，それに反するものは正義に反するとされる。拙著（前掲注5））『法解釈講義』第3章参照。

　　これに対して衡平は，ルールの妥当を個々のケースの特性に応じて限定すること（「B」の一つ）である。その際には人は，「C」のうちの「善」や「真」によって「A」の妥当を是正するのである。その際の「善」の中身は，困窮者の救済，慈悲の心の発揮などであり，「真」の中身は，訴訟を遂行するうえでの必要性や，生活する上で欠かせないことがらなどをも含む。

論のごく一部にしか妥当しないものだということが分かる（サンデルも諸事例を通じて，このことを示唆しようとしているのだ。かれの『公共哲学』も，ロールズのような「正の優先」ないし「国家は中立であるべきだ」では処理できない事例を多く出している）。

　他方，（サンデル自身の押し出す）「美徳」は，上に見てきたことがらにごく部分的にしか関係していない。[14]コミュニタリアンの「美徳」の議論もまた，正義の一部にしか妥当しないものなのである。

(3)　第一義的に正義に関わる事例

　【事例Ⅶ】　累進課税　　第3章の事例である。富豪に高い税率で課税して，その金で非課税の貧しい人を援助するのは，ノージックらリバータリアンが言うように，富豪に対する盗みであり強制労働であり，それゆえ正義に適っていない行為か。

　リバータリアンの議論は所有権侵害の権利問題に，ロールズの議論は分配（配分的正義）に関するから，ともに「帰属正義」に関係する。分配・平等はそれ自体が正義の問題である。本事例はまた，税制問題である点でも，直接に正義に関わる。すなわち，この事例Ⅶだけが——他の事例が第一義的には道徳論や「事物のもつ論理」論であり「価値適合正義」を介して正義に関わるのに対し——第一義的にも正義論の問題としてある（リバータリアンにとっては，高い課税は国家による強奪であって，道徳問題でもあろうが）。

　リバータリアンの主張は，「帰属正義」のうちの，権利の尊重に関わっている。リバータリアンではない立場から見れば累進課税は，「帰属正義」のうちの配分的正義に関わる。国を支えるには，その構成員が費用を分担しなければならない。分担が必要だとすれば，その分担は，均分的正義（一律の負担）か配分的正義（応分負担）かの二者択一となるのだが，このどちらを採るかは，その

---

*14)　これまでのところで見てきたようにサンデル本は，「美徳」の問題よりも「事物のもつ論理」に関わる事例を多く扱っている。それゆえこの本は実際には，共同体的「美徳」に特化するマッキンタイアーの『美徳なき時代』（1981年）を超えるものを出しており，コミュニタリアニズムや「美徳」論だけでは正義論としては不十分である事実を，むしろ逆に明らかにしている。サンデル自身，このことを他方では自覚している。たとえば『公共哲学』第30章（「コミュニタリアニズムの限界」）は，サンデルが「事物のもつ論理」を重視する立場からコミュニタリアニズムを批判する人であることを示している。

国民がどういう関係を重視するかによる。たいていの人は，貧しい人の負担を軽くして負担の重さが実質的に均等になるべきだとする。形式的な平等よりも，実質的な平等を重視するのである。したがって，累進課税が帰結する。

　集めた税を生活保護や障害者保護に使う点に関しては，「貧しい人も人間として生きる権利をもっている」と考えてそれを保障するのは，「権利尊重」の思考であり義務論に親和的である。また，人間としての連帯を重視するのは，「美徳」の立場からするものでもある。困窮者への共感を重視するのは，道徳感情論である。これらは，「価値適合正義」のうちの「善」に関わる。これを媒介にして，道徳論が正義に関わっていくのである。

　以上，正義の構造図を踏まえ，道徳と正義がどういう関係にあるかを見てきた。ここから分かるように，正義の全体構造を踏まえないと，正義と法権利・分配，正義と善・真・美・聖等との関係を理解できず，サンデルに見られる混同が生じる。前述のように正義判断とは，社会行動を或る基準に照らして評価し，合致しておれば「正しい」・「正義だ」とすることである。したがって，法・権利，善・真・美・聖等をどの程度，基準にするかで，帰結は異なる。

　上の検討からはまた，正義はそれ自体は内容をもってはいないことも分かる。正義は最終的には善・真・美・聖等と関係付けられてはじめて方向が出るものに過ぎない。この点を，女性差別と正戦とについて見ておこう。

　(i)　女性差別　　古代から近代まで，「女性に市民権を与えないことは，正義に適う」と考えられてきた。やっと19世紀の後半から異論が強まり始め，1960年代以降広く，「女性差別は，正義に反する」とされるようになった。このちがいは，何によるか。「かつては「正義」概念に反した，男性の「集団エゴイズム」や「特権化」しかなかった。これが終わったから，正義が貫徹するようになった」ということではない。「正義」概念は昔からあり，その構造は変わらない。変わったのは，「何がここでの正義か」を決めるときの中身となる，人間・女性の見方，人間観・女性観だ。

　それまでは，「女性は，男性より劣ったものだ」とされていた。この優劣の差を前提として，「各人にかれが値するものを帰属させる」という正義の原理（「帰属正義」）を使うと，女性に市民権を与えないのが「正義に適う」となる。

第1章　正義の構造：サンデル，ロールズ，井上達夫から考える　　33

これに対して1960年代以降は，「女性も男性と，同じ人格をもつ」・「男女の能力に差はない，あっても本質的なものではない」とする考え方が広まった。この新しい見方で「帰属正義」——これ自体は今も昔も変わらず妥当している——を判断すると，女性に市民権を与えないことは「正義に反する」となる。これをさらに厳密に言えば，三つの正義の中の「C：価値適合正義」の，「真」の中身（人・女性をどう見るか）が変わり，そのことによって「B：帰属正義」の適用時に，別の帰結が出てきたのである。

(ii)「正戦」　戦争が正戦，正義の戦争となるのは，どういう場合か。ここでも「正」・「正義」，「正しい」とは，何かに照らしてという意味である。その何かは，① 既存のルール，② 既存の権利，③ 広く認められた価値，のいずれかである。すなわち戦争をめぐっては，次のような事情がある。

①　既存のルール　ある国・集団が国際法や条約を破って，核兵器・化学兵器を製造したり，他の国を攻撃したりしたことに対する懲罰の戦争は，「ルール正義」擁護の点で「正戦」だとされる。しかし，その条約がもともと，特定国だけを差別的に規制していたり，攻撃を始めた国の主権を著しく侵害している不当なものであれば，「正義違反」とは簡単にはならない。この時は，次の②の観点から①を批判しているのである。

②　既存の権利　ある国・集団が他国を侵略をしたり，人びとの人権を侵害したりしたことに対する防衛，土地・権利の取り戻し，報復・懲罰の戦争は「帰属正義」擁護の立場からの戦争となる。しかし当該領土が他国のものだということが疑わしければ，正義に反したとは簡単には言えない。この点は，③の観点，とくに歴史的「真」に関する問題からの議論である。

③　広く認められた価値　ある国・集団が，特定の世界宗教を冒涜ないし妨害する行為に出たとき，その国・集団に対して当該宗教の国々が国際的な阻止行動，懲罰のためおこなう戦争は，「聖」をまもる点で「価値適合正義」擁護の立場からの戦争，「聖戦」としての「正戦」だとされる。普遍的な道徳・「善」を犯した国・集団に対し，その道徳・「善」を擁護する国々がおこなう戦争も同じである。

これらでは，正義や道徳的善や宗教的聖を引き合いに出す以上，行為は徹頭徹尾，正義にかない，善，聖に適うものでなければならないから，戦争の戦い方も，戦後の処理も，正義，善，聖に適っていてはじめて「正戦」となる。し

かし聖戦意識が昂じると，報復国は「残虐も肯定される」とするにいたる。

　それでは，「正戦論は，戦争を肯定する立場だから問題だ。われわれは，いかなる戦争にも反対する」との主張は，正義とどう関係するか。この主張は，「ルール正義」や「帰属正義」には，関係しない。関係するのは，「価値適合正義」である。しかしそれが，「戦争が根本的な解決にならない」とする議論ならば，道徳と関係しない。それは，たんなる費用対効果の判断である。これに対し，「戦争は，多くの罪なき人を殺し苦しめるので，許されない」，「赦しこそ人間のあり方。憎悪は，人間性を壊す」とする議論は，「善」，道徳に関係する。したがってこの主張は，「価値適合正義」を媒介にして，正義に関わる。

　以上のように戦争は関係に応じて，ルール，権利，価値が「正」の中身となることによってはじめて，「それに照らして正しいから，正義の戦争，正戦だ」とされる構造をもつ。「正義」概念から――いわばアプリオリに――正戦の中身が決まるのであれば，ここまで多様な正戦の種類が発生することはない。正義は，価値等を反映して光る。価値が多様だから，「何が正戦か」もまた多様な見解に分かれる。これらでは「善に対する正の基底性」ではなく，逆の「正に対する善の基底性」が不可避である。ここでは「正義の2原理」や「正義の普遍主義的要請」は，ほとんど意味をもたない。

1.3 ――ロールズ考：　分配論と正義論の関係

　今までの考察の中で出てきたのは，正義の全体構造を考えないで正義論をすると，正義と道徳等との関係を正しく理解できなくなる，ということであった。正義の全体構造を考えないことはさらに，別の問題点として，正義に関わる論点は多いのに，その中の一部分から得たことがらを，正義全体に当てはまるかのように錯覚することをももたらす。その典型の一つが，ロールズやかれに依拠して議論する多くの人びとの「正義論」である。

　ここで問題になるロールズの議論は，次のようなものである：ロールズは，個人的にも社会関係上も相互に異なっている人間を，思考上いったんは単なる個人，一般的市民に還元し，「その情況下でかれらはどのような選択をするか」のシミュレーションで正義を考えようとする；ロールズによれば，このような

関係に置かれた（「無知のヴェール」を被った）各人は，「最善を追求するとすべてを失う」と合理的推論をして，次善の道を選ぶ；その中身が，「正義の2原理」，すなわち，①各人は基本的な自由を平等に保障されるべきだ；しかし，②もっとも恵まれない人びとの基本的諸条件を確保し，またかれらが能力を発揮できる公正な機会を確保するためには，恵まれている人びとの自由を一定程度制限すべきだ，とするものである。これは，自由・平等を原則にしつつ，全構成員の生存権を確保する社会的配慮を加味した立場であると言える。

　そしてロールズは，この原理獲得作業の実績を踏まえて，「善に対する正の優先」を帰結する：今日の社会では価値観が多元であるから，一つの善（ここでは，道徳的価値のほか真・美・聖の価値）を他のものを抑えるかたちで追求することも，社会の全構成員が一つの善を共有していると前提して議論することもできない；各人がそれぞれの善を追求することを前提にしつつ，相互に了解しあえる共存の枠組を確立することが大切である；それを樹立する可能性が，「無知のヴェール」を経て行動原理を獲得する手続に求められる，と。ロールズは，この立場こそが，リベラリズムに通じると言う。リベラリズムとは，人びとがそれぞれ自分の善とするところに従いつつ，ともに生きられる道，すなわち多様な内容の善が共存しあえる社会生活の形式，を尊重する立場だからである。

　ロールズのこの議論を，われわれはどう見るべきか。私見によれば，次の問題がある。

　第一に，先に見たようにロールズが獲得した「正義の2原理」とは，分配をめぐる議論である。それが分配上の正義を超えて正義全般に適用しうるものかどうかは，正義の全体構造を踏まえてはじめて明らかになることがらである。

　分配における正義問題は，筆者の言う「帰属正義」の中の，形式的平等と実質的平等をどう組み合わせるか，どちらをどの程度優先させるかの問題としてある。ここにおいては「正義の2原理」を妥当させる構造があるとしても，しかし他の「帰属正義」，さらには「ルール正義」や「価値適合正義」が問題になる場では，「正義の2原理」などはどう考えても指針とはなりえない。

　「善に対する正の優先」も，そうである。これも，分配すなわち「帰属正義」の一部分には妥当するとしても，「ルール正義」や「価値適合正義」が問題になる場では妥当しえない。分配では人は，自立した自由な主体同士として暗黙

のうちに相互に他を前提しあっており，その共存形式を考え，平等な関係を確保しようとする。しかもここでは，何を分配するか（分配すべき価値物）はすでに決まっており，ただその分配形式だけが問題になる。「正しい分配」の概念自体が即，各人の地位や価値観・分配物の中身を問わない関係を意味しているのだ。ここでは，「善に対する正の優先」がすでに働いている。

　分配ではロールズらの議論が妥当する面があるのだが，しかし分配問題は正義の一局面に過ぎないのだから，分配の考察で得た原理，さらにはそれを得る手法，が正義の他の部分にも通用するとは，それだけでは結論づけられない。

　ロールズは『正義論』第31-59節で，「正義の原理」が立憲民主主義や法の支配を要請すること，「正義の原理」に反する法律・国家に対する不服従，不寛容な者に対する寛容など，「良く秩序づけられた社会」のあり方の各論を展開している。しかしこの箇所は，率直に言って，「自由・平等」さえ前提にすれば書ける中身である。かれの「正義の２原理」は，第一原理が「平等な自由」であるから，その限りで関連しているわけである。この第一原理自体はごく平凡な「原理」だから，多様なものを包摂できる。だが『正義論』の目玉商品は，第二原理（格差・機会均等原理）の方だろう。ところがこの第二原理は，この箇所（立憲民主主義や法の支配を扱う箇所）では働いていないのだ。それなのに，ロールズはこういう各論をこの箇所に入れた（独立の論文だったものを入れている）。このことも，「『正義論』は正義全体向けの原理を出した本だ」との幻影づくりに寄与した，と言える。

　法律や国家については，上記の分配の正義は一部にしか関係せず，他に真・善・美・聖等に照らしてどう正義判断をするかも，重要である。たとえば，①広範な人びとの人権を抑圧した憲法・法律に準拠して裁判官が裁判することは，（「ルール正義」の観点からは問題にならないものの）「帰属正義」に立脚すると「悪しき裁判」となる。②「帰属正義」自体をめぐっても，どのような人権を，誰に対して，どの程度保障すべきかは，「正義の２原理」や「善に対する正の優先」からは実質・内容は何も出てこない。人間観や男女観，個人の尊重の度合い，その人権に関わる社会関係・制度がどのくらい重視されているかの度合いなどによる問題だからである。ここでは何が「真」かがまず問われている（人間の本質，それと女性との関係，が問われている）のだから，「善に対する正の優先」などと

第1章　正義の構造：サンデル，ロールズ，井上達夫から考える　　37

は言っておられない（本書33・34頁）。③「ルール正義」と「帰属正義」との緊張（これらの一方を他方によってどの程度制約するか，拙著『法学講義』9・10章）も，その時代の観念や，関係者の意識による。④ そもそも分配上，あるケースを均分的正義で処理するか配分的正義で処理するか，両者をどう組み合わせるか，も価値選択による。「反省的均衡」がその選択を方向付けると言うのかも知れないが，漠然としており，何が帰結するか予想がつかない。

　結局，決め手は「価値適合正義」なのである。これは，真・善・美・聖等の価値を中身としており，それによって「何が正義か」ははじめて内容をもって語りうる。正義は，上記諸価値でもって充填される容器に過ぎないのだ。

1.4——井上達夫考：　「正義概念」・「善に対する正の基底性」の射程

　井上は，初期ロールズが正義を多様な価値観の共存を可能にする中性的枠組と位置づけた点を評価し，これを立論の基底に置く。正義のこの関係に，人間の社会的共同性の（単なる形式的なものに留まらない）基本条件が体現されている，と井上は見るのだ[15]（後述）。もっとも井上は，上記の立場からロールズとの違いも見せる。井上は，ロールズのようには「これこそが正義の原理だ」といった議論は避け，必須の枠組に限定しようとする。また，正義をロールズのようには分配を軸にして考察するのでなく，ルールを軸にして考察する。

　井上の作品は数多いが，ここではもっとも正義論が端的に語られている，『共生の作法』（創文社，1986年），『法という企て』（東京大学出版会，2003年），『世界正義論』（筑摩書房，2014年）等を主な素材に使う。『法という企て』の第1章で，井上は（ロールズ的に）次のように言う：人はそれぞれが，自分の「正義構想」（conception of justice）をもつ。それゆえ正義構想には，多様なものがある。しかしそれら正義構想をもつ人びとが共存できるためには，共存の基盤についての基本的了解・原則が共有されていなければならない。井上はこれを，「正義

---

*15)　もっとも井上の議論では，「真の正義はこれだ」，「この関係は正義理念に反する」が実際にはかなり前面に出ている。井上は「正義・リベラリズム批判も自分の課題だ」と言うが，「善に対する正の基底性」，「正義の普遍主義的要請」等を批判することは一切ない。逆にそれらは，さながら自由の騎士がもつ神剣のように随所で振りまわされる。

概念」(the concept of justice) と呼ぶ。そして，ある行為がこの「正義概念」に適っているためには，その行為が「普遍化不可能な理由による差別」によらないことが欠かせない：逆に言えば，行為は正義が根本前提とする「普遍主義的要請」を満たしていなければならない，と独自の方向を出す。

　井上によれば，「正義概念」の核としてのこの「普遍主義的要請」は，その「強い規範的含意」として次の四つの原則を柱とする；すなわち，(イ)フリーライドの禁止，(ロ)ダブルスタンダードの禁止（禁反言），(ハ)既得権益の主張の排除（これは，権利主張が普遍主義的要請に応えるためには，欠かせない），(ニ)集団エゴイズム（を含めたエゴイズム）の排除である；そしてこれら四つからは，「自己中心性の克服が正義概念の核心」となっているという事実が帰結する。またこうしたこれら四つに通底する，「普遍主義的要請」の「根本含意」は，立場の反転可能性（reversibility）にあることも，確認できる。反転可能性とは，自分が或るコミットメントをしているごとく，他者もまたコミットメントをしうる存在だという事実を認め，それにもとづいてその他人をも尊重することである（これはまた，自分が欲しないことを他人に求めるな，ということであり，反エゴイズムである）。この姿勢をとれば，自分のコミットメントについては公共的な正統化が必要である，となる。人間のこうした相互尊重は，リベラリズムに親和的であるから，真のリベラリズムは正義を基底とする。それゆえ，正義は多様な価値をもった諸個人の共生を確保しうる土台となる，と。井上は，これらが正義概念，その反自己中心性からアプリオリに導出できるから，正義論は価値中立でありつつも，人間の共存のかなり具体的な方向付けが可能なものとなりうる，と——いわば先験論的に——考えるのである。

　このような議論は，筆者の，正義の構造論の観点からは，どう見えるか。

1.4.1　第一の批判点

　上記(イ)〜(ニ)の四つは実際にはどれも，井上が言うようには，「正義の普遍主義的要請」の含意ではない可能性，すなわち正義概念から導出されるものでない可能性がある。もしそうだとすれば四つは，井上が言うようには「強い規範的制約原理」とはなりないものとなる：

　(a)　まず，(ロ)のダブルスタンダードの禁止（禁反言）と，(ニ)の集団エゴイズム

の禁止とは，「正義」から出てくるのではなく，それとは別個の関係である「ルールを使うこと」自体からその技術的要請として出てくる。ルール・基準を使う場では，使うための制度的・技術的要請として，ダブルスタンダードは原則，認められない。ダブルスタンダードとは，あるルールを前提にしながら，別の時にはそのルールを否定して従わないことであるから，それを許せばルール・基準は自己崩壊するからである。同様に，集団エゴイズムは，ルールでなく自分たち（その気分や利益）を物差にするので，それを許すと，ルール・基準は自己崩壊する。

　すなわちこれら二つは，正義の場だけではなく，もっと広く，およそルールによって計測したり・行為したりする場（正義もルール・基準を前提にする点でその一部としてある）では，そもそも許されない性質のものなのだ。ダブルスタンダードと集団エゴイズムとは，正義違反を論じる以前に，そもそも「ルール」概念それ自体に反するのである。

　このことは，次の事実によって説明しえる。すなわち，建設作業や会話，ゲーム，文法のルール，さらには調査・観測が前提にする規則性さえ——法（法に関わる正義）や道徳と同様——ダブルスタンダードの禁止，集団エゴイズムの禁止を求める。たとえば，いかなる言語でコミュニケーションするときでも，許容範囲を越えて，勝手に別の文法をつくったり，自分たちの癖に合うよう自分たちに都合よく字体や表現規則を変えたりはできない（＝ダブルスタンダードの禁止）。また調査・観測等をする者は，途中で勝手に別のルールを差し挟んだり，自分たちの都合に合わせて手抜きをしたりはできないし，これらルールの前では，誰もが平等である（＝集団エゴイズムの禁止）。このようにそもそもルールを使うこと自体，規則性ある活動であること自体が，その技術的前提として，井上の言う「普遍主義的要請」に当たるものをもっている。

　その際，作業，言語使用や調査・観測に関してまで，「「正義概念」の核が貫徹している」などと言うことは，常識として不自然だろう。なぜ不自然か。これらにおける「普遍主義的要請」なるものは，ルールを使うことの制度面・技術面での要請としてあるにすぎないからである。井上は『共生の作法』におい

---

*16)　前述のように「正義」を概念分析しても「普遍主義的要請」は，論理的に引き出せない。↗

て「会話としての正義」を取り上げ，会話の中に正義が具現しているとする（第5章。同書71頁以下も）。しかしこれもまた，会話が上述の規則性（ルール使用）を前提にすることの技術的帰結にすぎない[17]。人はこうしたルールを尊重する身構えを，幼児期から各局面で体得する。これが紀律化（Disziplinierung）だ。こうしたルール生活のすべてにわたって，「正義」を持ち出して語る必要はないし，「正義」から出てくるとすべき関係がないのだから，持ち出すべきでもない。

　ダブルスタンダードと集団エゴイズムの禁止について，「正義概念からアプリオリに出てくる」と聞けば，人は「それなら，それらには絶対的な規制力が備わっていそうだ」と思うだろう。井上が言う「真摯な正義志向性をもつ構

　[注]「普遍主義的要請」が基軸になるように作為的に正義の定義をするか，正義に関わる諸事項から「普遍主義的要請」を——実際にはそれが他と並ぶ核の一つにすぎないのに唯一の核として——帰納ないしアブダクションするかの他に道はない。井上が実際におこなっているのは，後者だ。この場合，井上が「普遍主義的要請」しか正義の核として引き出さなかったのは，①「正義の中立性」を前面に押し出したいから「普遍主義的要請」に検討対象を限定したからか，② 帰納ないしアブダクションをおこなう対象を「正義の中立性」に合うものだけに限定したからか，③ あるいは帰納ないしアブダクションをその方向へ無理に向かわせたからか，であろう。そういうやり方ではなく，まずは正義に関する豊かな事例を前提にして，とらわれない帰納ないしアブダクションをそれらからおこなうべきであろう。そして，そのことの結果に照らして，必要な場合には「正義の中立性」自体についても問い直すべきであろう。

*17）　井上は，会話の作法には①「平等な尊敬と配慮」と，②「正義の普遍主義的要請の具体化」（260頁）とが見出しうるとして，これを「会話としての正義」と呼んでいる。確かに人は会話に入れば，そういう作法でいく。しかし①は，会話することが帰結させる，会話の特性ではなく，「会話に入る」に当たって（会話に先行してなされた），「そういうかたちで会話をしよう」との態度決定の結果である。ロールズの正義論での「無知のヴェール」と同様に，会話とは別個に「平等な尊敬と配慮」を原理とする，対等者向きのマナーがあらかじめあり，「今回はそれに則った会話をしよう」との態度決定をあらかじめして会話に入るから，そこにおいてこの原理が貫徹するのである（それが証拠に，子供との会話のときや王様との会話のときは「会話としての正義」にいたるとは限らない）。

　これは，論争を考えれば明らかだろう。論争に入れば，真摯さ，応答義務の引き受け，自分が破綻した場合の受容などの作法が働く。しかし，評価に値しない人物から論争を挑まれると，人ははじめから，あるいは途中から応答すらしない。論争の相手となることと，そのときには論争の作法に従うこととがあらかじめ決断されていてはじめて，論争の作法は機能するのだ。

　なお，本頁の本文中にあるように，上記②もまた，会話でも働く「ルールは尊重されるべし」の原則の効果であり，会話そのものがもたらすものではない。

想とそれを欠く構想とを篩い分ける強い規範的制約原理」（『世界正義論』128頁）
が備わっていそうだ，と。しかし，「ルール使用一般の技術的前提であり効果
であって，「正義」が問題になる以前の関係だ」と聞けば，人は井上が言うほ
どの正義の力はもはや感じないだろう。ルールは人間の道具，技術問題であっ
て主人ではないこと，主人であってはならないことを，知っているからだ。

　ルールが至上のものではなく人間の道具だということは，とりわけ法に当て
はまる。法が具体的妥当性をもう一つの正義原理としているという（前述した
しさらに後述する）事実も，この〈ルールは便宜のためのものだから，場合に
よっては便宜に仕えるという事実〉から来る。衡平は，この観点からいわばダブ
ルスタンダードを作り出す装置そのものなのだ。

　加えて，㈹と㈤については，次の問題もある。「ルールの使用」自体が要請
するものは，実は他にもいろいろある，という点だ。「ルール遵守」そのものや，
ロン＝フラー（Lon L. Fuller）が提起した「不明確さの排除」，「ルール内の矛盾
の排除」等がそうだ。これらは，㈹と㈤と同格の，ルールを使うことがもつ「
強い規範的含意」である。[*18]しかし井上は，それらを㈠〜㈤の四つと並ぶものと
して挙げることはしない。これらが単に形式に留まるから，と考えたからだろ
うか。しかし，上記㈠〜㈤もまた，それ自体は形式である。

　さらに，個々のケースで「これは，ダブルスタンダードだ」・「エゴイズムだ」
と批判してみても，批判される側からは「元のルールや先例が前提としていた
事実は今回の事実とは異なるから，問題ない」，「今回は，これまでのルールを
考え直す必要が出てきている」と，実質判断で反論されるのが落ちである。そ
してこれに反論しようとすれば，価値判断が議論の中に入ってくる。実際には，

---

*18)　フラーの議論にも，井上と同様の問題がある。フラーは，「法の道徳」ないし法が法
　たる不可欠の条件として，①広く一般的に妥当すること，②公布されること，③遡及効
　の禁止，④法文が明瞭であること，⑤条文に矛盾がないこと，⑥遵守可能なルールであ
　ること，⑦朝令暮改でないこと，⑧公務員の行動と合致していることを押し出す。これ
　らのうち①・②・④・⑤・⑥・⑦も，そもそもルールを使うこと，規則性ある活動であ
　ることの技術的前提にすぎない（⑧も，公務員を調査員・観察員等に置き換えれば，上
　のことが妥当する）。フラーがそれらを「法の道徳」（自然法）と位置づけ，法と結びつ
　けた議論しかしていないのは，「法」しか頭に置いておらず〈調査や観測においても，規
　則性を前提にする限り，そうしたことが必要であるという事実〉を見ていないからである
　（したがって，フラーのこの議論から自然法肯定は出て来ない）。

ダブルスタンダードやエゴイズムをめぐってさえ，「正に対する善の基底性」が避けられない。

　(b)　次に，井上は，(イ)のフリーライドは，「他者に只乗させないことによってのみ可能である」ものだから「普遍主義的要請」に抵触する；(ハ)の既得権益を主張することは，「「我々仲間うち」だけの共存共栄という普遍化不可能な特殊利益」を主張することだから「普遍主義的要請」に抵触する，と言う。

　フリーライドしたり既得権益を主張したりする者は，常にそれらを他人には禁じつつするわけではない（そうする者が，まれにはいるかも知れないが）。したがってここでの井上の主張の真意は，〈行為を行為者の主観を離れ客観的に見，現実世界においての帰結を考えると，それらの行為は普遍化可能でない，となるから〉というものだろう。ところが，そういう議論の仕方をするのであれば，フリーライドや既得権益主張だけでなく，殺人や傷害，窃盗・強盗，ウソ，自殺など，ほとんどの道徳違反行為も，フリーライド・既得権益主張と同じ扱いをしなければならなくなってしまう。たとえば，「只乗は他者に只乗させないことによってのみ可能である」は，「殺人は他者に殺人させないことによってのみ可能である」と，構造が変わらない。「やがては自分もフリーライドできなくなる」は，「やがては自分も殺されて殺人ができなくなる」と同じ論理だからである。同様に，「既得権益主張による「我々仲間うち」だけの共存共栄という，普遍化不可能な特殊利益」は，「窃盗・強盗による「我々仲間うち」だけの利得という，普遍化不可能な特殊利益」と，構造が変わらない。「やがては自分たちの既得権も侵される」は，「やがては自分たちの財物も侵される」と同じ論理だからである。カントが示しているとおり，これら道徳違反行為にも——フリーライドや既得権益主張と同様に——普遍化可能性がない。だとすれば井上は，(イ)と(ハ)を挙げるなら，殺人や窃盗・強盗等をも挙げるべきだということになる（その社会の道徳の水準が低下すれば，人はこれらもフリーライドのように気軽にやるようになるものである）。しかしこれらをも挙げるとなると，井上の議論は薄まり，無意味化してしまう。井上の議論は，こういう性質のものだ。

　ところで，これら(イ)フリーライドと(ハ)既得権益主張は，「ルール」の観点から見ると，先の(ロ)ダブルスタンダード，(ニ)集団エゴイズムとは性質を異にしている。すなわち(ロ)と(ニ)は，「誰もが同じことをしたら」を問うことなく，それ

第1章　正義の構造：サンデル，ロールズ，井上達夫から考える　43

ら自体が即，「ルール」概念そのものに反する面をもつ。他人がどう動くかや，そう動く蓋然性はどのようにあるかを考えなくとも，「ルール」と論理的に矛盾するので，それ自体としてルール概念になじまない。これに対して，(イ)と(ハ)は，それら自体が即（＝論理的に），「ルール」概念に反するわけではない。それらをする人間は，ルールそのものを否定したり，二重のルールをつくったりしているわけではないからである。先にフリーライドや既得権益を主張することについて見たのと同様，人を殺す者は，自分を殺すことを他人には禁じつつ殺しているわけではないから，行為そのものには「ルール」性を崩壊させる論理は含まれていない（「人を殺すな」のルールに違反している問題とは別である）。ウソをつく者も，自分にウソをつくことを他人には禁じつつウソをつくわけではない。あるのは，蓋然性としての現実面での普遍化不可能性である。「実際にみんながそういう行為に出た場合には」の想定下でのみ，「普遍化できない」と言えるのである。そしてこの想定が成り立つためには，他人も自分と同じ行為をしたがる・する権利のある同質の人間であるという事実，少なくともそういう認識を要する（カントも，普遍化可能性の議論において，ルールの概念に論理的に矛盾するものと，ルールが現実面で成り立たなくなるものとの区別はしていない）。

　加えて，一方のダブルスタンダード・集団エゴイズム排除は井上が言うように法的ルールの必要条件だとしても（それら自体が即，「ルール」性を崩す面をもつからである），しかし他方の普遍化可能性の方は，法的ルールにとっては——重要ではあるものの——必要条件ではない。たとえば道徳的に無色な法的ルール（「駐車禁止」や「右折禁止」など）は，それが法であるための条件として普遍化可能性が問題になることはない。

　これらの点からして，（普遍化可能性がないとされる）フリーライドや既得権益を主張することは「ルール」概念それ自体を否定することではない，と言える。

　ところで，常識的に考えて，殺人や傷害，ウソ，自殺などを禁止する際に主要問題なのは，それらが或る価値物（人間・当該個人や信頼関係）を破壊することであろう。それらの価値物の破壊を防止するため，道徳のルールができ，さらには場合によってそれらが法によって担保されているのである。そしてこれらの法に違反する場合，「正義に反する」として問題になる。すなわち，これらにおいては，殺人や傷害，ウソ，自殺などの行為に出るべきか否かを考える

際には，人は，その行為が「普遍化可能性をもっているかいないか」などに判断基準を求めるのではない。日常的な，一般人の判断に際しては「普遍化可能性」は基準ではない。それは学者が──カント的に──行為を考察したときに，「なるほど行為の是非は，普遍化可能性の観点から判定可能だ」と認識できる程度のものに過ぎない。フリーライドをしたり既得権益を主張したりすることをめぐっては──殺人・窃盗などをすることについてと同様──普遍化可能性は主要・第一義的な判断基準ではなく，別の場で哲学的に反省したときに自覚しうるものにすぎない，ということだ。

　これらと同様，①フリーライドする行為を禁止する第一の理由は，「人をその値に即して扱う」ことに照らして問題だという点にある。怠けていて自分が受けるに値しない利便をチャッカリ受けること，すなわち受ける資格のない利便を受けること，が問題なのである。これは，上記「帰属正義」に関わる。また，②既得権益を主張することを禁止する第一の理由は，相手を差別していることにある。自分が受けるのなら他人が受けることをも認めるべきなのに，他人には認めない，自分を特別視し，他人を差別扱いしていることが問題なのである。これも，「帰属正義」に関わる。

　こうした際に，あるものが保護に値する価値物かどうか，ある人が受け取る資格があるか，ある物が自分の受け取るべきものではないか等は，価値判断による。価値判断をしなければ，「正義に適っているか」は結論付けられない。すなわちここでは，「正に対する善の基底性」が妥当する。井上的な「善に対する正の基底性」では，なにも決まらないのである。

　　以上のことは，井上の『世界正義論』（筑摩書房，2014年）からも言える。この本は，個々の国際政策に対し，その「正統性条件」として，正義の「普遍主義的要請」という「厳格な規範的テスト」（128頁）に合格することを求める視点から，現代国際政治を斬った作品である。実際，同書第2，3，5章で井上は，アメリカが自国の戦争に戦費分担を求めることや国内のマイノリティーに兵役を負わせることをフリーライドとして，NATOがセルビアだけを空爆することや，IMFが先進国では市場介入を許しつつ発展途上国には市場開放を求めることをダブルスタンダードとして，批判する。すなわちここでも井上は該当国の国際政策を，「普遍主義的要請」に反するとして論難することを，中心課題としている。[19]

しかし他方，第4章の「世界分配正義」では井上は（豊んだ国の貧しい国に対する）制度的加害是正を中心課題にするが，その際には井上は，この是正を匡正的正義の含意だと位置づけており，「普遍主義的要請」は問題にしていない。そもそも，「加害」があるか否かには個々のケースで，事実認識と，認識した事実の評価とが入るから，豊んだ国が貧しい国に対し加えた害に対する責任引受の問題は，「普遍主義的要請」では斬れない。このように『世界正義論』は客観的に読めば，「普遍主義的要請」では処理できない正義問題があること，分配正義の問題については「普遍主義的要請」とは別の上位原理が必要だということ，を実際には語っているのだ。

　では，その別の上位原理とは何か。それは，ここでも，「その人に帰属すべきものを帰属させる」（加害国にはその責任を問い，救済を受ける国にはその権利を認める）である（前述のようにこの本でのフリーライド問題もまた，実際にはこの「帰属正義」に関わっている）。井上は，この関連で『世界正義論』103頁において「平等な配慮・平等処遇という正義の要請」という語を使っている。「正義の要請」には，「普遍主義」と並ぶものとしてこれもある，ということであろう（均分的正義＝形式的平等はともかく，配分的正義＝実質的平等は，個別具体的判断によって「普遍主義」を相対化するものである）。だとすれば井上は，「善に対する正の基底性」等が——「普遍主義」の場とは別の場である——この分配論の場においても妥当することを論証しなければならない。そしてその論証は，ことがらが「普遍主義的要請」とは異なる上位原理に関わっているのだから，「普遍主義的要請」についておこなった論証ではないものでなければならない。しかしこの点については，井上は論じていない（井上はロールズ的な「ヴェール」を使った手品は排するのだから，分配正義，とくに配分的正義に関して「善に対する正の基底性」をどう独自に論証するのかは，興味あるところなのだが）。

　こうして井上の示すことがら自体からも，正義が，「普遍主義的要請」が関係する部分（筆者が言うところの「ルール正義」）だけではなく，第二の部分（筆者が言うところの「帰属正義」）をももつことが，明らかになる。[20]上と同様な検討

---

*19)　こうした井上からする批判に対しては，批判される側からは，「前提事実が異なる」，「特別の必要がある」との反論があるだろう。それによって簡単に片付けられることも多いだろう。そして「前提事実が異なる」かどうか，「特別の必要がある」かどうかは，価値判断に関わることがらであって，「善に対する正の基底性」の妥当しないところのものである。

*20)　「帰属正義」は，井上がロックやノージックらの立場を指して言う「権利としての正義」・「権利志向的正義」（『共生の作法』創文社，1986年，126頁以下）とは異なる。後者は「権利の不可侵性」を正義原理とすべきだという主張だが，前者の「帰属正義」は，そのような当為論ではなく，世の正義観念の分類に関わるメタ正義論の用語に過ぎない。

46

を続ければ，さらに「価値適合正義」も，正義の第三の構成部分として，導き出される。これは，先にサンデルの諸事例をめぐって示したとおりである。

　さらに，(イ)フリーライドと(ハ)既得権益の主張とは，そのこと自体が論理的・アプリオリに正義に反するというものではない，という事実がある。両者は，ある時代・ある社会の，ある見方を採れば「自分に値しないものを享受することだから，許されない」ということになるにすぎない。「C：価値適合正義」の中の，「真」に関わる或る見方，例えば，「貴族・特権階級は王国以前の存在として特別扱いに値する」とか，「特権は自由ないし秩序の砦として保護されるべきだ」との見方が強い時代（モンテスキューもそうである）には，かれらが多様なフリーライドや既得権益を主張することも，正義に反することではなかった。今日を基準にしてその過去を断罪し，「それは正義に反していた」と言っても，仕方がない。ということはまた，(イ)と(ハ)は，正義の理念の「含意」として出て来るものではなく，今日的・西洋的な価値に照らす限りで，規範力をもつものだということでもある（ダブルスタンダードや集団エゴイズム禁止についてもまた，かなりの程度において同じ事情にある）。

　今日でも，既得権益を主張しても現実の帰結として普遍化可能性に抵触しない場合もある。身分集団ごとにそれぞれが異なる既得権益を主張する場合や，教会や大学の自由の不可侵性というかたちで既得権益を主張する場合（制度体保障）などが，その例である。逆に，〈平等の普遍化は困難だが，徹底した人間尊重からして，自分は断固平等を原則にする〉ということもある。

　以上を要するに，井上の正義論はその出発点自体が根拠薄弱である。(ロ)と(ニ)は，正義概念からではなく別のものから出てくるし，(イ)と(ハ)は，正義概念から価値中立的に出てくるものではないものだからである。

1.4.2　第二の批判点

　上の(イ)～(ニ)の四つだけではあまりにも射程が短く，われわれの生活上での正義をめぐる諸問題は方向付けられない（井上は四つに尽きないことを示唆しているが，他のものは示していない）。たとえばこれら四つで前述のサンデルの諸事例を処理することは，先に見たように不可能である。サンデルの諸事例は，フリー

ライドの禁止，ダブルスタンダードの禁止（禁反言），既得権益の主張の排除，集団エゴイズムの排除のどれにも直結しておらず，それら四つのどれかが（井上の言う）「厳格な規範的テスト」として機能する余地はない。

それに，前述したように，サンデルが出していた事例は，最終的には「価値適合正義」の問題だった。「価値適合正義」の問題には，「善に対する正の基底性」はそもそも成り立たない。〈サンデルが多様な「正義構想」の衝突を示しつつ「美徳」の立場を押し出しているのに対し，井上はそれら「正義構想」が社会で共生しあうための作法を扱うという点での自己限定がある〉ということかもしれない。しかし，上の(イ)～(ニ)の四つだけが「正義概念」論に関わり，あとは「正義構想」に属するとするなら，サンデルが示唆しているように，「正義論」から外されるものがあまりにも多くなる。「正義構想」を含めた正義が社会において示している構造を正面から扱うことも，正義論の重要な課題と思われる。

1. 4. 3　第三の批判点

そもそも井上のように正義を「普遍主義」の面だけで扱うことに，問題がある。井上は法学者の頭で正義を考えているようで，法が（一面で）もつイメージがその思考を強く規定している。確かに，近代法を念頭に置きその「一般性・抽象性」に着目すると，「普遍主義」を押し出したくはなる。しかしこれは，法の一側面に過ぎない。法的正義が道徳と異なっている大きな特徴の一つは——近代法においても——「普遍主義」だけでなく，その是正・対抗原理として具体的妥当性をも核にしている点にある。[21]これら，普遍性と具体的妥当性とが今も昔も，法の内在的理念でもある正義を相互に規制しあいつつ動かしている。

たとえば，上記の具体的妥当性というもう一つの正義が典型的に出ている法

---

[21]　法・正義の世界とは異なり，西洋の道徳や宗教の世界では，普遍主義がかなり規定力をもっている。とくにキリスト教，ストア派やカントに見られる潔癖主義（「普遍主義」に対応する）がその例である。東洋の道徳でも，父の遺言を尊重した伯夷とそのような兄を尊重した叔斉の話，「渇しても盗泉の水を飲まず」の孔子らには，潔癖主義が見られる。しかし全体としては，東西の道徳・宗教の歴史においては，清濁併せ呑む姿勢（原理・原則に懐疑的）が支配的だったし，今でもそうである。拙著『政治の覚醒』（東京大学出版会，2011年）第1章参照。日常の生き方としては，「嘘も方便」・「人を見て法を説く」のように具体的妥当性の思考は，強い力をもっている。

の場の一つは，①「衡平」をめぐる思考にある。これは「ルール」を，その場の特性尊重の立場から道徳や人間的・技術的必要によって相対化する。② 法律や判例法の強い拘束力を回避するために，法律意思解釈（価値判断的要素が強い）を踏まえて縮小解釈や反対解釈をすることも，同じ思考によっている。③ 履行不能論や事情変更の原則も，重要である。ある判決や法律，契約が前提にしている事実とは異なる事実であることを主張して，厳格適用を避けるのである。④ 近代法とは異なり現代法においては，一般条項の利用や特例法，社会法的措置・配分的正義の増大などが，近代法の抽象性・一般性（すなわち普遍主義）を修正する。具体的妥当性はさらに，⑤ 民事で不法行為かどうかを社会的相当性・違法性を考慮して決めること，刑事で，違法性・有責性を考慮すること，さらに情状酌量，執行猶予，恩赦の余地を考慮すること等でも，働く。起訴便宜主義などの行政的判断も，個別具体的妥当性を確保するためにある。刑事法実務は厳格主義的であるかのようだが，被告人が弱い地位にあることを前提にするので——対等性を原則とする民事法（＝「ルール正義」を重視する）よりも——具体的妥当性に敏感なのである。これらの判断が蓄積し例外扱いがルール化するとしても（たとえば衡平による判決が蓄積し判例法化するとしても），それら判断自体はルールの普遍主義に対するブレーキであり続けている。

　「ルール正義」と「帰属正義」の相克を見据えつつ法ないし正義をとらえることが肝腎なのである[*22]。そして，個々の具体的局面で「普遍主義」と具体的妥当性とのどちらを取るか，どう折り合いを付けるかは，価値判断の問題である。この点ですでにこの選択・調整の場で，（「善に対する正の基底性」とは正反対に）「正に対する善の基底性」を正義が前提にしていることが浮かび上がる。

　井上の言う，「普遍主義的要請」や「善に対する正の基底性」だけでは，「帰属正義」や「価値適合正義」はもちろんのこと，「ルール正義」についても，その一面しか描けないのである。

---

*22）「われわれは「尺度」を欲する。しかも同時に「伸縮する尺度」を要求する。実をいえば矛盾した要求です。しかも人間がかくのごときものである以上，「法」はその矛盾した要求を充たしうるものでなければなりません。」末弘厳太郎『嘘の効用』（1922年）第11節。「正義の要請」には実は，法的安定性と具体的妥当性という二つのものがあり，それらが拮抗しあっているのである。

井上の以上の問題点の原因もまた，正義について，その三つの構成部分（19頁の図参照）相互の関係を見ない点，このため客観的には（筆者の言う）「ルール正義」だけを対象にして構成したことがらを，正義一般向けだと思い込んで議論している点，にある。[23]

とりわけ「ルール正義」は形式的で容器のようなものだから，そこでは井上的に「善に対する正の基底性」が妥当し，正義構想と正義概念の区別が成り立ちそうな面はある。しかし「善に対する正の基底性」は，「ルール正義」（の一部に）にのみ妥当するにすぎない。これとは異なり，①「帰属正義」は，「なぜその人がこの権利・人権をもつとするのか」，「その人にどういう権利・人権を保障すべきか」，「なぜ・どういうかたちで，平等に扱うべきなのか」，「このケースでは，配分的正義でいくべきか均分的正義でいくべきか。両者をどう組み合わせるべきか」などの，中身に関わる考察を前提にするから，「善」判断が基底となる。②このことは，さらに「価値適合正義」についてはもっとはっきりしている。③法でさえ，（法を貫徹させるところにある）「ルール正義」でさえ，なぜそのルールが正しいのか・悪法ではないのかの疑問にさらされるのだから，最終的には或る価値，「善」判断によってしか正統化されえない。「ルール正義」も「帰属正義」も，つまるところ「価値適合正義」によって審査されるのだ。

---

[23]　なぜ井上は，正義を（筆者の言葉で言うと）「ルール正義」だけに特化させてしまったのか。次の事情も，作用しているようである：井上は，「正義とは何か」を探る道として，アリストテレスにならって，「何が正義に反するか」，「不正な人」とはどういう人かの問いから迫っていく。これ自体は，妥当な手法である。井上は，その際，「絶対的不正者」として「エゴイスト」を挙げ，その考察に向かう。ところが井上は，（前掲注20）『共生の作法』の構成を見れば分かるように，あまりにもこの考察に集中しすぎ，その結果，エゴイスト論が「正義とは何か」の考察を独占してしまった。その際井上は，エゴイストの根本問題が「普遍主義的要請」違反（勝手にルールをつくること等）にあるとする（『共生の作法』108頁以下。60頁以下）。井上は，エゴイスト論へのこうした態様での一面化のゆえに，正義論を「ルール正義」に特化させてしまったのである。

しかしわれわれが「不正な人」とするのは，エゴイストだけではない。他にも嘘つき，盗人，差別者，人権蹂躙者や残酷な者，ある宗教の信者にとってはその宗教を冒涜する者等々が，問題になる。これらの全体を踏まえた考察によって，正義に迫らねばならない。そしてこれらの考察においては「ルール」を超えて，権利や分配，「聖」や「真」，「善」などが関わるのだから，議論が「普遍主義的要請」ないし「善に対する正の基底性」だけに特化することはありえない。

50

この「価値適合正義」においては、「ある価値に照らして妥当か」が、その正義の指標となる。[24]

「善に対する正の基底性」と言ってみても、反対の「正に対する善の基底性」がヨリ一層、現実なのだ。正義とは根本においては、当該社会において認められている諸価値にもとづき（したがって、「価値適合正義」が最終的な方向付けをする）、かつ所定の手続にしたがって、社会行動をとるところにある。しかるに当該社会で認められるもの、認められるべきだと主張されるものは多様であるから、「ここでは何が正義か」の意見は必然的に多様となる。また、善いとされたものは、それぞれの歴史段階で異なるから、「ここでは何が正義か」は、それぞれの歴史段階ごとに多様であった。[25]

そうした諸価値が、まったく相対的で優劣がつかないかどうか、それらを共生させる作法が——井上的正義とは別個に——ありえないかは、正義論とは別の、価値論の問題としてある。[26] 価値論への深入りを正義論によって回避できるとする井上的構造には、なっていないのだ。

1.4.4 正義がリベラリズムの基底を成すか

最後に、（ロールズや）井上に見られる、正義がリベラリズムの基底を成すと

---

[24]　井上は、、注20))『共生の作法』203頁以下において、われわれの「価値適合正義」に関わる問題を「正義の道徳主義的誤解」として排撃する。正義論と道徳論の混同だということである。しかしながらこれは、井上が——その実践的戦略から——正義概念を（筆者のことばで言うと）「ルール正義」に特化させているからそうなるのである。筆者はというと、ここでも、「正義の中身に、特定の善・特定の美などを入れるべきだ」と主張しているのではなく、正義概念は価値と結びつけられても使われている現実があるのだから、それを踏まえて正義を考える必要があるとするだけである。正義を「ルール正義」に関わるものだけに限定すべきだという立場をとって、それとは異なるものを「正義の道徳主義的誤解」などとして排撃して世の「正義」概念を純化させようとするのは、また正義か否かを普遍化可能性一つで処理しようとするのは、法を規範性だけに特化させつつ厳密な規範論理の構造を追究したケルゼンに似た思考傾向である。

[25]　断っておくが、「正に対する善の基底性」が現実だと主張することは、「だから、法や国家、政治は対立する世界観や価値に対し中立であるべきだと言っても意味がない」とすることには直結していない。国家・政治の中立性は、自由・平等尊重から来るものであって、ここでの論点ではない。

[26]　拙著（前掲注6))『法哲学講義』第21章参照。

第1章　正義の構造：サンデル、ロールズ、井上達夫から考える　51

の見方は，本章の議論からはどう評価されるか。結論から言えば，正義がリベラリズムの基底を成す面はあるが，しかし（ロールズや）井上が主張するほどの関係はない。

　井上の主張は，「善に対する正の基底性」にある。様々な価値判断は，正義によって資格審査を受ける。正義がこの審査において基準・ベースとなる領域は人間の存在態様のかなりをカバーするから，多様性をもった各人の共存がかなりの程度，可能になるというのだ。しかしわれわれが見てきたように，「善に対する正の基底性」を説く際の根拠づけであった，「正義の普遍主義的要請」，および正義の四つの「強い規範的含意」には問題があった。「善に対する正の基底性」は，せいぜい（正義の一部分にすぎない）「ルール正義」の一面にしか妥当しないものだった（ロールズの場合にも格差原理や「善に対する正の優先」，「無知のベール」の論証にも問題があることは，ここでは割愛する。拙著『法思想史講義』下巻，東京大学出版会，2007年，第16章参照）。

　もちろんリベラリズムが正義とまったく関係ない，というものではない。ではそれは，正義とどう関係するか。

　そもそも法というものが，「善に対する正の基底性」における「正」の役割を果たしている面をもつ。法は，かつては一つの価値・世界観・宗教を強制する道具でもあったが，その時代においても，取引法や訴訟法，議会のルールなどは，多様な価値，正義構想が共存しあう基盤を確保するものだった。今日においては，法のこの役割は，立憲主義とも重なって，かなり支配的となっている。法がこの役割を担うことが自由にとってプラスとなり，それがリベラリズムを支えるものとして働くことは，否定できない。したがって，法と関わる重要な原理である正義もまた，一面においては，自由を支える基盤づくりの機能をもっていると言える。しかし共存の基盤としての法の役割は，リベラルではない国家でも法を生活に活用している限りは，前提にしていることがらである。したがって正義は，リベラリズムとの間でのみ相互内在的関係にあるとは言えない。

　リベラリズムがなかった時代の人も，また今日において非リベラルな国家の人も，正義そのものを前提にしている（正義構想だけではなく正義概念も）。「ルール正義」，「帰属正義」，「価値適合正義」は，そこでも通用している。明治憲

法下の日本国家がそうであったように，「個人の権利を尊重し基本的権利を重視することは，正しい国家関係を弱体化させる。それは，エゴイズム助長につながり，秩序破壊的だから，正義に反する」として人権を認めない者も，かれなりの正義を基底としている。ここでは，とくに「価値適合正義」の観点から，「正義の政治」のために集団の価値が優先されているのである。非リベラルな国家でのそうした優先に対して，「そのような正義は，真の正義ではない」，「リベラリズムと緊密に結びつきうる正義こそが，本当の正義だ」と言ってみても，それは自分が定義した「正義」や「リベラリズム」によって論じているにすぎない。

　他方，リベラリズムは，個人の自由・尊厳を前面に押し出し，逆に国家の権力濫用を悪と考えるので，法の支配・三権分立・国家の中立性・相互の寛容を重視する。これは，「ルール正義」や「帰属正義」を重視することであるし，また各人の自由・尊厳性を認めるのが，道徳的に善であるとする立場にとっては，「C：価値適合正義」中の「善」にも関わる。逆に，手続的正義や平等の正義は，リベラリズムを含む善き政治が前提とするところでもある。

　正義とリベラリズムの結びつきは，以上の程度においてにすぎず，井上の言うほどの蜜月関係にはない。「それであっては，正義によって多様な価値観を共存させることが不十分となるではないか」との反発もありえようが，もともと正義はそのような共存化の機能は不完全にしか持ちあわせていない。

　われわれはもう，正義についての誇大広告から自分を解き放つべき時期に来ているのではなかろうか。

1.5 ──むすび： 正義の個別性

　筆者による正義の構造図に照らしつつ総括すると，① サンデル本でのサンデルは，豊かな事例を提示しつつも，その分析枠組としては，正義論として功利主義・リベラリズム・「美徳」の立場の三つだけを前提にし，かつ自分は「美徳」の立場に立つという意識で議論している。すなわち，かれが正義論の主軸にしているのは，筆者の言う「価値適合正義」，なかでも「善」である。だがこの位置づけが不十分なため，サンデル本では正義と道徳の関係がはっきりし

ない。他方，実際には（客観的には）かれが提示した諸事例自体においては，「事物のもつ論理」（目的関連のものに留まらない）の問題が大きな割合を占めていた。これは，「美徳」の問題とは異種の中身も含んだものであった。しかしながら，かれが出している「美徳」・目的論の枠組だけでは，「ルール正義」や「帰属正義」（とくに権利・人権の問題）をはじめ，かれがせっかく収集した，正義の豊かな事例は，的確に処理できないのである。② ロールズらは，「帰属正義」中の分配問題にもっぱら焦点を当てて原理を取り出しながら，それを正義論一般として議論していた。③ 井上は「ルール正義」の一面にしかあてはまらない議論をしながら，正義全体に向けた議論であるかのように書いていた。

　3人は，筆者の言う〈正義の3構成部分〉のうちの，それぞれただ一つの部分に特化して議論しているのに，正義の全体を論じているかのように思い込んでいるのだ。どうしてこういう議論の仕方が共通に見られるかと言えば，正義が全体としてどういう構造にあるかが，とらえられていないからである。

　正義は，最終的には真・善・美・聖等の価値に基底（規定）されている。それらの価値はきわめて多様であるから，ロールズ的リベラリズム，「美徳」重視のコミュニタリアニズム，リバタリアニズム，「正義の普遍主義的要請」などの，一つの観点からの切り口ですべての関係事項を包摂しうる性質のものではない。したがって正義論では，そのような切り口の一つに固執した体系構築を構想するのではなく，サンデルがおこなったように豊かな事例を正義の全体構造に位置づけつつ，ことがらの特性に対応させて個別具体的に考えることが大切である。

　なお，本章の以上の議論に対しては，「批判するばかりでなく，対案，すなわち自分自身の正義原理を出せ」の意見もありえよう。しかし，そうした意見は，正義の（3要素から成る）全体構造がまだよくわきまえられていないところに由来するものである。

第2章
「良心」とは何か： 憲法 19 条の考察[*22]

2.1──問題の所在

良心とは何であり，われわれの内でどう働いているのか。良心の自由とは何であり，それが侵害されるとわれわれにどういう問題が生じるのか？

法律家のなかには良心と思想・信仰・信条とを同一視する人が多い。日本国憲法19条は「思想及び良心の自由は，これを侵してはならない」と規定し，ドイツ連邦共和国基本法 4 条 1 文は，「信仰の自由，良心の自由，宗教的ないし世界観的信条の自由は，不可侵である」と規定している。これらを無前提に読むと，良心と思想，信仰・信条とは同一物であるかのように思ってしまうことになる。

実際，日本の多くの憲法学者は，これらの表現に規定されて〈思想・信仰と良心とは同じものだ〉と考えてきた。たとえば，①『注釈　日本国憲法』（法学協会編，有斐閣，1953年）は，19条について，「「思想及び良心」とは外部に現われぬ内心の作用又は状態をいう。本条にいう良心とは，諸外国の立法例におけるような宗教上の意味を有することはなく，人の思想の中の多少とも倫理的な側面をとりあげて指称したものであって，<u>「思想」と「良心」とは程度の差異に過ぎず，広く「思想の自由」という言葉の中に包括することもできるものである」</u>と言う。②また佐藤功は，「「思想」の自由と「良心」の自由との区別については，思想の自由はいわば論理的に何を正しいと考えるかの判断についての自由であり，良心の自由はいわば倫理的に何を正しいと考えるかの判断についての自由であるということができる。また良心の自由は，思想のうちその道徳的判断に属する部分であり，さらに根底的な部分であるともいえるであろ

---

*27)　「「良心」とは何か──憲法19条の考察」（『西谷敏先生古稀記念論集　上　労働法と現代法の理論』根本到・奥田香子・緒方桂子・米津孝司編，日本評論社，2013年，所収）に，改訂を加えたもの。

う」と言う。ここでの良心と思想の区別立ては、「論理的」・「倫理的」が何を指すのか不明なので（実際には「倫理的」に考える際にも、われわれは「論理的」に考えるものである）、内容がない。佐藤自身、この点に気付いたのか、「しかし、両者の関係は密接不可分であって、その境界はつけ難く、特に両者を厳密に区別する必要はないというべきであろう」と断っている（以上、『日本国憲法概説』学陽書房、1985年）。③宮沢俊義・芦部信喜も、「内心における考え方ないし見方のうちで、倫理的な性格を有するものが「良心」であり、それ以外のものが「思想」であるとして区別すればできるが、両者が憲法上まったく同じに扱われている以上、しいて区別する必要はない」（宮沢俊義・芦部信喜『全訂　日本国憲法』日本評論社、1955年。1980年版235頁）とする。このように多くの憲法学者は、憲法19条の表現に拘束され、〈そもそも「良心」とは何か〉を考え抜けていない。

　良心と思想の同一視がもつ問題は何よりも、良心の自由侵害がもつ固有の問題性をとらえられないこと、それを思想の自由侵害に解消してしまうこと、にある。たとえば、上記の宮沢・芦部書は、次のように言う、

　　「思想および良心の自由を「侵してはならない」とは、人はどのような思想および良心をもとうとも、自由であり、国家は、それを制限したり、禁止したりすることは許されない意である。思想および良心の自由が、沈黙の自由を含む以上、思想および良心の発表を強制することも許されない」（宮沢・芦部『全訂　日本国憲法』236頁）。

　思想の制限・禁止・表明の強制は、確かに思想の自由侵害である。しかし、上の見方をとると、この〈内面の自由のレヴェル〉でしか良心を考えられなくなるため、良心の自由侵害もまた、〈権力がわれわれの内面に押し入って、良心（つまり、それと同じものとされた思想）を変えろと迫ることや、その内面的なものを外に出せと強要すること〉という問題に限定して考えることになる。権力が人の内面に手を加えなければよい、となるのである。「沈黙の自由」擁護が問題の核心だ、と考えるのである。

---

*28)　近時の憲法学者もまた、憲法19条が「思想および良心の自由は」と規定していることを根拠に、思想と良心を区別する実益は乏しいとする。たとえば、土屋英雄『思想の自由と信教の自由』（増補版、尚学社、2003年）10頁；西原博史『良心の自由』増補版（成文堂、2001年）19頁、323頁。

憂慮すべきなのは，日本の多くの憲法学者のこの誤りが戦後日本の法実務を
も規定してきた点である。すなわち日本の政府・裁判所は，あとで詳しく見る
ように，良心と思想の同一視に立って，たとえば次のように言う。「思想，良
心の自由というものは，それが内心にとどまる限りにおいては絶対的に保障さ
れなければならないと考えております。しかし，それが外部的行為となってあ
らわれるような場合には，一定の合理的範囲内の制約を受け得るものと考えて
おります」と（本書75頁以下参照）。つまり良心に関しても，（思想に対すると同様）
内面への介入は禁止される（＝内面でどのような良心をもつことも保障される）が，
外部的行為（良心にもとづく対世的行為＝表現や結社）のレヴェルでは思想と同様
に制限されてもよい，とするのである。その理由は，思想に関わる或る行為を
強制しても，思想の変更等を強制すること——それが問題の核であるとかれら
は考えている——には至らないから，ということにある。このような考え方が，
とくに今日，深刻な問題を現出させているのだ。

良心の自由侵害は，実際には，単に思想（と同一視された良心）の制限や，そ
の表明の強制にあるだけではない。後述するように，それは加えて良心特有の
心身問題，すなわち，良心に反する行為の強制によって，本人に深い精神的苦
痛を与え，場合によってはそれに伴って肉体に異常を来らせ人格破壊をもたら
すことがあるのである。これに対して思想自体ないし思想の自由を侵害しても，
このような苦痛・人格破壊をもたらすことは直ちには——それが良心の苦痛を
もたらさない限り——出てこない（後の**2.3**参照）。良心と思想を同一視すると，
この事実が見えてこなくなるのである。

そこで以下では，良心とは何か，良心の自由侵害とは何かを，改めて検討する。

2.2 ——良心とは何か

良心とは，正しくは，行動する際の意志の前提である心の動きを，自分の思想・[*29)]
信仰・信条や道徳感情に照らして〈そのように行為してよいか/いけないか〉

---

*29)　本章で「思想」とは，価値観・世界観とともに，何が法か・科学的事実かなどの判
断をも意味する。

第2章　「良心」とは何か：憲法19条の考察　　57

判断し，その結論によって意志を確定する，心の中の判断器官（Sinn-Organ）である(すなわち思想・信仰・信条や道徳感情そのものを司る器官とは異なる器官である)。

　こうした良心観は，法律の世界の外では常識的なものである。たとえば，①カントは『人倫の形而上学』（*Metaphysik der Sitten*）の第2部で，良心を「人間の内なる法廷」ないし，自分の中にいる別人である観念的人格，「裁判官」と形容した。各人の理性が義務だと結論づけたことを，良心が受け取り，その人に「行為しろ」と命じるのである。そして，その通りに行為しなかったら，その人は，良心の場である「人間の内なる法廷」で，良心によって裁かれるのである。このような良心は，明らかに自分の理性とは別の存在である。②古くは，ソクラテス（Socrates）が，良心を「ダイモーン」としてとらえようとした。ダイモーンとは，道徳に叛いた行為をソクラテスに禁じる内なる声の主であり，その声が聞こえだすとソクラテスは金縛りにあったようになった，と言う。このダイモーンは，明らかに，計算し計画する器官としての自分の頭脳とは別の存在である。③キリスト教もまた，〈自分の内にあって自分を監視し規制する他者〉としての良心の観念をもっていた。④セネカ（L. A. Seneca）は，conscientia の語を使い，それを「われわれの近くに，われわれとともに，われわれの内にある」神であり（prope est a te deus, tecum est, intus est.），「われわれの行為の善悪を監視しわれわれを護るもの」（malorum bonorumque nostrorum obsevator et custos）と規定した。⑤近・現代人自身，「なすべき義務だ」と理性が判断した行為を，良心が受け止めて自分に「行為しろ」と命じるとき，

---

*30)　以上，理想社版『カント全集』第11巻（1969年）300頁以下，352頁以下。Seneca, *Epistulae Morales*, 23-7; 41-1, 2. 金子武蔵編『良心──道徳意識の研究』（以文社，1977年）14頁以下，232頁以下。近時のドイツの良心論も，この見方を採っている。たとえば，西原（前掲注28））『良心の自由』は，最近のドイツの良心論をルーマン（Niklas Luhmann, Die Gewissensfreiheit und das Gewissen. in: *AöR* 90, 1965）を中心としつつ文献を渉猟し，良心の特徴として，「外部的行為と直接結びついた，個人のアイデンティティーを維持する役割を担った，監視・審査の器官」とされているとまとめている（45頁）。これらは，本書の定義と共振する。良心を〈自己の内なる裁判官〉とすることは，日本でも，哲学者や宗教学者の間では常識だが，本文で詳論するように憲法学者の間では，憲法19条に規定されて良心を思想と同一視するため，ほとんど見られない。数少ない例外は佐々木惣一である。かれは良心の作用を，「人が，是非分別を為すの本性により，特定の事実について，右の〔是非の〕判断を為すことである」とする。

その命令に従うことを，「良心の命じるところに従う」（obey the dictates of my conscience）と言う。アメリカのヴァージニア州人権宣言（Virginia Declaration of Rights, 1776）の第16条は，That religion, or the duty which we owe to our Creator and the manner of discharging it, can be directed by reason and conviction, not by force or violence；and therefore, all men are equally entitled to the free exercise of religion, according to the dictates of conscience；and that it is the mutual duty of all to practice Christian forbearance, love, and charity towards each other.と規定している。ここでも良心と信仰上の行為が区別されている。信仰上の行為は，良心が自分に行為を命じるところに従うことの一場面（〈この真なる神を信じるべしと〉との命令に従うこと）とされているのである。⑥日本国憲法76条３項が，[*31]「すべて裁判官は，その良心に従ひ独立してその職権を行ひ，この憲法及び法律にのみ拘束される。」と規定しているのも，以上の思考に属している。すなわちこの条文は——憲法19条の表現とはちがって——良心は思想・信仰・信条と同一物ではない，との見方によっている。裁判官は，何が正しい事実認識ないし法解釈かを理性によって判断する。そしてそのあと，良心が「その判断に従って判決せよ」と，かれに命じるのである。それゆえ憲法76条における「良心」とは，明らかに単なる自分の思想（とくに価値観・世界観）・信仰・信条・道徳感のことではない。良心は裁判官に，「事実・法に照らして正しいと思うところに従え」と命じる。この点で，（思想と良心を混同した）憲法19条と（思想と良心を区別した）憲法76条とでは，「良心」の見方が異なるのである。

　こういう器官が本当に実在するか（＝心理学の考察対象としての実在性を有するのか）については議論の余地があろう——たとえば，（後期）フロイトは後述の

---

*31）　アメリカ合衆国連邦憲法第一修正は，Congress shall make no law respecting an establishment of religion, or prohibiting the free exercise thereofと規定しているが，宗教上の良心的行為，たとえば良心的兵役拒否は，この条文によって保障されるとしてきた。それは，第一修正にはヴァージニア州人権宣言と同様the free exercise thereof〔＝of religion〕が使われているので——ヴァージニア州人権宣言ではそのあとにある "according to the dictates of conscience"の語が——欠けているものの，第一修正はヴァージニア州人権宣言と同じ立場と理解できるからである。しかしアメリカでは長い間，これらの条文で保護される良心とは，信仰に関わる良心だけだとされてきた。M. R. コンヴィッツ『信教の自由と良心』（清水望・滝澤信彦訳，成文堂，1973年）。

ように，良心を心理学的にとらえようとした。しかしかれのこの心理学に対しては，実証に耐えるのか否かが争われてきた。だが人間は〈何をすべきか・すべきではないか〉を親や世間から教育され（とくに，共同性を損なわず協調して行動するよう教育され），その結果，そうした方向で自己をコントロールすることを発達させてきた（＝自分たちが共有しあっている善悪の基準によって判断し，その判断に従って自分の意志を発動する思考を繰り返して来た。これが各人のなかに習慣化しているのである）。このコントロールを担当するのが，良心である。したがってこの器官の存在を前提にしつつ人間の行為を考えることができる。[32]

　日本の憲法学者も，この古くからの良心観を無視するべきではないのだ。日本国憲法19条やドイツ連邦共和国基本法4条1文の「良心」についても，〈「良心」とは思想・信仰・信条そのものではなく，それらに照らして，どう行為すべきかを判断しそれによって行為させていく内的器官〉という人類のこの知に立脚して読み直すべきである。これら条文も，良心がわれわれをコントロールする際に外から妨害が加えられるべきでない関係，すなわち各人が自分の良心の命じるところをおこなう自由，を保障するものと，理解されるべきなのである。

　そして，こうした良心の働きを確保するためには，良心作用を内容づける思想・信仰・信条をまず自分で選び構築できることが欠かせない。これが「思想の自由」や「信仰の自由」である。それらと良心作用とが，以上のように密接な関係にあるから，憲法19条等は，それら「思想の自由」・「信仰の自由」と「良心の自由」とを並べて規定している（だけな）のである。

---

*32)　良心を，人間精神の無意識的部分であるsuper-egoだとし，ある行為をしていること・しないことについて本人に命令・警告し・禁止する作用体だと規定したのは，（後期の）フロイト（Sigmund Freud）である。かれは，良心を〈自我を統制するもの〉として位置付ける。その際フロイトは，良心が，父と社会でのその代行者との影響を受けて，それゆえ，社会的価値を反映して，形成されるとする。「個人の成長が進むにつれて，教師と権威をもつ人々が父の役割を引き受けた。こうした人々の命令と禁止が，自我理想の中に強く残り，良心として道徳的な検閲を行うようになる。良心の要求と自我の実際の行為の間の緊張は，罪責感として感じられる。社会的な情感は，共通の自我理想に基づく他者との同一化によって生まれるのである。宗教，道徳，社会的感覚が，人間の〈高貴なもの〉の主要な要素であるが，元来はこれらは同一のものであった。」フロイト「自我とエス」（S.フロイト『自我論集』中山元訳，ちくま学芸文庫，1996年）241頁。

2.2.1 良心のチェック作用を支えるもの

良心が規正する（命令をし・許容し・禁じる）のは，意志作用の器官に対してである。理性ないし感情・欲望が働いて或る行動の方向性が出ようとする際に，良心が「検討を要する」と判断すれば，思想・信仰・信条ないし道徳感情に照らしてチェックし，OKであれば意志し行動することを認める。良心がチェックする際とくに重要なのは，「自分（の思想・信仰・信条）に忠実であれ」という道徳命題を実践することである。この「自分に忠実であれ」に不感症で，チェックを受けるべきケースで受けないかたちで意志が働く極端なケースが，「無良心」状態である。無良心の人は，人間性を感じさせない。それゆえ，良心が有効に働きその人を統制することが人間であることの証しである[*34]。以上から，良心が作用する際に判断基準を良心に提供するのは，(a)思想・信仰・信条に関わる器官，(b)道徳感情の器官であるということになる。

(a) 思想・信仰・信条　ある思想・信仰・信条をもって行動することが続いていると（とりわけ集団運動に組み込まれていると），それらを基にした生き方の原理が，各人に深く刻印される（体質化する）。良心は，それに強く方向付けられつつ作用する。すなわち人は，個々の局面においてそう行動することが自

[*33]　本書で信条とは，「自分は動物を殺さない」とか「自分を貫く」とか「ウソはつきたくない」とかといった，自分の行動を強く方向付けるものとして各人が強く信奉している，行為準則のことである。こうした意味での信条は，思想や宗教ドグマのような体系性はもたず，むしろ断片的で，感情的要素と理性的要素の結合において成り立っている（一般的には，「信条」は，上のことの他に，特定の信仰に固有の諸原理をも指す。前述のように，ドイツの憲法（連邦基本法）4条などが，そうである。しかし，日本の場合，信仰の自由は，憲法20条1項「信教の自由は，何人に対してもこれを保障する。」によって，保障されているので，この種の「信条」はこれで処理すればよく，「良心」概念に組み込んで処理しようとする必要はない）。

[*34]　無良心にまで成り下がらずとも，行為の不統一を気にせず，矛盾だらけで生きる人は，多い。それらの人の場合，良心は，さほど力をもった規正主体ではない。日本人について，罪の意識よりも恥の意識で動くといわれる。この場合の「罪の意識」とは良心の作用であるから，この指摘は，日本には，良心の規制を気にしない人が多い，したがって良心の重要性が定着しにくい，という指摘としてある。そもそも世間には，基本的人権にこだわる人は少ない。人は，対立者の表現の自由をそれほど重視しないし，労働者の人格権や団結権にも，頓着しない。したがって，行政府や裁判所が社会通念で良心を考えたら，良心を軽く扱うことは避けられない。

分の思想・信仰・信条と整合しているかを詰めながら，行為の方向を定めていく。[*35]

　良心が理性によって規正する際には，意志形成作用が，① 自発的で動機において純粋か，② 相手を自己目的的な存在として扱ってのものか，③ 普遍化可能性をもった意志内容か，が判断のポイントとなる。カントが理論化したとおりである。

　その意志作用を良心が認めた場合，各人はその意志によって行動する。したがってこの点からも，良心の自由な働きこそが各人の自由の根幹である。良心が有効に作用するためには，良心がもつ，感応する能力と各人を統御する能力との訓練が必要である。これが，良心形成の問題である。それには，子供の時からの適切な働きかけ（良心を育てる訓練）が欠かせない。

　(b)　道徳性　道徳の根底にあるのは，「相手に配慮する」こと，すなわち，①相手に迷惑をかけないことと，②相手のために働くこととである。「相手への配慮」を人に促すのは，第一には，「共感」ないし「美しき魂」であり，第二には，「実践理性」（カントにおける道徳判断の原理。理性が欲望を支配して人間としての義務を命じるところに道徳性を見出す）である。

　この第一の，「共感」ないし「美しき魂」に関わるのが，道徳感情である。ここで「共感」とは，（ハチソン，シャフツベリー，アダム＝スミスらのイギリス道徳感情論における）相手を思いやる心情のことである。また，「美しき魂」とは，（シラーらドイツ理想主義の道徳論において中軸を成す）相手に奉仕しようとする素直な心情であり，愛を中身とする。「美しき魂」は，カント批判としてカントの同時代にドイツで押し出された（カントより前には道徳は，理性ではなく感情的要素と結びつけられていた）。これら感情的要素を総称して，道徳感情と呼ぶ。

　傷ついた動物を愛情（同情・憐憫の情）によって（素直に）看護することは，道徳感情による行為である。この場合には，良心が作用するまでもない。他方，動物を愛する人においては，〈その動物を殺せ〉という他人の命令に従うこと

＊35）　たとえば，「良心的兵役拒否」とは，宗教とか強い反戦思想とか，「人を殺さない」との信条とかに規定されて，良心が兵役拒否を命じそれに従うことである。したがって，兵役拒否を起こさせるのは，宗教・思想・信条であって，良心そのものではない。この点では「良心的，すなわち良心にもとづく，兵役拒否」は，正確には「思想・信仰・信条・道徳感情が良心を強く規定したことによる兵役拒否」と呼ばれるべき性格のものである。

を，道徳感情に規定された良心が拒む。愛は感情だが，（それが行為を促すときではなく）禁止に働くときには，意志・行動に際して良心が関わる。

　要するに道徳感情は，禁止の場合は良心と結びつくが，自然に行為する場合は良心の作用を要しない。その行為の内容が，良心が事後的に理性によって判断したものと齟齬しないのが，特徴である。

　これに対して，第二の「実践理性」に関わる，思想としての道徳，たとえばカント的実践理性の道徳では，禁止の場合も積極的行為の場合も良心と結びつく。助けようとすると自分が死ぬかも知れないと判断して，助けることを止めようとするときにも，自己保存の本能が働いて助けることを止めようとするときにも，良心は「それでも助けよ」と命令することがある。この場合，良心は理性に依拠しつつ反省的に働いたあとで命令を出すから，すなわち「以前の同種の命令と矛盾していないか・自分の行動の全体の論理が齟齬を来していないか」をも判断するから，主要には理性に関わる。良心という心の器官は，理性的部分に深く関わるのである（しかし，上述のように良心は，道徳感情とも交信しうる。良心が意志（＝感情的要素とも不可分のもの）を動かせるためには，感性的要素にも関わったものでなければならない。良心とは，そういう器官なのである）。

　思想としての道徳に関わるのは，次のようなケースである。たとえば，〈動物にも生きる権利がある〉とか〈生命尊重〉とかという理性的判断（としての思想）をもった人においては，傷ついた動物を前にして，良心がその判断（思想）を参照することによって「その人を，その動物を看護せよ」と命じる。その人は，その良心の声を聞いて，それに従って行動する。かれはまた，「動物を殺せ」という他人の命令に従うことを良心が拒むので，それに従って，殺さない。これらは，思想・信仰・信条・道徳感情の問題である。

　上述のように，良心と思想は区別できないが良心のほうが道徳により近い，とされる。しかし，これはことがらのレヴェルを間違えた議論である。良心とは思想そのものではなく，思想・信仰・信条（や道徳感情）によって意志をチェックする内面の器官のことである。思想は，頭脳の構造的知的作用である。思想が意志・行動と結びつく際に，良心が重要なチェック器官として働くのである。道徳との関係について言えば，思想は道徳について考え，またある道徳的立場をとってどう行動するかにも関わる。良心はその際に，その人がとった

第2章　「良心」とは何か：憲法19条の考察　　63

道徳の立場からその人の行動をチェックするのである。感情もまた，ある道徳的立場をとって行動しようと働く際には，良心が「問題あり」と判断すれば，その良心によってチェックされる。したがって，思想，感情のどちらも道徳に深く関わり，良心はその両方と関係する。

　以上のように良心には，その人の行動原理の中心部分がインプットされており，それらがその人の人格の中軸ともなるので，良心の健全さを傷つけることは，その人の人格を深く損なうことにもなる。

2.2.2　良心の構造図

　以上の点を踏まえて図式化すれば，良心は図表2.1のような構造にある。

図表2.1

外圧（他律）

【感性】　　　　　　　　欲望　　道徳感情　　信仰・信条　思想　　　　　【理性】

無意識での作用

行為　　　　　　　　　　　意志　　　　　　　　　　　良心
（意志表明を含む）　　（行為の命令・禁止）　　　　　　　　（意志チェック・意志形成）

自分に向けられた良心の呵責

図の説明：
・一番大きい4角形の枠の内側は個人の内部世界＝心を，外側は個人の外部世界を指す。
・実線矢印は強い影響を，破線矢印は弱い影響を示す。
・通常（無意識的行為の場合は別として），意志の作用によって行為が生じる。
・良心が意志を規定する（＝意志をチェックして，意志形成を促し修正し，許容し，禁止する）。
・その際，良心に方向付けを与えるのは，思想，信仰・信条，および道徳感情である。
・欲望・外圧が意志に働きかけるときには，それによって動こうとする意志を，良心が思想・信仰・信条と道徳感情に照らして規定する。
・理性的なものと感性的なものとは，これらにどう関わるか。良心の作用は，主として理性的作用である。良心は，首尾一貫性を重視し，かつ自己を客観化するものだからである。たとえば，カント的に「そうすることは人間としての義務である。したがって，そうするべきである」と判断するときは，良心は思想・理性によって義務論的に動いているのである。
　しかし良心はまた，道徳感情とも交信する。「かわいそうだから助けなければならない」と判断して意志に行為を命じるときには，良心は，義務論的にではなく道徳感情によって動いているのである。しかし，道徳感情の場合は通常は，良心を媒介にせずに，直接道徳感情から意志へ命令が伝えられる。
・こうした構造が，心理学的に確証できるものかどうかは，ここでは重要ではない。〈近代においては，自由な個人・自由な意志を措定して社会を考えることが避けられない〉ということを前提にするならば，良心・意志・その根底にある思想・信仰・信条と道徳感情をこのように連関づけなければならない「事物のもつ論理」がある，というものなのである。

2.2.3 良心の客観性・個人性

良心は社会的に形成されるものなのか，それとも個人ごとにバラバラのものなのか，という問いに対しては，両方だと答えるべきであろう。先に，良心を内容的に規定するのは思想・信仰・信条と道徳感情とである，と言った。これらはすべて，或る文化圏（とりわけ或る共同体）内にいる人間にはかなりの程度，共通である。社会は，その存立に必要な基本原則を各人に内面化させるものだが，こうして形成されたものが，思想・信仰・信条であり道徳感情の一つの主軸である。良心の客観性とは，第一義的には，これら思想・信仰・信条と道徳感情との間主観的部分の特性である。

これら，とりわけ信条と道徳感情とには，2種のものがある：ある文化圏にいる人間にかなりの程度共通なものと，個人がその成長過程における独自の体験・境遇の影響によって思想形成したものとである。後者は，その個人特有という意味では主観的なものである。

「良心」の言語は，ギリシャ語でsyneidesis，ラテン語でconscientiaである。syn，conは「ともに」を意味し，eidesis，scientiaは「知」を意味する。すなわち良心とは，「共同知」だと考えられてきたのである。これは上記のように良心が，一方では，共同体で形成・維持されてきた道徳規範（共通なものである）に関わるからである。とりわけ，古い時代には〈誰もが是とするもの（思想・信仰（キリスト教）・信条と道徳感情と）を汝も是とせよ〉と教育され，その本人も経験を通じてそれらを尊重するようになるので，それを基準にして自分の意志をチェックするようになる。こうして良心は，もともと間主観的なものを主軸にしている。上記のように良心を規定する道徳理性は，当該社会の所産であり，それゆえ「共同知」だと言える。道徳感情もまた，たいていは共有物である。後期のフロイトが（われわれが言う「良心」に当たるところの）super-egoが社会的に形成される，とするのはこの関係を反映している。良心が社会的なものに関わっているというこの事実は，重要である。

上のように良心の中身はかなり間主観的であるが，それに従うかどうかは，各人に委ねられている個人的なもの・孤独な判断行為である。各人は，たとえ他人が見ていなくとも，自分の良心の命令によって行為する。この点がもっとも鮮明になるのが，信仰者が絶対的な唯一神に結ばれつつ良心を働かせるとき

である。かれは，絶対的な神の前に一人立っている。そのかれに神が，行為・禁止を命じ，監視し許容するのである。神が良心に宿るのであり，あるいは神がその人の良心である（上記のように西洋において信仰と良心が同一のものとされることがあるのは，このゆえである）。こうした個人性の点では，「良心」を表現するのにsyn, conを使うのは，妥当ではない。もっともこの場合も，自分のこの判断が正しい，すなわち普遍性をもっているのだという確信がある。したがって，その点においては，孤独な判断であっても，中身は客観的な内容（「共同知」）を前提にする。

　或る権力体（国家や企業）がそれに所属する個人に行為を命じ，あるいは禁止するとき，その個人が「良心に反する」としておこなう異議申し立てが，(イ)一般的に（広範な人びとの）良心に関わりうるものの一環としてなされているか（たとえば〈「君が代」は戦前の天皇制讃美のままであるから，自分の思想に反しており，自分は歌えない〉という場合のように，同様な立場の人がかなりいるか），あるいはその個人だけの好み・思い込みによってなされているかは，また，(ロ)真摯な思いでなされているか，そうではなく国民としての義務を免れようとしてなされているのは，かなりの程度，客観的指針によって測れる。それゆえ，〈良心の問題を重視すると，各人が或る命令・禁止に従うべきか否かを自分で判断して行動する点で，すべてを主観問題に解消してしまうことになってしまう〉というものではない。これは，思想や学問の自由，表現の自由をめぐって問題になるところの〈争われている事項は，本当に思想や学問，芸術を内容としているか〉の判断が，さほど困難ではないのと同様である。ドイツなどでの良心的兵役拒否の審査は，ここに基盤をもつ。

2. 2. 4　「良心の呵責」・「良心の葛藤」

　良心の呵責（罪悪感, bad conscience）とは，自分（すなわち自分の意志）が良心の命令に従わなかったり，良心の禁じるところをおこなったりしたときに，あとで良心が，その動きの一貫性・整合性を確保する立場から，〈意志の中身（＝とった行為）は誤っていた〉と自分を責めることである。したがって呵責があり，それに応答できることは，良心が健全であることの証左である——呵責があるということは，良心が意志を動かす，あるいは禁止することができるほどには

強くなかったことを物語っているのでもあるが。しかしこの呵責が強すぎると，フロイトが問題にしたように，様々の精神の疾患と，それに起因する肉体の疾患とが発生する（あとの「**2.3**」参照）。

　良心の葛藤とは，二つの相対立する行為規範を理性ないし道徳感情，信仰・信条がそれぞれ積極的に評価し，それゆえ意志を規定するに当たって良心が，相互に対立する二つの方向付けをもち，どちらを採るべきかを決められないという現象のことである。この葛藤は，理性が思想・信仰・信条から帰結させて良心にもたらすものが複数あり，それらのうちの一方が許容に，他方が禁止に動くときに，良心内部で起こる。葛藤は，たとえば，

　（ⅰ）　共同体で共有されている行為規範（共同体，とくに国家が遵守を求める道徳を集団道徳と言う）と，自分個人の行為規範（自分が信じる宗教や，自分がもつ思想・信条が個人としての各人に遵守を求める道徳を個人道徳と言う）とが矛盾する場合で，自分がその両者を尊重している場合には，その人は前者によるべきか後者によるべきか迷う。自分が属し自分が尊重する集団は「自分たちの敵を殺せ」と求める（＝集団道徳）。しかし自分は，他方では，「人を殺すな」という個人道徳を大切にしてきた。こういう場合，その人は，両方の道徳をもって良心を働かせる。このため良心は分裂する。これが，良心の葛藤の例である。二つの良心が葛藤するというより，一つの良心が二つの規範に規制されて，判断に苦しむのである。このケースでは，どちらの道徳に従った場合でも，その人にとっては選んだ道徳が決定的となり，このため良心は，その後はその選択を基礎にして，その後の判断の一貫性を追求する[36]。こうして確保される一貫性が，人格の自己同一性を可能にする。

　（ⅱ）　複数の個人道徳が当人を規定している場合，それらの優先の問題が出てくる。たとえば，患者に重い病気を告知すべきか・すべきではないかをめぐって，「ウソをつくな」という道徳と「相手を（ショックから）守る」という道徳との間での対立の場合がある。良心の葛藤は，自分内部の価値が多元的であるときや，結果のどれを優先するかが問題になるときに起こる。葛藤は，その人

---

*36）　E. フロム『人間における自由』（谷口隆之助・早坂泰次郎訳，東京創元社，1955年）174頁。

が狂信的でないからこそ，自分で考えるからこそ，起こるのである。すなわち葛藤は，肉体の痛みの感覚が肉体が正常であることの表れであるように，精神の健全さの表れである（とはいえ，他人が肉体に対し苦痛を与えることが不法行為・犯罪となるように，他人が良心を限度を超えて葛藤させて精神的苦痛を生じさせることもまた，不法行為となる）。

(iii) 自分が一方で或る神を信じており，他方で科学者ないし哲学者として真理を愛し，あるいは芸術家として美を愛し，その論理に従うべきだと考えている場合には，自分が帰属する宗教団体や神学に対して，良心の名において反抗することも起こりうる。集団の信仰と，自分の科学的ないし哲学的真理・美の思想とがともに「われに従え」として良心を方向付けようとするからである。

これら(i)・(ii)・(iii)で，それぞれ「祖国防衛」，「ウソをつくな」，或る神に一辺倒であれば，良心の葛藤はない。しかし，〈葛藤なし〉が社会にとって善いことかは，別問題である。良心の葛藤を知らない社会は，脆弱だろうし不寛容・抑圧的となる。したがってこの点からも，葛藤そのものは必ずしも悪いものではない。しかし，あまりにも激しい葛藤は，個人を分裂させ，事後的には精神的・肉体的後遺症，トラウマを生じさせる（後述）。

2.2.5　良心は内面だけに関わるのか？：思想と良心のちがい

良心は，内面だけに関わるものか，それとも本質的に外面にも関わるか。前述のように良心は，行動を起こす意志・禁じる意志をチェックする器官である。したがって，それが働くのは内面においてであるが，①良心が深く関わる意志が人間の理性と感情とに共に関わっていることからも，②良心と不可分の行動が，人間の全身的作用である点でも，本質的に心身両面に関わっている。③良心はまた，対世的行為と結びついているから，人の社会的な感情，自尊心・義憤，恥の意識などとも深く関わっている。

思想と表現との関係（「表現の自由」で問題になる）以上に，良心と自分の心身状態および社会的存在との関係は密接である。

思想は，制限を受けてそれを社会的に表現できなくとも，自分の部屋で作品を書くにとどめたり，仲間と内輪で論じたりすることによって発出・展開できる。それは，変更を強制されない限り，不利な政治環境に適応できる可能性が

ある。また逆に，思想に反する或る行為を強制されても，思想そのものが変わるわけではないし，そのことによって思想がダメになるとか，その担い手が心身両面で苦痛を受けるとか，社会的にダメージを受けるとかといったことは――「自分の思想に反することをするな」とか「思想仲間を裏切るな」とかといった良心問題と結びつかない限りは――さほど多くはない。表現禁止や強制の場合は――禁止・強制が問題であることはいうまでもないが――表現を制約されても，上述のように思想や担い手が損傷されることはあまりないのである（この点で思想は確かに，本質的に内部的である）。

　これに対し良心の関係は全身的なものであり，その結果，良心への加害は人の心身両面に結果をもたらす。実際，たとえば，良心に関わる場合，もし本人の良心がその行為を制止しているのに権力に無理に行為させられる・させられてしまったといった場合，後述のように，本人の良心に（抵抗すべきか利益を守るべきかの）葛藤と，（従うべきでない・抵抗すべきだったのになぜそうしなかったのかとする）呵責とが生じ，それらがもたらす苦痛がひいては精神的，さらには肉体的な障害，人格の損傷ないし破壊を発生させる。〈行為をする・しない〉は意志作業に関わっており，また具体的現象として結果するものであるから，精神のみならず肉体に与える影響が大きい。加えて，行為は社会において現われるから，良心は自己の対社会的位置を重要な判断要素とする（このため行為者は，世間の受け止め方を気にする）。しかも良心に反した行為をした場合には，人はこの「世間の目」が良心と重なることによって，自分が自分を裏切っただけではなく仲間＝同士をも裏切ったと考えるから（別言すれば，自分の内的アイデンティティだけでなく社会的アイデンティティをも失ったとして），さらに苦しむことにもなる。

　したがって，〈良心が外部（対世的行為）に関わるところは，表現の自由の処理になぞらえて処理すればよい〉というのも妥当でない。人格に与える影響は，表現の自由の強制・制約より，良心に対する強制のほうがはるかに深刻なのである（思想表明を禁圧されたり，言いたくないことを無理に言わされる場合などは，思想の自由・表現の自由の問題であるとともに，〈その命令に従うべきかどうか〉というかたちで良心の自由に関わるので問題が深刻化するのである[37]）。

　以上をまとめると，次のようになる。

良心の自由とは，思想・信仰の自由ではなく，ある外部的行為（対世的行為）を人がその思想・信仰・信条・道徳感情とによって是とするか否かの判断を許すことであり，その判断にもとづいた行動をすることを保障することに関わる。逆に言えば，この場合において，そうした判断を禁じたり，判断にもとづいて行為することを禁じたり妨害したりするのは，その良心の呵責を通じて，その人を苦しめ，ひいてはその人とその人の思想・信仰・信条・道徳感情との結びつきを断ち切ること，すなわちその人の人格の全体を侵害すること，さらにはその人の思想・信仰・信条・道徳感情の展開を妨害することである。こうした苦痛・人格侵害は，憲法13条の「幸福追求の権利」，24条の「個人の尊厳」に反する。これを踏まえて憲法は19条によって，そうした苦痛を与える行為や人格侵害を，権力に禁止しているのである。この禁止の構造は，同じ19条が権力に思想変更を迫るようなことを禁じているのとは，中身がちがう。

　このように良心の問題は，内面と外面とが密接したその全体のあり方に関わる問題なのである（思想に反する行為の強制を排撃するための議論として，思想に関わる，内と外の行為の不可分論や「沈黙の自由」論がある。しかしこの議論だけで良心問題を扱うのでは弱いのである）。したがって，多くの憲法学者や日本の最高裁のように，〈思想・良心は純粋に内面的な場では絶対的に自由だが，外面的行為に関わる場では社会的制約を受ける；外部的行為（対世的行為）の強制・制限によって間接的に良心に制約を加えても，思想や信仰を変えさせない限り，公共の福祉によって正当化される場合は，問題ない〉と考えるのは誤りであることになる。良心を「二重の基準」論で扱い，内面に留まる限りは保護されるが，外部化し行為と関わる良心作用は一定の制限を受けてもよい，とするのは誤りなのである。

---

*37)　表現の自由と良心の自由とは，また次の点でも異なる。表現の自由設定の目的は，①言いたいことを言うという点で，（憲法13条における幸福追求権の一環としての）自己実現の権利の保障として，②自由な議論を通じて真理発見を可能にするため，③民主主義に必要な意見交換・情報収集を可能にするため，といった点にある。これに対して良心の自由は，当該個人の人格の保護（精神的苦痛とそれに伴う肉体的苦痛からの自由）にあり，したがって上記の①には対応するものの，②や③には関わらない。この点からも，（表現の自由の中身である）思想・宗教，信条等と，（そうした中身ではなく，良心作用の器官の働きに関わる）良心とを同列に扱うことは正しくない，と言える。

2.3 ──良心の自由侵害がもたらすもの

　上で言及した良心の自由侵害について，詳しく見ていこう。人は，その自由な意志にもとづいて行為する。その際，その意志を良心がチェックする。チェックは，各人の思想・信仰・信条・道徳感情に照らしておこなわれる。その時には，思想・信仰・信条・道徳感情にもとづく行為に一貫性と整合性があることが重要となる。なぜなら，この一貫性と整合性が，人格のアイデンティティ確保の条件であるからである。それゆえ，一貫性・整合性を妨害すること，これまで自分の思想・信仰・信条・道徳感情を一定の方向に意志を動かす規準にしてきた良心に対し，今後それらの規準に合う方向付けをさせないこと，さらには矛盾する行為を迫ることは，① 良心に過重の葛藤を押しつけるばかりか，② さらには，良心に反する行動をさせ，あとで良心に過重の呵責を惹起する[*38]。これらは，本人に重大な精神的苦痛を与え，それに起因する強いストレスは本人の精神的および肉体的な疾病をもたらす。加えてそれは，人格維持を妨害し（人格を歪め），社会的評価をも損なわせ，本人を精神的に孤立させる。

　国家や社会権力が思想・信仰・信条の自由や道徳感情を侵害し，そのことによって良心を侵害する態様としては，次の二つがある。

　(a) 思想・信仰・信条・道徳感情を変えるよう，外から直接働きかけること，および特定の思想・信仰・信条・道徳感情を理由にして差別するなどして，攻撃すること　　そのためには権力はまず，思想・信仰・信条・道徳感情の調査（証拠集め，スパイ・盗聴活動等，密告型アンケート・自白の強制など）をする。そしてそれを踏まえて，不利益処分・拘束・拷問等で転向を迫るのである。

　(b) 思想・信仰・信条・道徳感情に反する行為を強制すること，思想・信仰・信条・道徳感情にもとづく行為を妨害したり禁止したりすること　　思想・信仰・信条・道徳感情そのものに対する攻撃であれば，(a)の問題として処理され

---

*38)　この呵責・罪責感は，フロイトの言うところでは，本人に「陰性の治療反応」を起こさせる。すなわち本人は，自分を苦しめ・病気に追いやることによって（つまりマゾヒズム的手法で）罪の意識を消そうとするようになる。フロイト（前掲注32)）「自我とエス」258頁。

る。これに対してここで問題となるのは，思想・信仰・信条・道徳感情を直接攻撃することではなく，結果としての（機能論的に見た場合における）攻撃である。なぜなら，その強制・禁止に従わない行為自体が，間接的に思想・信仰・信条・道徳感情について告白・自白していることになり，しかも，そのような態様での告白・自白行為自体によって処罰を受けるのだが，しかしその強制・禁止に従えば，自分の思想・信仰・信条・道徳感情を裏切ることになり，「裏切るな」と自分に命じる良心に反して行動することになり，あとでその呵責に苦しむのである。子供の場合は，このことが，その良心の発達阻害，機能不全を招く（無良心状態に向かわせる），からである。[39]

2. 3. 1　日本の裁判所と良心問題

　日本の裁判所は，たとえば〈「君が代」斉唱命令は，（外部的な）行為を命じるものに過ぎない；当人の思想・信仰・信条・道徳感情を告白させたり，それらの変更・放棄を強制しているのではない；したがって斉唱の強要は，間接的には良心に関わるが，憲法19条が禁止している，良心の自由侵害には当たらない。思想の変更・放棄を迫るわけではないからだ〉とし（すなわち最高裁もまた，良心＝思想だとしている），かつ〈国家ないし社会権力は，そうした外部的行為（対世的行為）を要求することには「必要性及び合理性が認められる」ので違憲ではない（受忍限度内のことだ）〉として行為強制を問題にしてこなかった。

　しかし前に示唆したように，①良心と思想とを混同してはならない，②良心は意志・行動のチェック器官として心身両面に関わる点が重要である。すなわち，本人の良心に反した外部的行為（対世的行為）を強制・制約することは――たとえ思想の変更強要とは結びつかなくとも――そのこと自体が，当該人物の人格性の核を破壊するとともに，精神と肉体に深刻な痛み・損傷をもたらし，社会的存在性をも損なう。良心問題では，これが肝腎なのである。[40]

---

*39)　こうした侵害が効果を発揮すると，「反良心」が勝利し，その個人は別の人間に変質する。これが，「転向」である。転向段階では，良心の呵責が深刻な問題となる。呵責から逃れようとして転向をさらに進めると，狂信が支配的になってしまう。このことによって「無良心」が進行する。個人はその結果，道徳に無感覚となり，また正常な人格を喪失する。その完成態が，「洗脳」である。ここではもはや呵責は，起こらない。

これは，心を傷つける言辞や行為で相手を苦しめることが「ハラスメント」等として問題になるのと，関係において同じである。思想を理由としたハラスメント等もありうる。これらの場合，思想自体の変更を迫らないのが通常である（後述する有馬朗人の言い方でいえば，〈それらによって思想，〔およびそれと同一物とされた〕良心の自由が制約されるものではない〉）。しかし実際には，それらは相手の心を傷つけ，深刻なストレスを生じさせ，身体の調子をも狂わせる[41]（「人格を傷つけ，心理的負荷を与えること」[42]になる）。しかもそうした被害は，周囲の者が気がつかないままに深く進行し，そのことによって本人が一層傷つき苦しむ。

　日本の裁判所は，このハラスメント等については，外部的には被害があることが出ていなくても（計器等で客観的に測れなくても），加害者の責任を問う。それらの加害が上司からなされた場合，裁判所は，それが役所においてだろうと会社においてだろうと区別なく，法秩序に照らして扱う。ハラスメント等が，当該団体の団結・雰囲気を守るため，あるいは或る公務の遂行のため，異分子を抑制するといった目的を有していたとしても，そのこととは切り離して（受忍限度を問うことなく），それらを問題にする。侵害された権利が人格権である

---

*40)　シュクラー（J. Shklar）は，社会における残酷さを定義して，「より強い者・集団が自らの（有形無形の）目的を達成するために，より弱い者・集団にたいして意図的に加える物理的な苦痛，第二次的には感情的な苦痛」と定義している。シュクラー「恐怖のリベラリズム」（1989年，大川正彦訳，『現代思想』29巻7号：2001年）128頁。

*41)　そうしたストレスから来る心身症としてよく知られているのは，胃潰瘍，十二指腸潰瘍，過敏性腸症候群，脱毛症，便秘，視力障害，狭心症，生理不順，高血圧，気管支喘息，不整脈，緊張性頭痛などである。強いストレスはさらに，うつや神経症をももたらす。

*42)　ハラスメントでは，被害者に精神的苦痛が発生しただけでも――たとえ肉体的症状や財産的・名誉上の損害を伴わなくとも――不法行為と認定される。たとえば，パワハラをめぐる裁判の判決では，この点は次のようになっている：①豊川市役所でのパワハラ自殺についての判決（LEX/DB25470029　公務外災害認定処分取消請求控訴事件名古屋高等裁判所2010（平成22）年5月21日）は言う，「前記認定によれば，B部長の部下に対する指導は，人前で大声を出して感情的，高圧的かつ攻撃的に部下を叱責することもあり，部下の個性や能力に対する配慮が弱く，叱責後のフォローもないというものであり，それが部下の人格を傷つけ，心理的負荷を与えることもあるパワーハラスメント（以下，略して「パワハラ」という。）に当たることは明らかである」。②天むす・すえひろパワハラ訴訟判決（LEX/DB25450387　慰謝料等請求事件大阪地方裁判所2008（平成20）年9月11日）は言う，「乙山社長は，原告に対し，同年12月ころ以降，原告の仕事振り等について，↗

場合，侵害行為を即違法と推定する説も有力である。

　なかでもパワハラは，職権を濫用して——業務命令のかたちをとることもある——言説や行為によって部下の感情を傷つけ名誉・社会的評価を損ない精神的・肉体的な苦痛を与えることである。セクハラは，異性に対する言説や行為によって相手の感情を傷つけ名誉・社会的評価を損ない精神的・肉体的な苦痛を与えることである。

　上記のように，良心の自由侵害の帰結もまた，これと同じである。民法710条は，「他人の身体，自由若しくは名誉を侵害した場合又は他人の財産権を侵害した場合のいずれであるかを問わず，前条の規定により損害賠償の責任を負う者は，財産以外の損害に対しても，その賠償をしなければならない」と規定している。良心の自由を侵害は，パワハラ・セクハラと同様，本人の心に強い苦痛を与え，そこから来る強いストレスは精神的・肉体的疾病をも惹起するものなのである。ところが日本の政府や裁判所は，こと良心の自由の侵害となると，とりわけ権力がそのことによって個人の良心を傷つけ，本人を苦しめ民法710条に該当しても，〈思想に変更を迫るものではない〉とし，また——苦痛を認定した場合でも——〈学習指導要領や業務命令というかたちをとっている以上，手続的に合法で，かつ目的の公益性に照らして受忍限度の範囲内だ〉として，片付けてきた。[*43]

　☑突然，一方的に非難したり，何かと不快感を露わにするといった態度を繰り返しとるようになった。オ　原告は，以上のような業務に関する状況から，肉体的，精神的な疲労を蓄積させて，次第にストレスを募らせ，不安感を増大させ，平成19年1月中旬ころ以降，少しのことで泣く状態が止まらなくなるなど，精神的に異常な状態になるようになった。」つまり，①では，「人格を傷つけ，心理的負荷を与える」行為自体が，②では，「精神的に異常な状態」に至らしめた「ストレスを募らせ，不安感を増大させ」る行為自体が，違法なのである。両ケースでの侵害行為は，思想強制などとは関係なく，行為自体が違法であるとされている。なぜなら，人はその生命，身体，精神，財産をむやみに侵害されない権利を有しているからである。良心の自由を侵害するケースでも，それによって同様に「人格を傷つけ，心理的負荷を与える」ことや「ストレスを募らせ，不安感を増大させ」ることの発生は，否定できない（これに対し，思想・宗教の自由侵害では——その侵害が良心問題に関わってこない限りは——そういうおそれは少ない。被害者は，闘志によってその弾圧をはねのけようとするからである）。

*43)　〈目的に照らして受忍限度の範囲内だ〉とする点では，問題の性質は，公害や嫌煙権侵害のそれに似る。被害者は，多少苦痛があっても，加害行為の有用性・公共性や適法☑

たとえば，1999年に国家国旗法案が審議されているとき，文部大臣有馬朗人は，「一般に，思想，良心の自由というものは，それが内心にとどまる限りにおいては絶対的に保障されなければならないと考えております。しかし，それが外部的行為となってあらわれるような場合には，一定の合理的範囲内の制

性・社会の許容に鑑みて我慢しなければならない，というのであるからである。しかし，この受忍限度論も，被害が許容度を超すときには，差し止め請求をも認める。たとえば，(a)尼崎有害物質排出規制等請求事件　神戸地裁2000（平成12）1月31日判決　LEX/DB-28051661）は，「裁判所は公衆衛生行政を行うものではないが，それら道路の限度を超える供用の違法性の軽重を考えるに際しては，不特定多数の者が受ける便益と不特定多数の沿道住民の不利益の両方を視野に入れなければならないことは明らかであり，そうだとすれば，それら道路の限度を超えた供用を継続することは，沿道の広い範囲で，疾患の発症・増悪をもたらす非常に強い違法性があるといわざるをえず，それでも，なお，それら道路の限度を超える供用を公益上の必要性のゆえに許容せざるをえない状況が阪神間に存するとは考え難い。〔……〕したがって，国道四三号線及び大阪西宮線の限度を超える供用（沿道患者原告の居住地における一日平均値〇・一五ｍｇ／立方メートルを超える浮遊粒子状物質による汚染の形成する程度の供用）は，これによる身体権の侵害が重大なものであり，これが禁止された場合の公共の不利益を考慮しても，なお強度の違法性を有すると評価せざるをえないから，人格権的請求権に基づく不作為命令を履行するために禁止されることになってもやむをえないといわざるをえない。」と述べている。被害者が相対的に少数であっても，その人権が侵害されている場合，侵害の「程度が社会的に許容し得る限度を超える場合」には，侵害は許されない。

　そして，侵害が「許容し得る限度」か否かは，侵害の必要性と態様が問題であるだけでなく，侵害しなくとも目的が達せられる道がないか，すなわちLRAのテストをも，クリアできなければならない。この最後の点については，(b)菓子店におけるセクハラ行為判決（LEX/DB25421395 損害賠償請求控訴事件東京高等裁判所2008（平成20）9月10日判決）が，加害行為の目的によってもその違法性は阻却できないとする：「前記認定のCの各言動は，全体として，控訴人の人格をおとしめ，控訴人を本件店舗において就業しづらくする強圧的ないし性的な言動といえ，職場における上司の指導，教育上の言動として正当化しうるものでもなく，それによって，菓子作りが好きで高校卒業後の職場として選んだ被控訴人の店舗における勤務（控訴人本人）を断念することとなった控訴人が受けた精神的苦痛に対する慰謝料としては50万円が相当である。」

　これを「君が代」斉唱・伴奏強制のケースに翻訳すれば加害行為が，①憲法の人権保障との関係で問題があるか，②斉唱あるいは伴奏が不可欠か，③不可欠だとしても，代替性がないか，の厳密な考察が必要である。②については，「君が代」でなく別の歌で斉唱・伴奏をしてきた多くの学校があったし，これからもありうる。③については，CDやボランティア等，別人による代替も考えられる。「是が非でも，「君が代」でなければならないし，その教師にそれを伴奏させなければならない」という発想は，特別に右翼的・国家主義的でなければ出てこない。

約を受け得るものと考えております。学校において，校長の判断で学習指導要領に基づき式典を厳粛に実施するとともに，児童生徒に国旗・国歌を尊重する態度を指導する一環として児童生徒にみずから範を示すことによる教育上の効果を期待して，教員に対しても国旗に敬意を払い国歌を斉唱するよう命ずることは，学校という機関や教員の職務の特性にかんがえてみれば，社会通念上合理的な範囲内のものと考えられます。そういう点から，これを命ずることにより，教員の思想，良心の自由を制約するものではないと考えております。」と答えている（第145回国会内閣委員会文教委員会連合審査会　第1号，1999年7月21日）。思想（ないし思想と同じものとされた良心）に変更を加えようとしなければかまわない，とするのである。

　まったく同様の思考が，最高裁判所にも見られる。たとえば，いわゆる「君が代」ピアノ伴奏拒否事件の最高裁第三小法廷判決（戒告処分取消請求事件，2007（平成19）年2月27日判決。LEX/DB: 28130624）が，その典型例である。本判決は，ピアノ伴奏は，①単なる外部的行為であって思想・信条とは無関係で，かつ②思想・信条を否定しその変更を強要するものでないとする：

　　「学校の儀式的行事において「「君が代」」のピアノ伴奏をすべきでないとして本件入学式の国歌斉唱の際のピアノ伴奏を拒否することは，上告人にとっては，上記の歴史観ないし世界観に基づく一つの選択ではあろうが，一般的には，これと不可分に結びつくものということはできず，上告人に対して本件入学式の国歌斉唱の際にピアノ伴奏を求めることを内容とする本件職務命令が，直ちに上告人の有する上記の歴史観ないし世界観それ自体を否定するものと認めることはできないというべきである」。なぜなら，それは，「特定の思想を持つことを強制したり，あるいはこれを禁止したりするものではなく，特定の思想の有無について告白することを強要するものでもなく，児童に対して一方的な思想や理念を教え込むことを強制するものとみることもできない」からである。

　これらでは，思想変更を強制したかどうか，「教員の思想，良心の自由を制約する」か否かだけが，憲法19条に関わる問題だと考えられている。被害者が，その思想や良心判断に反することを権力で強制されることによって生じる，人格の自由な発展の阻害，精神的苦痛・良心の痛み，そこからくる強いストレス・疾病は――ハラスメントの場合よりも深刻なのに――問題にされていない。

これに対して、本判決補足意見において、①那須弘平裁判官は、次のように述べた：

「上告人のような信念を有する人々が学校の儀式的行事において信念に反して「君が代」のピアノ伴奏を強制されることは、演奏のために動員される上記のような音楽的な内心の働きと、そのような行動をすることに反発し演奏をしたくない、できればやめたいという心情との間に心理的な矛盾・葛藤を引き起こし、結果として伴奏者に精神的苦痛を与えることがあることも、容易に理解できることである。本件職務命令は、上告人に対し上述の意味で心理的な矛盾・葛藤を生じさせる点で、同人が有する思想及び良心の自由との間に一定の緊張関係を惹起させ、ひいては思想及び良心の自由に対する制約の問題を生じさせる可能性がある。したがって、本件職務命令と「思想及び良心」との関係を論じるについては、上告人が上記のような心理的矛盾・葛藤や精神的苦痛にさいなまれる事態が生じる可能性があることを前提として、これをなぜ甘受しなければならないのかということについて敷えんして述べる必要があると考える。」（ただし、那須の結論は、卒業式での国旗掲揚・「君が代」斉唱の重要性からすると、「甘受しなければならない」理由がある、というものであった。）

②同様に、藤田宙靖裁判官も次のように反対意見を述べた：

「むしろ、入学式においてピアノ伴奏をすることは、自らの信条に照らし上告人にとって極めて苦痛なことであり、それにもかかわらずこれを強制することが許されるかどうかという点にこそあるように思われる。そうであるとすると、本件において問題とされるべき上告人の「思想及び良心」としては、このように「君が代」が果たしてきた役割に対する否定的評価という歴史観ないし世界観それ自体」もさることながら、それに加えて更に、「君が代」の斉唱をめぐり、学校の入学式のような公的儀式の場で、公的機関が、参加者にその意志に反してでも一律に行動すべく強制することに対する否定的評価（従って、また、このような行動に自分は参加してはならないという信念ないし信条）」といった側面が含まれている可能性があるのであり、また、後者の側面こそが、本件では重要なのではないかと考える」。

こうした指摘を受けて、その後、最高裁にも若干の変化が見られ始める。すなわち最高裁第三小法廷は、2011（平成23）年6月14日の戒告処分取消等裁決取消請求事件判決（LEX/DB- 25443474。公立中学校の卒業式・入学式で校長が教員に国旗の下で「君が代」斉唱を命じた事件）で、良心の苦痛を認めるにいたった。しかし最高裁はここでも、良心の痛みは、命令のもつ手続的正統性、および公共性に鑑み、受忍限度内である（教師は公共の福祉に服する観点から、痛みを我慢

しなければならない）とする論理で処理した：

　「そのような敬意の表明には応じ難いと考える上告人らにとって，その歴史観ないし世界観に由来する行動（敬意の表明の拒否）と異なる外部的行動となり，心理的葛藤を生じさせるものである。この点に照らすと，本件各職務命令は，一般的，客観的な見地からは式典における慣例上の儀礼的な所作とされる行為を求めるものであり，それが結果として上記の要素との関係においてその歴史観ないし世界観に由来する行動との相違を生じさせることとなるという点で，その限りで上告人らの思想及び良心の自由についての前記（2）の間接的な制約となる面があるものということができる。」
　しかし，「住民全体の奉仕者として法令等及び上司の職務上の命令に従って職務を遂行すべきこととされる地方公務員の地位の性質及びその職務の公共性（憲法15条2項，地方公務員法30条，32条）に鑑み，公立中学校の教諭である上告人らは，法令等及び職務上の命令に従わなければならない立場にあり」，「中学校教育の目標や卒業式等の儀式的行事の意義，在り方等を定めた関係法令等の諸規定の趣旨に沿って，地方公務員の地位の性質及びその職務の公共性を踏まえ，生徒等への配慮を含め，教育上の行事にふさわしい秩序の確保とともに当該式典の円滑な進行を図るものであるということができる。以上の諸事情を踏まえると，本件各職務命令については，前記のように上告人らの思想及び良心の自由についての間接的な制約となる面はあるものの，職務命令の目的及び内容並びに上記の制限を介して生ずる制約の態様等を総合的に較量すれば，上記の制約を許容し得る程度の必要性及び合理性が認められるものというべきである。」

　先のピアノ伴奏拒否事件判決は，「地方公務員は，全体の奉仕者として公共の利益のために勤務し，かつ，職務の遂行に当たっては全力を挙げてこれに専念しなければならない」旨の規定にもとづいて，公務員である個人の権利よりも「公益」を優先させる立場を前面に出していた。これに対し，本判決は——ピアノ伴奏拒否事件判決での那須裁判官の意見を踏まえて——「君が代」斉唱行為が「心理的葛藤を生じさせるものである」と認めつつも，「必要性及び合理性」をより前面に押し出し職務上及び命令の公益上，苦痛を受忍すべきだとしたのである。

　しかし両判決はともに，最高裁多数意見が，良心を侵害する行為が与える，人格阻害，苦痛，苦痛に伴うストレスがどれほど深刻なものかの認識を——上述した「パワハラ」・「いじめ」・差別のケースに対する場合とは異なって——まだもちえていないことを物語っている。「パワハラ」・「いじめ」・差別の場合，

たとえそれらが，業務の必要を反映しているとか，秩序を乱す者から組織を防衛するためにおこなわれたとかとしても（「村八分」のような場合には後者が多い），裁判所は〈被害者に自覚を促すことは重要であるから，公益性の点から考えて被害者はいじめを「甘受しなければならない」〉とはしない。行為自体が問題だとするのである。被害者に肉体的異変が生じなくとも，加害行為の公序良俗違反性からして，被害者の精神的苦痛がそれ自体として損害賠償の対象となる，と。ところが同じ裁判所は，良心の自由侵害については，人格阻害や深刻な精神的苦痛を認定したとしても，憲法19条があるにも拘らず，被害者は公益性の点からして「甘受しなければならない」とするのであった。ここでの被害の軽視には，上述のように，良心と思想と混同することによって，「行為を強制しても，思想（と混同した良心）に対する変更強制ではないから問題ない」と軽く考えることも作用している。

この受忍限度論については，憲法15条2項の「全体の奉仕者」の誤った解釈，公務員もまた市民としてあることの無視とともに，①「君が代」を歌わせ国旗に敬礼をさせることに憲法が認める公益性があるか（とくに主権在民や思想の自由との関係），②逆に，強制がもたらす害はどの程度のものか，③一律に教師をそう強制するしか道はないか，が問われなければならない。①について当局は，「児童生徒に国旗・国歌を尊重する態度を指導する」ことが重要な公益だとする。しかし，そうした公益は憲法の規定するところではない。生徒たちが「正しいと思うところをおこなえ」と命じる自分の良心に従う勇気を教師が育てること，さらには教育への権力介入・権力的画一化に抵抗することのほうが，もっと憲法適合的である。逆に言えば，日頃生徒に対して，良心の重要性，正しいことを勇気をもっておこなうことを説いている教師が，その良心に反する行為を命じられ，制裁を恐れてその強制に服することは，教師の心に痛みと深い傷をもたらすばかりでなく，良心や正しいことにどう向かい合うべきか（換言すれば，憲法19条の価値への態度）について，生徒に深刻な負のメッセージを与えること[44]

＊44）　日頃，友人や同僚に対し，さらには大学の教師の場合は論説や学生との話し合いにおいて，「君が代」の内容の問題点を語り，日の丸が軍国の象徴であったことについて語っている者が，それのピアノ伴奏や斉唱を命じられ，おめおめと従ってしまうこと自体，当該教師の心に痛み，深い恥辱の傷，ストレスをもたらす。

になる（しかも，ことは良心の自由に関わるから，単なる受忍限度論＝利益衡量の問題ではなく，LRAのテストが必要なのである[45]）。

2.3.2 踏み絵との比較

上記(b)，思想・信仰・信条・道徳感情に反する行為を強制することの問題性は，踏み絵との関係でヨリ鮮明になる。踏み絵が現憲法下で許されないものであることは，最高裁も認めるだろう。踏み絵が許されないのは，第一には，〈思想・信仰・信条・道徳感情を裏切るな〉という良心の働きを悪用して，相手の思想・信仰・信条・道徳感情をあぶり出すこと（沈黙の自由の侵害），およびその後の弾圧（背教の強要・社会的抹殺）にあるが，さらに第二に，弾圧を恐れて踏んだ者を激しい良心の呵責で苦しめること，にある。この第二点も，深刻な問題なのである。

踏み絵を踏む行為自体は，外面に関わるものに過ぎない（足を載せるだけである）。実際，キリシタンのなかには，自分の内面と外面とを分けて，〈踏み絵を踏むことは単なる（外的）行為であって，内面はその行為によっては影響を受けない；踏んでも自分の信仰を裏切ることにはならない〉として踏む者もいた。江戸時代，時がたつにしたがい，こうしたかたちで割り切り，踏み絵を踏んで自己のキリスト教信仰を表の世界では隠し，自分たちの心や集団の内部では守ろうとする動きが出た。多くの隠れキリシタンは，踏み絵に対してだけでなく，寺請制度による改宗強制に対しても，〈かたちの上で寺に所属するだけだ〉として，対応した。

しかしこうした割り切り方をしても，当該信者には良心の呵責による苦痛をもたらすこととなるし，信者間の分裂・相互不信，それによる苦痛・人格破壊をもたらす。この外面的行為強制は，思想・信仰・信条・道徳感情そのものの変更にはいたらなくとも，関係者の内面を深く傷つけ，さらには肉体，人格を傷つけ，社会的評価をも損ない，大切な信者的共同生活を妨害するのである。権力がこれをおこなうことの，（弾圧と並ぶ）残忍性は，ここにある。踏み絵は，

---

*45)　成嶋隆「国歌斉唱義務不存在確認等請求訴訟第1審判決の意義」（新潟大学『法政理論』39巻4号，2007年）。

人間が発明した，きわめて悪辣な制度の一つである（日本の権力は，踏み絵にしても，隣組制度＝連坐・縁坐制にしても，創氏改名にしても，植民地への神道強制にしても，占領下の女性の慰安婦化にしても，特高による転向強要にしても，思想犯を激戦地に送る徴兵にしても，内面・人間性に対するこういう陰険な残虐さを案出することに長けている）。

　近代に入って，踏み絵が残忍であることは人びとの認めるところとなった。しかしそれでも，この踏み絵と同様な，良心の活動を利用して思想・信仰・信条・道徳感情をあぶり出し弾圧する権力の行為は，今日にいたるまでなお続いている。たとえば，①戦前・戦時中には，異端分子を狩り出すため，天皇の像や皇居・伊勢神宮を拝する集団行動を強制したり，軍隊内では捕虜や捕らえた非戦闘員の殺害を意図的に特定の兵士に命じたりさせた。これらは直接的には，集団単位の一斉の行為によって集団の志気を高める，あるいは精神をその方向に形成する（洗脳する）ことにあるものの，間接的には，その対応ぶりを見て，個々の構成員（とくに「要注意人物」）の思想・信仰・信条・道徳感情を判断することができる。だが，その踏み絵的行為強制は，かれらの良心侵害を通じ，精神的・肉体的な苦痛をもたらす。

　②ごく最近広まっている，首長や（首長に任命された）教育委員会が，日の丸への敬礼・「君が代」の斉唱・伴奏を，公立学校の教師（さらには生徒と，その親）に対し命令することも，同様である。これらは，一斉の行為によって集団の志気を高める，あるいは子供の精神をその方向に形成することを意図してものであるとして出されている。すなわち，あぶり出しそのものが目的ではなく，斉唱を徹底させることが目的である，と。しかも，歌ったからといって，思想の変更にはいたらない。しかし，

　第一に，一人ひとりの教師のそれへの対応ぶりを見れば，当人の思想・信仰・信条・道徳感情・権力に対する従順度を判断することができる。自分の思想・信仰・信条・道徳感情に誠実な人ほど（良心的な人ほど），〈あぶり出しをやられそうだ〉と分かっていても，敬礼・斉唱等を拒否せざるをえない。そのこと

---

*46)　土屋英雄『「日の丸・君が代裁判」と思想・良心の自由』（現代人文社，2007年）209頁以下。榎透「「君が代」ピアノ伴奏拒否事件にみる思想・良心の自由と教育の自由」（『専修大学社会科学年報』第44号，2010年）。

によって，首長や行政委員会に密かに不同意である教師を，あぶり出すことが可能となる。沈黙の自由すら許されない構造が，ここにはあるのである。

　第二に，それを拒否する者を——その思想を理由にしてではなく——職務命令違反として処分し，処分を重ねた者を免職して（学生の場合は，停学から退学にして），関係組織から追放すれば，踏み絵によるのと同様な，「危険分子」の排除が可能となる。これは，機能論的に考えれば，換言すれば被害者の側から考えれば，意図的に粛清することと，事態は同じである（一種のレッド＝パージが可能となる）。

　以上の点は，沈黙の自由侵害に加え，それにもとづく差別導入の問題でもある。

　加えて第三に，上述のようにこのあぶり出しは，良心の働きを効果的に利用した手段であり，命令に従うことを余儀なくされた者に対しては，その心と体とを傷つける度合いが，とくに深刻である。処分をおそれて毎年斉唱するということになれば，本人は自分に対しても，仲間ないし信頼してくれていた生徒に対しても，裏切り・転向を犯したことになる。こうしたことが本人に与える苦痛は，大きい。

　前述のように，かれの思想そのものには手を加えなくとも，良心の自由な展開，すなわち思想にもとづいて自分の意志・行動を一貫性・整合性をもって統制していこうとする良心作用に対しては，大きな妨害となる。良心の不可侵性の侵害である。自分の思想・信仰・信条・道徳感情に反して動くことを強制されるときには，良心の自由な展開が阻害されるだけでなく，良心そのものが傷つき，またそのことによって当人の身体・人格も傷つく。その有害性は，「モラハラ」・「パワハラ」をはるかに超える。

　上述の諸行為は，あぶり出して追放するという狙いを実は腹にはもっているのに，それを法文上では明示していないだけ・表には出さないだけ，という形態でなされる可能性もある。もし江戸時代に，今日的な感覚をもった政治家がいて，〈踏み絵はただ，日本人全体に対し，日本人としての伝統を相互に確認しあい，日本文化の高揚を図るためだけに導入したものである；とくにあぶり出して処刑したり，キリシタンを良心の呵責に追いやって苦しめることが目的であるわけではない〉と述べ，実際，直接にそれで処刑等の処分はしなかった場合，この言明を最高裁はそのまま受け止めて，〈キリスト教信仰を変えさせ

る意図は，当局にはない；集団文化確認のための，非宗教的行為が命じられているに過ぎない；そしてこの目的には，合理性がある。公共の福祉のためであるなら，外部的行為（対世的行為）の制約は許される；しかもそれは，生活の中にすでに定着化した儀式である。それに，踏んだからといって，その人の信仰・思想が変わるわけではない〉という，先の諸判決に出していた論理で踏み絵を認めるのだろうか[47]。実際には，処刑や入牢はなくとも，あぶりだされれば村八分などハラスメントに遭うだろうし，寺請証文がとれず非人化することになり，やがては社会から抹殺されるのに。

2.4——良心防衛の法理

では，こうした侵害が生じたと判断する場合に，関係者は自分の良心を防衛するために，どういう措置をとれるか。裁判所は，良心の自由の観点から，事後的にどういう救済を図れるか。

たとえば，「君が代」斉唱ないしそのピアノ伴奏を教育委員会が教員に業務命令として命令してき，それを或る教員が拒否した場合に，裁判所はどう考えるべきか？

この点は，〈すべての業務命令に服すべきだ〉という見解と，〈法的根拠のない，あるいは条例等に根拠はあっても，その条例等自体が憲法違反である・不当である・あるいは不必要である場合があり[48]，そうした業務命令には，たとえ就職時に業務命令への服従を同意していたとしても，服する必要がない〉とい

---

*47)　最高裁はその判決で，たとえば公務員が勤務と関係なくおこなう政治活動を「行政に対する国民の信頼」をそこなうとして，集合住宅への反戦ビラ配布を「管理者の管理権」や「私生活の平穏」をそこなうとして，政治ビラ貼りを「都市の美観」をそこなうとして規制してきた。それらを「公共の福祉」の中身に仕立て上げ人権規制に使っているのである。良心の自由も，何かを「公共の福祉」の中身にすれば，良心の自由は保障すると言いつつ，それを間接的に規制することは，最高裁にとって十分可能である。

*48)　「君が代」は，良心問題の他に，象徴天皇を昔の天皇と同一化しそれを主権者たる国民の上に置くものであるから内容的に憲法違反であり，かつその斉唱強制は，尊敬していない者を尊敬しろということであるから信条に対する強制としても憲法違反であるという事実にも関わる。拙著（前掲注6））『法哲学講義』第19章参照。

第2章　「良心」とは何か：憲法19条の考察　83

う見解とに分かれる。後者には，(a)そもそも服従義務が生じない場合，(b)服従義務が生じたとしても，良心の不可侵性との関係で免除される場合，さらには，(c)免除されないとしても，服従しないことに違法性が阻却される，すなわちそれを理由に処分することが問題だとする場合がある。この(c)の場合は，一種の抵抗権関係事項となり，ここでは超法規的違法性阻却事由が問題となる。[*49]

　これらに関しては，公務員である教師は使用者である国家に，「君が代」・日の丸の強制をめぐって絶対的に服従する職務上の義務があるかが前提問題となる。この点については，次のように考えるべきであろう。

　第一に，すでに契約関係からして，そうとは言えない。公務員は，使用者である国民（ないしその国家）に絶対的に服従するものではない。あくまで労働契約によって，すなわち自らの人格の独立を保持しつつ，自分がもつ専門的労働力を提供しているのである。[*49a] 今日の国家勤務は，「奉公」のような全人格的服従とは異なる。職務に反するものについてはもちろんのこと，その契約義務（職務）遂行上，不可欠・必然でないものについては，服従することはない。

　第二に，公務員には憲法遵守義務がある（憲法99条，「天皇又は摂政及び国務大臣，国会議員，裁判官その他の公務員は，この憲法を尊重し擁護する義務を負う」）。したがって，自分の良心であれ，子供ないし（その子供の人格と不可分な存在である）親の良心であれ，それが侵害され，憲法19条違反が生じていると判断した場合には，さらには，「君が代」という，憲法の国民主権に違反する――注48)

---

*49)　拙著（前掲注6)）『法哲学講義』第17章参照。　そこでは，抵抗権の行使の違法性阻却基準として，(a)動機・目的の正当性，(b)抵抗行為（手段）の相当性，(c)抵抗によって保護しようとする利益が抵抗によって侵害した利益に比較して価値が高いこと，の三点が呈示されている。これは，戸波江二「『君が代』ピアノ伴奏拒否に対する戒告処分をめぐる憲法上の問題点」（『早稲田法学』80巻3号，2005年）112頁が，良心の自由は厳格審査の対象であるという前提の下で示した基準である，「①課される社会的義務の内容・特質・必要性，②社会的義務と思想・信仰との対立が生ずる状況，③主張された思想・信仰の内容，社会的義務によって被る思想・信仰の制約の程度・態様，④社会的義務を拒否することによって与えられる不利益の程度」と重なっている。上の(a)が①・③に，(b)が②に，(c)が④に，対応している。

*49a)　拙稿「最高裁の職務専念義務論――「契約の論理」の観点から」，中村浩爾・桐山孝信・山本健慈編『社会変革と社会科学―時代と対峙する思想と実践』昭和堂，2017年，参照。

にあるように，象徴天皇の君主化を意味するのからである——ものへの行為命令を受けた場合には，その違憲状態の除去に努めなければならない。

違反状況は第一義的には，上級機関に対する申し立てという法的手段による。しかし，その上級機関が法を犯している場合には，自らの判断で，一種の公益通報として，国民に直接訴えて99条擁護をおこなうほかない。

第三に，憲法は，個人の尊厳・尊重を原理にし，自然と社会において自立的・主体的に生きる個人を前提にしている。それを育てることが憲法下での教育の目的である。そうした自立は，子供が，自分の信じるところ（思想・信仰・信条・道徳感情）にもとづいて行為すること，良心の命じるところに従って行為する姿勢を育てることなくしてはありえない。そのためには教師——と子供の親と——が，そうした自立性・主体性を子供の前で示せる存在であることが欠かせない。自己の良心に従えない教師・親は，良心に覚醒し良心に従う子供を育てられない。自由でない教師・親は，自由な人間を育てられない[*50]。自分が不当だと判断する命令には従わない，自己の良心に反して行動することを拒否できる教師であることが，現代社会の教師そのものの存在理由・任務からして，要請されるのである。こうして現代教育は，教師が単なる教育上の官僚，装置であることを否定する。

かつて教育基本法（旧法）が，第10条で「教育は，不当な支配に服することなく，国民全体に対し直接に責任を負って行われるべきものである。」と規定していたように，教師は権力にではなく，国民（子供とその親，広く社会）に直接責任を負う。すなわち，一人ひとりの教師が，独立して・自己の責任で——すなわち裁判官や研究者と同様の関係のなかで——何が正しいかを判断して教育する。教育は，そこではじめて生気を取り戻し，その中から，自由に思考する子どもたちがつくられていく（逆に言えば，そうしたかたちで教育の場を，首長・教育委員会に教師が絶対的に服従し，教師に子供が絶対的に服従する場にすることは，自由と民主主義の基盤を崩すものなのである[*51]）。

---

*50) 古代ローマでは，奴隷が自由人の子供を教育したことがあった。しかし，その場合でも，自立人への政治教育，自由人形成は，奴隷の教師がなせる仕事ではなかった。

*51) 公務員にも二つのタイプがある，ということだ。第一のタイプの公務員は，官僚である。マックス＝ヴェーバー（Max Weber）が述べているように，官僚は，職階のヒエラ↗

第四に，国家は，子供に特定の道徳，とくに国を愛する道徳（愛国心）を植え付ける必要があるか，民主主義にとって道徳・愛国心教育はどうあるべきか。

この点に関しては，そもそも強制されてもつにいたるような道徳・愛国心は，道徳・愛国心そのものの性質に反する，という事実がある。なぜなら，

(a)　道徳の本質は，自分で自分を律することにある。これは自分の良心が自分に命令する可能性，良心の自由を育てるところにある。ところが，特定の道徳を外から強制するということは，各人が自分の良心よりも外部規範にこだわり，また良心に反して行動することを育てることを意味する。外から特定の道徳を強制するということは，したがって，道徳の存立基盤を破壊していることに他ならない。

(b)　誰でも好きでない人や音楽，神等を「好きになれ」と強制されても，好きにはなれず，逆に嫌悪感が増すものである。これが，愛国心強制についても妥当する。しかも，制裁を背景にして愛を強制すれば，強制された者は好きであることを装う振る舞いをすることになる。これは，偽善者を育てることに他ならない。

ルヒーの中に組み込まれて上意下達的に，すなわち上からの命令のままに自己の職務を，その命令に対し——それが不法・不当でない限り——「怒りも好き嫌いもなく」(sine ira et studio) 遂行していく存在である。この種の官僚（国家の官僚が公務員であり，民間の官僚が事務職員，ホワイト=カラーである）は，決まっていることがらを実行する職務に関わる。これに対し，第二のタイプの公務員は，一人ひとりが独立し，自己の責任においてその職務を遂行していく。このタイプは，あるものを発見する仕事に関わる。たとえば，裁判官は，何が真実か・何が正義かを認識し判断する。公務員研究者は，何が真実かを認識する。公務員教師は，何が真実かの自分なりの認識を踏まえるとともに，〈この子の能力は何か〉の発見を踏まえてその育成に努める（かれらも，この認識作業においては，「怒りも好き嫌いもなく」，すなわち主観を排して，作業を進めるのではある）。かれらの独立性を保障するために，（上意下達型とは反対の）同僚制 (collegium, collegial form of governance) が採用される。（本来の）教授会や裁判官会議，職員会議のように，同僚組織で，行政・仲間の統制をおこなっていくのである。

　組織の性格を上意下達型に変えれば，この第二のタイプの公務員も，第一のタイプの公務員，すなわち官僚に近づいていく。今日本の裁判所・学校で進行しているのは，裁判官，研究者・教師をこの第一のタイプへ変えていく動き，かれらの官僚化への動きである。それは，裁判官の場合は最高裁判決に従えというかたちで，教師の場合は検定教科書・指導要領等に従えというかたちで，すでに決まっていることがらの実行に中心を置く職務に変質させ，それゆえ認識に必要な独立性・同僚制を奪おうとする動きとしてある。

(c) 愛国心をもつかどうかは，思想，さらには感情の問題であって，どういう思想・感情をもつかは，各人の選択による。ある思想・ある感情を「もて」，と強制することはできない。また，もつように洗脳することは，各人の内面に対する不当な介入であり，その人格の自律の破壊である。現代国家における道徳，愛国心は，むしろ，一人ひとりが自由でありかつ国家を自分のものであると民主主義を通じて直感できるところに，成長するものである。したがってそれらはこの点からも，強制されてもつようなものではない。特定の道徳，愛国心を押しつける教育は，それ自体が自由・民主主義とは相容れない性質の教育だと宣言しているようなものである。実際にはそうした愛国心教育は，愛国心涵養が主目的ではない。そうではなくて，権力者の指令に素直に従う（無批判的な）国民をつくること，民主主義とは反対の関係をもたらすこと，が目的なのである。

(d) 前述のように，子供の教育は，一人ひとりの個人の尊重を原理とする。特定の道徳や「国家」を子供に植え付けることは，教育の目的たりえない。民主主義的な意識形成もまた，各人の自由な選択にもとづくのだから，民主主義さえ，各人の自由を抑圧するかたちでは教え込めない。

2.5——むすび

かつてカルヴァン（Jean Calvin）は，迫害され救済を求めてジュネーブに逃れてきたセルヴェート（Michael Servetus）という人物を，「異端者である」として焚殺した。そしてかれは，これを良心の自由に対する侵害だと批判したカステリオ（Sébstien Castellion）に対して，「良心の自由というのは，悪魔の教えである」（Libertas conscientiae diabolicum dogma.）と述べた（カルヴァンが弟子のベーズ（Theodore Bèze, 1519-1605）に反論させた文書（1554年）参照）。プロテスタンティズムは，ルターの，良心に依拠した抵抗から始まったが，権力を獲得したカルヴァン派プロテスタンティズムには，良心は妨害物以外のなにものでもなくなった。これは，プロテスタンティズムの教義の問題というよりも，古今東西を問わず，権力がもっとも嫌うのは，良心である；したがって権力は，良心形成を教育の場から排除する；そのためには，教育者の良心を抑えつけることが，

欠かせない，という事情を物語っている。

　上で論じたような，東京，横浜や大阪の学校で起こっている「君が代」斉唱をめぐる問題（近時さらに，文科省による国立大学への日の丸掲揚，「君が代」斉唱強制が強まっている）なども，単に知事・市長が乱暴であるということによるのではなく，権力の上記の本能がむき出しになった，したがって近世・近代にかつてあった事態が，この現代において，再生しているという問題でもあろう。加えて，集団的な統合を重視する日本では，権力者だけでなく一般人も，他人が簡単には同調せず自分で判断しそれに照らして行動しようとすることを嫌う。すなわち良心は，日本では権力者にとっても民衆にとっても，鬼子である。これでは，良心を覚醒させ強めることがではなく，逆にそれを眠らせ萎縮させることが，教育の原理となるのは，避けられない。

第**3**章

法と擬制： 末弘厳太郎『嘘の効用』・来栖三郎『法とフィクション』考[*52]

3.1——はじめに

　末弘厳太郎の『嘘の効用』（改造社，1923年。岩波現代文庫，2000年。末弘が1922年に慶応大学でおこなった講演を基とする）は，法の世界で使われている擬制（フィクション）に関する考察の先駆的業績として高い評価を受けてきた。末弘はこの講演で，法実務（司法）を人間味あるものにするよう法を柔軟に運用する技術として，擬制があると説く。かれは永年，法の世界で使われている擬制を研究してきたのであって，この講演はその研究に根ざしている。[*53]

　しかしこの講演には，拙著『法哲学講義』（東京大学出版会，2002年）や，同『法学講義』（東京大学出版会，2014年）における擬制の考察や法解釈論，正義論を踏まえつつ検討すると，かなりの問題がある。日本では法学での擬制論（後述する来栖三郎の擬制論など）は，末弘のこの議論に定礎するため，その問題性を継続させている。筆者は，末弘が人間味ある法運用への道を拓こうとしたこと自体は大いに評価する。しかしこの講演のような擬制のとらえ方では，法の世界で擬制がどう使われているかが解明できないと考える。擬制とは何であり，

---

*52)　「末弘厳太郎『嘘の効用』考——併せて来栖三郎『法とフィクション』論」（『早稲田法学』90巻2号，2015年，所収）に，改訂を加えたもの。

*53)　「法律以外の世界において一般に不合理なりとみなされている事柄がひとたび法律世界の価値判断にあうや否やたちまちに合理化されるという事実はわれわれ法律学者のしばしば認識するところである。そうして私はそこに法律の特色があり，また国家の特色があると考えるがゆえに，それらの現象の蒐集および考察が，法律および国家の研究者たる私にとって，きわめて有益であり，また必要であることを考える。その意味において，私は数年このかた「法律における擬制」（legal fiction, Rechtsfiktion）の研究に特別の興味を感じている。そうして本文は，実にその研究の中途においてたまたま生まれた一つの小副産物にすぎない。」（末弘厳太郎『嘘の効用』まえがき）

その射程距離はどこまでか，法解釈と擬制はどう関係するかを認識し直さない
と，末弘がせっかく提唱した〈人間味ある法解釈〉の議論は深化しない。本講
演自体はくだけた調子のものではあるが，上述のようなその影響力の大きさに
鑑み，一度，上の観点から検討をおこない，本講演では何が問題かを確認しよ
うというのが，本章の目的である。

　前提として，末弘が講演の表題にある「嘘」を，どういうものとして使って
いるのかを確認しておこう。末弘は「嘘」を，「あった「事実」をなかったと
いい，なかった「事実」をあったという」ことと定義する。そして末弘は，そ
れを擬制と同一視する。末弘はこれを踏まえて，法実務を人間味あるものにす
るうえで擬制が広く使われていることを示すために，後述の七つの事例を提示
する。ところが筆者の視点から検討すると，七つの事例は擬制には関わってい
ない。それどころか，七つの事例間に意味ある共通点を見いだすことも，ほと
んどできない。このため「嘘の効用」の事例とされていても，そもそもそれぞ
れがどの点で「嘘」（＝擬制）なのかが分からないシロモノなのである（後述）。

　以上を踏まえつつ本講演における「嘘」を整理すると，それらは――客観的
には――次の3群に大別できる。

　第一には，「嘘」は，「狼がきたきた」と言って村人をだました少年のような
ウソを意味する。事実を枉げ，「あった「事実」をなかったといい，なかった「事
実」をあったという」ことである（以下，この意味での「嘘」を，ウソと表記する）。
末弘は言う，

　　「われわれは子供のときから，嘘をいってはならぬものだということを，十分に教
　　えこまれています。おそらく，世の中の人々は――一人の例外もなくすべて――嘘は
　　いってはならぬものと信じているでしょう。理由はともかくとして，なんとなく皆そ
　　う考えているに違いありません。<u>「嘘」という言葉をきくと，われわれの頭にはすぐに，</u>
　　<u>「狼がきたきた」と，しばしば嘘をついたため，だんだんと村人の信用を失って，つ</u>
　　<u>いには本当に狼に食われてしまった羊飼の話が自然と浮かび出ます。</u>それほど，われ
　　われの頭には嘘をいってはならぬということが，深く深く教えこまれています。」（節
　　番号：一。以下，同じ）

　しかしながらこの「嘘」＝ウソは，後述するように実際には，七つの事例の
うち，冒頭の「大岡裁き」の事例にしか見出されない。しかもウソは――末弘

自身は擬制の一種と位置づけるのだが——実際には擬制とは関係のないもので
ある。この点も，後述する。

　第二には，本講演での「嘘」は，法的擬制（後述）を含む，法の世界での擬
制を意味する。これは，次の引用から言える。

　　「純合理的に考えると，「嘘」はいかぬに決まっています。あった事をないといい，
　なかった事をあったというのは，きわめて不都合です。ですから，一般にきわめて合
　理的であり，したがって，一切の「虚偽」や「妥協」や「伝統」を排斥せんとする
　革命家は，ほとんど常に「嘘」の反対者です。〔……〕ですから，法律の中に「擬制」
　がたくさん使ってあることは合理的に考えてあまり喜ぶべき現象ではなく，むしろそ
　こに法律改正の必要が指示されているものだ，と考えるのが至当です。しかし人間が
　案外不合理なものである以上，「擬制」の方法によって事実上法律改正の目的を達す
　ることはきわめて必要なことです。」（八）

　ここでは，「嘘」と「擬制」は同一物とされている。しかし筆者が定式化し
た（本書96頁），法的擬制概念および擬制の一般概念（両者は同じである）をもっ
て検討すると，本講演において（筆者の用法での）擬制は，七つの事例中では下
記の 2 -(5) にのみ，それもただ部分的にのみ，認められるだけである。

　「嘘」はしたがって，第三には，客観的に見て，ウソでも（筆者が言う）擬制
でもない，別の何ものかをも意味していることになる。それら何ものかの全体
をも末弘は，「嘘」（つまりウソないし擬制）として扱っているのだ。かれはそれ
らを，〈本来Aとなるはずなのに，別のBになっている〉関係にあることを理由
にしてウソないし擬制に入れている。

　その際，それらの中身を整理すると，客観的には次のものに分かれる。①
意外な（通常の程度を越えた）事実認定のケースに関係する，下記の**3.3.1**・
（**3.3.3**）・（**3.3.5**）；②意外な法解釈に関係する**3.3.2**；③裁量に関する
3.3.4；④末弘の事実認識の誤りによって入れられた**3.3.6**，以上の 4 群で
ある。しかし，これらの間に何か共通する要素を見いだすのは困難である[54]（擬

---

　*54)　こうしたことになるのは，末弘が擬制を，「あった「事実」をなかったといい，なかっ
　　た「事実」をあったという」ことだとすることから出発しているからである。このよう
　　な広すぎる定義では，ウソや空想等までもが擬制とされてしまい，ことがらの区別がで
　　きなくなる。この点は後で論じる。

　　　　第3章　法と擬制：末弘厳太郎『嘘の効用』・来栖三郎『法とフィクション』考　　91

制としての共通性も，もちろんない）。加えて，この〈本来Aとなるはずだが，別のBになっている〉に当たる法生活上の諸関係をピックアップしようとすると，他にも実に多くのものがそれに該当してしまい，「嘘の効用」などと大々的に論じる意味がなくなる。「嘘」をこの第三の意味で使い，意味ある議論をしようとすることは，無理なのである（これら第三のグループを総称して，「その他のもの」と呼ぶ）。

　以下では，これらの点を前提に置きつつ，この講演を事例の順に考察していく。

3.2──大岡裁きの事例の検討

　末弘は，大岡越前守がウソの事実認定によって判決を人間味あるものにしたケースを，評価する。

> 「ある「事実」があったということになれば「法律上」必ずこれを罰せねばならぬ。さら〔れ〕ばといって罰すれば人情にはずれる。その際裁判官の採りうべき唯一の手段は「嘘」です。あった「事実」をなかったといい，なかった「事実」をあったというよりほかに方法はないのです。そうして大岡越前守は実にそれを上手にやりえた人です。」（三）

　末弘は具体的事件を示していないが，推測されているのは，大岡政談中の鴨裁判の話である。江戸城の堀の鴨を殺すのは，御法度であった。この鴨を，シ

---

*55)　例として，①契約を考えよう。契約が本来の意図とは異なる帰結にいたることがある。たとえば，当事者に法律行為能力がないとされれば，無効となる。制限行為能力者の契約は，取り消しされうる。その他，公序良俗違反だと認定されたとき，詐欺強迫にもとづいていたとき，不能であったときも，無効か取り消しの対象となる。こうした関係は，〈契約があったのに，なかった結果にされる〉ことではあるから，「あった「事実」をなかったといい，なかった「事実」をあったという」ことには該当する。しかしそれらを「嘘の効用」として考察しても，何の実のある認識も得られない。②別の例として，罪を犯したとして訴追されても，罪がなかったのと同じ帰結となる場合を取り上げよう。責任能力がなかったとか，正当防衛であったとか，緊急避難であったとか，違法捜査があったとかの場合においては，〈罪があったのに，結果的に罪がなかった〉ことにはなる。それゆえこれらも，「あった「事実」をなかったといい，なかった「事実」をあったという」ことに該当する。しかしそれらを「嘘の効用」として考察しても，実のあることは何も得られない。

ジミ売りの少年が誤って殺してしまった。大岡は、軽い過失のこの少年を重罰から救うため、「鴨は生きている」と事実認定した[*56]。法を枉げて無罪放免にはできないので、大岡は事実を操作したのだ、と[*57]。

この大岡裁きの事例は、他人を欺くことを主目的にはしないものの、事実を偽って処理した点でオオカミ少年のついたウソと重なる（それゆえこれとて、厳正な老中ら上役に知られれば、マズいことになる）。

問題は、第一に、この種のウソのケースは、末弘が挙げる他の六つの事例にはすべて該当しない点にある。このケースだけが、孤立しているのである。

そして問題は、第二に、末弘がこのウソを次のように、擬制の一種だと考え、さらにそれを裁判官の作業（法解釈）に見られる擬制として扱っている点にある。かれは、言う：

「しかし、「擬制」が完全な改正方法でないことはイェーリングも認めているとおりです。「擬制」の発生はむしろ法律改正の必要を、否、法はすでに事実上改正されたのだという事実を暗示するものとして、これを進歩の階梯に使いたいのです。ことに嘘つきには元来法則がありません。ですから、裁判所がこの方法によって世間の変化と法律との調和を計ろうとするに際して、もしも「嘘」のみがその唯一の武器であるとすれば、裁判所が真に信頼すべき立派な理想をもったものである場合のほか、世の中の人間はとうてい安心していることができません。かりにまた真に信頼すべき立派な理想の持ち主であるとしても、これのみに信頼して安心せよというのは、名君に信頼して専制政治を許容せよというにひとしい考えです。フランス革命の洗礼を受けた近代人がどうしてかよくこれを受け入れましょう。彼らは真に信頼しうべき「人間以

---

*56）　石井紫郎『日本人の国家意識』（東京大学出版会、1986年）247頁以下参照。

*57）　ちなみに同種の大岡裁きは、落語「大工調べ」の裁判の冒頭部分でも見られる。ここでは大岡越前守は、借家人の与太郎が町役人である家主に毒づくという、法を犯す行為をした事実を知っていながら、「よもやそのようなことはあるまいの」と与太郎から毒づいた事実を否認する証言を引き出して事を収めようとした。同種のウソの事実認定は、① 春日大社の鹿を誤って殺した豆腐屋を救うため、それを犬と事実認定した京の所司代、② 歌舞伎の『勧進帳』で、山伏たちが義経・弁慶の一行であることを知りながら「見て見ぬふり」をして通過させた富樫左衛門、③ 八百屋お七の放火裁判で、火あぶりの刑を免れさせようと、かぞえで16歳のお七を「歳は15だろう」と何度も聞いた奉行などでも見られる（もちろんすべて架空の話である）。また④ 僧侶の隠語で、酒のことを「般若湯」と呼んで飲む行為、兎を「一羽、二羽」と数え、マグロを赤豆腐と称して食す行為（落語「蒟蒻問答」参照）などにも見られる。

第3章　法と擬制：末弘厳太郎『嘘の効用』・来栖三郎『法とフィクション』考　　93

外」のある尺度を求めます。保障を求めるのです。

　さらにまた，もしも法が固定的であり，裁判官もまた硬化しているとすれば，法律の適用を受くべき人々みずからが「嘘」をつくに至ること上述のとおりです。そうしてこれが決して喜ぶべき現象でないことは明らかです。子供に「嘘つき」の多いのは親の頑迷な証拠です。国民に「嘘つき」の多いのは，国法の社会事情に適合しない証拠です。その際，親および国家の採るべき態度はみずから反省することでなければなりません。<u>また裁判官のこの際採るべき態度は，むしろ法を改正すべき時がきたのだということを自覚して，いよいよその改正全きを告げるまでは「見て見ぬふり」をし，「嘘」を「嘘」として許容することでなければなりません。</u>」（八）

　見られるように末弘は，裁判官が「「見て見ぬふり」をし，「嘘」を「嘘」として許容する」（引用文の末尾参照）ことが，「「擬制」の発生」（引用文の冒頭参照）だと考えている。末弘のこの認識，擬制とウソとを同一視することや，裁判官の法解釈作業にも擬制が見られるとすることは，正しいか？

　この検討のためには，擬制とは何か，それがどう法の世界で使われているかの考察を踏まえなければならないが，それは拙著『法哲学講義』および『法学講義』で詳論したので，細かい議論はそれらに譲り，以下では要点のみを書いておく。

　一般に擬制（フィクション）には，広義のと狭義のとがある。広義の擬制は，たいていの辞書が定義しているところのものである。たとえば『広辞苑』はフィクションを，「実際にないことを頭脳の所産として作り上げること」と定義し，『学研国語大辞典』は「想像によって作り出されたもので，実際にはないもの」と定義し，『大辞林』は「事実でないことを事実らしく作り上げること」と定義している。英語の辞典も，これと変わりはない。たいていの哲学者はこの擬制概念で生の世界を論じ，たいていの法学者はこの擬制概念で法の世界をも論じる。本講演で「嘘」を，「あった「事実」をなかったといい，なかった「事実」をあったという」ことと定義しつつ議論している末弘もその一人である（後述する来栖も，擬制を「実在からの任意的な離反」とか「現実に存在するものでないにもかかわらず存在すると」することと定義する点で，これに属している）。

　しかし擬制のこの（広すぎる）定義——「擬制」より「虚構」の概念にヨリ近い——では，ウソ・「でたらめ」や空想，理想像・目標提示，仮象，幻覚・幻聴，形骸化，象徴なども擬制に含められてしまう。もともとウソや空想，理想像，仮象等は日常において「フィクション」の一種とされるのであり，広義

の「擬制」，フィクションの辞書的定義は，この日常の用法を前提にしてつくられたものだから，そうなるのである。

したがってまたこれでは，法の世界で擬制がどう使われているか（fictions in lawの問題。この場合，法の世界内外で使われている擬制＝擬制一般に関係する[*59]），ましてや法の世界で発達した特殊な制度としての法的擬制（legal fiction。後述の民事訴訟法159条等や，民法721・886条の胎児の擬制など）の特徴（後述99頁以下）は，およそとらえられない（拙著（前掲注6））『法哲学講義』24章をも参照）。

このような概念を使って擬制一般，さらには法的擬制を論じるのは，早稲田大学法学部の学生の動向を調べるに当たって，それを「東京の大学に在学中の学生」と定義して作業を開始するようなものである。実のある認識・処理ははじめから期待されえない（しかも，この広義の擬制にさえ属さない，すなわちおよそ擬制とは無関係の事例が，末弘の講演や来栖の本においては「擬制」の事例として出てくる）。

---

*58)　擬制とウソ等とは，筆者の観点からは次のように区別される。

・擬制――AとBとは（全部ないし一部）異なるが，本質的類似性を基礎にしてBをあえてAとして扱う特則をつくる。

・ウソ――AとBとは異なるが，それを知らない人にBをAだと思わせる。すなわち，ちがうことを相手は知らない。全員了解の特則ではもちろんない。

・空想――AとBは異なるのに，BをAだと自分で思こむ。すなわち，ちがいを自分でも分かっていない。全員了解の特則ではもちろんない。

・理想像――Aが現存しないことを知りつつ，現実を超えるためにあえてそのAの像を追い求める。すなわち，全員了解の特則ではない。

・仮象――現存しないAを，錯覚で信じる。すなわち，ちがいを自分でも分かっていない。錯覚の要因となる現象が外部にはある。全員了解の特則ではない。

・幻覚・幻聴――現存しないAを，頭脳が異常な作用でつくる。すなわち，ちがいを自分でも分かっていない。薬物等を除いて，錯覚の要因となる現象も外部にはない。全員了解の特則ではもちろんない。

・形骸化――かつてあったAが，今や現存しないのに，そのAがあるとして扱う。すなわち，かつては事実だった。今はちがうことを自分でも分かっていない。全員了解の特則ではない。

・象徴――具象物Bで，抽象物Aを相手にイメージさせる。すなわち，コミュニケーションの手段であり，ルールではない。

*59)　たとえば，多数決をもって総意による決定とする擬制，多数派が構成した政府を国民代表機関とする擬制，陪審員の決定で真理が発見された（上訴できない）とする擬制などである。

これに対し狭義の擬制とは，上記の問題を踏まえて筆者が定義するものであって，〈BがAではない（あるいは，常にAであるとは言えない）ことを承知のうえで，Aとの本質的類似性にもとづきBをあえてAだとする特則をつくること〉とするものである。この定義によってはじめて擬制は，空想，目標設定，幻覚・幻聴などから区別しうる。しかもこれによってはじめて，法の世界で使われている擬制（法的擬制をも含めた）の諸特性がとらえられる。

この狭義の擬制概念は，「擬制」がもっとも精緻に使われている法の世界での（法的擬制の）事例を手がかりにして獲得したものである[*60]。たとえば(i)民事訴訟法159条がそれである。これは，「自白の擬制」の見出しをもっており，その文言は次のようなものである：

　「当事者が口頭弁論において相手方の主張した事実を争うことを明らかにしない場合には，その事実を自白したものとみなす。ただし，弁論の全趣旨により，その事実を争ったものと認めるべきときは，この限りでない。」

口頭弁論で争わなかったら，「自白した」のだとされてしまう，という規定である。この法的擬制は，自白はしていないものの，争わなかったことと自白とは，相手の主張を承認する点でよく似ている（＝本質的な類似性がある）ので，訴訟手続き上の簡便のために，採られるのである。そして同条但し書きは，争っていることが「弁論の全趣旨により」，別途確認できるなら，「みなす」ことは止める，自白したとの擬制はしない，との姿勢を示している。

ここからは，法的擬制が，次の特徴をもつものとして使われていることが分かる。① 擬制は上に見た点でルール定立行為であって，したがってルール化

---

*60)　法的擬制の考察から得た概念を擬制一般に適用することについては，〈特殊なものから得た概念を一般化することはできない〉との異論もあるだろう。しかしことがらは，マルクス（Karl Marx, 1818-83）が『経済学批判要綱』の序説で言っていることと同様のものである。すなわち，「人間の解剖は，猿の解剖のための一つの鍵である。ところが，下等な動物種類に見られる高等なものへの暗示は，この高等なもの自身がすでに知られている場合にだけ理解されうる。こうして，ブルジョア経済は古代その他の経済への鍵を提供するのである」と。高度に発達した擬制である法的擬制から得た「擬制」の概念が，擬制一般の検討にも役立つのであって，その逆ではない。精緻化されない擬制を前提にした「擬制」概念，辞書的定義は，法的擬制の分析には使えない。この関係をマルクスは，強調しているのだ。

を有効なものにするためには，関係者間での合意が不可欠である。関係者とは，立法者（議員や行政機関，広く組織の権限者）である。理論家（学者・法曹）も，法運用上の一般理論を提示するさいには，擬制に依拠することがあるが，そうした理論的提言が正式に法的擬制となるのは，かれらの間で広く認められて事実上ルールとなったときとか，立法作業において採用されたときとかである。[*61] ② 法的擬制が可能であるためには，AとBとの間で本質的な類似性が必要である。それゆえ，本質的な類似性が欠如しているところでは法的擬制は成り立たなくなる（存立基盤がなくなったため擬制であることを止める）のである。③ 法的擬制はたいていは，事務の簡便化のためになされる。

(ⅱ)以上のことは，死亡宣告を定めた民法30条（「不在者の生死が七年間明らかでないときは，家庭裁判所は，利害関係人の請求により，失踪の宣告をすることができる。」）からも，確認できる。死亡宣告とは，生死不明者を〈死んだものとして扱う〉ということであるが，これはBがAではない可能性が残っていることを認めつつも，あえてAだとして一律に処理してしまうことであるから，事務簡便化のための擬制の一種である。「七年間明らかでない」ということが，擬制の根拠となる本質的類似性（＝死んでいることにかなり似ている点）である。ただし，その者が生きていたときは，（死んだとする）擬制の基盤が崩れ（＝本質的類似性がなくなるゆえ），擬制は不可能となる。すなわち失踪宣告は，同32条によって取り消される。

擬制一般，すなわち法の世界を含む一般社会で使われている擬制についても，以上の特徴が確認されるのである。この点は，拙著（前掲注6)）『法哲学講義』で示したし，後述するところからも明らかとなるだろう。

さて，これら2例を踏まえると，法的擬制（ないし擬制一般）は上記の大岡裁きの「嘘」とは，次の4点において異質であることが分かる。

第一に，ウソは公然とはつけないが，とくに法的擬制は公然たるルール定立

---

*61) たとえば，法人擬制説や社会契約論，動物の法的主体化（人間化＝動物が権利を保有しているとの擬制）などの提唱がそうである。裁判官も，その種の提唱を自ら最初にする時には擬制を使っていることにはなる（それらが定着したあとで使う場合は，法理を適用しているのであって擬制をしているのではない）。しかし裁判官が，職業常識に反する強引な事実認定や意外な法解釈（とくに法意適用・類推・拡張解釈等に依拠した）に訴えても，擬制をしたことにはならない。

第3章　法と擬制：末弘厳太郎『嘘の効用』・来栖三郎『法とフィクション』考　　97

行為である。ウソは，事情を知らない人をだまそうとして，AではないBをA
だと偽ることである。ウソでは，BがAでないことを知っている本人と，知ら
ないためだまされる相手とがいる。大岡裁きの鴨裁判などは，裁判関係者は知
っているが，それ以外の者は知らないから，可能となる。裁判を監視する役の
老中には隠れての（この意味では，だます）処理，すなわちウソでの処理である。

　確かに，法的擬制のなかには，生まれていない胎児を産まれたとするような
ものもある（民法721条・886条）。しかしこれを，ウソだという人がいるだろう
か。胎児の法的擬制などは，誰もがBはAではないことを承知のうえで，かれ
らの合意で——公然と——特則をつくることである。したがって，だます本人
も，だまされる相手もいない。だますことによって成り立つ制度ではない。だ
ますことが欠けている法的擬制には，いかなる意味でもウソの要素はない。胎
児の擬制は，自覚的な例外扱いの取り決め，それを公然たる立法作用によって
制度化したものなのである。鴨裁判のような，隠れての処理とは無関係である。
そして，法的擬制に限らず，法の世界内外で使われている擬制一般は，隠れて
の処理とは無関係である。裁判官は，そのような隠れた処理をすることはでき
ない。

　ちなみに，法解釈において一見擬制と似た作業として，類推がある。しかし類推は，
法的擬制そのものでもないし，法的世界内外の擬制にも属さない。類推は，Aではな
いBをAだとする特則，ルールをつくることではないからである。類推は，個別ケー
スにおいて，CではないがCに似ているDを，似ている点を根拠にして，Cと同様な効
果を付与することである。それは，ケースの個別事情を反映したその場限りの処理に
留まる。[*62] すなわち類推は，DをCだと扱うことを一般的ルールにしてしまう（これが
法的擬制である）ものではなく，Dに関わるケースで，Cの処理の仕方に関する規定
を——Dに似たところがあることを根拠にして——参考に使って処理するだけなので
ある。なお，立法上の「準用」は，この類推適用をおこなうことをルール化したもの
である（ただし法解釈で「準用」を使うときには，類推を指していることもある）。

---

*62)　英米法系の国では，類推やかなり無理な事実認定等による判決が，先例拘束性のゆ
　　　えに定着し，かつその射程を伸ばして，擬制をつくる可能性はある。quasi-contractの法
　　　理の形成などのケースである（しかしこのケースは，日本では事務管理や不当利得で処
　　　理できることがらであり，擬制に依拠することを要しない）。またこれも，いったん法理
　　　が確立すれば，裁判官はその法理を適用するだけで，擬制に訴えているのではない。

第二に，そもそも法的擬制（ないし擬制一般）は，末弘が言うような，ウソと同様な意味で「あった「事実」をなかったといい，なかった「事実」をあったという」ものか。答えは，否である。まず，たとえば上述の，① 民事訴訟法159条も，② 民法30条も，「あった「事実」をなかったといい，なかった「事実」をあったという」ものではない。①は，同意するのかどうか分からない場合であり，②は，生死不明の場合である。

　より重要なのは，これらの場合においては〈同意している〉ないし〈死んでいる〉に近い関係がかなりあるから，それを支えにして擬制をするという事実である。胎児の擬制（民法721条・886条）の場合は，産まれていない胎児を産まれたとするのだから，「なかった「事実」をあったという」こと自体には該当する。しかしこれも，胎児が「あった「事実」」に近い（＝まもなく産まれる）ことを前提にしている。この「事実」があるからこそ，産まれたとの擬制が可能なのである。それが証拠に死産の場合には，擬制は崩壊する。このように法的擬制は，〈支持する事実〉を基礎にしてのみ可能となるのであって，この点でもウソや空想——まったくでたらめの場合もありうるから〈支持する事実〉はなくてよい——とは異なる。そして，こうした法的擬制に限らず，法の世界で使われている擬制は，擬制を支える事実＝本質的類似性を基礎にしてのみ可能となる。

　第三に，末弘は，法の世界で使われている擬制は「「公平」を要求しつつ，しかも「杓子定規」をきらう人間をして真に満足せしめるに足るべき「法」を〔裁判官が〕創造すること」だとするが，法的擬制は，英米法のquasi-contractなどを除くと正義問題とはほとんど関係がない。上記の，① 民事訴訟法159条，② 民法30条を見れば分かるように，これらの目的は，事務処理を簡便化することにあって，「公平」・正義を実現することにはない。これも，擬制一般に妥当する。民法721条・886条の胎児の擬制は胎児の利益保障，刑法245条の電気窃盗はしかるべき懲罰を狙う点で，擬制が正義と少しは関係するとも言えるが。

　第四に，法的擬制（ないし擬制一般）は，日本では，裁判官の仕事には属さない。法解釈においても，事実認定の作業においてもである。前述のように，法的擬制は，「この関係は，こういう擬制によって処理することとする」という特則定立のかたちで実現される。したがってこの仕事は，立法者の仕事である。

第3章　法と擬制：末弘厳太郎『嘘の効用』・来栖三郎『法とフィクション』考　　99

日本の裁判官には，そういうルール定立はできない。擬制に関して裁判官ができるのは，既存の擬制ルールの適用，および法学者がするのと同様の，「この関係は，こういう擬制によって処理することが考えられる」とする，擬制の提案だけである（これらは，立法化ないし慣習法化によって初めて擬制となる）。

　要するに，法的擬制（ないし擬制一般）は，ウソとは縁遠い存在である。それゆえ法的擬制（ないし擬制一般）の効用は，「ウソの効用」ではない。法の世界で使われている擬制を大岡裁き（鴨裁判等）と関連づけて論じようとする，末弘の出発点が，すでに誤っているのだ。

3.3 ——他の六つの事例の検討

　以下，末弘が〈嘘には効用がある〉としてその根拠に挙げている，残る六つの事例を逐一検討してみよう。

3.3.1　夫の渡米中の妻の借金
　永らく渡米したままの夫の明示的な同意なしに，妻が生活費を借金した。当時は，女性には制限行為能力しか認められておらず，夫の許可なしで妻が締結した契約は一般に，夫が取り消しえた（明治民法14条）。夫は，この規定によって契約を取り消そうとした。この事件について大審院1920（大正9）年9月1日判決は，〈夫は，当然許可を与えていたのだ〉としたのであったが，この判決を末弘は，「「許可」を擬制し」たものと解釈して次のように言う，

　　「ところが裁判所は「夫ガ出稼ノ為ニ，妻子ヲ故郷ニ残シテ遠ク海外ニ渡航シ，数年間妻子ニ対スル送金ヲ絶チタルガ如キ場合ニ在リテハ，其留守宅ニ相当ナル資産アリテ生活費ニ充ツルコトヲ得ルガ如キ特別ナル事状ナキ限リハ，妻ニ於テ一家ノ生活ヲ維持シ子女ノ教養ヲ全ウスルガ為メニ，其必要ナル程度ニ於テ借財ヲ為シ以テ一家ノ生計ヲ維持スルコトハ，夫ニ於テ予メ之ヲ許可シ居リタルモノト認ムベキハ条理上当然ニシテ，斯ク解シテ始テ其裁判ハ悉ク情理ヲ尽シタルモノ謂ハザル可カラズ」という理由で，妻を敗訴せしめた。この場合，妻が許可を得ていないのは事実なのです。しかし得ていないとすると，結果が悪い，貸主に気の毒だ，というわけあいで，<u>裁判所は「許可」を擬制してしまったのです</u>。すなわち事実許可はないのだが，表面上これありたるごとくに装い，それを飾るがために「条理上当然」とか「悉ク情理ヲ尽」

すとかいうような言葉を使ったのです。」(七)

　しかしこれは，ウソでも擬制でもない（意味のない区分である，前述の「その他のもの」に属するにすぎない）。大審院は，夫婦が置かれた関係から夫の黙示の「許可」を推定した事実認定をおこなったのだ。〈許可はなかった，あるいは，あったかなかったか分からない〉と事実認定したうえで，あえて「あった」としたのではない（そうしたなら擬制であるが）。許可があったとの事実認定のための前提が確認できる，と判断したのである。夫は妻に財産がないのに，長期不在中の家の生計管理や家族の養育を託していた。だから，そのための借金を妻がすることに夫が同意していなかったとは，道理（条理）からして考えられない；黙示の「許可」があった，と事実を認定したのだ。この点を大審院は，

> 「妻ニ於テ一家ノ生活ヲ維持シ子女ノ教養ヲ全ウスルガ為メニ，其必要ナル程度ニ於テ借財ヲ為シ以テ一家ノ生計ヲ維持スルコトハ，夫ニ於テ予メ之ヲ許可シ居リタルモノト認ムベキハ条理上当然ニシテ」

と述べている。情況証拠から事実を道理に従って推認したのであって，根拠にもとづく推認は，ウソでも擬制でもない。本件の場合，もし夫が〈許可していないことの証拠〉を挙証しえておれば，裁判官はそれに応じて別の事実認定をした余地が十分にあった。これは，擬制が機能する状況とは異なる。

　上の点を，やや詳しく説明しておこう。裁判所が，「黙示の法律行為（黙示の同意・契約，黙示の所有権放棄・公用廃止など）があった」と認定することは，前述の（「擬制」を表題にした規定の一つである）民事訴訟法159条：「その事実を自白したものとみなす。」の行為とは，質が異なっている。その理由は，次の通りである。

　民訴159条の場合は，一方当事者が他の場所で事実を明らかに争っており，裁判官はそれを知っていても，その一方当事者が期日に法廷で争わなかったら，もうそのことだけで「自白した」とみなすのである。このようにここでは擬制が成り立つ必要十分条件は，予め明確に決まっているのである。擬制が可能であるためには一般に，そのための基準を法定しておくことが不可欠である。裁判官はその基準に該当しておれば即，「自白した」としうるのである。

　これに対して「黙示の法律行為」等を認定するケースでは，裁判官がそう認

定する基準はなんら法定されていない。裁判官はいろいろの事実を考察したうえで，「黙示の承認があった」等との心証を自分で形成して決定するのである（＝基準の不存在。もちろんこの場合も，認定する際にチェックするべき，ある種のメルクマール（着眼点）が何かは，先輩たちの実務経験を通じて固まっており，裁判官はそれに依拠するだろう。しかしそれは，擬制が前提にする明確な，法定の基準事項とは質が異なり，メルクマールといっても漠然としたものである）。このためまた，ここでは当事者が，反対事実を証明できれば，裁判所は態度を変え，〈黙示の意思表示等はなかった〉としうるのでもある。

　加えて，「黙示の法律行為」を認定する場合，裁判所は，何らかの根拠からして〈客観的にはそのような事実があったと言える〉と認定しているのであって，そのような事実がないのに，あえて「ある」と擬制しているのではない。あくまで，事実認定の問題であって，擬制の問題ではないのである。

3. 3. 2　嬰児殺害

　末弘は，古代ローマで重症の障害をもった嬰児を殺害した母親を，「殺したのは嬰児でなく monstrum だった」として放免した判決をも，かれの言う「嘘」によっているとする。

　　「ローマのごときでも，奇形児〔ママ〕を殺した母をして殺人の罪責を免れしめるがために，裁判官はしばしば monstrum の法理を応用したといわれています。
　　ローマでは，たとえ人間の腹から生まれたものでも，それは奇形児で十分人間の形を備えていない場合には，法律上称して monstrum（鬼子）といい，これに与えるに法律上の人格をもってしなかった。この考えは，ローマにおいてはきわめて古くから存在したようであるが，後のユスチニヤン法典中にも法家パウルスの意見として Digestorum Lib. I. Tit. V. de statu hominum L. 14 中に収められている。ところである母が子を生んでみると，それがみにくい鬼子であった。そういう子供を生かしておくのは家の恥辱でもあり，また，本人の不幸でもあると考えて，母はひそかにこれを殺してしまった。やかましく理屈をいえば，それでもやはり一種の殺人には違いない。しかしさらばといって，その母を殺人の罪に問うことは裁判官の人間としてとうてい堪えがたいところである。社会的に考えてもきわめておろかなことです。そこで裁判官は，なんとかして救ってやりたい，その救う手段として考えついたものが，この monstrum の法理です。母は子を殺した，しかし殺したのは人にあらずして monstrum であった，したがって罪にはならぬ。と，こういう理屈をもって憐むべき母を救った

のだということです。」(三)

　今日の常識からすればこの事例は，人だと知っていながら「人でない」と事実認定したうえで処理するのだから，鴨裁判のウソと同質のものだとなる。しかし，ここでは事柄は，古い時代に属する。その時代においては，次のようなものと位置づけられていた可能性がある。① この法理が末弘が対象にしている判決の前から「monstrumの法理」として確定していたのであったのなら（実際，古代ローマは，共同体防衛の観点からこの法理を採用していた），この判決はその法理を「文字通りの適用」したものにすぎない。②〈monstrumは嬰児でない〉と当時の社会で広く信じられており，裁判官もそれを前提にして解釈したのなら，裁判官は，通常人のもつ語義に依拠して文理解釈をし，それを踏まえて文字通りの適用にいたったのである。すなわち，裁判官は，〈本件は，嬰児殺害罪の構成要件に該当しない〉とする処理をしたのである。③ この法理をつくった古代の立法者，ないし本事件での裁判官が，monstrumも嬰児だと自覚しておりながら，〈嬰児殺害罪の趣旨からして，それは保護法益ではない〉との法解釈を打ち出したのであれば，縮小解釈をしたのである（嬰児殺しの法が処罰対象としている「嬰児」概念を狭めmonstrumを除外して，親を救済したのである）。以上の三つのどれをとっても，末弘が挙げているかたちにおいてはこの事例は，ウソとは関係ないし，擬制にも属さない。せいぜい「その他のもの」に関わるだけである。④ 唯一，その古代ローマでこの法理をつくった最初の人において，かれがその際に〈monstrumは嬰児だが，障害者は邪魔なので，あるいは母親等を救うため，嬰児でないとしよう〉と判断して法理をつくったのであれば，その創設者は，擬制，しかも法的擬制に関わる。しかし，このようなルールは，古代ローマの大法学者といえども勝手につくれる性質のものではないから，この④の場合は，擬制を提案しているにすぎない（一つの学説を立てたに過ぎない）。それが法的に擬制となるには，立法化か，一定期間の既成事実の積み上げによる慣習法・判例法の成立か，大学者の学説を立法と同様に扱う慣例の定着が必要だったのである。

3.3.3 「名義上の損害賠償」(nominal damages)

　英米法上「名義上の損害賠償」と呼ばれる，次のような裁判実務は，擬制に

入るだろうか。

　「いやしくも権利侵害があった以上，そこに必ずやなんらかの損害がなければならぬ。その損害の象徴として裁判所は被害者に例えば金一銭を与えるとする。そうすれば被害者はたとえ金額は一銭でもとにかく勝訴したことになり，名目上はもちろん実利的にも訴訟費用の負担を免れるという利益がある。実際，損害の立証は立たぬ。しかし権利侵害があった以上必ず損害があったものとみなして，それを一銭という有形物の上に象徴するところがこの制度の妙味であって，「嘘」の効用のいちじるしい実例の一つです。」（四）

　末弘は，これも擬制だと考えている（上にある「損害があったものとみなして」から分かる）。本当に擬制だろうか。英米法では民事訴訟は，中世初期の刑事法・民事法未分離状態下の伝統を受け継いでおり，不法行為裁判が，秩序維持・正義実現（悪人懲罰）をも重要課題としてもいる。これを反映して，① 懲罰的損害賠償の制度がある。被告が加害行為を隠したり暴利を追求する挙に出たりしていた場合のような，違法ではあるが刑事罰には該当しない行為に出ていたとき，原告が民事訴訟でその事実を証明すれば，被告から実損を超える金銭を徴収し，それを原告に与える。これは，公的制裁および違法の一般予防のための制度であるから，原告はその分の実損を証明する必要はない。また，② nominal damageの制度がある。これは，ある者が汚水や悪臭を出すごとき，環境や共同体に明らかに損害となる違法を犯し，原告がこれを不法行為で提訴した場合で，自分自身が被った実損の証明が原告に困難なときなどには，裁判所は「名義上の損害賠償」を認定して被告敗訴の判決を出す。敗訴させること自体が，公的制裁となるからである。

　これらは，大陸法的な，「刑事法と民事法との分離」や，「損害なければ賠償なし」を当然とする発想で見ると，上記の**3.2**と同様，裁判官・陪審員が，損害が発生していないのに発生したとウソをついているように見える。しかし場所は，大陸ではない。英米法においてこれらは，違法に対する公的制裁だから，その制裁対象分の実損が原告にあることを必要としない。また「無形の損害」の補填が観念される。とくにnominal damageの場合，裁判官・陪審員は，〈原告はこれだけの汚水や悪臭を出したのだから，原告には被害が発生しているはず；その金額の証明が困難なだけだ；被害を特定し証明することが困難で

あっても，at largeには（全体としてみれば）被害はあると認定できる〉と判断するのだから，裁判官・陪審員は〈自分たちは——損害を推定して事実認定しているのであって——ウソをついているわけではない〉との判断で行為しているのだ。それゆえこれらはまた，擬制とも関係ない。「その他のもの」には当たるかも知れないが，当たったところで，前述のように議論に意味はない。

3.3.4　起訴便宜主義

末弘が日本の事例として挙げている，次のケースはどうだろうか？

「新刑事訴訟法第二七九条ではついにこれを法文の上に現わして「犯人ノ性格，年齢及境遇並犯罪ノ情状及犯罪後ノ情況ニ因リ訴追ヲ必要トセザルトキハ公訴ヲ提起セザルコトヲ得」と規定するに至った。<u>いわば「嘘」を公認した代りに「嘘つき」の規準を作り，その結果「嘘からまこと」ができたわけなのです。</u>諸君は試みに司法統計のうち「嬰児殺」の部をあけてごらんなさい。今の検事がこの点についていかに多く「見て見ぬふり」をしているかを発見されるでしょう。」（三）

この場合，検察官は，「あった「事実」をなかったといい，なかった「事実」をあったと」して不起訴や起訴猶予にするのではない。「あった「事実」を」前提にし，それを「訴追ヲ必要ト」するかどうか評価したうえで，「必要トセザル」と判断するのである。〈逮捕・勾留，辞職・辞任などですでに十分な制裁を受けているから〉，あるいは〈反省している〉から，〈被害者が赦している〉から，訴追までして制裁する必要はないと判断するのである。どういうケースでは公訴提起をしないかについては，相場はある程度はすでにできており，検察官はそれに従って粛々と裁量する。それゆえここでは，ウソも擬制の余地も，まったくない。「その他のもの」に属するとしても，前述の通りそれらを論じることには意味がない。

3.3.5　ヨーロッパの離婚裁判

ヨーロッパでは，離婚は裁判による。離婚事由は法律で定められており，それに該当しない場合は，離婚判決は出ない。しかし夫婦が性格の不一致などでともに離婚を希望する場合には，それだけでは法定の離婚事由に該当しない。そこでこの場合には，夫婦は示し合わせて裁判官の前で法定の離婚事由となる

事実が（実際にはないにもかかわらず）あったと虚偽の自白をする。すると裁判官は，「事実の真相について疑念を抱きつつもなお離婚の判決をくだす」。末弘は，これも「嘘」に入るとする。

　　「夫婦の間に別れ話が決まると，お互いにしめしあわせて計画を立てた上，妻から夫に向かって離婚の訴えを起こします。裁判官が「なにゆえに？」ときく。妻は「夫は彼女を虐待せり，三度彼女を打てり」と答える。すると裁判官は被告たる夫に向かって「汝は原告妻のいう所を認むるや？」ときく。そこで，夫は「しかり」と答える。かくすることによって裁判官は欺かれて，離婚を言い渡す。もしくは事実の真相について疑念を抱きつつもなお離婚の判決をくだすのである。ですから，西洋でも実際においては当事者双方の協議によって離婚が行われている。そうしてその際使う道具は一種の「嘘」，一種の芝居です。」（五）

　しかしこれは，弁論主義の帰結にすぎない。夫婦は明らかにウソをついているが，問題は裁判官がどう行為しているかである。民事の裁判官は原則，職権調査をしないから当事者間に争いのない事実は，裁判の前提となる（もっとも，人事訴訟だから実際にはそんなことはないとも思われるが）。この場合，裁判官は事の真相を自ら調べないのであるから，ウソかマコトか分からない。鴨が死んでいることを知っていながら「生きている」と言う大岡越前守や，若い山伏が源義経であること知っていながら見て見ぬふりをする富樫左衛門とは，違うのである（これら大岡や富樫では職権主義が前提にある）。たまたま事実を知っていたとしても，それはde factoで知っているだけのこととして，法廷においてはあくまでde iureの，弁論主義でいくのである。職権不行使に「芝居」はあっても，弁論主義に従うこと自体は，擬制でもない。[63]

　裁判官のこの行為がウソと関係ないのは，刑事事件の裁判を考えれば，もっ

---

　*63)　弁論主義は，擬制とは部分的には関係する。〈ウソかどうか分からないが，当事者の自白が一致したことをもって裁判の事実認定上の基礎にする〉とする点においてである。しかしこれは，裁判制度そのものが前提にしている擬制にすぎない。個々の裁判官による擬制ではない。

　　裁判制度には，手続きを迅速化させるために，他にも擬制がたくさん使われている。三審制で真理が発見されたとして確定させること自体も，また民事訴訟法や刑事訴訟法の多くのみなし規定も，それに属する。しかしこれらは，〈簡便のための擬制〉であって，末弘が提唱しようとしている〈人間味を出すための擬制〉とは関係ない。

とはっきりする。① 親告罪は，犯罪がおこなわれていることを認識していても，被害者からの告訴がなければ当局は動かない。不告不理の原則の場合も，そうである。しかしこれらは，ウソでも擬制でもない。そういうルールに従っただけである。② 重大な法の適正手続違反が当局にあったと判明した場合には，たとえ〈被告人はクロ〉との心証が形成されうる関係があったとしても，裁判官は無罪判決を下す。③ さらに，シロかクロかはっきりしない，犯罪の証明がない場合も，「疑わしきは，被告人の利益に」にもとづいて被告人は無罪となる。これらの場合，シロでないのにシロだとするのであるから，末弘流にいえばウソだということになるかもしれない。しかし誰も，これらの措置がウソに関わるなどとは思わないであろう（「その他のもの」には関わるが，「その他のもの」の議論には意味がない）。

3.3.6 フランスの過失論

末弘は，〈フランス人は，過失がなくとも「過失あり」とできるよう，過失を客観化して違法性に置き換えた：これも「嘘の効用」の一事例だ〉と言う。

> 「フランスの裁判所は，本来主観的であるべき「過失」の観念を客観化せしめました。これこれの場合には当然過失あるものと客観的に決めてしまって，主観的な本来の意味の過失いかんを問わなくなりました。むろん口では「過失」といっています。しかし，そのいわゆる「過失」は実は「違法」ということと大差なくなりました。かくしてドイツの学者が正面から堂々と無過失責任の理論を講究し論争している間に，フランスの裁判所は無言のうちにその同じ目的を達してしまいました。<u>そうしてその際使われた「武器」はすなわち「嘘」です。フランスの裁判所は「嘘」を武器として新法理を樹立したのです。</u>」（七）

フランスの法曹が，〈過失と違法性とは，相互にまったく異なる。過失は有責性に属し主観的要素を軸とするが，違法性は客観的要素を軸とするから〉という前提の下で，事件が過失の有無に関わっているのに，「それは違法性に関わる事項だ」として処理したのであれば，多少はウソに関わるかも知れない（その場合でも，違法性を客観的違法性と主観的違法性とに分ける道をとり，有責性に属す主観的要素も主観的違法性の一部として違法性に含まれることがある；本件は，それに属する，との理由づけでしていたのであれば，違法性概念の拡張解釈であって，ウソと

はならない)。しかし，過失と違法性の区別は19世紀ドイツ法学の産物であり，それ以前に定着したフランス人のfauteはその区別を知らない。したがってここにウソはない。末弘的な，ドイツ近代法学を踏まえた眼からは，ウソに関わるように見えるだけである。擬制とも関係はない。もともと，aとbがちがっていることが認識されていないからである。

　以上が，末弘が提示する事例のすべてである。だとしたら，本講演でウソが確認できるのは大岡裁きの事例だけ，擬制に関わるのは3.3.5だけ（それも間接的にだけ），「その他のもの」に関わるものはあるがその議論には意味はない，ということになる。

　この惨めな結果は，何に起因するのか。それは末弘が，擬制の広すぎる概念に依拠し，かつ，擬制に関わるものが実際にも理論的にもほとんどなく，たいていは事実認定や解釈技法に関わるにすぎないところの，裁判官による「擬制」，ないし法解釈上の擬制なるものを中軸にしたことに，起因するのである。

3.4──来栖三郎のフィクション論

　末弘の『嘘の効用』を踏まえつつ法の世界で使われている擬制の考察をおこなった一人に，来栖三郎がいる。このため来栖の擬制論は，他の多くの法学者のそれと同様，末弘の擬制論の問題点をも踏襲している。したがって来栖の擬制論を検討することは，末弘の擬制論の問題点を明らかにする上でも，また今日の日本の，法の世界で使われている擬制に関する議論の問題点を考える上でも，重要と思われる。

　来栖は1950年代から，〈裁判官らは法解釈をする際，実際には価値判断に依拠しているのに，その事実を隠し法律から論理的に帰結したかのように記述する偽装をしている〉と指摘し，この認識を踏まえて〈解釈する者が解釈結果に対し責任を自覚すべきだ〉と主張してきた。来栖は，裁判官らのこの偽装に擬制が使われていると認識し，その実態を解明しようとした。このように来栖は，

---

*64)　拙稿「平井宜雄『損害賠償法の理論』考：法解釈学と法の基礎研究」（『早稲田法学』
　　85巻3号，2010年）。

末弘と同様，法の世界で使われている擬制を裁判官の作業・法解釈を中心に，しかし末弘と異なりネガティブな評価を込めて，論じた。来栖の擬制論の問題点もまた，なかんずくこの，法解釈上の——本来擬制とは関係のない——作業を擬制によるものと見てしまった点にある。そしてその誤りの主因は，かれが依拠している擬制の概念が——末弘におけると同様——広すぎるという問題にある。

筆者は，来栖が法解釈における上記の偽装を明らかにし，解釈者の責任を問題提起した点は大いに評価する。しかしその作業上で来栖が使った「擬制」のこれら二重の誤った用い方（広すぎる擬制概念に依拠した点と，擬制を裁判官の法解釈に焦点を当てて扱った点と）が，ことの解明を阻害していると考える。

さて，来栖は擬制を——ファイフィンガーを引証しつつ——「実在からの任意的な離反」と定義する（『法とフィクション』東京大学出版会，1999年，6-7頁。以下，「来栖本」と表示する）。これは，「擬制」の広い定義であり，末弘の「嘘」，すなわち「あった「事実」をなかったといい，なかった「事実」をあったという」ことに擬制をも含める使い方を踏襲している[65]（後述するように来栖は，擬制を「現実に存在するものでないにもかかわらず存在するとされる」こと——あるいは別のかたちでは「望ましいと考える結論に到達するための便宜的手段」——という，さらに広い概念をも使う）。

そして来栖は法の世界で使われている擬制を，(a)立法技術としての擬制と，(b)法解釈技術としての擬制とに大別する。(a)は，われわれの言う法的擬制に該当する。(a)に関する来栖の議論に問題はない。問題があるのは，(b)に関する来栖の議論である。というのも，(b)に関して来栖が挙げる三つの事例（来栖本93頁以下）は——末弘について見たのと同様——擬制にではなく，事実認定，な

---

*65) もっとも来栖は，末弘におけるウソをめぐって，擬制には「他人を欺く意図がない」からウソは擬制に入らないと言う（しかし実際には来栖は，①「事実歪曲の方法による擬制」の事例に関しては，ウソを擬制に入れている）。来栖はまた，仮説をも擬制に入れない。仮説には実在からの離反の意図がないからである。来栖のこれら2点は，妥当である。しかしこのように厳密に区別していく姿勢を貫くならば，擬制と空想・目標提示・仮象などとの区別をも，来栖は重視すべきであった。

いし法解釈上の技法（法意適用（比附），類推，拡張解釈など）に関わるものにすぎないからである。三つの事例を詳論すると，次の通りである：

①「事実歪曲の方法による擬制」について　　来栖がこれの事例として取り上げているのは，「〔時効の援用権者が〕時効の完成を知っていたと〔は〕必ずしもいえないときにも，〔かれが〕なお時効の完成を知っていたものと〔裁判官が判断〕して，〔かれによる〕時効利益の放棄を認めた」ケースである。来栖はこれを，「事実歪曲の方法による擬制」だとする。すなわち来栖はこれを，一方では「事実歪曲」，つまり末弘の講演で見た大岡裁きの手法（＝ウソとしての末弘的擬制）に当たると考えているようである（来栖は他方では，末弘を批判して，ウソは擬制に属さないとしているのだが）。

確かに，もし裁判官が〈時効の当該援用権者は，時効の完成を知っていない〉と事実を確認しつつも，〈かれは，完成を知っていた〉として扱ったのであれば，来栖が言うように，〈末弘的意味でのウソとしての擬制〉である。しかし，そのように事実を歪曲して裁判する権限は，裁判官にはない。実際にはこのケースでは裁判官は，何らかの根拠にもとづいて，〈時効の援用権者は，時効の完成を知っていた〉と事実認定をし，この事実認定を判断根拠にして「時効利益の放棄を認めた」のである[66]。そのような推認をしたことについて説得力がある説明をしていなければ，まずい事実認定ではある。しかしだからといって，まずい事実認定は，そのまずさのゆえに擬制になる，というものではない。

---

*66)　たとえば，最高裁（約束手形金請求事件　1960（昭和35）年6月23日最高裁第一小法廷判決）は，次のように事実認定したのだと告白している：「時効利益の抛棄があつたものとするためには，債務者において時効完成の事実を知つていたことを必要とすることは所論のとおりである。しかし，原判示のような場合には，債務者は時効完成の事実を知つていたものと推定すべく，従つて債務者たる上告人において判示弁済をするに当り時効完成の事実を知らなかつたということを主張且つ立証しない限りは，時効の利益を抛棄したものと認めるを相当とするところ，記録を精査するも原審において上告人が右のような事実を主張且つ立証した形跡は認められないから，原判決が判示弁済によつて上告人が時効の利益を抛棄したものと認定したのは当然であつて，原判決には所論の違法ありというを得ない。それ故，所論は採用できない。」なお最高裁は1966（昭和41）年4月20日に判例変更し，このような推定が正しくないことを確認した。これもあくまで，推定の仕方の問題であり，擬制とは関係のないことがらである。

②「準用（類推）の方法による擬制」について　　ここで事例として挙げられているのは，民法416条の運用の仕方として使われてきた相当因果関係論を，不法行為（民法709条）の運用に使うケースである。来栖はこれを，類推が可能である限度を超えた適用であって，「ただ類推の形式を装っている」ものと見，それゆえ擬制だとする。しかし相当因果関係論を不法行為に使うのは，民法416条の根底に相当因果関係論の思考が働いていると読み取り，それが709条にも使えると判断してのことである。すなわちそれは，416条に関して取得した理論を709条解釈へ活用する行為であり，いわば理論の，筆者の言うところの「法意適用」（『法学講義』第4章・第5章参照）の一種である。「法意適用」は，法適用上の技法の一つであって，擬制とは無関係である[67]。また，そもそも理論というものは，「ゆらぎ」や「オートポイエーシス」を社会論に応用するケースに見られるように，別種のことがらへも応用可能なものであり，そのように応用することと擬制とは関係がない。

③「法文からの演繹の方法による擬制」ついて　　ここで事例として挙げられているのは，民法478条に関わって「債権の準占有者を広く解」することによって，「債権者に代わって弁済の受領に来た者が弁済受領の権限があるかのような外観をもっている者」をもそれに含めるケースである。来栖はこれを，「実際にはそうでないのに，そうであるかのように推論しているので，擬制であ」るとする。しかしこれは，第一には，権利外観法理の，文字通りの適用，あるいは情況によっては拡張ないし類推適用である。法理の適用は，擬制ではない。第二には，この事例に関わる外観法理がつくられた時点ではどうだったかと言えば，そこでは，取引の安全や債務者保護を重視する立場から，弁済の受領をした，一定の条件を満たす無権限者を〈弁済受領の権限をもつ者〉に含める拡張解釈ないしは類推がおこなわれていたのである（その一定の条件とは，外観が

---

*67)　「法意適用」は，擬制が熟していく準備作業にはなる。たとえば，動物に訴訟能力を認めるには，（法人と同様，限定された範囲内においてではあるが）動物を人だとする擬制が欠かせない。それは，立法による。それができるまでは，裁判所等が人間に関する「生命，自由，幸福追求の権利」尊重の規定等から，抽象的な〈生命，自由，幸福追求一般の尊重〉という原理を抽出し，それをもって動物の「生命，自由，幸福追求」をも保護する，とする法意適用をする。これが積み上げられれば，立法による擬制の土台が固まっていくことになる。

第3章　法と擬制：末弘厳太郎『嘘の効用』・来栖三郎『法とフィクション』考　111

似ており，かれが弁済の受領に来たことについて債権者に責任があり，債務者が弁済を善意・無過失でおこなったことだとされた）。ここでも解釈の問題であって，擬制の問題ではない。

裁判官が，〈弁済の受領に来た者は，明らかに弁済受領の権限がない。そうではあるが，しかし自分はあえて，「ある」とみなす〉としたなら，擬制である。しかし裁判官は，そのように認定事実を偽る権限はもたない。

ここでの問題は，来栖が言うように，478条の趣旨に照らすと無理な解釈運用なのに，その無理を自覚しないで，あるいは無視して，下手な，拡張解釈ないし類推をしている点にある（外観法理を使う場合には，この準占有者の場合も，民法715条の使用者責任の場合も，無理な拡張解釈がおこる）。無理があって，拡張ないし類推適用に成功していないとすれば，「無理な解釈」をしていることにはなる。しかし，無理な解釈をすることは擬制をすることだ，というものではない。それは，無謀な自動車運転をして空を飛んだからといって，自動車運転が飛行機操縦となるわけでないのと，同様である。

来栖も，末弘と同様，裁判官がする法解釈上の作業を「擬制」概念で把握しようとしているのだが，来栖が挙げているこれら三つの事例の個別具体的な検討からは，そこで問題になるのは——末弘におけると同様——実際には擬制ではなく，事実認定や様々な法解釈上の技法（法意適用，類推，拡張解釈といった）の一態様，理論の応用——かなり強引な——であることが分かる。しかし，事実認定上の，あるいは様々な法解釈上の技法を適用する際になされた強引な法運用，さらには理論の応用を，一切合切「擬制」のレッテルで処理しようとするのであっては，考察はそこでストップしてしまう。この問題を避けるためには，〈法運用上の強引さをもたらしている手法にはどういうものがあるのか〉をていねいに検討していくことが欠かせない。そしてそのための前提作業としては，擬制概念をもっと厳密化しつつ法運用の実態を検討して，上記の事実認定や様々な法解釈上の技法適用が，ほとんど擬制とは関係のない，別種のものであることの確認をしておく必要がある。

来栖においては擬制の広すぎる（厳密さに欠ける）定義が，法解釈の場を越えたより広い擬制論の箇所においても，問題を生じさせている。そこでは来栖は，

「擬制」概念を空想や，目標・原則の設定，カモフラージュ（偽装），幻覚・幻聴などと区別しない（識別ができていない）かたちで使いつつ議論しているのである。すなわち来栖は，① 神や，② 自由意志をもフィクションに入れ，その点で法的擬制と同質だから関連させて論じうるとして考察を進める。だが拙著『法哲学講義』で詳論したように，神や自由意志は，そもそも擬制によるものではない：[*68]

　①神について　　来栖は，神は「現実に存在するものでないにもかかわらず存在するとされる」からフィクションだとする（来栖本271頁）。前述のように，このようなフィクション・擬制の定義は，確かに多くの辞書にも見られる。しかし，第一に，ここでのこの――擬制のあまりにも広すぎる――定義では，擬制と空想・想像，さらには仮象等とを区別できない。空想・想像・仮象もまた，「現実に存在するものでないにもかかわらず存在するとされる」ものだからである。

　第二に，神をフィクションだとするのは，信仰の実態に合致していない。一般に信者たちは，〈神は実在する〉と信じ切っているものなのである。すなわち信者の眼で見ると，神は実在している。しかしこの状態を信者を離れた眼で客観的に見ると，信者はそういう想像・妄想をもっているものとしてある。すなわち，神は想像物である。「神は実在する」と確信している信者にとってさえ，何万といる異教の神は，「実在しない」のだから，自分の神一人（ないし数人）を除けば，「神は想像・妄想の産物，想像物」なのである。

　また神は，客観的に見ても，信者の観点から見ても，擬制とは関わらない。擬制を厳密に定義すると，〈AでないBを，ある目的のためにあえてAだとして扱うこと〉となるのだが，神を〈実在しない〉と自覚しながらも――すなわち無神論を前提にしつつも――ある目的のためにあえて〈実在する〉として信仰するなどということは，信者にはありえないことである。〈神は実在しないが，実在するとした方が心の安らぎとなるから，あえてそう扱う〉などという発想は，特別に醒めた信者，不心得な信者にしか（あるいは「困ったときの神頼み」・「触らぬ神に祟りなし」でいく東洋的実用主義の人にしか）起こりえないことである。

---

*68)　来栖は他に，モデル，小説と社会契約をフィクションの事例として扱っているが，これらについての議論には，とくに問題はない。

来栖が論じているフォイエルバッハやケルゼンは，無神論ないしそれに近い立場から，神を人間の想像物・創造物だとしているのである。したがって，かれらは，神は（筆者の意味での）擬制だとしているわけではない。

　その他の，カントをはじめとして来栖が検討している人びとは，神の存在を疑ってはおらず（かれらは心底からクリスチャンである），ただ，神を論理的・経験的に証明できない（そういうものを超越した存在である）と考えるから，カントのように道徳論上で実践的に要請されるとしたり，理論ではなく信仰の問題，ある人がもつ信仰心の問題としたり，（どうして神を求めるのかの）信仰の心理学を展開したりしているだけである。かれらは，神を擬制とする動きとは関わってはいない。かれらは，神を〈実在しない〉と自覚しながら，ある目的のためにあえて〈実在する〉とする，擬制を主張しているわけではない。

　②自由意志について　　来栖は，「意思の自由」の仮定は「実践的に人々が望ましいと考える結論に到達するための便宜的手段に外ならない」から，「その意味において，それは一のフィクションである」と言う（来栖本324頁）。しかし，「望ましいと考える結論に到達するための便宜的手段」には，目標・原則の設定——これらは擬制とは異なる——も入る。「意志の自由」を唱えるということは，〈今後は意志は自由であるということを原則にして，法生活を送ろう〉と提言していることであり，すなわち上記の原則・目標の設定行為の一つなのである。「意志の自由」を提唱する人は，〈意志の自由など実在しないが，あえて実在するとして扱おう〉と考えているわけではない。そうではなくて，人間には自由な意志が帰属している（と言える面もある）と考えており，したがって，〈この側面を今後いろいろな場で新原理として伸ばしていこう〉ないし〈責任を追及するときの根拠にしよう〉と主張しているのである（このように「意志の自由」の主張は，神の場合とはちがって，想像物にではなく，実在物とされるものを成長させたり活用したりしていこうという提言に関わっている）。それゆえ，「「意思の自由」の仮定」はここでも，〈AでないBを，ある目的のためにあえてAだとして扱う〉こととは事情が異なる。すなわちこれも，擬制とは関係のないことがらに属するのである。

　以上要するに，来栖もまた——広すぎる擬制概念に依拠したがゆえに——擬

制と空想や目標設定，仮象などとを区別できないままに擬制に迫ろうとしたのである。〈自分は，世間で使われている広い擬制概念を用い，それによって神や自由意志，さらには事実認定，法意適用・類推・拡張解釈等をも擬制として論じたい〉と言うのは勝手だが，そのような手法では擬制は，とりわけ法の世界で使われている擬制の特徴は，ましてや法的擬制は意味あるかたちではとらえられないのである。[69]・[70]

　法の世界で使われている擬制を正しくとらえるためには，第一に，「擬制」

---

[69]　来栖の『法とフィクション』の巻末に，木庭顕が「余白に」と題する解説を書いている。木庭がこの解説で何を言いたかったのかは正直言って理解不能であるが，少なくとも次の点だけは確認できる。すなわち木庭はここで，フィクションの定義として，①「AをBの如くに考える，また言う」という定義を与え，「狭義のフィクション」としては，②「本当はAであるのにBの如くに考える，また言う」等があるとする（同書368頁以下）。これら①・②はともに——末弘や来栖の場合と同様——フィクションの広すぎる定義であり，このため木庭もまた，擬制と，ウソや空想，目標・原則の設定，カモフラージュ（偽装），仮象などとが区別できていない（AとBを識別するものとして「批判」が前提にあるか否かがあると木庭は言うが，この言明が木庭の擬制論に何らかの作用を及ぼしているとは，認められない）。これでは，法の世界で使われている擬制一般，ましてや法的擬制は，とらえられない。

[70]　来栖がファイヒンガー（Hans Vaihinger）の議論を，擬制論，さらには法の世界で使われている擬制の議論（法的フィクション論）の一出発点として位置づけたこと——これは他の論者にもよく見受けられる——に，問題の一因があると思われる。ファイヒンガーが中心的に扱っているのは，認識における構成の問題である。かれは新カント派的に，われわれの認識は感覚による；ものの実体は，感覚を越えたものだから，認識できない；認識したとされているものは，われわれの構成物にすぎない；それゆえわれわれは，実体を論じているのではなく，「実体に関わっているかのように（Als Ob）」論じているにすぎない；われわれはそのレベルで十分に生活していける，と言うのである。かれは「フィクション」を，そうした構成作業の意で使っている。したがって，①ファイヒンガーの議論は認識論上の問題に関わり，実践上で問題になる，本章で扱っている擬制とは関係ない。しかも，②かれにおいてフィクションとされるものには理論や描写一般，さらには仮象の現象なども含まれることとなる。

　法の世界で使われている擬制を論じるかなりの人が，〈本来予想されるのとは異なる帰結をすることが，フィクションだ〉とするのだが，フィクションのこの広すぎる定義から出発すると，フィクションでないものまでフィクションと同じものとして扱うこととなる。こういう人びとの議論には，ファイヒンガーの議論は引用しやすいるものだとは言える。しかしファイヒンガーの議論は，それを使う法律家の議論と同様，およそ擬制一般，さらには法の世界で使われている擬制，ましてや法的擬制の本質に迫りうる内容のものではない。

概念をしっかり確立したうえで考察することが欠かせない。すなわち，広すぎる定義である，（来栖の）「現実に存在するものでないにもかかわらず存在するとされる」ことだとか，「実在からの任意的な離反」だとか，（末弘の）「あった「事実」をなかったといい，なかった「事実」をあったという」ことだとかといったものに依拠するのではなく，筆者が先に示したような定義を踏まえつつ議論する必要がある。そして第二に，擬制のこの厳密な定義を踏まえつつ，法解釈作業上の事実認定や法解釈の諸技法を適用していく行為がはたして擬制として把握できる性質のものか，を厳密に検討する必要がある。法解釈における無理な操作がもつ問題性は，擬制の問題としてではなく，事実認定上の問題点，解釈技法適用上の誤りに関わるもの，さらには解釈する者がもつイデオロギー性などを区別しつつ，一つひとつ緻密に押さえていくべきなのである。

3.5——正義論からの考察

　末弘が本講演で主張しようとした〈法実務を人間味あるものにするよう法を柔軟に運用する技術の探求〉は——末弘が試みたような，「嘘の効用」と擬制との関係論としてではなく——「嘘の効用」と正義との関係論として展開されておれば，多少は的を射えたかもしれない（これは，末弘に対する筆者の提言でもある）。

　本書第1章において筆者は，正義が「ルール正義」と「帰属正義」（および「価値適合正義」）に分かれるとして，その帰結を考察した。ここで「ルール正義」とは，「ルールを守る」ことが正しい（＝正義に適っている）とするものであり，「帰属正義」とは，「各人にかれにふさわしいものを帰属させる」ことを正しい（＝正義に適っている）とするものである。この観点から末弘の講演『嘘の効用』を分析すると，講演の主眼点は，法律の規定に固執した，すなわち「ルール正義」が一面的に支配している実務の現状に対して，個別事情を汲み取って判断するべく「帰属正義」を前面に押し出すことによって，法運用上の人間化をはかろうとすること，とくにそのための法解釈作業の改善を重視している点にある，と言える。末弘はたとえば次のように，法を厳格に適用する態度に代えて，その場の事情を汲んで人間味をもった法的扱いをすべきことを前面に押し出ている：

「〔自由法の反対論者は〕口では「法は固定的なものだ」と主張しつつ実際上これを固定的に取り扱って「壮美」を味わうだけの勇気のない人々です。彼らは，従来伝統ないし独断にとらわれて口先では法の「固定」を説きます。しかし，それを行いの上に実現することができない。しからば，彼らはその矛盾した苦しいせとぎわをいかにしてくぐりぬけるか。その際彼らの使う武器は常に必ず「嘘」です。」(九)

「われわれの結局進むべき路は「公平」を要求しつつ，しかも「杓子定規」をきらう人間をして真に満足せしめるに足るべき「法」を創造することでなければなりません。」(一〇)

「われわれは「尺度」を欲する。しかも同時に「伸縮する尺度」を要求する。実をいえば矛盾した要求です。しかも人間がかくのごときものである以上，「法」はその矛盾した要求を充たしうるものでなければなりません。」(一一)

これらの引用箇所には，「ルール正義」を「帰属正義」によって制御しようとする姿勢が——客観的には——鮮明である。上で末弘が批判する，「法は固定的なものだ」との見方や，「杓子定規」・固定的な「尺度」が，筆者の言う「ルール正義」である。他方，末弘が推奨する，「「法」を創造すること」や「伸縮する尺度」が，筆者の言う「帰属正義」である。

上の引用箇所で末弘は，言う：「ルール正義」一辺倒であっては，法実務の柔軟性を得る方法としては，認定事実を歪曲する（ウソをつく）しかなくなるので，まずい。そこで，別の方向としての，英米法系で判例法に伴って発達した思考が重要だ，と。かれは，また言う：

「法学者としての私の主張は，これを具体的にいうと結局「判例法主義」(case law)にくるのです。多数の判決例の上に現われた個々の具体的事例を解剖して（a＋b＋c＋d＋x）を求めた上，これと「答え」との相対的関係を求めて，将来の事件において現わるべき「具体的妥当性」が何物であるかを推論する材料としたいのです。したがって個々の判決例は固定した「法」の各個の適用ではなくして，「具体的妥当性」を求めて千変万化する「法」の何物たるかを推論すべき重要材料だと考えるのです。」(一二)

この引用部分にある「具体的妥当性」もまた，「法は固定的なものだ」とする「ルール正義」に対する「帰属正義」の特徴である。末弘はここでも，「ルール正義」を「帰属正義」で制約することを重視しているのである。[*71]

---

*71)　ただし末弘のように，「判例法主義」が「具体的妥当性」に結びつくと考えるのは，↗

末弘が出していた前述の事例のなかには，この正義論の観点からは，意味ある事例として位置づけることができるものが，いくつか見いだせる。たとえば，**3.3.2**の，嬰児殺害のケースは，母親を救済するために，「嬰児」の概念を縮小解釈をしたのであるから，まさに，「帰属正義」によって「ルール正義」を相対化したものである。**3.3.3**の，「名義上の損害賠償」(nominal damages) は，同情すべき被害者を特例的法運用で救ったのであり，**3.3.4**の，起訴便宜主義は，被疑者をその境遇を考えて特例的に扱うのであるから，ともに同様に「帰属正義」に依拠して実務に人間味を付与することに該当する。以上のように，末弘が挙げた七つのケースのうちのこれら三つは，「ルール正義」一辺倒を「帰属正義」によって是正する作業として，正義論の観点からは意義づけ可能である。

しかしながら先に見たように，**3.3.2**は縮小解釈，**3.3.3**は陪審員の裁量行為，**3.3.4**は検察官の裁量行為の範囲内のものであって，ともに「嘘の効用」とは無関係のことであったが，このように正義論の観点から考察を加えてみても，これらを「嘘」ないし擬制と関係づけることはできないのである。

最後に，末弘の議論で「嘘の効用」が唯一意味をもっていると確認できる**3.2**の大岡裁きのケースは，正義論上でどう位置づけることができるか。大岡裁きの事例は，「具体的妥当性」を獲得するために，事実認定を操作するウソに訴えた事例である。ここでは「ルール正義」の行き過ぎが「帰属正義」で是正されようとはしている。しかしその手法は，他方では，「ルール正義」をあまりにも軽視したものでもある。なぜなら，それは，事実認定を歪めることによってルール適用を妨げることだからである。「ルール正義」にまったく背くようなかたちでの「帰属正義」の実現は——前近代東洋の裁判の特徴だと言われるカーディー裁判の一表徴ではあるが——法生活上では許されない。[*72]　した

　正しくない。たとえば，イギリスのコモンローは「判例法主義」の一典型であるが，形式主義的で硬直したものであった（文字通りの適用に傾斜していた）。これを矯正し「具体的妥当性」を得るために，エクイティーの法が発達したのである。「判例法主義」＝「具体的妥当性」ではないのである。

*72)　石井（前掲注56)）『日本人の国家意識』が西洋の法運用との対比で問題にしているのも，この点であろう。

がって，大岡の行為は本来，法律論，正義論としては成り立ちえない。

　以上，末弘が証拠に出した七つの事例はすべて，擬制論の観点からも正義論の観点からも，「嘘」に効用があることを証明できていない。名講演とされてきた『嘘の効用』は，そこに示された七つの事例を通じて，逆に「嘘」が法の世界で効用をもちえないことを証明している。七つの事例を使って議論するのであれば，末弘は講演の題目を，『嘘の効用』でなく『嘘の無効用』とすべきだったのである。

第4章

「責任」について： 歴史からの考察[*73]

4.1——はじめに

　本章の課題は，法において重要な概念である「責任」について考えることである。「責任」という概念は，一見，きわめて思弁的な法哲学的テーマのようである。しかし法の世界での「責任」は，実際には思弁に頼っては解明できないものなのである。なぜなら法的責任は，ある政策的目的を達成するために，その時代に適合的なかたちでつくり出され追及されるものだからである。すなわち，「責任」は人間の本質とか人間存在とかといったものから論理的に帰結するものではなく，統治者が人民に或る行為ないし不作為を要求する際の装置である(その時代の観念，思考や学問の論理に適合的である点では，間主観的ではあるが)。

　このことはまた，ある過去の行為について責任を問うとき人は，その過去の行為に規定されて思考しているのではなく，問う時点において未来のことを考えての政策的判断をしてもいるということを意味する。責任を問う行為は，単に過去指向ではなく未来指向の産物なのでもある。たとえば，

　①ドイツでは，ある土地・建物上を「自己責任で通行のこと（Auf eigene Gefahr）」との掲示をよく見かける。これは，通行の際に発生した損害の負担を，その土地・建物の所有者・管理者が引き受けないということである。そういう免責が許されるかどうか，責任を誰に負わすかは，政策・力関係や社会通念＝正義判断といった政策的判断による。「あなたの自由を尊重するが，軽い気持ちでいくな・危険なことはしないように」という政策判断によるのである。したがって，そういう看板を出していても，〈非常に危険な土地・建物なので手

---

*73) 「責任の理論——歴史からの考察」（早稲田大学法学研究科編『法学研究の基礎　責任』，2008年，所収）に，改訂を加えたもの。

当すべきなのに，何も手当していないのは問題だ〉として所有者・管理者が免責されないこともある。

②イラクに戦争被害者救済のボランティア活動のために渡航した日本人が誘拐された場合に「自己責任」で済ますか「国が保護に出るべきだ」とするかは，そのボランティアが反戦活動家か現日本政府に親和的か，主張するのが，反戦活動を好まない，右寄りの新聞社か否か，右傾化した時代での事件か否か等によって異なる。「責任」概念から論理的に，帰結するのではない。

③「トカゲのしっぽ切り」とは，会社ないし国家が活動の結果発生させた損害を会社ないし国家全体が背負って賠償し抜本的な再発防止策を講じるかわりに，担当者（場合によっては社長・大臣）に負わせて引責辞職で事なきを得ることである。この場合において「社長・大臣にも責任があるかどうか」は，社長・大臣がおこなった行為の本質が左右するのではなく，かれらと取締役会・議会等との力関係や，世論が何処まで損害・違法に憤り責任追及しようとしているか・会社側はどの辺まででごまかすことができるかの判断による。

④「立証責任」を原告・被告のどちらに課すかは，実体法の性質に鑑み，あるいは，証明が困難である場合にどちら側に証明させるのが公平原則に合うかなどの正義判断＝政策的判断による，等々である。

哲学者・法哲学者の中には，「責任」が人間性の本質や人間存在から出てきて法実務を方向付けてきたのだと思い込み，カントやヤスパースやレヴィナスを引いて思弁的に論じようとする人びとがいる。だが，その試みのほとんどは，現実の実定法問題を考える場合には意味がない。とはいえ，〈どうして「責任」がそういうかたちで法哲学的・倫理学的に論じられるのか〉自体は，とりわけ近代に関しては，時代の文化と不可分であり，その文化が法哲学・倫理学的説明をその性質からして要求するという関係があるのでこの点をも考える。

以下ではまず，思想史的に，すなわち「責任」がこれまでの法生活のなかでどういう実際的機能を果たしてきたか，どういう目的達成の手段として使われてきたかというかたちで，考える。その際，「責任」が思想家たちによってどう論じられてきたかではなくて，「責任を問う」という関係がどう展開してきたかを問題にする。「責任」の概念が初めて確立したのはドイツの15世紀後半[74]であるが，しかしそれより前においても，今日から見れば実質的に「責任」に

第4章 「責任」について：歴史からの考察　121

関わっている関係はあったからである。

　今日的に定義すれば，法の世界で「責任がある」とは，法の規定から来る或る義務を果たすよう誰かから求められる関係を意味する（同様に，道徳の世界で「責任」とは，道徳の規定から来る或る義務を果たすよう求められている関係を意味する）。「親には教育の責任がある」とは，「親は子供に対し，学校教育を受けさせる義務がある」との意味である。「教師には教育に対し責任がある」とは，「教師は子供に正しい教育を授ける義務がある」ということである。義務を果たせる状況であるのに，義務を果たさなかった場合（果たすべき義務の不履行の場合，あるいは，してはならない義務に反して行動した場合，すなわち契約違反や不法行為，犯罪に走った場合），それに伴って，法的な非難・サンクションを受ける。これを，他者の側からは「責任を追及する」と言い，本人の側からは「責任をとる・引き受ける」と言う。その際，義務に反する態様が，故意の場合と過失の場合とで「責任追及の程度」は異なる。義務が大きければ，「責任が重い」と言う。義務を履行できたら，「責任を果たした」ことになる。義務はあるけれども，それを果たすことがまったく期待できない肉体的・精神的状態にあるときには，「責任能力がない」と言う。義務遂行が期待できない情況下では，期待可能性論によって追及する責任を軽減する等々。

　「責任」概念が不明確な時代にも，もちろんこれらの関係は――観念として――存在していた。それゆえ，歴史のなかの諸関係から，上の定義を参考にしつつ「責任」を抽出して考察することは，可能である。

4. 2 ――刑事責任

　キリスト教神学者の田川建三は，言う：前近代において，女性は男性の財産であった：本来，財産には責任能力がない；「ところが「女」という財産は，罰を受けるときに限って主体的な意志のある人間とみなされ」[75]た，と。女性の「責

---

　*74)　J. Ritter et al.（Hrsg.），*Historisches Wörterbuch der Philosophie*, Bd. 11, 2001, S. 566.

　*75)　田川建三『イエスという男』（三一書房，1980年）296頁。奴隷もまた，罰を受けるときは，責任能力ありとされた。

任」の扱い方には，ダブル＝スタンダードがあったとの問題提起である。田川のこの問題提起に答えるためには，そもそも「責任」・責任能力とは何なのかという点を，刑事責任能力と民事責任能力（負責能力）とがどういう関係にあるかという点とともに，深めなければならない。以下，歴史的事実を拾いつつ，これらの点を考えよう。

4.2.1　古いアジアの刑法から

　アジアの人々は，古代以来，君主国家の統治下にあった。東洋的専制君主制と呼ばれる体制である。この状況下では——後述のようなヨーロッパ古代とは異なって——刑事も早くから国家が，統治の観点から運用した。このアジアにおいて犯罪と刑罰とをめぐって見られた次のような一見奇妙な現象も，この統治政策の観点からは，理解できる。（奇妙というのは，今日のわれわれが〈人はその自由な意志によって引き受けたことにしか，責任を負わない〉という前提（個人責任原理）で思考するのだが，下記の諸事項では，この「意志」の要素が——後付で擬制によって「ある」とされることはあっても——前提にされていないことによる）。

(1)　責任無能力者の処罰

　古代のアジアでは，幼年者・精神病者をも処罰した。すなわち権力は，理非分別の能力がなくとも——主体的な意志を擬制することによって——「刑事責任」を追及したのである。田川の言う，「ところが「女」という財産は，罰を受けるときに限って主体的な意志のある人間とみなされ」た，ということ以上の論理（女性どころが，理非分別の能力がない者をも罰すること）が見られた。[76]

　ここからは，「刑事責任」のどういう特徴が明らかになってくるか。一般に刑事法は，人民に，或る行為ないし不作為を求めるという前提から出発してそれらをルール化し，A：そのルールに違反した者を処罰して見せしめにしてルールを遵守させる（社会的予防），あるいはB：〈その者が社会に対し危険である〉という判断に立って，B-1：処罰によってその者を矯正する（犯罪的行為をしなくなることを，①条件反射を利用して植え付ける，②本人の判断力・自己制御の力を利

---

*76)　他方，中世・近世ヨーロッパには動物裁判があった。ここでは，人間に害を加えた動物をも，「主体的な意志のある」存在として，裁判し判決を出して処刑にした。

第4章　「責任」について：歴史からの考察　**123**

用して二度としないように仕向ける）ため（特別予防），ないし，B-2：処罰によって隔離する，C：処罰によって被害者の復讐心に応える（秩序維持のために私的復讐をやめさせ，その代わりに国家が復讐的制裁を加える）こと，ないし，D：社会の秩序撹乱に対する制裁を加えること，をねらいとして制定される。これらの場合は，B-1を除いて，誰かをスケープ＝ゴートにすれば，それぞれの目的が充足されるということになる可能性が高い（上のうち，Aは第1章で見た「ルール正義」に関わり，C・Dは「帰属正義」に関わる。Bは，正義には直接には関わらない）。

　これらのうちB-1の②を除く観点からは，権力は，行為者に理非分別の能力がなくとも，処罰しようとすることになる。なぜなら，A：見せしめは，理非分別の能力がない者（子供や精神障害者，動物）に対して処罰するかたちでも，十分効果があるし，B-2：危険人物の隔離も，処罰のかたちで効果的にできるし，C：復讐心を充たすことも，D：社会の秩序撹乱に対する制裁を加えることも，処罰によって十分に達成できるからである。そしてB-1：矯正も，子供などの場合，処罰された体験が将来の犯罪行為の防止になるという可能性はある。

　こうしたケースの場合，理非分別の能力がない者にも「刑事責任」がまず措定され，それを反映させて，A，B-1，B-2，C，Dを使った処罰がおこなわれる。すなわちここでも「責任」は，或る行為を求める，あるいは或る行為に出ないことを求める必要から，そのための手段として，構成されているのである。

　これらにおいては——処罰の必然性が関係の中にもともと本質として内在していてそれに対応して出てきたのではなく——処罰がもつ効用を考えて，「処罰されるべきだ」，したがって「責任があるとすべきだ」となるのである。換言すれば，「責任」は関係事項から自ずと出てくるものではなく，権力者がある目的のために，主体的に押しつけるものなのである。

(2)　窃盗罪の重罰化

　江戸時代には，10両以上を窃盗した犯人を「死罪」とした。死罪とは，斬首の後，死骸をためし切りにし，また，付加刑として財産没収をもおこない，かつ死体の埋葬や弔いも許さない，というものであった。これに対して，喧嘩での殺人犯は，一等軽い「下手人」とされた。下手人とは，斬首するが，死体の埋葬や弔いは許す，というものであった。

　いくさや飢餓，病気等で人が多く死んでいる社会では，人命は軽い。殺人が

日常茶飯事であるようなところでは，喧嘩で人を殺した者より，金を10両以上も盗んだ者の方が凶悪に見える。喧嘩でかっとなって殺す行為より，計画的に窃盗するほうが，社会への攻撃性は大きいと映る。10両以上の窃盗の方が，喧嘩での殺人より罰が重くなる；すなわち責任が重くなるというのは，理屈に適っていることなのである[77]。ここからはまた，科刑・刑事責任の追及，法的な「責任追及」とは，本質的には法政策上の判断を実行する上での修辞であるということが分かる。

　この点は，道徳から法を分離し法を政策的に運用する，という発想がすでにあったということをも意味する。道徳的に重大でも法的には重大扱いしない，道徳的に軽くとも法的には重大扱いするという，道徳から法を分離・独立させた判断があったのである（当時でも，財産よりも人命のほうが重要であったから，道徳的には，窃盗より殺人の方が重大な違反行為であり，責任はヨリ重くすべきはずである）。前近代においても〈道徳と法の分離〉は，こうしたかたちでは──部分的には──存在していたのである（古来の法家的思考が，そのようなものである）。

⑶　連帯責任主義

　古代以来，連帯責任主義が採られていた。その一つが「縁坐」である。これは，犯罪にまったく関与していない家族員も，身内の犯罪行為には連帯責任を負うという制度である。たとえば，日本古代の律令には，謀反・大逆を犯した者の父ないし子，祖父母ないし孫・兄弟は罰せられた（反逆縁坐）。ただし唐律よりは範囲が狭く，女性家族員への適用は控えられた[78]。

　他の一つが「連坐」である。これは，とくに江戸時代に広く見られた制度で，或る者の犯罪行為に対し，公務上・社会生活上の関係者──五人組の各構成員・奉公人に対する主人・借家人に対する家主といった──が連帯責任を負うというものであった。それは，すでに古代において，四等官の一人が文書事務遅延を犯せば，同僚も罰せられる制度としてあった（公坐相連[79]）。その後，鎌倉時代や室町時代にも見られた。

　これらも，防犯上の必要から来る，政策的なものであった。〈人間関係には

---

*77）　中田薫「徳川刑法の論評」（『法制史論集』第3巻上，岩波書店，1943年）。

*78）　牧英正・藤原明久編『日本法制史』（青林書院，1993年）83-84頁。

*79）　同上書41頁。

本来的に連帯責任の要素が内在しており，これがこうした処理の仕方をもたらした〉というものではない。そうではなくて，強力な掌握力をもつ権力が，そういう制度が治安対策として効果があると判断したから，それらを採用したのである。

　すなわち，A-1：そういうかたちで関係者を処罰するのは，処罰が重いことにより，見せしめとしての効果がある。A-2: 近所の相互監視が強まるし，A-3: 近所迷惑を考えて自粛もする。B-1：矯正の効果は，連帯責任で罰せられる者には関係はないが，本人には，〈自分のせいでみんなが罰せられた：自分の責任だ〉と反省させることで，なお効果がある。B-2：危険人物の属する集団の隔離も，一味であるという関係（〈グルになってやった〉，あるいは〈そういう行為者を出す家系ないし組織・関係である〉ということ）を前提にすれば，効果があると考えられる。C：処罰によって復讐したい感情に応える必要も，D：社会の秩序攪乱に対する制裁を加える必要も，集団全体を制裁することによって，より十分に満たされる（なぜなら，被害者側からは，個人とそれが属す集団とは，一体不可分に見えるからである）。

　縁坐の場合，幼児まで連帯責任で罰せられることになった。江戸時代においても，そこまで責任を問うのは過酷であるとの認識は，一部にあった。けれども連帯責任の制度は変わらなかった。そうした過酷さが，犯罪予防上で効果がある，と判断されたからである（子の犯罪に対する父の縁坐，村民の犯罪に対する村首の連坐でも，監督責任を問うのでなく，連帯責任を問うのである）。

4.2.2　古いヨーロッパの刑法から

(1)　結果責任主義

　中世ドイツのことわざに，「行為が人を殺す」というものがある。中世フランスのことわざに，「事実が人を裁判する」というものがある。ともに，過失によるものであっても，引き起こした結果が重大であれば死刑等になる，という関係を表している。行為者の問題性に着目するよりも，それから独立した事情——かれが生じさせた結果の重大さ——に着目する（＝客観主義的である）この科刑制度は，どういう根拠にもとづくか。思うにそれらも，政策的判断から来るものとしてしか理解できない。すなわち，①重大な結果に対しては被害者

が強い復讐心をもつ。②また，そうした重大な結果をもたらす失敗は，今後避けねばならない。そこでそうした結果を招いた場合，〈そういう重大な結果は招かないよう注意する義務があった，重い責任があった〉としてその違背の罪を問い，重罰化するのである。ここでも「責任」は，後付で，そういう政策を飾るものとして使われる。

(2) タリオ

「目には目を，歯には歯を」というタリオも，生じた害に対し直接的に反応するという点で，(1)に似た客観主義性をもった制度である。ここでは，第一義的には復讐の論理が背景にある。しかしたとえばカントは，これを刑罰論に採用したさい，「報復」を前面に出さない。かれは，自己立法を自由な人間の原理とした。刑事責任もこの観点から論じた。すなわち，そういう（犯罪）行為がルール化してもよいとしたのだから，自分がそのルールによって裁かれるのは当然だ，とカントは言う。犯罪者は，たとえば窃盗の場合は所有権の否定を，殺人の場合は生命権の否定を，自分の行為のルールにした，とかれは見る。こうして，窃盗犯はその所有を否定され監獄で無償労働をする（懲役刑に服する）のが当然だ，殺人犯は自分も生命を奪われる（死刑に服する）のが当然だ，ということになる。こうして科刑は，タリオの刑のかたちをとることになった。[*80]ただし，傷害罪や暴行・強姦罪などについては，犯罪者が同じ傷害・暴行を加えられるというのでは近代にそぐわないから，罪に対して同価値的な懲役刑等を受けることになる。ヘーゲルの刑法論の方向である。

以上を踏まえると，上述の田川の問い，すなわち〈女性には，民事責任能力が否定されたのに，なぜ刑事責任能力が肯定されたか〉については，次のように答えられる：

そうした関係は，民事と刑事で責任を負わせるシステムがちがうことから来る，と。民事生活は，古くは家長単位の社会であることを前提にして構成された。それゆえ，家長でない者には権利能力も負責能力も付与する必要がない。この伝統上で，女性には行為能力が限定された。そこでは女性が起こした問題は，家長がその責任を負うことによって，家長に家族員を監督・管理する義務があ

---

*80) カント『人倫の形而上学』第1部第1章一般的注解E。

るとの意識を強化しようとした。これに対して，刑事制度は，①被害を受けた人間の復讐心を満たすため，および②再犯防止＝予防主義のためにある。それに対するためには，すべての人間を刑罰制度に組み込まなければならない。したがって，刑事責任能力は，民事責任能力とは別のかたちで構成されるのである，と。

　では，近代に入るとなぜ上述の，責任能力のない者を処罰することも，連帯責任制度も，廃止されたのか。それは，近代の法実務では近代の共通観念に整合的であることが求められるからである[81]。たとえば，近代に入って，一人ひとりの人間が独立した主体であるという観念（「自律的人間」像）が一般化すると，〈その主体を統合しているのはかれの精神であり，かれを動かしているのはそこから出てくる命令，意志＝自由な意志である〉と考えられるようになる。また，犯罪防止のためには，各人の自己制御を強化することが効果的であるが，この自己制御は「自律的人間」像の土台ともなりうる論理をもっているのであり，それが推し進められる（この点は，あとで刑法上の過失責任をめぐって論じる）。この結果，「自律的人間」観念があらゆる領域に浸透していき，やがては刑罰論をもとらえる。すると，〈当人が意志したことについては，責任をとれ。すなわち，社会の非難を引き受けるとともに，自己の再犯を防止せよ〉という個人責任が唱えられるようになる。この前提上では，かれが意識・意志しなかった行為には——一定程度の過失の場合を除いて——責任をとらないことにもなる。その際，責任追及は，当該人物の行為の態様とともに結果の重大性も問題となる。生命尊重を反映し，窃盗よりは殺人のほうが，罰が重くなる。家族員であれ仲間であれ，別人の行為には責任を負わない，ということにもなる。

---

*81)　加えて，法生活が前提にしている〈事物のもつ論理〉との整合性が求められる。たとえば，社団の刑事責任の導入が現代において法政策上必要となっているが，導入に当たっては，肉体も精神ももたない社団に，それらをもっている自然人に対する責任追及制度の性質との整合性が，問題となる。この点については，ドイツのように，別途，立法によって処罰する方向と，イギリスや日本のように，犯罪の性質に応じて，自然人に対する刑罰を法人にも及ぼすという道とがある（樋口亮介『法人処罰と刑法理論』（東京大学出版会，2009年）。これらから明らかなように，責任追及の必要があっても，すでに前提にしている様々な制度の枠組みが，その責任追及のあり方を規定するのであり，法学上の議論は，その整合性を理論的にヨリ立派なものにするための争いなのである。

これらの関係は，近代に入って，実在している人間本質がそういうものであることが（地動説のように）実際に発見・確認され，それが取り出されて理論の基礎に据えられた，ということにもとづくのではない。そうではなく，(a) 新しい社会関係を政治的・市民社会的につくるべきだという意見が強まり，それがまず「自律的人間」像を生み出し，やがてその人間像が法哲学（とくにカントの道徳的自律性）や刑法学（カントの影響を受けたフォイエルバッハの古典派刑法学）をとらえ，それらで理論構成が進められたからであり，また，(b) 道徳が法を規定するようになったからである。後述のように道徳は，行為者の意志・意図（内面性）を重視する。したがってここでは，各人の自己支配が重要となる。[*82] 近代の法論は，そういう主体がもつ自由な意志と，それに伴う自己責任の論理を体系構築することによって進められたのである。

　しかしながら，古来から形成されてきた「刑罰」や「責任」は，そういう（近代的な）「自律的人間」像とは無縁であったのだから，近代に入ってからの法哲学や刑法学が「刑罰」や「責任」を論じる際には，これまでの実務を継承する面では困難が伴うこととなり，場合によってはつじつまが合わなくなる。

　そもそも，現実の人間と，「自律的人間」像とは食い違う。むしろ，現実の人間が「自律的人間」ではないが，新しい社会関係・政治関係はそれを原理にするほうが望ましい結果をもたらすから，そういう人間像が採用されたのである。したがってまた，（本書注83で扱う小坂井敏晶のように）現実の人間像を心理学的・社会学的に研究して，人間が「自律的」ではないことを明らかにし，〈上記法哲学や刑法学の作業は無根拠な議論によっている〉とその「虚構性」を説いても，仕方がない。「自律的人間」は現実の人間ではない。それを承知の上で，社会形成の目標設定，ないし責任追及の根拠として，唱えられているものなのである。

---

*82)　たとえば，「戦争責任」は第二次世界大戦後の，主としてドイツと日本に関わる概念である。それは，国の責任としては，君主や政治家，官僚，軍部の責任を問うが，同時に，国民の責任を問う。後者が問題になるのは，戦後になって国民が主権者，民主主義国家の担い手となった前提のもとに，〈被害国民との戦後の関係をどうかたちづくっていくか〉が重要となったからである。したがって戦争責任もまた，過去指向ではなく未来指向の観念である。それはまた，過去の行為に自分はどう向きあうかの〈純粋な自己指向〉ではなく，被害者との関係で自分がどうするかの〈関係的な自己指向〉なのである。

第4章　「責任」について：歴史からの考察　**129**

こうしたことは，他にも，たとえば，「平等」に関しても同様である。人間の身体や心理，社会的関係をいくら分析してみても，どこにも平等の要素は見いだせない。人間は，同じでもあれば，ちがってもいる。男と女は，身体，社会活動に関して，同じ面もあれば，体力やまた，特定社会における活動性において，ちがいも見られる。その際，どの面に着目するかで，「平等」の中身が異なってくる。ちがう面に着目し，それをストレイトに結果にいたらしめれば，たいていは不平等が帰結する。

どの面に着目するかは，時代や文化圏，宗教，生産関係などによって異なる。概して言えば，歴史の中で，平等に扱う傾向が強くなっていったのは事実だが，それは，思想の影響を受けた女性解放の運動による面が大きい。したがって，第一義的に必要なのは，思想史を主軸とした比較史・比較文化論の作業である。

しかしわれわれは，それでは上のことを根拠に，〈平等化には客観的な根拠がないのだから，虚構・イデオロギーに過ぎない；差別も無根拠だが，反差別も無根拠だ；どっちもどっちだ〉と言うべきだろうか。単に女性だけでなく，人間そのものについても，われわれは平等を大切にする時代・社会に生きている。これは，単なる思い込み，イデオロギーでそうなったのではなく，歴史の中に浸透した，人権を目指す運動の結果，平等を原理にして社会が構築され，生活や思考が営まれ，それが蓄積している。そのなかから，われわれ自身の正義や人間性，諸制度に関する思想も，全面展開している。われわれは，そうした蓄積物を無視しては生きられないし，生きるべきではない。それらの蓄積と矛盾しない思考が——「平等」をめぐっても「基本的人権」をめぐっても——必要である。この点では，今日においては「平等」を原理とすることが，「責任」を問うことと同様，「正しい」のである。[*83]

---

*83）　小坂井敏晶『責任という虚構』（東京大学出版会，2008年）も（本書に似て），「われわれは責任者を見つけなければならないから，つまり事件のけじめをつける必要があるから行為者を自由だと社会が宣言するのである」とし（157頁），「けじめ」の付け方はその時代の「人間観や世界観」による（159頁）と述べている（同『人が人を裁くということ』（岩波新書，2011年）第3章をも参照）。かれはまた，「虚構のない世界に人間は生きられない」（247頁）として，「虚構」の不可避性を認める。

　しかし小坂井の議論には，疑問点もかなりある。第一に，小坂井は，筆者が拙著（前掲注6））『法哲学講義』第24章で示したような，擬制，空想，目標提示，仮象，形骸化等の ↗

4. 2. 3　近代の刑事上の責任論から

　刑事事件で故意・過失責任を問うのは，それによって自己制御（犯罪の自己抑止・不注意の除去）を促し，犯罪・事故を防ごうとする政策的判断の結果である。上述の自己制御できる人間であってはじめて犯罪する自分を抑制することや，不注意で危害を加えることを緊張することによって防ぐことが可能になる。自己制御は，各人が意識的におこなうことが多いのであるから，各人の倫理性の強化を促す方向に向かう。こうした動きが蓄積されやがて定着すると，自己を制御できる人間が故意ないし過失で問題を起こした場合，「自分を十分に管理できなかったことに対し，その責任を負うべきである」とする原則が，ヒュームが論じているように黙契によって強まり，責任追及の根拠となる。

　自己制御が可能であったと考えるための前提としては，第一には，ある状況下で理性を適切に行使する能力＝判断力があることである。第二には，その判断にもとづいて自分を方向付ける意志力があることである。第三には，注意力があることである。〈注意していないと，思わずやってしまうから，注意せよ〉とされるようになる。

　こうした議論が浸透していくと，単なる政策ではなく，倫理学・法哲学上の

◤区別をせず，すべてを「虚構」として扱っている。虚構が不可避だといっても，擬制，空想，目標提示では「不可避」の中身がちがう。たとえば，かれが批判する自由意志や責任は，目標設定である。したがって，今日の心理学の成果を踏まえれば，自由意志や責任は主張根拠が脆弱である（「責任概念を支える自律的人間像の脆弱さ」29頁）としても，それだけでは自由意志や責任概念を使う意味が無くなったというものではない。
　小坂井の議論の仕方でたとえば平等を扱えば，本書で述べたこととは反対に，〈人間を分析すれば人は皆異なっているのだから，「平等」は科学的（心理学的）には根拠づけられず，虚構にすぎない〉ということになる。確かに平等は，科学では証明できない。けれども現代人は，それを必要とし，「人間は皆，平等だ」とする。その際われわれは，〈虚構だけど必要だ〉としてではなく，そういう目標を設定して現代を生きなければならないから，「平等」を唱えるのである。小坂井のようにこれを科学で裁いても，意味がない。
　第二に，小坂井は，いろいろな虚構をばらばらに扱っているが，それらは相互に連関しあい，現代社会の制度体系を成している。人間を自由な存在として扱うべきだという命題を目標として採用すれば，そこから，責任や社会契約，良心などの概念が帰結する，あるいは，それらの諸概念は原理上統一的に扱われなければならないのである。そしてそれらは，歴史のなかで蓄積され，われわれの生活を客観的に形づくる。したがって問題は，小坂井が言うような〈虚構だけど必要〉などというレヴェルには留まっていない。われわれは，そうしたかたちで展開する文化的蓄積物を踏まえてあり方を考えるのである。

第4章　「責任」について：歴史からの考察　131

理論化が課題になっていく。そして，自己制御は，単に過失による事故を防止する必要から出てくるのではなく，上述した，新しい時代（＝近代）の運動の結晶体である「人間の自由」・「自由な人間」の原理から帰結するのだとされるようになる。近代に入ると，社会的にも・政治的にも，そして個々人の活動においても，広範な「自由」が社会の原理となる。その際，自由であるとは，自分で自分を方向付けられ，その結果を自分で引き受け手当てすることのできる個人のことである。そこで，「責任」概念が，自由な個人のコロラリーとして，重要な意味をもつにいたるのである。

　個人の自由尊重を前提とすると，罰を加えるのは実際に外的に現れた犯罪行為（法律によって定型化されている）だけであり，単に内心において意志形成があっただけでは罰しないとか，罰するのはその行為をしたことが直接の因果関係においてもたらした結果に対してだけであって，遠い因果関係に属する結果や，その行為者が危険な性格をもつことを処罰の対象にすべきでない，保安処分，あるいは矯正治療の処分など実質上の行刑にあたるものは考えるべきでないということにもなる。

　ここからはまた，遵法の意志をもっており，十分注意していたのに防げなかったとかといった，不可抗力で起こしてしまった加害行為には責任を問われないことも帰結する。そしてまた，本人の意志が他人によって支配されている，それゆえ本人が自己支配力をもてないとき（他人に強制されているときや必然の法則下にあるとき）には，責任を問われない，ということになる。この判断にもとづく不可罰は，やがて定着し，「責任能力がないから罰さない」という理由づけと結びついていく。自己制御できない者がいることが無視できなくなるし，そういう人間たちを罰しても罰しなくとも，かれらが注意することはできないので無意味であるから，権力も，それを受け容れるようになる。

　この副次的作用の面は，それなりに重要な現象である（しかしそれはあくまでも副次的効果に関わるものであって，したがってその面をも「責任」の本来的性質に関する考察の中に，正しく位置づけなければならない）。

　修辞的に出てきた「責任」概念も，いったん成立すると，その概念が倫理的価値概念にまで高められる。そしてそれに幻惑されて，多くの哲学者が，「責任の本質」を考えるようになるのである。

ちなみに民事でも，自己制御を促すために，民事責任が追及される。しかし民事の場合は，かつては，家長以外の者に対しては，権利能力ないし行為能力を限定的にしか認めなくともうまくいったし，場合によっては認めない方が秩序維持や経営に都合がよかったため，女性が起こした問題は——今日でも子供が起こした場合にはそうだが——家長（ないし親）がその責任を負うというかたちをとった。上述のように，このことによってまた，家長に家族員を監督・管理する義務があるとの意識を強化できるのである。

　以上に対し，犯罪が増加し，かつ国益・社会公共の利益の観点から犯罪抑制が重視されるようになると，厳罰主義や，累犯・常習犯や不注意による累犯を防ぐために特別予防の観点からの犯罪者の拘禁・治療がおこなわれる。そしてそれらの処置の合理化のために，新たな責任概念が持ち出させる。

　たとえばメツガー（Edmund Mezger）や団藤重光らは[*84]，旧派を基調としつつも，旧派のように外面，単に犯された犯罪の態様と結果の問題性だけを問うのではなく，さらに犯罪者の性格面での危険をも問う。この立場からは，犯罪行為を法律違反行為の面からだけではなく，行為者の全人格的表出物と見るのである。そしてそれゆえ，そういう性格を本人が形成してきた責任——本人が病的原因によってではなくその自覚的な意識によって肯定的にその方向に自分を選択してきた責任——をも追及しようとする（併せて，行為自体に対する定型的な責任追及もはかるが）。ここでは，犯罪行為が行為者の人物の性格と関連性が高ければ高いほど，かれにヨリ大きい刑事責任があるとするのである。しかし，行為者がある性格をつくったことに対して責任を問えとは条文に規定されていない。しかも，本人がその性格を形成してきたことに「責任」があり，その点で非難できるとしても，その「責任」が法的責任，すなわち刑事責任に関わる「責任」であるかどうかは，別問題である。「責任あり」は，論理の問題でも哲学の問題でもなく，刑事政策上の判断結果に過ぎない。

　他方，（旧派を評価しつつも）新派的な動きに結びつく平野龍一らは，責任概念を治療の必要性と結びつけようとする。そのためには，人間を社会や性格に決定されつつも，その中で行為を選ぶ，ゆるやかな決定論を採ることになる。これも，

---

*84)　団藤重光『刑法綱要総論』（創文社，初版1957年，3版1990年）

そうしなければ，そうした刑事処分の正当化が困難であるからだ。しかし，治療行為の必要があるとしてもそれを当人の「責任」と結びつけておこなうのは，「責任」概念を使った処罰正当化にすぎない。

　要するに，団藤・平野とも，刑事政策上の望むべき結果に合わせて「責任」概念を作り直したのである。

　刑法史上の，旧派が提起した罪刑法定主義・個人の主体性尊重の要請と，新派が提起した〈犯罪者の保安・改善の処分〉の要請とは，相互に深刻な矛盾の関係にあるが，それぞれ追求されるべき中身はもっている。それゆえ，両者の理論的架橋が重要となるが，それを責任概念の再構成によって推し進めようとするのは，本来の刑事政策が責任概念から論理的に帰結したものでない（責任は政策の修辞にすぎない）以上，妥当とは思えない。しかも上記の二つの要請は本質的に相容れない。したがって，重要なのは実際的調整であって，理論的な架橋・総合ではない。

4.3 ——民事責任

　民事責任もまた，市民に，法にもとづいて或る行為ないし不作為を求めることを前提とし，それらを法的義務，すなわちまた「法的責任」として動機づける体のものである。そして，それに反して行動しなかった者，義務違反者・すなわち責任を果たさなかった者，に不利益を与えることを通じて，A：見せしめ効果をねらうこと，B-1：義務違背をしなくなるよう仕向けること（保護監督者にも注意を喚起すること），C：被害者が復讐すること，およびD：社会の秩序攪乱に対する制裁を加えること，をねらう（刑事でのB-2：危険人物の属する集団の隔離は，民事では問題にならない）。しかし，民事責任には，別のもう一つの重要な目的がある。それは，E：被害者が被った損害を，加害者に補填させることである。これは，前述の「帰属正義」に関わる。

4.3.1　現代民事責任の客観主義化と政策的判断

　上述した補填の要素がもっともはっきりと確認できるものの一つは，無過失責任制度である。今日，民事不法行為では，無過失責任が拡大する傾向が確認

できる。これは，責任を本人の態様に着目して構成すること（主観主義）から，結果の妥当な処理（とりわけ被害者の救済）に着目して責任を構成すること（その点で客観主義）への，変化と位置づけることができる。

主観主義の射程を狭める動き＝客観主義化は，古い時代から見られた。古い時代において，或る人が被った実際の不利益を経済的価値に換算して，それに見合う損害賠償を加害者から取るというかたちを採用し始めたこと自体が，主観主義の射程を狭める動きであった。それは，道義的非難という主観的要素を取り除き，損害の補填という色彩を強めようとする動きだからである。

しかし人びとが客観主義化にはすんなりとはついていけない，という面もあった。復讐心を消せなかったためである。たとえば，後述するように，ローマ法でアクイリウス法は，家長の所有物に対する不法行為を損害賠償で処理する原則を確立し，法実務は妻子に対する不法行為をもそれに準じて処理するようになっていった。しかし，家長ら自由市民の人身損害についても損害賠償で処理することに対しては，中世後期まで抵抗感があった。かれらの人身を金勘定することに違和感があったし，ことが重大だとして被害者側が復讐や厳しい制裁を求めたからである。

客観主義化は，それによって注意義務を促し，過失事故を防ごうとする政策的判断の結果である。しかしそれはまた，次のような政策的判断によっても進められていく：

　(a)被害者救済　　今日の民事法が第一義的に関心を寄せるのは——古い時代にあったような，加害者に対する復讐や道義的非難ではなく——被害者が被った不利益の救済（上述のD）である。その救済の手段として手っ取り早いのは，その不利益発生に加害者が何らかのかたちで関わっておれば，かれに負担させるという道である。とくに被害者が社会的弱者で加害者が強者である場合，因果関係の認定，過失の認定を緩やかにしたり，さらには加害者の過失を推定し被害者の証明責任を軽減させたりして，加害者に補填させて被害者を保護する方向に実質的に向かうことは，人びとの正義感覚に沿い，かつ(b)の点もあって両当事者の負担が軽減しうる。

　(b)損害の社会的分散　　加害者に負担させれば，加害者はその負担を，料金や手数料のかたちで，広く公衆に分散できる。このことによって，加害者にと

っても無理のないかたちでの問題解決が図られる。たとえば航空機が墜落して住民に与えた損害を無過失責任によって航空会社に負担させれば，住民の救済になる一方，航空機会社側は，負担した損害額（あるいは将来に負担する損害額，ないしそれをカバーする損害保険料）を料金の一部として乗客から取ることができるし，納税の際に必要経費ないし損失で処理でき減税となる。このことによって損害は分散できる[85]。

　以上(a)・(b)において，「責任」の中身を何にするか（結果責任にするか・過失責任にするか・無過失責任にするか）は，政策的判断による。

　「失火ノ責任ニ関スル法律」（1899年3月8日法律第40号）の根底にある考え方も，〈責任をどう追及するか〉は政策的判断によるという，われわれの見方の証左の一つである。すなわち，この法律は，次のように規定している，「民法第七百九条ノ規定ハ失火ノ場合ニハ之ヲ適用セス但シ失火者ニ重大ナル過失アリタルトキハ此ノ限ニ在ラス」。これは，自分の家を焼失させてしまった者には——類焼分を賠償する資力がもはや期待できないから——過失責任を問わない，という政策的判断にもとづく。同時に，こうした政策を前提にすれば，隣人の失火で消失した自宅の補填のためには，火災保険に入っていることが必要となり，損害の社会的分散も促進される。

　しかしながら，同時に，刑事法と同様，故意責任・過失責任について，第二義的には，（政策的判断に対抗する）道徳的人間観が強く働いていることも，見ておかなければならない。責任論の法哲学は，このケースをめぐって発達してきたのである。

　刑事法と同様，民事法も，自己制御を強化することによって加害をなくすことをねらう。この観点から，自己制御のできる主体を前提に置こうとする。そうして，〈自己制御を怠ったのだから，その責任をとらなければならない〉とする。これを推し進めると，「人は，故意・過失があるとき，責任をとる」という原則が前面に出る。

　この立場が定着すると，〈無過失の加害者に責任を負わせ財産上の負担を課

---

*85)　末弘厳太郎『民法雑記帳』下（日本評論社，1953年）134頁。損害の社会的分散のアイデアは，戦後，加藤一郎が，展開した。

すことには，特別の理由がなければならない〉ということになる。その理由と[*86)]
しては，次のようなものがある：

① 危険責任を推認する＝〈本人は危険を認識しかつその結果を認容していた〉とする。これには，

①-1：かなりの注意を払っていても，「なお注意が足りなかった」と認定する，

①-2：「危険物を使う行為に出た以上，その結果引受けについて承知しており，賠償についても覚悟のうえであった」と解釈する，

の二つの道がある。

② 〈儲けた者が，その儲ける過程で犠牲になった者に，儲けた利益を還元する〉として構成する。加害者は，他人を犠牲にすることによって儲けたのであれば，その儲けを犠牲者に還元するのが正義（「帰属正義」）の求めるところである，と。

4.3.2 民事責任の帰責範囲と政策的判断

債務不履行や不法行為に関連して生じた事象のどこまでを，「債務不履行責任」・「不法行為責任」として賠償する義務を負うかの判断も，実際には政策的判断による。たとえば，第**9**章で詳述するように，19世紀後半のドイツの損害賠償実務は「完全賠償主義」に立っていた。しかし，それでは「責任」があまりに広くなるとして，「責任」を制限する法理論が，「相当因果関係説」・「予見可能性説」・「直接結果説」などのかたちで展開した。そうした学説の中には，問題を因果関係に関する純粋な科学に属するものとして扱う動きもあった。これらに関わる，因果関係・帰責範囲の認定と損害の金銭的評価とは，実際には，

[*86)] 無過失責任が広がりすぎることには，人びとは躊躇する。この躊躇は，どこから来るか。それは，自己管理ということがらに関わっている。自己管理は必要だが，それが成り立つためには自分で抑制していること，注意していることが，前提になる。そうした前提に照らすと，〈防止できないばかりか危険回避の注意もまったく期待できないような出来事に対してまで責任を問うていいのか〉と人びとは疑問に感じるのである。ある概念や理論を採用すると，それらが一人歩きし，概念・理論自身の論理にもとづいて，本来の実践目的（責任追及）とは反対の方向（免責）に動きだすということも起こってくるものである。

「当事者がいかなる場合にどれだけの金額を立証・請求し，その結果，金何円の支払いを受け，あるいは支払わなければならないかという問題」[87]，すなわち「相当性の判断は原因と結果との数的関係＝確率的関係によるのではなく，価値判断の問題」[88]であり，正義感情にもとづく政策的判断による。この観点からすれば，「債務不履行責任」のほうが「不法行為責任」よりも債務者の有責性をヨリ緩やかに認定することが可能である。債務者は，予め履行の責任を引き受けているのであるから。また，逆に，不法行為の被害者をすみやかに救済する必要がある場合には，加害者の「不法行為」について認定をヨリ緩やかにすることが考えられる。

4.4——ヨーロッパ原初の不法行為責任

　古代や中世の初期には，刑事責任・民事責任の区別がなかった。しかしこれも，「責任」についての特定の思想の影響といったものではなく，単に，当初は紛争を家長同士が「私」的に解決していたという事実による。すなわち古代ローマや古代ゲルマンに典型的なように，不法行為を受けた場合，その家族員の家長が，加害者の家長に犯人の引き渡し，ないし贖罪金を要求した。その履行がない場合，家長は加害者の「家」に対して実力行使に出た（ゲルマン的世界では，これをフェーデと呼ぶ）。

　やがて，共和政期ローマや中世前半期に見られたように，共同体の統合が進んでいくのに伴って，裁判制度が定着する。しかし，裁判においても関心は，単に被害者の不利益の救済にだけでなく，加害者に対する報復・制裁にもあった。このため，不法行為に対しては，今日で言う，民事責任が関わる損失填補と，刑事責任が関わる懲罰とを兼ねた，贖罪金が課せられた。「責任」を追及するとは，これら2点を併せて支払わせることを意味した。

　たとえば，古代ローマのごく初期では，(a)人を殺した者は，裁判にかけられる。故意による殺人の場合には，被害者の家長（ないしその同等者）は判決を得

---

*87)　平井宜雄『損害賠償法の理論』（東京大学出版会，1971年）7頁。

*88)　平井・同上書71頁。

138

て，加害者を殺害したり奴隷にしたりする。過失致死の場合には，被害者の家長は加害者側から贖罪の品として雄羊を取り立てる権限を判決によって得，実行した（十二表法第7表参照）。(b)自由人に対するその他の不法行為の場合には，被害者の家長は，行為の対象となった財物の価値よりも大きい額の贖罪金（たとえば上述のように窃盗の場合，その額は盗品の2〜4倍であった）を取り立てる権限を判決によって得，実行した。(c)初期の債務法においては，債権者は，債務を期限経過後30日以内に履行しない債務者を，政務官の前に連行し，判決を得て60日間拘束する。その間に支払いがなければ，債権者は債務者を債務奴隷とするか，殺害するか，債務者の身体の一部の肉を切り取るかできた（十二表法第3表参照。これらが実際に実行されたかどうかは別問題だが）[*89]。

しかし，ここでも，やがて不法行為から刑事責任が分離していく。それは，十二表法第7表の次の規定に現れている：①タリオの制度が，罪と罰を釣り合わせるため導入されている。たとえば，他人の脚を切断した者は，罰則として同様に自分の脚を切断された。②死刑や罰金刑が定められた。たとえば，夜間に他人の畑の作物を荒らした成人は絞首刑にされた（未成年は折濫の上で賠償支払いを求められ，昼間に家畜を駆って他人の土地・作物を荒らした者はその家畜を没収された）。他人を傷つけた者には，その加害の程度によって罰金が科された。これらは，加害行為が民事法上の不法行為と刑法上の犯罪とで区別されたことを意味する。③故意と過失とは，区別された。これも，被害に対する反応が客観的・合理的なものとなっていたことを意味する。④債務の取り立てにおいて，度を越す行為に出ることは，犯罪となった。⑤昼間に凶器をもたずに侵入して来た窃盗犯は，殺してはならない（この窃盗犯は，政務官が鞭打ちして被害者に奴隷として売却するべく引き渡すか，現行犯で逮捕されたのでない場合には盗品の価値の2〜4倍の贖罪金で処理する），といったかたちで，自力救済が限定された（もっとも，夜陰に乗じて侵入して来た窃盗犯は殺してもよかったし，昼間に侵入して来た窃

---

*89) 古代ギリシャでも，窃盗・強盗・暴行・傷害・中傷犯は，第一義的には，その被害者に対し不法行為を働いたことになり，損害賠償と復讐・懲罰とを兼ねた贖罪金（たとえば窃盗に対しては盗品の価値の2倍）が科された。しかしこれらも，しだいに公的秩序違反として刑事罰が前面に出るようになった。たとえば窃盗犯は，加えて5日間さらし者にされ，暴行犯や強姦犯は贖罪金の他に罰金を科された。罰金は，公庫に納められた。

第4章 「責任」について：歴史からの考察　139

盗犯でも凶器を用いて抵抗した場合にはその現場証人たちがいるところでは殺してもよかった）。

B. C. 3世紀のアクイリウス法は,物（奴隷・家畜・物品など）に対する不法損害（自由人の子どもに対するそれも）を民事法的に処理した。ここではじめて,今日の不法行為損害賠償のように,損害と賠償が等価であることが原則になった。ユスティニアヌス帝の時代には,成人の自由人への不法損害（傷害に限られ,殺害は含まない）にも準訴権（法務官の職権によって賠償させる道）がとられるようになった。

しかし前述のように,自由人への加害を物の損傷と同じかたちで処理すること（＝贖罪請求を放棄すること）には反発があった。このため,広く殺害をも含む自由人への加害が本訴権によって処理されるようになるには,後述する注釈学派の時代（13世紀）を待たなければならなかった（今日のような不法行為による損害賠償制度が確立するのは,17世紀後半以降の自然法論においてである）[*90]。

やがてこの法実務に変化が起こった。変化は典型的には,結果責任主義（＝無意犯・有意犯の区別,culpaとcasusの区別がない）から過失責任主義（＝無意犯を有意犯より軽く罰す）への移行に現れている。謀殺と故殺,侵入窃盗と単純窃盗の区別も出てくる。

なぜ,これらの区別が出てきたか？

(a) 社会が,結果の無価値性ないし,ルール違反に対して冷静に反応できるようになったからである。悪い結果を生じさせたからといって,そのことだけですぐ行為者に制裁を加えるという反応をしなくなったのである。それは,社会の統合力が増したため,犯罪に対して権力がアレルギー反応を示さなくなったということや,犯罪そのものが減り,犯罪の脅威が弱まったといったことに関係している。

(b) 道徳が法に影響を与えるようになったからである。道徳は,一人ひとりの内面のあり方を問う。カントにおけるような理論化にはまだいたらないところでも,道徳は伝統的に意志による自己支配を原理とする,とされる。この道

---

*90)　西村隆誉志『ローマ損害賠償法理論史』（青葉図書,1999年）。原田慶吉『ローマ法』（有斐閣,1949年）219頁以下。

徳的原理が法を規定するようになると，意志・意図のない加害（すなわち過失による加害）は，故意による加害とは別様に扱われる。古代ローマでもそうした状態への移行が生じたが，その背景にはギリシャ哲学上の道徳論の影響があったことが，指摘されている。

(c) 行刑上，犯罪者への直接的な報復よりも，ルールに照らしその非難性の程度を問題にするようになったからでもある。非難性を判断するためには，犯罪者が自分の意図（故意）ないし過失でやったかどうかが重要になる。

(d) 社会を構成する人間の意志への注目が強まったからである。社会が，各人の意志を介して（合意によって）展開するようになると，各人を支配するものとしてのかれの意志への着目が強まり，各人の意志が尊重され始める。逆に言えば，自由な意志のない行為に対しては，責任を問わなくなる。

(e) 人間観が変わったからである。前述したように，〈人は自分の意志によって行為していく，自由な主体＝自律者である〉という観念が強まると，自己意志のあるところでは自己責任を負うということになる。道徳的にも，〈自分が表明した意志は安易に変更・撤回してはならない〉という観念，簡単に言えば〈ウソをつくな〉の観念が強化される。この論理で民事と刑事の責任を考えると，〈自己意志のないところでは，自己意志のあるところとは異なった自己責任を負わせる〉ということになり，過失責任主義になる。

この人間観は確かに，近代において定着したイデオロギーではあるが，しかし，その方向に進むことは，広範な人びとに安全，さらには幸福を確保するうえで欠かせないと確認されてきたことの結果である。したがって，これも古代と同様，人びとの観念の産物ではあるけれども，人間観のこうした変容は，「単なる選好の問題」だと片付けられるような，価値相対主義的な扱いですませることがらではない。

4.5 ——むすび

本書の基本的立場は，「責任」は，第一義的には，なんらかの「人間の本質」・「責任の本質」から出てくる概念ではなく，不法行為や契約違反を防止するという政策的判断を根柢とし，それを飾るための修辞として出てきた，というもので

あった。この前提からすると，「責任」に関する考察は，法哲学や倫理学のテーマである以上に，法史学・法社会学のテーマとして深められるべきものだということになる。生命倫理や環境倫理についての議論でもそうだが，一見，哲学論・法哲学向けのテーマであっても，実際には，政策的判断が基底になっており，それゆえ歴史学や社会学の考察を踏まえて臨まないと，現実からかけ離れた空虚な形而上学となる可能性のあるテーマが他にも多い。哲学・法哲学は，おのれの限界を知らなければならない，ということである。

第**5**章
国家法人と個人： 日本国による戦時犯罪への国家賠償をめぐって[*91]

5.1——はじめに

　国家は，統一的な法的活動をする局面においては，法人として把握される。そして法人構成の仕方は，法人である前の，実態的な国家のあり方を逆規定する[*92]。では，現代の自由な〈国家・人民関係〉を前提にすれば，この国家法人と，それを構成している自然人との関係はどうなるか。本章は，この点に関わる具体的な問題として，A国にその基本的人権を侵害されたB国民が，A国に対する損害賠償請求権を，A・B国間の条約によって剥奪され，A国の裁判

---

*91）「国家法人と個人——日本国による戦時犯罪への国家賠償をめぐって」（広渡清吾先生古稀記念論文集『民主主義法学と研究者の使命』大島和夫・楜澤能生・佐藤岩夫・白藤博行・吉村良一編，日本評論社，2015年，所収）に改訂を加えたもの。

*92）①複雑な要素をもち多様である人間は，法的には「人格」として抽象的に（その複雑性を捨象して）把握される。②婚姻は，法的には契約関係として構成され，基軸である夫婦愛の関係は構成にそのままには反映しない。婚姻が完全な法的効果をもつ（権利・義務の法的関係が貫徹する）のは，婚姻届をした場合である。③自然においては同じ人間である者が，法的には奴隷として，あるいは貴族，市民，市民権のない住民等として把握される。このように，（法的承認前の関係たる）事実関係・実態は，その全体がそのまま法的関係となるのではない。そしてこの法的関係は，逆に事実関係を規定し，その態様を変容させる。すなわち婚姻における人間は自由で独立した平等な存在とされる（夫婦は相互にその尊厳を尊重しあわなければならないとされる）。法と事実のこうした区別化に着目すべきである。

*93）以下は私見であるが，国家法人を構成している自然人は，国家との関係のちがいによって，「人」（homme），「人民」（peuple），「国民」（nation），「市民」（citoyen）へと区分される。その際，hommeは自然状態以来の人間を指し，peupleは国家となるべき政治集団を形成した人間たちを指す。国家形成後，その構成員としてある人民が，nationである。その中でも国家政治の主体であるのが，citoyenである（たとえば選挙権をもたない未成年者は，（hommeでありpeupleであり）nationではあるがcitoyenではない）。この前提上では，hommeとpeupleは，国家に包摂されきらない（国家内でも自然権を保持している）。これに対してnationとcitoyenは，国家を基盤として初めて存在し権利を行使しえる存在である（自然権は保持している）。歴史的には，「全員がhommeでありpeupleである」と↗

所に訴えることはできなくなるか，を問う。[*94]

　事例から始めよう。第二次世界大戦中，日本国と西松建設とは共同して，中国人を日本に強制連行し強制労働に従事させた。これに対し被害者が日本の裁判所に損害賠償請求の訴えを提起したところ，最高裁判所第二小法廷は，2007（平成19）年4月27日に次のように判示した（LEX/DB: 28131154）：

　　「日中戦争の遂行中に生じた中華人民共和国の国民の日本国又はその国民若しくは法人に対する請求権は，日中共同声明五項によって，裁判上訴求する権能を失ったというべきであり，そのような請求権に基づく裁判上の請求に対し，同項に基づく請求権放棄の抗弁が主張されたときは，当該請求は棄却を免れないこととなる。

　5　まとめ

　　本訴請求は，日中戦争の遂行中に生じた中国人労働者の強制連行及び強制労働に係る安全配慮義務違反等を理由とする損害賠償請求であり，前記事実関係にかんがみて本件被害者らの被った精神的・肉体的な苦痛は極めて大きなものであったと認められるが，日中共同声明五項に基づく請求権放棄の対象となるといわざるを得ず，自発的な対応の余地があるとしても，裁判上訴求することは認められないというべきである。」

　最高裁は，このような基本的人権の侵害（国家による組織的な人格権侵害）に対する中国人の損害賠償請求権も，日中間の条約によって，中国政府がその国民に代わって放棄した，と言うのである。

　この点については，第一に，中国政府高官が「〔中国はこの条約によって〕「戦争賠償」を放棄したにとどまり，中国国民である被害者個人が日本に対して有する損害賠償請求，いわゆる「被害賠償」まで放棄したものではない」（東京地方裁判所2003〔平成15〕年4月24日判決）と述べている点が重要である（後述）。

の見方が現実化するのは，国家による徹底したnation統合の効果であるだろうが。

　日本国憲法の英訳文では第11条に，The people shall not be prevented from enjoying any of the fundamental human rights. とある。ここでpeopleは，むしろhommeに当たる。これに対して第10条には，The conditions necessary for being a Japanese national shall be determined by law. とある。national は，このように国家に包摂され切った人間存在である。だが日本語文は，これら両者を区別せず，「国民」と表記している。

　以上に対し，国家が法人格を有する関係においては，hommeやpeupleは法人以前の，ないし法人に部分的にしか包摂されることのない自然人である。citoyenは，法人国家では（レファレンダム等に際しては）国家の一機関としてある。

*94)　B国民が，自分の国籍国であるB国の裁判所にA国を訴えるのは，これとは別の問題，主権免除の問題である。

第二に，たとえ中国政府が自国民の「被害賠償」請求権をも放棄したと公式に述べたとしても，（現代的に自由な）国家は，その国に属する個人の人格権である基本的人権の効果を，条約によって，どこまで否定ないし実質的に制限できるか，が問題となる（中国が現実にそのような自由な現代国家にまだ属さないとしても，日本国としてはこの問題をどう考えるべきかは，それとは別に問われることがらである）。本章は，この第二点を主要な論点にする。

5.2 ──現代における国家法人

　国家法人論は，アルブレヒト（Wilhelm Eduard Albrecht）が *Göttingische gelehrte Anzeigen* 1837で最初に提唱したと言われる。かれは，前期のドイツ自由主義者の一人として立憲君主制を法理論に定礎させるべく，（私法上の法人をヒントに）国家法人を君主から独立している権力主体とし，君主と議会は機関としてこの法人をともに動かす，と構成した。この理論をのちに，ゲルバー（C. F. W. Gerber, 1823-91）が保守派の立場から，三月革命挫折後の君主権強化（人民・議会の権限抑制）の動きを後押しするべく組み替え，ラーバント（Paul Laband, 1838-1918）がその延長線上でドイツ帝国憲法下の強力な君主支配を正当化するべく法的構成した。ゲルバーとラーバントは，次のように考える：国家は法人として，国民とは別個の法的主体であり，そうしたものとして主権を行使する（国民は，国家が構成される際の素材に過ぎない）；国家法人の意思は，その主要機関である君主の意思に重なる，と。二人は国家と君主を，内容上は家産国家に近いほどに専制的なものにしてしまった[*95]。その後，イェリネック（Georg

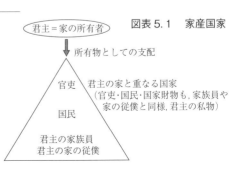

図表5.1　家産国家

*95）　絶対君主制は，実際には家産国家的に構成されるべきものであるから（その場合には，ハラー（Carl Ludwig von Haller）が唱えたように国家は，家長としてそれを所有する君主の絶対的支配物となり，君主にとっては私法関係としてある），本来，法人的な構成になじまない。

Jellinek）が，この理論を引き継ぎつつも，19世紀末に強まっていた，議会重視・
国民の自由強化をも容れて，構成し直した。[*96]

　これに対しフランスの法学界では，19世紀末葉以来,ミシュウ（Léon Michoud,
1855-1916）やカレ＝ド＝マルベール（Raymond Carré de Malberg, 1861-1935）らが，
独自の法人論にもとづき，かつ国民主権を前提にした国家法人論を展開した。
すなわちミシュウは，〈統一した意思をもっており，その目的（定款に明記され
ている）を実現しそのための財産管理を実行するための組織体に法人格を認め
たのが法人である。法人は，この点で限定的な権利能力しかもたない構成物と
して自然人に比べ不完全な存在である〉とし，マルベールは，〈今日では国民
が国家そのものであり，国家法人は国民のための道具として法的に構成され，
国民自身ないしその代表が国家機関としてその権限を行使する〉とした[*97]。この
ような構成をとれば，法人は個人を全人格的に吸収する超越性はもてないこと
になる。

　国家を絶対化しないこの見方は，フランスでは法学界を越えて広まった。
たとえばフランスの政治家で連帯主義の思想家，ブルジョワ（Léon Victor Auguste
Bourgeois, 1851-1925）は，次のように主張している：「人間以外に実在人と言ふ
ものはあり得ず，国家と称するものも実は之等の連合せる人間が若干の彼等の
権利を保証し若干の義務の遂行を強制する方便として，組織したるものに過ぎ
ぬ。抑々生存し思考し，同時に意識する生物と言へば人類の外にないのであ
る」[*98]。

　今日における国家法人については，今日の新しい〈国家－人民〉関係，とく
に自由な憲法（国家法人における定款）の論理に適合させつつ法的構成をする必

---

*96)　以上については，Henning Uhlenblock, *Der Staat als juristische Person*（2000）参照。

*97)　Michoud, *Notion de personnalité morale*, 1899；Michoud, *La théorie de la personnalité
　　morale, chap. 1, 1939, 時本義昭『国民主権と法人理論』（成文堂, 2011年）。民法学者リペー
　　ル（Georges Ripert）は1925年頃，人間以外に法主体はいないという立場から，「個人の
　　人格が団体のそれに吸収されてはならないし，アソシアシオンや組合（会社）において，
　　構成員は，一般意思によって奪われず，また団体加入によって放棄できない個人権を持っ
　　ている」ことになると主張した（大村敦志「ベルエポックの法人論争」藤田宙靖・高橋
　　和之編『憲法論集』，創文社，2004年，47頁）。

*98)　ブルジョワ『レオン＝ブルジョワ氏論文集』(桃井京次訳,国際連盟協会, 1926年)147頁。

要がある。その際には以上の事情からして，フランス法人論の〈私法人 対 自然人〉の関係を踏まえることが有効であろう。私法人の論理が国家法人にはどこまで通じて，どこからは通じないのかは——ドイツ法学を無条件の前提と措定して議論することを避けるために——フランス法人論がしたような批判的考察を要することだからである。

　マンション管理組合法人を例にとると，この法人は区分所有者とは別個の法的主体である。しかし法人は，区分所有者を構成員とする。かれらの意思が，総会の総意及び代表機関の意思を通じて，この法人の意思として発動する。法人となる前に活動していた管理組合はあるが，これが法的関係を担えるのは，定款と代表を備えて法人となることによってである（管理組合自身の権限・責務，組合と区分所有者の関係の考察は，法人構成によってはじめて全面的なものとなる）。区分所有者は，法人——区分所有者とは異なる法的主体ではあるが——に全人格的に吸収されることはなく，法人の前の・外の・内の存在としてある。法人の権限は，管理組合の性質，および定款に定められているその設立目的，定款によって与えられた範囲に限定される。組合法人の目的は，（設立行為に先行してそれ自体として存在する）法人構成者（区分所有者）の利益のため，財産を運営・管理することにあるにすぎない。法人が区分所有者の思想・信仰や家庭の私事，私有財産に介入できないのは，このためである。[99]

　国家もまた，法人としては国民とは別個の法・権利主体となるが，だからといって国民を絶対権力的に支配しうるわけではない。国民主権・基本的人権が作用するし，国家は，定款（ここでは憲法）に定められているその設立目的・権限範囲によって制限された枠内で法的活動をする法人にすぎない（国家は法人である以上，基本的に自然人にその道具として服する）からである。

　公法的な権利・義務に関わる面においても，国家法人とその構成員との関係

---

*99)　この点は，労働組合と組合員の関係にも妥当する。国労広島地方本部組合費請求事件最高裁判決（1975〔昭和50〕年11月28日）は，国政選挙に際し組合推薦候補者が属する特定政党の選挙資金を国労が組合員から徴収したことを違法認定した。その理由は，たとえそうした選挙行動が組合活動の目的範囲内のものであっても，その種の協力を組合員に要求する権利は，「組合員個人の基本的利益」（政治的自由）に鑑みて制約される，というものであった。労働組合も，法人ないし法的規定を受けた団体として，法人の論理（＝組合員は組合法人に包摂されない）に規定される。

第5章　国家法人と個人：日本国による戦時犯罪への国家賠償をめぐって　147

態様は，原理上，そして近時ではますます，私法人と大差なくなってきている。従来，国家をめぐっては，国家は各個人に先行し個人を超越し個人を全人格的に吸収しつつ実在している絶対価値者である，との見解が存続してきた。その際，根底を成していたのは，次のような考えである：人びとが共同生活する基盤としての，土地・文化・言語・血（民族）がはるか昔から厳存する。それにもとづいて心身形成をし統合されて国家の一員となった個々の国民は，その国家維持を至高の目的とする；この点で国家は，個人を超えた強い実在性を有している；この国家は当然の帰結として，法的な主体，法人となって現出する；[100]この結果，その一環として個人の地位も法的に制度化され，個人の権利（実定

---

*100) 法人実在説は，〈充実した実体をもつ団体は，自然人と同様の統合性をもち一つの意思の下，生き生きと活動し法人格の実体を成熟させている。それゆえ自然人と同様に法的権限を与えるべきである〉という。しかしたとえしっかり機能している団体であっても，法的には設立目的の枠内において動くのであり，権利・義務は定款で実定化された枠内でもつにすぎない。したがって法人実在説もまた，法人を自然人的な存在にはしえない。

　末弘厳太郎は，サヴィニー（F. K. von Savigny）の法人論について次のように述べている，「しかし彼〔サヴィニー〕は決して——従来多数の人々が誤解しているように——自然人以外には社会関係の当事者たるべきものが実在しない，法人はすべて法律上の仮設物にすぎないというようなことをいっているのではない。その意味において彼の説いているところは今なお大いに傾聴に値すべき一面を十分にもっている」（『民法雑記帳』上，日本評論社，1948年，103頁）。この指摘は，サヴィニー理解としては正しい。しかし「自然人以外には社会関係の当事者たるべきものが実在しない」という命題を否定することは，法人が「自然人」と同一の「社会関係の当事者」性を——民事法上および公法上——有しているということを帰結するものではない。

　末弘はたとえばその家団論で，家団を，「現実の社会存在たる世帯」が，その「私法的関係においてもつ意味に即して法的に意味づけを」されて成り立った法的概念であると述べている（『民法雑記帳』下，208頁）。戦前の事例で，たとえば，(イ)父が死亡し，その家の賃借権名義が他所に居住している先妻の息子に移った場合，その息子は，父の内縁の妻に対し立ち退きを求めうるか。家団論は，〈父と内縁の妻は家団を成しており，父の賃借権にもとづき家団が居住の権利を行使している。父の死後は，内縁の妻がその家団を代表し，居住の権利を行使する〉と把握する。(ロ)民法第804条は「日常ノ家事ニ付テハ妻ハ夫ノ代理人ト看做ス」と規定していた。この点については家団論は，これは妻が，家団としての行為を代表機関としておこなうのだから，家団の責任者である夫が「責任を負う」ことの効果である；したがって，たとえば母が死亡し（成人した）長女が家事を担当している場合，長女の債務にも父は「責任を負う」；「独り夫との関係においてのみならず子供雇人その他一般家団員を包容して成り立つ事柄である。」とする（末弘『民法雑考』（日本評論社，1932）。↗

的権利）と義務（死刑や徴兵の義務を含めて）とが発生する；個人に権利が帰属するのは，国家が法人として，その意思によって法を定め，その反射的効果として権利が析出したからである；人びとが共同生活する土地・文化・言語・血（民族）が悠久のものとして個人に先行して実在するという点は，国家と他の社団との本質的相異点である，と[*101]（この論理でいけば，国家の他に，古い村や古い町，「家」なども，そういうものとなる）。この見方について，考察を加えよう。

こうした超個人的国家は，古代以来の集団主義国家（諸個人は集団に吸収される）ないし家産国家（諸個人は君主の所有物である）や，それらの観念が克服されていない近代国家，とくにゲルバー・ラーバントら以来，戦後期までのドイツ・日本公法学の世界内では通用しえた。しかしこれは，現代においては，たとえば日本国憲法の論理に忠実な法学や法実務においては，もはや通用しない。

現代においては――上記ミシュウやカレ゠ド゠マルベールらのフランス法人論が明らかにしたように――自然人（＝「人」・「人民」）が本源的存在であり，自ら結成した国家法人において，その国家権力（統治権）保持者として，自ら[*102]

▷家団はこの点で，自然人と同様，法律によって法人化されていなくとも，その「社会的実在としての生活共同体」であることによって，一定の権利の享受主体として法的に位置づけられる，と末弘は言う。しかし，こうした法的構成が妥当であるとしても，それはあくまでも，(イ)では内縁の妻という自然人の，(ロ)では，第三者である自然人の，民事法上の権利の保護のためであり，その限りでの構成物である。「家団」の構成は，上記自然人を保護する必要がなければ，必要ない。ましてや家団は，公法上は問題にならない。これに対し自然人は――民事法上も公法上も――それ自体として保護のための法的構成を要する。

上記に見られる法人の実在性は，国家についてとくにしばしば強調される。しかしこでも国家（国家法人）の法的権限は，人民が制定した憲法を定款とし，これが国際的承認と国内的諸団体の承認によって法人格を付与される限りでのものであり，ある目的のため法的構成されたものである。

家団も国家法人も，限定的権利能力者に過ぎない。イェリネック的な「事実の規範力」は，社団を自動的に法人にする力はもたないし，できた法人は第二の自然人ではない（注67，104も参照）。

*101）愛敬浩二「社会契約は立憲主義にとってなお生ける理念か」（岩波講座『憲法1』岩波書店，2007年）35頁参照。

*102）恒藤恭『法の基本問題』（岩波書店，1936年）の示唆によれば，土地・文化・言語・血等を基盤に構成されるのは，国家ではなく「全体社会」であり，それの構成員たちが国家をそれの部分社会の一つとして構成する。

第5章　国家法人と個人：日本国による戦時犯罪への国家賠償をめぐって　149

国民投票で，ないしその代表機関を通じて，この統治権を行使する。この点で人民は，国家の中にありつつも，同時に国家の前に，外に，そして上にある。基本的人権は，そのような個人に自然権としてもともと帰属していたものが実定化された状態である（国家が創設したものでも，国家がつくった法律の反射的効果でもない）。[*103]

　これを反映して現代国家は，その人民に奉仕する道具（かれらの便宜，とくに基本的人権の保障の道具）として構成されている。それゆえ国家は——過去においてはともかく現代の自由な体制下では——それ自体としては自然人がもっているような尊厳性はもっておらず，自然人が受けるような尊重は受けない。現代においては，「国家のために死ぬ」義務があるということも——なおそうした思考は広く作用し続けているものの——理論上はありえない（日本国憲法下では，まともな政治家はそのようなことを国民に要求できない）。あるのは，〈他の人を助けるためと考えて戦場で死ぬことをも辞さない，奇特な人もいる〉という程度である。自然人とその構成物とのこのちがいは，無視できない。

　これら人民の活動に伴って「全体社会」（注102）は存在していたし，存在

---

*103）　この点は，君主についても妥当する。近代以降の君主は，国家法人の一機関として位置づけられる。しかし君主は，その国家法人においても「君主の固有権」（家産国家において国家の所有者としてあった地位）をもつことによって，その同意がなければ君主制廃止や君主権の制限はできない。君主の同意なくしての君主制廃止は，法を超えた行動としての革命によるほかない。「君主の固有権」が，「人」・「人民」の自然権（基本的人権として実定化される前の，本源的権利）に対応するのである。立憲君主制的国家法人とは，君主がその権限を自己制御することによって現出した国家法人である。

図表5.2

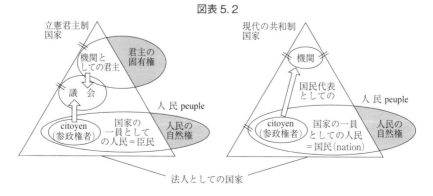

150

し続けている。国家が法的権限を統一的に行使しうるのは，人民がその自然権にもとづいて，社会契約のかたちをとって国家法人を設立し，それが社会的に承認されたことによる。このとき人民（である自然人）が国家法人の定款作成・変更において行使するのが，憲法制定権力である。

確かに，社会契約論は過去に属す思想であり，契約の行為があったことは確証しえないし，誰が社会契約の主体か明らかでないし，原初契約が後世をどこまで拘束するかも問われる。しかし，実在する自然人と，法的にはその構成物としての法人として動く国家とが存在する関係を考えると，また，その実在する自然人（＝「人」・「人民」）が国家運営において不断に主体として機能することを求められる点とを連関づけて考えると，法人設立契約＝社会契約的構成による以外，説明のしようがない。社会契約説はこの点で民主主義原理（現代的国家法人論）から，（カント的意味で）要請されるのである。

「全体社会」と国家（国家法人）とを区別する必要性は，「共同生活する土地・文化・言語・血（民族）」を核とした「全体社会」から複数の国家が分かれて成立する事実や，異なる「文化・言語・血（民族）」が結合して一つの国家を構成する事実から，確認できる。上記「共同生活する土地・文化・言語・血（民族）」は，国家の物質的基礎であっても，国家法人のあり方とは直結しない。

まとめると，法人は，自然人によるその設立行為と公的な承認によってはじめて権利主体となる。法人の活動は，その定款に定められた設立目的の範囲内に限定される。[104] 国家法人の場合，設立の目的は，前述のように，広い地理的規模での共同施設の管理運営，共同事務の遂行，犯罪の取り締まりや対外的防衛

---

*104) この点からの一帰結として，次のことがある：法人は自然人とは異なり，慰謝料請求権身分法上の権利，政治的権利等をもつものではないのだから，法人という構成は，団体を全面的に自然人として扱う擬制ではない。法人を全面的に「人とみなす」ことではない。そうではなくて，行為能力・訴訟能力（さらには一定の刑事責任）に限定された範囲内での擬制にすぎない。その他の関係については，自然人に或る程度なぞらえた法律構成をする（部分的な準用・類推をする）ことができるに過ぎない。それゆえ法人擬制説は，行為能力・訴訟能力を除けば，擬制説と称されるべきものではなく，（自然人規定の）部分準用説と呼ぶべきものである。法人は，限定付きの人造人間にすぎない。それゆえ法人の「人権」とは，自然人が享受している人権そのものを法人が享受することではなく，「人権もどき」を享受することにすぎない。

第5章　国家法人と個人：日本国による戦時犯罪への国家賠償をめぐって　　151

といったところにある。私法法人が，設立者の本源的権利を剥奪することはできないし，その制限には限界があるのと同様，国家法人が「人」・「人民」の基本的人権を剥奪はできないし，人権制限には限界がある。自然人の活動上の道具・装置にすぎない社団は，それを構成し利用する者ないしその存在基盤を否定するようなことは――道具が故障して，それを使っている本人を傷つける場合以外には――ありえないからである（ここで問題になるのは，民主主義的正統性ではなく，自由主義的正当性である）。自由な現代国家ないしその機関が国民の思想・信仰や家庭の私事・民事に介入できず，正当な補償なしに私有財産を奪えず，したがって他の国家と条約を結んで国民の私有財産を――正当な補償なし

---

*105)　オークショット（M. J. Oakshott）は，とくに目的をもって結成されたのではない，ただ法によって共同性の枠組みを確保されただけの社団をsocietasと呼び，これに対して，ある目的・原理によって統合され，それに沿った行動を義務づける社団を universitasと呼んで区別した（Michael Oakeshott, *On Human Conduct*, 1975）。かれは，現代の国家はsocietasに属するとする。統制原理もなく強い統制主体もいないからである。しかし，国家には管理や秩序化の目的があり，そのための強力な暴力装置が働くのだから，通常のsocietasとはみなしがたい。

*106)　ゲルバーは私権を，国家法人の外に位置する個人的固有権としてとらえていた。イェリネックも，個人の国家法人外的存在としての活動をIndifferenzの概念（訳は「国家法人外に位置するもの」）を使って確保しようとした。これらの中には自由権として公法的に位置づけられたり裁判上で保護されるものもあるが，それらももともとは国家法人の外に先在するものなのである。ミシュウも契約などをめぐって，法人と構成員個人の関係に，法人とその外部者との関係と同じ，独立者同士の関係があるとする。

*107)　こうしたことは，古代以来の東洋，および近世以来の西洋の国家イメージを前提にして考えると，ありそうもないことと見えよう。しかし〈国家に先行する，ないし国家が完全に吸収しえない独立の個人〉のイメージは，西洋古代の初期と中世，その後のその伝統を見ると，空想とは言えない。

*108)　国家は現在においても，国民の財産を収用でき，国民に体刑・死刑を科すことができ，戦争でその生命を費消することができている。これはなぜか。体刑・死刑や強制的徴兵は，多分に古代から近世・初期近代の古い国家・国民関係の残存物である（スイスやドイツ，韓国の現代国家に見られるように徴兵制を当然とするのは，古い国家観念になおつきまとわれているからである）。現代の多くの文明国家では体刑・死刑は消えているし，徴兵も志願兵や職業軍人による代替に移り，有無を言わさぬ強制ではなくなり，さらには日本のように廃止されていく。これが，現代国家法人の本来の姿であろう。法人としての国家の権限は，その設立目的の遂行に必要な限りで，国民を活用したり，それを妨害する国民に制約をかけたりできるだけなのだからである。

に——他の国家に与えたり，基本的人権を制限したりその効果をなくしたりできないのは，この事情による。

5.3 ——現代の国家法人と個人

　以上を踏まえて，冒頭の問題を考察しよう。基本的人権を侵害された個人が属する国が，損害賠償を本人の同意なしに，すなわち本人を飛び越して条約で放棄し消滅させるということは許されるか。また，許される場合，どういう手続きが必要か。（法人としての）国家は人民の，とりわけ基本的人権行使にどこまで制約を加えうるか。問題となるのはここでも，（政府は選挙によって選ばれているとする）民主主義的正統性ではなく，（国家と個人の権利の関係，国家の限界に関わる）自由主義的正当性である。この点について，注110）の損害賠償請求併合訴訟事件東京地方裁判所判決（1963（昭和38）年12月7日，LEX/DB-27661004）は，

> 「国家は，法主体として別個の存在である国民の請求権を放棄することはできない，という考え方がある。そこにいう国民の請求権が国際法上の権利を指すものとすれば，まさにそのとおりであろう。しかし，国家が自国民の国内法上の請求権を放棄することは，可能であるといわなければならない。というのは，国家はその統治権の作用により，国内法上の一定の手続により，国民の権利義務について設定，変更，廃止することができるから，かような関係にある国民の権利を，国家が相手国に対して放棄することを約束することは，事の当否はともかくとして，法理論としては可能だからである。」

と言う。だが，この様にすべての個人的権利を区別せず一緒くたに扱うのは問題である。権利制限・剥奪の是非は，権利の性質によって異なるのだからである（基本的人権についてはその種類によっても異なる）。

　第一に，ius cogensが問題になる。これは，契約や条約など当事者の取り決めによっては変更しえない原則を，自然法ないし諸国家の確信を根拠に主張する思考による。そうしたかたちで保護されるべきもののなかには，基本的人権，とくに人格権が入る。たとえば，A・B国間の条約で，B国に対しB国の国民にA国が創氏改名や改宗を強制することや，強制労働に提供することの容認はもちろんのこと，A国での差別的低賃金労働や職業・居住施設利用上の不当な差

別を容認させることなどは，今日の共通観念下ではできない。だとすれば，過去のA国によるそうした人格権侵害に起因する損害の賠償請求についても，B国が当人に代わって放棄することは人格権に本質的に関わることとして，ius cogens上問題になりうる。[*109]

第二に，二重（ないし三重）の基準論や比例原則論の問題提起を受け止めることが重要である。二重の基準論によれば，精神的自由に対する制約は厳格な審査の対象となる。重要な人格権も，それに並ぶ扱いを受けることになる。また比例原則によれば，人間にきわめて本源的である基本的人権に対する制約は，厳格な審査の対象となる。国家が条約によって人民の基本的人権の効果を自由に限定しうるかについても，二重の基準論・比例原則による，厳格な審査，最低限でも正当な補償が問題となる。

第三に，〈条約によっても当該韓国人・中国人の請求権は消滅しないが，条約がある以上，国家機関としての裁判所は条約の拘束を受け，請求権を前提にした裁判は出来ない〉という論理は，どう扱うべきか。

この点に関しては，各条約をめぐる次のような論点が，まず問題になる。

（i）サンフランシスコ平和条約（1951年9月8日）には，次のようにある：

第14条(b)（抜粋）「この条約に別段の定めがある場合を除き，連合国は，連合国のすべての賠償請求権，戦争の遂行中に日本国及びその国民がとった行動から生じた連合国及びその国民の他の請求権並びに占領の直接軍事費に関する連合軍の請求権を放棄する。」

---

*109　髙木喜孝弁護士の次の報告参照：イタリアにおける，ドイツ政府を被告とする戦後補償裁判で，ドイツ占領下のチビテッラ村村民虐殺事件に関し，イタリア破棄院（最高裁）は2008年10月21日，「外国主権免除」の原則を排除し，かつイタリア・ドイツ間の請求権放棄協定があるにも拘わらず原告（被害村民）勝訴の判決を下した。ドイツはイタリアを「外国主権免除」違反と国際司法裁判所（ICJ）に提訴し，イタリアは反対にドイツに対し国際人道法違反行為について被害村民に賠償するべきだと主張して争っている。このように，国際人道法に対する重大な違反は，「外国主権免除」の原則を排除し，平和条約の「国民の請求権放棄」条項も無効とする。そのような新たな国際法の実行例が台頭しつつあるのだ。その際の根拠は，1949年のジュネーブ4条約の共通条項（「重大な違反行為の責任を免れさせてはならない。」）及び「慰安婦」や強制労働は奴隷制そのもので ius cogens（侵犯行為を免責する条約は無効とする国際強行法規）違反に当たる。（戦後補償問題を考える弁護士連絡協議会（弁連協）事務局通信第111号，2010年7月13日）

第19条(a)「日本国は，戦争から生じ，又は戦争状態が存在したためにとられた行動
から生じた連合国及びその国民に対する日本国及びその国民のすべての請求権を放棄
し，且つ，この条約の効力発生の前に日本国領域におけるいずれかの連合国の軍隊又
は当局の存在，職務遂行又は行動から生じたすべての請求権を放棄する。」

両条文で問題になるのは，次の３点である。① 「戦争の遂行中に日本国及びそ
の国民がとった行動から生じた連合国及びその国民の他の請求権」ないし「戦
争から生じ，又は戦争状態が存在したためにとられた行動から生じた」となっ
ているから，通常の戦争遂行行為のみが適用対象に入り，強姦，捕虜虐待，強
制連行・強制労働，慰安婦に対する強制・監禁などは，通常の戦争遂行行為と
はみなされないから入らない。② 国の固有の権利としての，国有財産の損害
賠償請求権や外交的保護権を国が放棄することと，個人自身がもつ損害賠償請
求権をその国籍国が消滅させることとは混同されてはならない。③ 戦争遂行
中の，公務員および国民（兵士や戦争協力者）が，その行為に関して受けた損害
（戦死や戦傷，捕虜，破壊等）に対しもつ損害賠償請求権と，自然人が国家法人の
外の存在としてその基本的人権を侵害されて，それを原因として当該自然人が
もつ損害賠償請求権とは，相互に区別されなければならない。この後者，自然
人がもつ損害賠償請求権は，法的主体としての国家と自然人としての個人との
関係からして，国家が勝手に放棄・消滅できるものではない。無差別爆撃や客
船攻撃による一般人殺傷，人質にとったうえでの殺害等に起因するその損害賠
償請求権についても，本来は問題である。

(ⅱ)　日韓基本条約の関係諸協定，日韓請求権並びに経済協力協定（1965年6
月22日）には，次のようにある。

第2条「1　両締約国は，<u>両締約国及びその国民（法人を含む。）の財産，権利及び
利益並びに両締約国及びその国民の間の請求権に関する問題が</u>，1951年9月8日にサ

---

*110)　この点は日本国政府も，かつて主張したことがある。講和条約でアメリカに対する
　　損害賠償請求権を放棄したことに対し，原爆被害者から国家補償を求められた日本国は，
　　「このような個人の請求権まで放棄したものとはいえない。仮にこれを含む趣旨であると
　　解されるとしても，それは放棄できないものを放棄したと記載しているにとどまり，国
　　民自身の請求権はこれによつて消滅しない。」と答弁した。損害賠償請求併合訴訟事件東
　　京地方裁判所判決（1963（昭和38）年12月7日，LEX/DB-27661004。後述の政府委員柳
　　井俊二の1991年8月27日発言も参照）。

第5章　国家法人と個人：日本国による戦時犯罪への国家賠償をめぐって　155

ン・フランシスコ市で署名された日本国との平和条約第四条(a)に規定されたものを含めて，完全かつ最終的に解決されたこととなることを確認する。」

第3条「1　この協定の解釈及び実施に関する両締約国の紛争は，まず，外交上の経路を通じて解決するものとする。」

ここでは，第2条で「完全かつ最終的に解決されたこととなる」としながら，第3条では「この協定の解釈及び実施に関する両締約国の紛争は」と，なお解釈の余地が残っており，「完全かつ最終的に解決され」ていないことを認めている。現に韓国の憲法裁判所は，2011年8月30日に，元慰安婦の賠償請求権について韓国政府が交渉努力をしないのは違憲だとの判決を下したのだから，上記「両締約国の紛争」が起こる事態が残っていたことになる。

(iii)　日本国政府と中華人民共和国政府の共同声明（1972年9月29日北京）第5条「中華人民共和国政府は，中日両国国民の友好のために，日本国に対する戦争賠償の請求を放棄することを宣言する。」に関しては前述のように，中国政府が個人の請求権まで放棄したかどうかは，日本の裁判所においても争いがある。この点について，旧日本軍強姦損害賠償請求事件東京地方裁判所民事第44部判決（LEX/DB: 28081884, 2003〔平成15〕年4月24日）は，言う：

　　「被告は，日中共同声明をもって，被害者個人の我が国に対する損害賠償請求権も放棄されたと主張するが，同声明も，国際法の基本的な枠組みのなかで解釈されるべきものであって，日中戦争における加害国である我が国に対し，その相手国である中華人民共和国（戦争当時は中華民国）が損害賠償請求，いわゆる「戦争賠償」を放棄したにとどまり，相手国の国民である被害者個人の我が国に対する損害賠償請求，いわゆる「被害賠償」まで放棄したものではない。被害を受けた国民が個人として加害者に対して損害賠償を求めることは，当該国民固有の権利であって，その加害者が被害者の属する国家とは別の国家であったとしても，その属する国家が他の国家との間で締結した条約をもって被害者の相手国に対する損害賠償請求権を放棄させ得るのは，自国民である被害者に自ら損害賠償義務を履行する場合など，その代償措置が講じられているときに限られるべきところ，中華人民共和国においては，日中共同声明を調印することによって，自国民に対して日中戦争に係る被害を自ら賠償することとして，我が国に対する損害賠償請求権を放棄させたという形跡はなく，被告の主張は採用し得ない。」〔ただし本判決は，国家無答責の原則と，被害者の属する国と日本国との間に相互の保証があるときに限って保護を受けられるという制限（国家賠償法6条）とによって原告を敗訴させた。〕

同様に，強制連行強制労働西松建設事件（損害賠償請求控訴事件）広島高裁第二部判決（LEX/DB: 28092471，2004〔平成16〕年7月9日）は，言う：

「しかしながら，本来，外国人の加害行為によって被害を受けた国民が個人として加害者に対して損害賠償を求めることは，当該国民固有の権利であって，その加害者が被害者の属する国家とは別の国家であったとしても，その属する国家が他の国家との間で締結した条約をもって，被害者に加害者に対する損害賠償請求権を放棄させることは原則としてできないというべきであることからすると，当時の日本政府側の意図はともかく，日中共同声明第五項に，明記されていない中国国民の加害者に対する損害（被害）賠償請求権の放棄までも当然に含まれているものと解することは困難である。このことは，サンフランシスコ講和会議に中華人民共和国が招待されず，サンフランシスコ平和条約の締結当事者になっていないことに照らせば，なお一層明らかであるというべきである。」

本判決は，中国の二つの姿勢に関しては，次のように言及している：

「前記日中共同声明の解釈をめぐっては，中華人民共和国の政府高官の次のような発言が報道等されている。
　㋐　平成七年（一九九五年）三月七日，銭其琛外交部長は，「日中共同声明で放棄したのは国家間の賠償であって，個人の補償請求は含まれない」との見解を示し，また，「補償の請求は国民の権利であり，政府は干渉できない」と述べた。〔……〕
　㋒　平成一〇年（一九九八年）一二月の香港の報道によれば，唐家璇外交部長は，記者から中国政府の民間人の対日賠償請求について質問された際，「中国の対日賠償請求問題は，既に解決済みであり，国家と民間（国民）は一つの統一体であるので，民間（国民）の立場は，国家の立場と同じであるべきである。」と述べた。」

中国は，個人に対して国家を圧倒的優位に立つものとし，また個人固有の権利としての基本的人権を十分には認めず，「国家と民間（国民）は一つの統一体である」とし，われわれの言う現代的国家法人としての国家・人民関係を機能させないのであるから，上記判決文中の㋒の唐家璇の見方のほうが，中国らしい見解であると言える。㋐の銭其琛の見方は，非中国的な（＝西洋近代的）な見方であり，この点からは，中国では採用されがたいのである。したがって，中国が銭其琛の方向で国民の賠償請求を支持するならば，中国は公式の国家観を変えなければならない。

5. 4 ──むすび

　中国の国家がどう動こうと，日本の国家は，憲法生活が定礎している現代的
国家観でいかなければならない。逆に言えば，日本の最高裁が中国人や韓国人
の日本に対する賠償請求を上に見たような論理で拒否しているのは，日本の最
高裁が，まだ中国的国家観，すなわち，〈個人は国家に全人格的に吸収される
ものであり，国家を超えた，個人に固有の人権などない〉とする立場を依然と
してとっているからだということになる。

　以上の3条約については，次の事実が重要である。すなわちかつて日本政府
も，注110）にもあるように，条約で国家が放棄できるのは，第一に，国家法
人同士がその財産に関してもつ賠償請求権であり，第二に，外交保護権である
とするようになっていた（すなわち個人が他の国・国民個人に対してもつ請求権は，
放棄対象にならない），という事実である（外交保護権とは，自国の国民が他国の国
家によって権利を侵害され他国の法によって争ったが権利保護を得られなかった場合
に，ある国家が相手国と政治的に折衝してその国民を保護する権利である）[111]。

　日本政府は，1991年8月27日の参議院予算委員会で，シベリア抑留者の，
ソ連に対する損害賠償請求権が問題になった際には，日韓請求権協定で両国間
の請求権の問題は最終かつ完全に解決したということの意味は，「日韓両国が
国家として持っております外交保護権を相互に放棄したということでございま
す。したがいまして，いわゆる個人の請求権そのものを国内法的な意味で消滅
させたというものではございません。」と述べている（政府委員柳井俊二の発言）。
これは正当な見解である。ところが慰安婦裁判において被告となった際には日
本政府は，韓国人に請求権はあるが，日韓条約により日本の裁判所はそれを認
容することができなくなった，と主張するのである[112]。ここには深刻な論理的矛

---

*111)　この点については，釜山従軍慰安婦勤労挺身隊公式謝罪等請求上告事件に関する文書：
　　　「「日韓協定によって解決済み」論に対する山本〔晴太〕弁護士の反論」が興味深い（hyperlink
　　　"http://www.kanpusaiban.net/saiban/yamamoto-hanron.htm"http：//www.kanpusaiban.net/saiban/
　　　yamamoto-hanron.htm）。山本弁護士によれば，そもそも日韓条約はその性質からして，日
　　　本が韓国の国民に対しておこなった人権侵害を免責するものではない。

盾，国としての二枚舌がある。

　加えて，次の点が重要であろう。

　第一に，裁判所は，条約を憲法に照らして縮小解釈（効果を限定する解釈）ができるし，場合によっては違憲判断をすることができる。その際，人間に本源的な基本的人権に対する制約（その効果としての損害賠償請求権を国が放棄することを含め）は，比例原則によれば厳格な審査に服する。

　第二に，裁判所は，条理（とくに「事物のもつ論理」Natur der Sache）による判断もできる。条理によって制定法（日韓条約の当該条文）の効力を限定したり否定したりできる。この条理を考える場合には，次のことが問題になる。

　すなわち，上述のように国家は法人であり，自然人は国家法人に先行し，それを結成した存在であり，したがって，法人としての国家に全人格的に吸収されるわけではない。国家間で相互に請求権（訴訟上の権利）が否定されても，個人が「人」・「人民」として，その基本的人権侵害にもとづいて侵害国ないしその国の企業に対してもつ実体的権利そのものは否定されていない。したがって，その際の問題になっている基本的人権が重大なものである場合，加害国はその救済を図る義務を，法的にも（当該基本的人権の条理上の効果として）免れない。[*113]

---

*112）　政府のこの姿勢は，最近も変わっていない。第二次世界大戦中徴用された韓国人9人が三菱重工と新日本製鉄に韓国内で損害賠償を求めた裁判で韓国最高裁が，1965年の日韓請求権協定は個人の請求権は消滅させていないとの判断を下した。これについて，玄葉光一郎外相は，「個人も含めて日韓請求権・経済協力協定で完全かつ最終的に解決済みである」と反論した（2012年5月25日付サンケイニュース）。2015年7月6日，菅義偉官房長官は，「明治日本の産業革命遺産」の世界文化遺産登録に当たり，元「徴用工」からの損害賠償問題について玄葉発言を繰り返した（同日付け朝日新聞ディジタル）。

*113）　この点に関しては，次の判示がある：山口地裁下関支部1998年4月27日判決（釜山従軍慰安婦・女子勤労挺身隊公式謝罪等請求，女子勤労挺身隊従軍慰安婦公式謝罪等請求事件。LEX/DB: 28033107。判時1642号24頁）：「少なくとも憲法秩序の根幹的価値に関わる人権侵害が現に個別の国民ないし個人に生じている場合に，その是正を図るのは国会議員の憲法上の義務であり，同時に裁判所の憲法上固有の権限と義務でもあって，右人権侵害が作為による違憲立法によって生じたか，違憲の立法不作為によって生じたかによってこの理が変わるものではない。」「当該人権侵害の重大性とその救済の高度の必要性が認められる場合であって（その場合に，憲法上の立法義務が生じる。），しかも，国会が立法の必要性を十分認識し，立法可能であったにもかかわらず，一定の合理的期間を経過してもなおこれを放置したなどの状況的要件，換言すれば，立法課題としての明確性と合理的是正期間の経過とがある場合にも，立法不作為による国家賠償を認めることができると解するのが相当である。」

第5章　国家法人と個人：日本国による戦時犯罪への国家賠償をめぐって　159

第**6**章

法と権利： 法が先か権利が先か[*114]

6.1 ——はじめに

　本章では，「法（とくに法律）と権利」の関係を，〈法律が規定することによって権利が発生すると考えるか，逆に，権利が事実として蓄積され固まり，それを法律としても確認するにいたると考えるか〉を軸に考察する。

　議論に入る前にまず，「法」と「権利」の定義をしておかなければならない。「権利」は，「法的に保護された（個人の）利益」と定義するのが一般的である。これは，イェーリング（Rudolf von Jhering）に始まる（かれよりまえには，「法的に確保された（個人の）意思」とされていた）。ではここでの「法的に保護された」とはどういうことか。「法」は，自然法と実定法とに分かれ，このうち実定法は，法律（制定法），慣習法，判例法（英米法では），条理に分かれる。したがって，「法的に保護された」ということは，①法律上「権利」と明記されているケース，②ある利益を保護することが慣習として定着しており，それが裁判によって確認されるケース（大学湯事件判決，大審院1925（大正14）年11月28日），③尊重するのが条理に鑑みて当然であるとして，裁判・行政で確認されるケース，さらには④自然法に照らして尊重するのが当然であるとして裁判・行政で確認されるケース，を意味する。

　以上のうち，①だけを念頭に置いて論じると，〈法律が権利より先〉ということになる。しかし②・③・④の場合は，〈法律が権利より先〉ということにはならない。②・③・④の場合は，法秩序のなかで或る利益が尊重され始め（この段階では法と権利は一体的である），それがやがて裁判で確認され，最後に法律

[*114]　「法と権利——法が先か権利が先か」（早稲田大学法学研究科編『法学研究の基礎　法と権利』，2011年，所収）に改訂を加えたもの。

としても確認されるということであるから，この点では〈権利が法律より先〉だということになる。

「法と権利」の問題とはこのように，法をどう見るか・権利をどう見るかの，見方が結論を左右する。その見方は，どういう歴史・文化的基盤を前提にして考えるかによって相互に異なる。法という存在・権利という存在が——それらをどう見るかの見方とは独立に——客観的にまずあって，それが相手を自動的に生み出す，といったことではないのである。そこで本章では，**6.2**において，思想（自然権論と法実証主義）によって帰結がどう異なるかを考察し，**6.3**において，裁判との関係において〈法が先か・権利が先か〉の問題を考察する。

6.2 ——思想によって異なる

㈠各人がまず権利を事実上享受している状態にあり，その享受状態を確保しまた諸個人の関係を調整するために法（＝法律）があるとする思想の典型例は，近世以来の自然権論である。これに対して，㈡まず法律があり，権利は法律が或る関係を規定したり或る人の義務を定めたりした場合に，その反射的効果として（＝間接的に）保護される利益が別の人に発生することだと説く立場の典型例は，19世紀ドイツの法律実証主義である。

㈠と㈡の立場のちがいを鮮明に示してくれるのが，ホッブズである。かれは，㈠・㈡をその思考の展開上でともに出しているからである。他方，㈡の思想を典型的に示す人物に，ケルゼンがいる。以下ではまずこの二人を検討するなかから，「法と権利」の関係づけにどういう考え方がどう関わるのかを見る。

6.2.1 ホッブズ

ホッブズ（Thomas Hobbes, 1587-1679）は，幾何学的手法によって社会論を構成した。すなわちかれは，〈自然界で単独で生きている個人——社会の，それ以上には還元不可能な単位〉から出発し，それからの論理展開のかたちで社会を説明する。その際，その個人がもっている自己保存という本源的傾向に，個人の権利（自然権としての）の根拠を求めた。そうした権利としては，自分の身体を防衛する権利，所持している物を確保する権利＝本源的所有権がある。

ホッブズによれば，そうした諸個人は相互にぶつかる。そしてその争いの惨禍を経験するなかなら，平和に共存しようとする。その道は，各自の自己防衛の権利（自然権）の行使——これが争いのもとである——を互いに制御しあう約束（社会契約）をすることである。この契約の内容は，第一に，「可能なあらゆる方法によって，自分自身を守れ」であり，第二に，「平和を求め，それに従え」，すなわち平和を確実にするためには，各人の自然権行使は制御されるべきである（第1部14章）であり，第三に，「契約は履行すべし」（pacta sunt servanda.）である。（さらにその他に16のものがある。『リヴァイアサン』第1部15章）。この契約が自然法を生みだす。そうした契約・自然法を守ることが，正義である。

　こうしてホッブズにおいては，個人の生存上欠かせないものを核として自然権がまず存在し，その自然権を行使しつつ行為する諸個人が，（自然権行使制御の）相互の取り決め・意思の合致＝契約として自然法や正義を生み出す。すなわちホッブズは，前国家的社会状態においては，まず，権利が（自然権として）あり，そこから法が（自然法として）出て来る，と考えたのである。前頁の(イ)の思考，〈権利が法に先行する〉という見方である。

　しかしこの社会契約も，人間の欲望が強いために遵守されず，このため争いの惨禍が避けられない。そこで，契約の遵守を人間全体に強制する者が必要になる。それが，コモン＝ウエルス（国家）である。個人は，この国家に対してはその自然権を放棄し（していないという見方もある），全面的に服従する。この国家（それを統治する君主）の命令が，法（法律＝制定法）である。国家は，違反者を処罰することによって，法律や命令への服従を強制する。こうして国家は，個人を規制する主体となり，国家がその意思によってつくる法（法律）は，その規制のための強制装置となる。その法（法律）が許容する限りでは，各人には自由がある（ホッブズによれば自由とは，強制の欠如状態である）。これが各人の権利（実定的権利）である。すなわちホッブズは，国家の状態においては法が権利に先行すると考えたのである。前頁の(ロ)の思考，〈法が権利に先行する〉という見方である。

　上記(イ)の考え方は，今日でも，「新しい人権」等を論じるときには使う。まず，人間にそれ自体として必要不可欠なものを考え，それを本源的権利とし，それ

が思想において，法律ないし裁判によって確認されて来たのであり，これから
もいくべきである，と考えるのである（もっとも，日本では憲法13条から派生する
とする点では，㈣でもある）。

㈣の考え方は，その後の時代においては，たとえば法実証主義が法と権利の
関係を扱うときに使う論理となった。その典型が，次に述べるケルゼンの思想
である。

6.2.2　ケルゼン

実証主義者であるケルゼン（Hans Kelsen, 1881-1973）は，(a)（観察・感覚的認
識が不可能な）自然法・自然権を認めず，考察の対象としての法を（観察・認識
が可能な）実定法だけに限定する。かれはまた，(b)方法論的精緻化を進め，新
カント派的に存在（Sein）と当為（Sollen）を峻別する立場から，法をめぐって，
事物がそれ自体の法則にもとづいて〈原因－結果〉の関係で運動していく（因
果連関の）側面と，〈物理的強制を背景にして作為・不作為を命令する諸ルール
＝「規範」の総体〉である側面を区別する。そして法の特徴を，当為を本質と
するものとし，実定法のこの側面に議論を集中させる。

こうしてケルゼンは，法学を，（存在認識に関わる自然科学・社会学的な事実学と
区別された）規範科学として構築しようとした。これが，「法」の概念やそのあ
り方から論理的に演繹可能なことがらや諸関係だけを議論する「純粋法学」の
提唱である。「純粋法学」における，法の構造分析，法と道徳，法と国家，国
家と個人の関係の考察などによってこそ，法をめぐる諸事項が正しく理解でき
る，とケルゼンは言う。ケルゼンはこの立場から，これまでの公法学が法と政
治，法と社会関係を混同して扱っていた方法的不純性を暴き，その不純性によ
って法学の中に浸透していた，神学や神話，自然法論，その他のイデオロギー
的混入物を洗い流そうとした。

その成果として提示された有名な主張の中には，次のようなものがある。

(a)　法の妥当根拠は，その上位の規範の当為，「～であるべし」の規定に求

---

*115)　法は書かれたルール（制定法）だけとし，その論理関係だけで法的処理を考えよう
とする立場を制定法実証主義＝法律実証主義という。これは，ケルゼンにおける(a)や(b)
と直接の関係にはないが，制定法としての法にだけ集中するので，法実証主義には入る。

第6章　法と権利：法が先か権利が先か　**163**

められる。上位規範の規定から論理的に帰結できることがらの範囲内でのみ，下位の法は適用可能である（法として妥当する[116]）。法のこの側面に関わる法学は，そうした規範関係の構造やそのことの帰結を考察する科学（規範科学）であり，規範関係は論理を機軸に解明できる。こうしてかれは，〈下位の法である命令や通達はその上位の法律の命ずるところによって妥当し，その法律はさらに上位の法である憲法によって妥当し，憲法は「根本規範」と呼ばれる想定上の最高の規範（「法は守られるべし」といった究極の命令を内容とする）によって妥当する〉とする規範構造論を提起した[117]。

(b) 法律は，国家に関わる組織化や行為を規定している。これが，国家構成のすべてであるから，国家は法律に還元される；法的に有効な国家の構成や行為は，そうした法律に則ったものだけである；この点からは，法は国家に先行する，となる（『一般国家学』（1925年。清宮四郎訳，岩波書店，1971年）第3・4章）。

(c) 権利は，人間の本性（＝自然）や意思ないし不可欠の利益を核としてまず存在しているのではなく，実定法が一定の関係にある人に義務を課したことの，別人への反射的効果である。自然法論や初期のパンデクテン法学の〈法に対し権利が先行する〉という立場は否定され，権利は今や法の特殊な一形態となった（『一般国家学』第3章）。

この(c)が，本書では重要となる。この立場を貫くと，後述する（ケルゼン主義者の）宮沢俊義に見られるように，基本的人権も人間の必然的な本源的権利としてではなく，憲法が明文化したから認められるものだということになる[118]。

---

*116) 上位規範の「すべし」が下位規範を規定し，立法者や裁判官，行政官の行為を規正するとはいっても，「すべし」の論理が自動的にそういう効果をもたらすわけではない。立法者・裁判官・行政官が，論理整合性を尊重してそういう動き方をするという，現実の動向が欠かせない（それゆえ規範論理性は，ガーディ裁判の世界では通用しない）。したがってケルゼン的な法の妥当性も，実際には純粋法学だけでは展開しえない。

*117) この立場に影響を受けた人びとのなかには——たとえば後述する宮沢俊義や芦部信喜『憲法制定権力』東京大学出版会，1983年，42頁）のように——ケルゼンとは異なり，理念・基本原則や憲法制定権者の価値判断をも根本規範に入れようとする者もいる

*118) ケルゼン自身，次のように考える：人格（Person）と人間（Mensch）とはちがう。人間は自然物だが，人格は法的関係，とくに権利・義務の関係を主体ごとにまとめ上げるために構成した抽象物にすぎない。したがって基本的人権なるものも，自然人が本来的にもったものではなく，人格に帰着した一群の法的効果に過ぎないのである。すなわ↗

ケルゼンらの以上の立場に対しては，次の批判がありうる。

(a)確かに法には，ケルゼンが考察対象とした「法の規範論理」の側面がある。とくに憲法や刑事法，社会法等，権力・強者を規正する法では，「現実はこうだからそのように解釈しよう」というかたちで解釈を現実に合わせるのでなく，「条文の文言はこうなっているから」・「憲法の文言・制度の原則からするとこうなるから」という姿勢で，「当為」の論理的帰結（de iure）によって「存在」（de facto）を規正することが重要である。

しかし他方，私法の分野ではむしろ逆の思考も重要である。エーリッヒの「生ける法」に見られるように，法の運用には現実を反映させることが重要である。もともと私法（とくに取引法）は，人びとがその生活のために自分たちで作り上げてきたルールであるからだ。そこでは，保護されるべき重要な利益が権利の素となり，重要な関係が法の素としてあった。それらの蓄積物が規範に結晶化する（実定法化される）のである。革命後のフランスですら民法を創るときには，（ローマ法や学説とともに）慣習法・慣習上の権利をも柱にした。

公法の分野においても，「どうしてこのような規定（人権規定や権力制約規定）が入っているのか」は歴史的背景を考えなければ理解できないし，「今日でもこの規定が妥当か」は現実を踏まえて検討されなければならない。

法の分野によって，またケースによっては，「存在」から「当為」を切り離し，法における「当為」の論理の面に徹することは必要だが，その逆も，必要なのだ。時には，法現象が社会の諸関係と実際にどう関係しながら展開し，その一環として成立した法制度や法律がどういう機能を果たしているかの視点は，われわれが法を学ぶとき欠かせないのであり，それゆえ法の定義にもその認識結果を反映させなければならない。[*119]

ち，基本的人権も法がそう規定したことの結果である。

*119) ケルゼンの純粋法学の作業は，次のようなものと似ている：ある人が婚姻を「純粋に」見た。すると婚姻は，〈セックスを契約形式を通じることによって相互の人格にかなったかたちで営める唯一の形式〉だと見えた。そこでかれは，婚姻を，上のことを基軸としてのみ構成し，それを「純法律的」婚姻と規定した。その結果ここから，これまで婚姻につきまとっていた「神秘的」なものや「法外的」なものが明るみに出，批判できるようになった。たとえば，性的制度なのに教会において儀式をおこなう特異性，それにもとづいた宗教的理由による「離婚禁止」や「避妊の禁止」のイデオロギー性等々が批▷

第6章 法と権利：法が先か権利が先か　165

ケルゼン自身,〈純粋法学は法学全体の一部に関わるだけであり,他の部分に関わる考察も重要である〉と断ってはいる。しかしケルゼンは他方では,「法」を科学的に論じるとは,純粋法学的に論じることだとも主張する。たとえば,〈法と権利の関係〉について考えるに当たってかれは,権利は法律が明記してはじめて権利となる,との議論に終始している。そしてその際には,法・権利が歴史のなかで自生的に形成されてきたという,もう一つの側面は見えなくなってしまっている。どうもケルゼンは,〈法は規範だ。規範は,論理がすべてだ。それゆえ,法に関わる科学は純粋法学に他ならない;この科学こそ,法学そのものだ〉と考えるにいたったようである。

　reine Rechtslehre（純粋法学）の,rein（純粋）という語は一般に肯定的意味をもつ。これに対しunrein（不純）という語は,否定的意味をもつ（「汚い」という意味になる）。このためreine Rechtslehreの名称を使うと,それこそが真の法学だという錯覚を生む（reines Gold純金とは,それだけが本当に「金」と言えるもの,という意味である。ここではreinであればあるほど,良いことになる。水の場合,H_2Oだけのreines Wasserが人間に良いとは誰も言わないのだが）。こうして〈ケルゼンの法学はモデル化による思考実験にすぎない〉という意識は欠落し,モデル論が現実論と混同され,それこそが本来の法学・法の科学で,それによってとらえられた法関係が現実の根底を成すものだということになってしまった。

◤判できるようになった。婚姻の「純法的」構成にはこうして婚姻の変革に貢献するものも含まれているので,支持者も出てくる。やがて,〈「純粋に法的」に論じることが,婚姻法学の本来の任務であり,すべてである〉といった思考も強まる。婚姻のこの法的定義による議論は実際,カントが『人倫の形而上学』で展開している。カントはまた『実践理性批判』等において,人間を道徳論上の世界＝叡智界の自由な人間と,自然界の必然に縛られた人間とに分けつつ,純粋道徳論を展開した。これも,同様の発想からの議論であった。

　もっとも,多くの人びとは,そのような婚姻論の思考にしっくりしないものをも感じるだろう。そのような〈セックス契約形式〉の面が婚姻にあることを指摘しても,それがすべてであるとの証明にはならない。そういう婚姻形式でもって,生活上で婚姻がもつ重要な他の諸要素（たとえば「愛情」とか道徳・宗教的義務とかといった「法外的」なものを重視すること）を法的考察から排除するのは,論理の飛躍である。しかも通常人なら,婚姻において法的関係,ましてや〈セックス契約形式〉はさほど大きくはなく,別のものを重視する。「純粋」でない議論こそ,重要だと考えるのである。

かれの影響を強く受けた人びとにおいても，そういうモデル・架空世界と現実との混同が見られる。たとえば宮沢俊義がそうである。宮沢は，その『憲法II』（『法律学全集』4巻，有斐閣，新版1971年）において基本的人権について，その自然権性を否定し，〈制定法（としての憲法規範）が，「人間の尊厳」の理念にもとづいて条文で国家の権能を規定することによって，そのことの効果として人権を創り出すのであって，それより前に人権があるわけではない〉と言う（第2章第3節。宮沢はまた，抵抗権その他の権利について，〈憲法に規定があればそれに基づいて実定法的に議論できるが，なければ「自然法ないし道徳律」によってしか議論できない〉とする。171頁）。[*120]

　宮沢は，ケルゼン的な議論（「純粋法学」）はケルゼン特有の法の定義から出発して論理構成したモデル論である，との意識をいつの間にか忘れ，実際の法・権利，ないし「法一般」・「権利一般」に関わる議論としてしまった。ケルゼン的世界内でのみ通用することを，現代日本の憲法生活そのものの記述としてしまった。宮沢説もまた，実際には〈ケルゼン的なモデル世界で基本的人権を扱えばそういうものとなるだろう〉という程度のものにすぎない。

　(b)ケルゼンは抽象的なモデル論を展開するから，「憲法」や「法律」一般を前提に議論する。しかし，その「憲法」や「法律」は，多くの国（たとえば近代西洋諸国）では，ある共通した特定の内容の憲法・法律として存在している。ケルゼン的モデル論では，この事情が説明できない。また，ケルゼンらの法の定義からすれば，法は形式（上位規範との整合性）さえ備えておれば法である。内容は問わない。しかし実際には，多くの国で法には共通してある内容が見られる。法は各国で共通して，特定の利益・自由を権利・人権だとしている。その理由は，それらを権利化・人権化しなければ，生活がうまくいかず，社会か

---

*120)　戦後日本では憲法がほとんどの重要な人権を規定し，また憲法13条が包括的基本権を含んでいるとされるので，当面必要な人権は憲法から導き出せる。したがって，憲法があれば十分で，人権を論じるのに自然法（自然権）はもはや必要ない，と多くの憲法学者は考えている。かれらにとっては，憲法論はケルゼン的な法実証主義で十分間に間に合うし，それでいくほうが，裁判所に対し有効な力となる。このこともあって憲法学では，法律実証主義が現在でもなお有力である。しかしもしこの憲法が改正され，13条や基本的人権が削られたり「公共の福祉」によって大幅に制約されたりした場合には，法律実証主義ではもはやそれまでのようには人権擁護をやっていけない。

らも国際世論からも批判を受けるところにある（また逆に，法文化，それを規定
している政治や宗教，が異なれば，そこの主権者は或るものをなかなか権利・人権とは
しないという事実もある）。

　この事実は，〈立法者は，どのようにでも意のままに法をも生み出せるので
はないし，立法手続さえ踏めばどのような権利やその他の関係を生み出せ，ま
た消滅させうるというものでもなく，或る特定の態様の権利化・制度化をしな
ければならない事情（とくに人間的自然や社会的存在としての必要性，特定の社会関
係の要求）が世界史のある段階・ある共通の法文化圏にはまずあり，それに立
法者が規定されることを意味している（宮沢は，上述のように「人間の尊厳」の理
念を重視する。しかし，ある社会でそういう理念が浸透することは，単に人びとがそう
いう選好をするようになったことの結果にすぎないのか，それとも人間的自然や社会関
係の存在基盤に客観的に規定されてのことなのか，が問われなければならない）。

　以上の事実は，純粋法学的にのみ思考する人には——事実問題（de facto）に
属することがらであって法問題（de iure）ではないので——どうでもよいこと
だろう。しかし，法を論理的にしか扱わないという立場をとると，法の世界の
多くの事象が脱落してしまうことは否めない。[*121)]

6.3——実務との関係：「民事訴訟の目的」論

　〈法が先か・権利が先か〉は，「民事訴訟の目的」論とも関係している。民事
訴訟法学では，法解釈上の基礎論として「民事訴訟の目的」が論じられ，(A)
権利保護説，(B)私法秩序維持説，(C)紛争解決説，(D) 多元説，(E)議論棚上げ説
などが説かれる。

　　通常の仕方では処理できない案件や争点に直面したときなど，法律家は「法律意思」
　　解釈，とくに「制度の本来の目的」から処理方向を探る目的論的解釈，に依拠して処

---

*121)　この②は，ホッブズに対する批判点でもある：社会契約や主権者の意思によってど
　　んな法でも生み出せる，というものではない。その社会において古くから続く社会関係
　　や観念，価値観等——それらを規定している根元的なものとして「風土」がある——から
　　して，その社会に定着可能な法のあり方というものがあるのである（これを考えようと
　　した点で，モンテスキューの『法の精神』は重要な意味をもつ）。

理しようとする（制度の目的を基準にすることは，処理の一貫性のためにも必要である）。この場合に〈民事訴訟制度は本来，何を目的にしているのか〉も重要な視点となる。上記のような場合に目的論的解釈に依拠することが避けられない以上，「民事訴訟の目的」論は，たとえドグマティックに見えようとも，排除はできない。その際，民事訴訟法学者は，民事裁判の歴史上の機能や現実の機能という法史学的・法社会学的事実の一端に，自分の願望（＝あるべき民事裁判の姿や事件のあるべき帰結）を――無意識下に――付加して「民事訴訟の目的」を構成し，結論にいたるのである。[122]

上のうち，(A)・(B)・(C)は，民事訴訟を，当事者重視の観点から見るか(A)，裁判官の判断重視の観点から見るか(B)，裁判の実際の機能態様に着目するか(C)，のちがいとしてある（このうち(C)は，当事者重視か国家・公益重視かで，二つに分かれる）。

(A)権利保護説の権利観の特徴は，次の点にある：私人はもともと権利を有しており，それを自力救済によって確保していた：しかし，国家が統合を強化するにつれ，自力救済が禁止される。その見返りとして，各人がすでに有している権利を裁判を通じて確証し保護することになった。この裁判においては，〈私人は第一義的には，社会の法によって，またそれに規定されてできた実体法によっても，すでに権利を享受している。この権利が侵害されたときに，個人は救済＝権利保護を国家に求めるのであって，裁判が法を個別ケースにおいて具体化して権利を創造するというものではない〉と考える。

すなわちこの説は，〈権利がもともと個人に帰属したものとしてある；それを法律が承認し保障することになった；しかし帰属が不明確な場合がある；この場合には裁判が，個別的判断で保障する〉という見方によっている。

(B)私法秩序維持説の権利観の特徴は，次の点にある：この説を打ち出したビューロー（Oskar Bülow, 1837-1907）によれば，[123]法律が権利を規定していても，その規定は抽象的・一般的なものに留まっており，個々のケースでどちらの当

---

*122）　この点については，藤田宙靖『行政法学の思考形式』，木鐸社，1978年，第3編Ⅰ；新堂幸司「民事訴訟制度の目的論の意義」，『民事訴訟制度の役割』，有斐閣，1993年，等参照。

*123）　Bülow, *Klage und Urteil*, 1903；原竹裕「裁判による法創造と事実審理（一）」（『一橋大学研究年報。法学研究』第28号，1996年）；新堂幸司『民事訴訟の目的論からなにを学ぶか』（信山社，1988年）8頁以下。

第6章　法と権利：法が先か権利が先か　169

事者が権利を有するかは，それだけでは決められない；法律は，「現実の法的事件の無限に多様な特殊性」を予見できないし，「確実な適用のためには意味が不明瞭である」場合を避けられない，からである；こうして，「法規〔法律〕が完成した法を作り得ない」ものとしてある；したがって，その具体化は，判決（＝裁判官の判断）を待たなければならない。

　このように私法秩序維持説は，法律が権利をつくるという前提には立つものの，〈そのレヴェルの権利はまだ抽象的であり，どの当事者にどの権利が帰属するかは，裁判を待たなければならない〉と考える。個々の場合に確認できる権利を確立するのは，法ではなく，裁判である，とする立場である。

　「私法秩序維持説」という名称からすると，この説は〈裁判こそが私法秩序の回復・維持をもたらす〉と考え，〈私人の権利保護が司法活動の目的だ〉とは考えていないかのようであり，国家主義的であるかのような印象を与える。しかし，ビュローの上の見方は，国家的法観念（＝国家の法は全能だとの見方）を相対化する点で，エーリッヒ（Eugen Ehrlich, 1862–1922）らの立場の先駆けとしてあった。すなわちそれは，自由法論（Freie Rechtslehre）を準備したのである。ビュローとエーリッヒは確かに，〈権利は，国家の法（＝法律）に根拠をもつと裁判で確認されてはじめて権利となる〉とはする。しかしかれらの主張の眼目は，国家を前面に押し出すことにではなく，〈当該ケースの関係法律は，抽象的で何も語らない；条文は，相互に矛盾することもある；そこで，裁判官が関係法律を具体化する作業（＝法創造）が欠かせないとして，裁判官を重視する[*124]自由法論の立場で思考したのである。

---

*124)　"Innerhalb der Schranken des Gesetzes eröffnet sich dem Richter ein weiter Spielraum selbständiger Rechtsbestimmung"（Bülow, Rektorratsrede Univ. Leipzig, 1885）。こうした作業は，単なる論理的演繹ではうまくかない。それには，裁判官が基盤となる社会事情を詳しく調べるとともに，それに適合した価値判断をすることが欠かせない。

第**7**章
法解釈論と法の基礎研究： 平井宜雄『損害賠償法の理論』考[*125]

7.1——はじめに

　平井宜雄著『損害賠償法の理論』（東京大学出版会，1971年）は出版以来高い評価を受け，そこで打ち出された「平井説」は〈革新的な有力説〉とされ，不法行為論の流れを変えたと言われて来た。筆者は，早稲田大学大学院のゼミでこの書をテキストにし，院生とともにそこから多くを学んだ。しかし同時に，読むにつれ疑問点が増えてもいった。本章では，それら疑問点の考察をおこなう。それは，そうした検討が〈実定法学者がその法解釈論を構築する際に法の基礎研究（判例・法理論の分析や，比較法・法社会学・法史学上の考察；本章ではとくに外国法研究）がどういうかたちで働くものであり，それゆえ基礎研究に問題があると，その法解釈論のどの点がどう傷つくか〉[*126]を考える上で有益であると思われるからである。

　『損害賠償法の理論』における平井の基本姿勢は，「それぞれの法系におけるそれぞれの機能に即して「過失」概念の内容を構成するのが，何よりもまずなさるべき作業ではないであろうか」（同書461頁。以下，『損害賠償法の理論』については，頁数のみを示す）とあるように，日本の民法学をして——外国の法理の直接適用ではなく——日本の判例を十分踏まえそこからの理論化を自覚的に推

---

*125）「平井宜雄『損害賠償法の理論』考：法解釈学と法の基礎研究」（『早稲田法学』85巻3号，2010年，所収）を改訂したもの。

*126）本章では平井の『損害賠償法の理論』に対する批判的言辞が目だつが，他意はない。また筆者は，「相当因果関係説」や従来の民事違法性論，さらにはドイツ法学そのものを擁護する立場から，本章を書いているのではない。筆者は，平井が追求する〈損害賠償法の柔軟化；ドイツ法学の「呪縛」から日本法学を解放すること；実務に影響のある法理論を構築すること〉自体に反対ではない。本章に対しては〈批判に終始しないで，代替の解釈論を示せ〉との意見もありえようが，本章は解釈論提示を課題にはしていない。

171

し進める学に革新し，それによって法実務を逆にリードしようとすることにある。『損害賠償法の理論』はこの点で，法学上でナショナリズムとプラグマティズムとを前面に押し出した希有な作品となっている。[*127)]

　そしてこうした姿勢をとるならば，基礎研究は，不可欠だというものではなくなる。それらはせいぜい，〈実務を十分踏まえた法解釈論構築の作業上で役立つものがあれば，その都度適当に利用する〉という程度のものとなる（このスタンス自体を本書は非難するものではない）。そして，このような本に関しては，[*128)]基礎研究上の疑問点を指摘しても，〈自分の主題は，損害賠償法実務向けの法解釈論であるから，基礎研究に問題があっても，それは副次的なことだ〉と反論される可能性は大きい。確かに，一般的に言って実務法学的な議論は，前提となる基礎研究に問題があったとしても，即「無意味」となるものではない。

　しかしながら，或る学説の立論が，〈基礎研究を土台にして新しい法解釈学説を提唱する〉というかたちで展開されている場合には――どの分野においてもまともな法解釈学説はたいていこの手法を採ってきた――そこにおける論証と実証に問題があれば，立論の信頼性は当然傷つく。[*129)]『損害賠償法の理論』について筆者が予感するのは，この点である。

　こうしたことがとりわけ問題化するのは，平井が日本民法の条文をめぐって，それらの母国（ルーツ国）ではない国の法理論がその解釈に使われておれば，そうした理論を〈日本の法と実務にとって「異質物」である〉として除去しようとするところにおいてである。[*130)]すなわち平井は，日本民法416条，709条の

---

*127)　平井はこの立場を，「日本の不法行為法は日本の判例・学説の現実の姿を直視し，そこから構築さるべきである」（396頁），ないし「判例の立脚する実質的な価値判断や，実質的な問題点を明らかにしようとする本書の立場」（399頁），「実務の中から理論を探求するのを基本的方法とする本書」（457頁）等とも定式化している。

*128)　実際，平井自身，「はしがき」において「本書で言及されている外国法は，このような私の問題関心に合わせていわば切りとられてきたものにすぎない」（i頁）と断っている。切り取るのはいいが，恣意的な切り取りは，問題である。

*129)　「当該法学説の「歴史認識」自体が実証のレヴェルで反証された場合には，それと「連結」された「規範認識」がその限度で説得力を失うことは明らかである」（森田修「私法学における歴史認識と規範認識」(1)，『社会科学研究』47巻4号，1995年，216頁）。

*130)　平井はこの手法を，「規定の沿革を探り（これは私が来栖先生から学んだものです），その解釈に影響を与えた業績（外国とくにドイツの学説）を確定し，それとの乖離を示☑

ルーツである国（416条：イギリス，709条：フランス）でないドイツの法理論（416条：「相当因果関係説」，709条：〈構成要件－違法性－責任〉三分論）が日本の民法学や法実務を「呪縛」していると批判し，ドイツからの解放を主張するのだが，この意気込みが事実認識と思考とにマイナスに作用しているのではないか。『損害賠償法の理論』は——これまでの民法学ではあまり問題にされてこなかったのだが——この観点からの検討をとくに要する作品だと思われる。[*132]

　「損害賠償法の理論」は，第3章までの前半部分が，日本民法416条をめぐって損害賠償の範囲を定める理論（とくに相当因果関係説克服の観点からの，ドイツ・英・米・日本における理論と実務の比較法的考察）を，第4章以下の後半部分が，日本民法709条をめぐる不法行為法の基礎理論（とくに違法性を「過失」によって

[◣]した上で，解釈論を提示するというもの」と定式化している（「法的思考様式を求めて」，『北大法学論集』47巻6号129頁，1997年）。森田修（前掲注129））の言い方を借りれば，「ドイツ一辺倒批判のフィギュール」にいたる「準拠法のトポス」である。

*131）　平井は，自分のプラグマティカルな手法に対する批判，とくにドイツ的な思考の民法学者たちからのそれ，を想定して，「しかし，法技術的には大陸法系には属しえても大陸法的法思考の伝統ときわめて異質なわが国において，かような批判の実質的な意義は疑わしいと思われる」（462-463頁），と述べている。この言明では，「法思考」の点でも日本がドイツとは異質である（日本はドイツと異なりプラグマティカルな傾向にある）；だから民法学の「法思考」は非ドイツ的（＝プラグマティカル）であるべきだ，という論理となっている。平井はこの立場から，事実認識を当為と直結させてもいる（241頁参照）。「実務の中から理論を探求する」姿勢（457頁）は，一般に，ともすればこの種の，ナショナリズムとプラグマティズムに傾斜する。〈日本の実務，すなわち判例，に結びつく法学であれ!〉となり，その結果，〈ドグマは無用だ!〉の反原理論を強めるものである。これは，別に平井批判ではない。平井のここでの思考が，ロースクール設置によってこれからますます強まるであろう法学の傾向を先取りしたものとして興味深い，と考えるゆえの注記である。

*132）　平井の『損害賠償法の理論』を主要対象にした論文は，本章以外にはない。『損害賠償法の理論』の個々の論点に対する批判は，石田穣『損害賠償法の再構成』（東京大学出版会，1977年）；前田達明『不法行為帰責論』（創文社，1978年）；澤井裕「不法行為法学の混迷と展望」（『法学セミナー』1979年10月号）；森島昭夫『不法行為法講義』（有斐閣，1987年）；田山輝明『不法行為』（補訂版，青林書院，1999年）；同『事務管理・不当利得・不法行為』（成文堂，2006年），および英米法の部分に関して水野謙『因果関係概念の意義と限界』（有斐閣，2000年）などに見られる。これらに対する平井の反応のうちでは，平井宜雄「損害賠償法理論の新展開」（『特別研修叢書』1977年度版，日本弁護士連合会，1978年）17頁の石田穣批判が，様々な意味で興味深い。

置き換える議論）を，柱にしている。それゆえ本章は，「**7.2　前半部分：相当因果関係説をめぐって**」で相当因果関係説をめぐる議論を，「**7.3　後半部分：不法行為法の基礎理論をめぐって**」で不法行為法の基礎理論を扱う。

7.2 ——前半部分：　相当因果関係説をめぐって

『損害賠償法の理論』の前半部分で中心問題となるのは，〈故意ないし過失による行為と，その行為に伴って発生した財産的損害（第一次侵害とそれによる損害，およびそれから派生する後続侵害とそれによる損害）とを，どの程度まで関連づけるか〉に関する理論の一つとしての，ドイツの相当因果関係説の評価である。[*133]平井は，次の三つの理由によって，日本では相当因果関係説は放棄されるべきだとする：

（i）ドイツの相当因果関係説は，ドイツ民法特有の「完全賠償の原則」（25頁）を支えるための法技術である（68・69頁）。これに対し，日本民法は「完全賠償の原則」を基盤にしていない。ところが日本の民法学ないし判例は，日本民法416条を——それが系譜的に（「完全賠償の原則」とは縁のない）イギリス法に近いにもかかわらず——この，「完全賠償の原則に立つドイツ損害賠償法」（195頁）に固有（＝それと一体）の理論である相当因果関係説によって解釈する。そればかりか，債務不履行に関する同条文を，不法行為に関する709条（後述するようにこれはフランス起源であり，ドイツ法とは無縁である）を運用する際に（類推）適用する（それゆえそこでも相当因果関係説を使う）。これは，ルーツの違う国の法（条文）に対する，二重にお門ちがいの法理論利用である。

（ii）しかも相当因果関係説は，本家のドイツでも「崩壊」・「解体過程」の中にある。「完全賠償の原則」は「「因果関係」以外の要件——予見可能性・直接

---

*133)　因果関係の問題は，二つある：(a)賠償責任がある（＝この侵害行為がこの結果をもたらした，と言える）か否かに関わる因果関係（haftungsbegründende Kausalität）と，(b)どこまでの損失に賠償責任を負わせるかに関わる因果関係（haftungsausfüllende Kausalität）とである。相当因果関係説で問題になるのは(b)で，たとえば，けがをさせた（＝第一次侵害）相手が，入院中に病院の火災で死んでしまった（＝第二次侵害）といったケースである。平井）『損害賠償法の理論』27頁，前田（前掲注132)）『不法行為帰責論』221頁以下参照。

あるいは間接等の——を要しない」(26頁) とする点で硬直性をもっているの
だが，相当因果関係説は，このような「完全賠償の原則」と一体の理論である
ゆえ，その硬直性を共有することとなった。このことが，この説に機能障害を
引き起こし，同説は崩壊しつつある。

(ⅲ) 加えて，日本の相当因果関係説は，因果関係があるか否かの問題，どこ
までの損失に賠償責任を負わせるか（賠償範囲）の問題，および賠償額を金銭
に換算していくらとするかの問題，の三つを混同している。

平井は，ドイツの相当因果関係説をこれらの理由で拒否し，損害賠償法の理
論を，因果関係よりも，客観的な予見可能性（予見すべきだったとの評価）や「規
範の保護目的・保護範囲」を前面に押し出すグリーン（Leon Green）以降のア
メリカ・モデルに依拠して再構築しようとする（101頁）。

以下のところでは，平井のこうした立論の基礎を成す，相当因果関係説に関
わる，事実認識とそれを踏まえた議論とについて，立論の根底を成すものにも
眼を向けつつ検討する（したがって本章では，平井の提言の基礎となる基礎研究を検
証することが課題となるのであって，その提言が政策論上妥当か否かの考察は課題とは
ならない）。

7. 2. 1　議論の前提

まず，議論の前提として，(1)「完全賠償の原則」とは何か，(2) それに対す
る相当因果関係説の位置，(3) 以上を踏まえて確認できる，問題の所在，を押
さえておこう。

(1)　「完全賠償の原則」とは何か

西洋近世の自然法学者たちは，「何人をも害するな」・「他人を害するな」(Neminem
laedere. Alterum non laedere.) の原則にもとづいて，不法な侵害に対し厳しい姿勢
をとった。すなわち，不法に行為した者は，その行為によって生じたすべての
損害を賠償しなければならない，とした[134]。これが「完全賠償の原則」(das Prinzip
der Totalreparation；das Prinzip des vollen Schadensersatzes (= Schadensausgleichs)) の原

---

*134)　Ernst von Caemmerer, Das Problem des Kausalzusammenhangs im Privatrecht (1956),
in: *Gesammelte Schriften,* Bd. 1, 1968, S. 407；シーマン（Gottfried Schiemann）『ドイツ法
学の構造と歴史的展開』（新井誠訳，日本評論社，2008年，第2章）。

型である。

　この原則は，19世紀ドイツの普通法学（古代ローマ法を基礎にして，時代に適合した法を獲得しようと工夫を重ねた法学）においては，一時期弱まった。行為者に予見ないし予見可能性があったかなどが，不法行為判断に際して必要だとされるようになったたためである。しかし19世紀後半に入って，この原則は再生した。とくにモムゼン（Friedlich Mommsen, 1817-92）が，*Zur Lehre von dem Interesse*（1855）において，被害者救済を優先する立場から，古代ローマ法の諸法文を整理する作業を通じて損害賠償法の理論化に関わる次の二つの提言をしたことが，その出発点となった。[*135)]

　第一の提言（以下，仮に「全関連説」と呼ぶ）は，責任を負うべき損害の範囲に関わる。モムゼンによれば，不法に他人に財産的損害を与えた者は「行為の直接の結果」としての全損害に賠償義務を負う；すなわち，行為者は，〈損害[*136)]

---

*135)　F. Mommsen, *Zur Lehre von dem Interesse*, 1855, S. 165 f.　モムゼンによれば，その本の執筆当時なお〈行為者は，自分が予見した損害に対してのみ責任をもつ〉という原則が支配的であった；〈損害賠償は，加害者に対する「刑罰」（贖罪）である。それゆえ行為者は，自分が予見していたことがらにのみ責任を負うべきだ〉との考えが強かったからである。これを批判してモムゼンは，損害賠償は加害者に対する刑罰ではなく，被害者の救済にある；したがって，行為者に予見可能性があったかどうかは問うべきでない，とした。

　なお平井は，「完全賠償の原則」が「裁判官による価値判断ないし裁量の余地を極力排斥しようとする意図に立脚している」とし；その意図の背後には「裁判官への不信の念」があった，と言う（27頁。45頁も）。しかし，モムゼンは，そのような意図で立論してはいない。モムゼンはむしろ逆に，裁判官の裁量を尊重していた（本章注141），注160）参照）。

　なるほどドイツ私法には伝統的に，法治主義尊重が見られる。しかしこのことと裁判官の裁量を尊重することとは矛盾しない；両項はむしろ，法解釈を介在させれば問題なく両立する。法解釈とは，一般的ルールの尊重と個別具体的な妥当性とを両立させる営みであるからである。

　しかも，上述のようにモムゼンより先には予見を重視した学説が永らく支配的だったのだから，もし平井の言うとおりであるとすれば，モムゼンより前の時代（1850年までの少なくとも100年の，「完全賠償の原則」が後退していた時代）には裁判官に自由裁量を広く認める立場が強く，裁判官への信頼の念が強かったことになる。そして1850年代以降，裁判官への不信ゆえに自由裁量を否認する動きが強まったことになる。しかし，これは，裁判官像の変化に関する法史学の認識に反する。1850年までの100年間にこそ，近世的な法律実証主義，裁判官の自由裁量を排除する傾向，が強かったからである。

*136)　Mommsen（fn. 135），S. 146, S. 164-168.

は自分の行為がなくとも発生しえた〉，あるいは〈被害者本人ないし第三者の故意・過失が損害発生に寄与した〉と抗弁できないかぎり，第一次侵害による損害のみならず，すべての後続侵害による損害にも賠償義務を負う：予見しなかった・予見しえなかった損害についても責任を負う。（行為者本人の予見を軸にする）主観的予見可能性と，（通常人の予見を基準にする）客観的予見可能性とを排除したのである。この点でモムゼンは，後の時代のことばで言えば，損害と「法的因果関係」（conditio sine qua non，本章 **2. 1. 2・2. 1. 3** 頁参照）があるかぎりでの第一次侵害・後続侵害の全関連損害に対して賠償義務を負うとする立場に実質的に立っていた。

第二の提言（以下，仮に「差額説」と呼ぶ）は，賠償の程度に関わる。モムゼンによれば，行為者は「問題となる時点で被害者が有する財産と，その被害が生じていなければ有したであろう財産との差額」[*137] を損害賠償として支払う義務がある。

モムゼンの両提言は，ヴィントシャイトら[*138] の支持を得，「原状回復」の原則とも結びつき，財産的損害に関するドイツ民法249条以下に入った。249条1文は，「損害を賠償すべき者は，損害賠償の原因となる行為がなければありえた状態に戻す〔＝原状回復の〕義務を負う」と規定し，252条は，「賠償すべき損害には逸失利益〔＝事故がなければ，その事故の時点以降に取得できたであろう利益〕も含まれる」と規定した。今日ドイツで「完全賠償の原則」と呼ばれ，平井が前提にしているのは，これらの基本原則のことである。

しかしながら，この「完全賠償の原則」は，その後まもなく空洞化され始めた。ドイツの法学者が相当因果関係説を提唱し，法実務がそれを採用し始めたことによって，全関連説が無視されていったのである。本章前半ではこの点が

---

*137)　Mommsen, a. a, 0., S. 3.

*138)　イェーリングはモムゼン説を〈予見可能でないことも行為者の責任とするのは衡平に反する〉と批判したのだが，モムゼンの立場に立ったヴィントシャイトは，このイェーリング説に反論している。反論の中心は，イェーリングのローマ法源理解がまちがっているという点にあった。Bernhard Windscheid, *Lehrbuch des Pandektenrechts*, 2. Bd., 5. Aufl., 1882, S. 39, Anm. 34. ヴィントシャイトの関心は，〈政策的に妥当かどうか〉ではなく，〈ローマ法に準拠しているかどうか〉にあったのだ。この点に，後期ヴィントシャイトの法学の傾向がはっきり出ている。

第7章　法解釈論と法の基礎研究：平井宜雄『損害賠償法の理論』考　**177**

重要なのだが，これはすぐ後で扱う（178・179頁）。

(2)　相当因果関係説の位置

平井は言う，

「比較法的にみて稀な立法例であるところの，<u>完全賠償の原則を支えるための因果</u><u>関係という法技術は，特殊＝ドイツ法的な法技術なのである</u>。したがって，「損害賠償の範囲は因果関係によって，そうして因果関係のみによって定まる」という命題は，<u>特殊＝ドイツ法的ドグマにほかならない</u>」（34頁）

一般に或るものが「特殊，〇〇国的」だとしうるためには，次の二つが満たされている必要がある。すなわち，第一に，それが他の国にはなく，〇〇国でのみ見出されること，第二に，それが永らくその〇〇国で支配的であったこと，である。「完全賠償の原則」が「比較法的にみて稀な立法例」であり，したがってそれ「を支えるための因果関係」が「特殊＝ドイツ法的」であるとするためには，それゆえ，「完全賠償の原則」自体が上の二つの関係を帯びて存在していることを明らかにしなければならない。しかし，『損害賠償法の理論』は，すでにこの前提において破綻を来している：

すなわち，上の第一点に関しては，「完全賠償の原則」の観念は，英米法やフランス法でもその根底にあったという事実がある。この事実については，たとえばバールが，「完全賠償（réparation intégrale）の原理は，ヨーロッパという演奏会においてドイツを孤立させる特殊性であるというわけではない——それは，ギリシャ法，コモン・ローと同様，ロマン法圏をも支配してきた〔……〕」と指摘している。またケメラー自身も，「完全賠償」的処理法は英・仏にも見られるとする。かれは言う：　①イギリスでは1921年のPolemis-Caseが永く判例であった：この判決は，ガソリンの入った缶を輸送していた船が，積み替え作業中に落下した板（に付いていた金属）によって発火した事件に関わる；裁判所は，過失で板を落とした者は，その後に生じた，予見不可能な直接の結果にも責任を負うと判示したのであった。②「フランスの実務」は「極端に走っており（裁判所はその是正に努めているが），たとえば，労働者が礫かれると使用者にも，ある人が礫き殺されるとかれを得意客としていた仕立屋にも，損害賠償が認められる，と。[*139]

また上の第二点に関しては，上記のように「完全賠償の原則」はドイツでは，

民法典への採用後，まもなく相当因果関係説によって無視され始めた。この点はケメラーが，次のように指摘しているところである：「しかし，注目すべき事態がすぐに〔ドイツ民法制定直後に〕生じた。法学説と実務とが立法者のこの決定〔ドイツ民法に249条1文が入ったこと〕をあっさりと無視し始めたのだ。249条に限定を加える必要があるとした法学説・法実務は，それを法的な因果関係という特別の概念を構築することによって実行した。これは，責任の範囲(Haftungsumfang)を限定する一つの道であった。他の国の法でも再三再四，人びとはこの道を採ろうとした[*140]」。学説・判例による，事実上の反制定法解釈ないし条文を大きく変更する解釈が定着していったのである（本**7. 2**の立論にとっては，この認識が，きわめて重要である）。

　以上を要するに，[*α*]「完全賠償の原則」はドイツ特有であったわけではないし，[*β*]条文上はともかく，ドイツの法理論と実務とは「完全賠償の原則」を信奉して来たわけではない[*141]。[*γ*]むしろドイツでも他の国でも「完全賠償の原則」を克服するためにそれぞれのバージョンの相当因果関係説が採られてきたのであって，[*δ*]ドイツの相当因果関係説も，（平井が言うところの）「完全賠償の原則を支える」理論であったどころか，それを崩す理論であった。民

---

*139)　Christian von Bar『ヨーロッパ不法行為法(2)』(窪田充見訳，弘文堂，1998年) 361頁。
　　　Caemmerer (fn. 134), Das Problem des Kausalzusammenhangs im Privatrecht, S. 399-404.
　　　水野（前掲注132)）『因果関係概念の意義と限界』125頁も，「完全賠償主義」は，英米法においては現代に入っても判決の基礎にあったとしている。

*140)　Caemmerer (fn. 134), a. a. O., S. 400.ケメラーは，別のところでも，同じことを述べている：「今から振り返ると，ドイツの立法者による〔BGBへの〕「完全賠償の原則」導入の決定を，判決と法理論とがこんなにも結束して当初から無視したのは，本当に驚きに値する。この無視は，「法的意味での因果関係」という特別の概念，すなわち相当因果関係説を考え出すことによって起こった」。Caemmerer, Die Bedeutung des Schutzbereichs einer Rechtsnorm für die Geltendmachung von Schadensersatzansprüchen aus Verkehrsunfällen (1970), in: *Gesammelte Schriften*, Bd. 3, 1983, S. 346-347.

*141)　モムゼンの本の記述からさえ，〈自分の両提言は完全に実現可能だし貫徹されるべき原則だ〉とはかれ自身も考えていなかったことが分かる。すなわちモムゼンは言う：①賠償額は，事故時の被害者の行為態様（過失相殺など），事故による被害者側の利得，さらには損害発生に第三者の行為がどれだけ寄与したか等の事実的要素によって減額され，ゼロとなることもある；②どこまでの金銭賠償が原状回復を意味するか・差額が金銭的にいくらかは，裁判官の裁量に頼ることか避けられない；そのとき当事者の害意の有無等が，裁判官の裁量に影響を与える，と。

法の条文と，そのもとでの法理論・法実務を安易に一体化させてはならないのだ。後者は，時には反制定法的に動くものだからである。

　ところが平井は，「完全賠償の原則」をこれら［α］〜［δ］の4点とは反対に解している。まずこの点を見ていこう。

　平井は，相当因果関係説がそうした平井的理解による「完全賠償の原則」を支える（＝それと一体の）理論だとするのだが，その理解は，次のようなかたちで展開する：　平井は，因果関係論について次のように言う，

　　「「因果関係」という概念は，完全賠償の原則を実現するための法技術にほかならない」（25-27頁）。
　　「前節で述べたとおり，「損害賠償義務を生ぜしめる事実と損害との間の因果関係」という要件は，ドイツ損害賠償法の基本構造たる完全賠償の原則の法技術的表現にほかならない」（31頁）。
　　「因果関係という概念は，右にみたように，従来の損害賠償概念に対立するものとして成立した完全賠償の原則と論理的に結合しつつ，それを支えるところの法技術として生れたものである。したがって，〈損害賠償の範囲は因果関係によって定まる〉という命題は，完全賠償の原則という構造を前提としてはじめて意味を有する」（33頁）。

　この引用文中の「因果関係」論に，平井は相当因果関係説をも含める。たとえば平井は，「完全賠償の原則の法技術的表現の一環である因果関係概念，その因果関係を前提として展開された因果関係論，そのなかの一つである相当因果関係説」（48頁）と述べ，また後述するように（本章195頁），「完全賠償の原則を支える相当因果関係論」（68頁），「相当因果関係説及びそれが支えるところの・完全賠償の原則」（69頁）と述べている。ある原則を「表現」しているないし「支え」ているとは，その原則に従って動いていることである。つまり平井は，相当因果関係説を「完全賠償の原則」を貫徹させるための法理論だと見ているのである。[142] 相当因果関係説は「完全賠償の原則という構造を前提とし

---

*142)　〈「完全賠償の原則」を，「相当因果関係」や「予見可能性」によって部分的に否定することは，否定しない残りの部分を肯定することだから，「支える」ことだ〉との反論もありえよう。しかし，〈ユダヤ人をゲットーに入れるが，そこでは生かす〉という政策は，かれらの生活を「支える」政策だろうか？

てはじめて意味を有する」との言明は，この考えが表出したものである。平井のこの認識が妥当かが，そもそも疑問となる。

ところで，〈相当因果関係説が賠償範囲の限定をもたらした事実，それゆえそれは「完全賠償の原則」の妥当を限定する理論であった事実〉は，後述のようにその主峰のトレーガーや諸判決を読めば，誰でもが一目瞭然に確認できることである。平井自身，この事実を否定し去ることはできなかった。たとえば，かれは——他方では——次のような言い方をしている，

> 「因果関係論は，自然科学的・哲学的意味における因果関係（conditio sine qua non）から出発し，conditio sine qua nonを何らかの規準によって制約することによって，法的因果関係概念を発見することに努める。[*143]したがって，その第一次的な関心事は，因果関係を法的観点から限界づけること（Kausalitätsbegrenzung）に存するのであって，直接には，損害賠償の範囲を制限づけるという発想はみられない。なぜなら，因果関係論は，完全賠償の原則の論理構造を前提としているのであり，責任の限界づけ（Haftungs-begrenzung）は関心の外にあるからである。〔しかしそれは，〕法的因果関係の概念を定立することによって，結果的に賠償範囲の制限に導かれたといったほうがよいのである」（44頁）。

すぐ先の引用箇所で平井は，「因果関係を前提として展開された因果関係論，そのなかの一つである相当因果関係説」と述べていた。したがって，ここでの「因果関係論」には，相当因果関係説も入る。すると平井は，①先には「相当因果関係」説が「完全賠償の原則」を支える理論であるとしていたのだが，②ここでは〈「相当因果関係」説は「完全賠償の原則」が排除した（予見可能性による）「賠償範囲の制限」をも生じさせた〉と認めた，[*144]ということになる。平井はこのようにして，これら①・②の両認識を整合させる必要に直面する。そこで平井がここで採るのは，②を最小限化するために，〈「因果関係論」は，「直接には，

[*143] トレーガー自身は，因果関係を三つに分けている。①自然科学的・哲学的意味における因果関係，②conditio sine qua nonと呼ばれる，法的な事柄に関わる因果関係，③相当因果関係，である。Ludwig Träger, *Der Kausalbegriff im Straf- und Zivilrecht*, 1904, S. 38 ff., S.160.

[*144] 平井は76頁でも，「完全賠償の原則」がもたらす「不当な結果を除去するために」，「相当因果関係」が判例・学説によって使われた，とする。この認識に忠実であれば，相当因果関係論は，「完全賠償の原則」を支える理論だとは言えなくなる。

損害賠償の範囲を制限づけるという発想は」もたなかったが，しかし自然科学・哲学を法学に適用しようとして「結果的に賠償範囲の制限に導かれた」〉という説明でいく道であった。「結果的に」とは，はからずも（＝意図に反して・結果に裏切られて），という意味であり，〈制限はあったとしても極小のものだった〉といった印象を与えるための表現である。相当因果関係説が「直接には，損害賠償の範囲を制限づけるという発想」をもたなかった理由は，それが「完全賠償の原則」を支える理論として，その立場に規定されていたことにある，ということである（平井は44頁でも，それを「完全賠償の原則の論理構造をそのまま維持しつつ，しかも損害賠償の範囲を〔……〕確定しようと」する理論だとする）。

　しかし，平井のこの説明は，三つの疑問を新たに招来する：(a)そもそも「結果的に」とするのは，妥当ではないのではないか。相当因果関係説はなぜ，「因果関係を法的観点から限界づけること」を進めたのか。もしそれが，加害者の負担，賠償責任を衡平にかなったものにしようとする意図によって提唱されたものであれば，「結果的に」で片づけることはできなくなるのではないか；(b)相当因果関係説の論者が「直接には，損害賠償の範囲を制限づけるという発想」をもたなかった（むしろ「完全賠償の原則」を支えようとしていた）のに「結果的に賠償範囲の制限に導かれた」としたら，かれらは，自分たちの理論がその意図と反対の帰結をもたらすこと（予見可能性が内なる鬼子であること）さえ見抜けなかったことになる。かれらの法学の水準はその程度のものだったのか；(c)たとえ「結果的に」ではあっても「完全賠償の原則」を限定したと言うのであれば，相当因果関係説は「完全賠償の原則」を支える理論だということではなく

---

*145)　平井は，また次のようにも言う，「完全賠償の原則を採ったドイツ民法も，結果的には，賠償の範囲を制限する可能性をもたらすところの法技術として相当因果関係〔……〕概念を採用したことは興味深い」（316頁注89）。ここでも，〈相当因果関係説は，賠償の基礎となる因果関係の範囲，したがってまた賠償の額，を予見可能性等によって限定しようとした：それはすなわち，「完全賠償の原則」の妥当範囲を限定しようとする学説だった〉という否定できない事実を，〈「完全賠償の原則を支えるための」相当因果関係説〉という自説と両立させるべく，「結果的には」という語が注意深く挿入されている。

*146)　平井は，その基本的姿勢として機能論を重視する人である。機能論的に考えるということは，結果から対象をとらえることである。それゆえ，相当因果関係説が「結果的に賠償範囲の制限」した理論であるというのであれば，平井は相当因果関係説を，そのこうした機能に鑑み，「損害賠償の範囲を制限づける」学説，「完全賠償の原則」を崩す↗

なる。そうであれば，相当因果関係説は「日本では拒否されるべきもの」でなくなる。これら3点は，後で検討する（187頁以下参照）。

(3) 問題の所在

以上の議論を踏まえると，〈相当因果関係説が，(i)（ドイツ固有の）「完全賠償の原則を支える」ためにあるのか，それとも(ii)「完全賠償の原則」の妥当範囲を限定するものであるのか〉の問題が，『損害賠償法の理論』前半部の立論の当否を左右する中心問題であると確認できる。そして，もし，

(i)のように，「完全賠償の原則」がドイツ固有で，相当因果関係説がその「完全賠償の原則を支える」ためにあるのならば，①「完全賠償の原則」を採用していない国——平井によれば日本はそれに入る——で相当因果関係説を使うのは誤りだ，②損害賠償法を柔軟な運用ができるものにするためには，そのような硬直した理論は放棄するほかない，という（平井の）主張には一定程度理由があることになる。他方，

(ii)のように，相当因果関係説が逆に〈衡平の観点から全関連説を否定し，完全賠償の原則を限定する〉学説としてあるのなら，① 相当因果関係説が，予見可能性のみならず，「因果関係の中断」，「原因と離れすぎている(too remote)」，「法の保護目的・保護範囲」等の観点をも，同じ衡平を確保するための共闘相手として採用しても自己矛盾ではない；相当因果関係説ないしその運用は，柔軟化可能なものなのだ；そもそもそれは，単純な因果関係論ではない，ということになる。② また，別の或る国（たとえば日本）の法が，「完全賠償の原則」（やドイツ法）を採用しているか否かにかかわらず相当因果関係説を使うことがあっても，この理論が「完全賠償の原則」と一体不可分でない以上，「そのこと自体が間違いだ」ということにはならなくなる。

一般に或る支配者からの解放をめざす運動においては，その支配者はクロと位置づけられることになる。日本法理論をドイツ法理論の「呪縛」から解放することをめざすならば，「呪縛」者の理論（＝相当因果関係説）は，それが本当は「グレー」ないし「シロ」であっても，どうしても「クロ」になってもらうほかない……。こうして平井は上の(i)の見方をとり，(ii)の可能性を排除した。そして

理論だったとすべきだったのである。

平井は，① 相当因果関係説をクロとする立場から，相当因果関係説はドイツ固有であり，そのドイツにおいても十分には「損害賠償の範囲を制限づけ」られない欠陥理論だから放棄すべきだと説き，② ドイツで判例が（予見可能性や法の保護目的・保護範囲などの概念を使って）責任範囲を限定する動きを始めた点を指して，ルーツ国のドイツでも「相当因果関係説の崩壊」が進んでいると強調し，③ 日本民法416条を（因果関係に関わる規定ではなく）「保護範囲」を予見可能性によって限定した規定だとし，それゆえ，不法行為への類推適用を拒否した。

だが他方では，トレーガーらの本やドイツの諸判決を読めば，相当因果関係説が実生活適合的な柔軟さを追求し，それを予見可能性の視点をも採り入れることによって実現した理論であること（＝「グレー」ないし「シロ」の理論であったこと）は，すぐ分かる（この事実については，さらに後述する。185頁以下）。上述のように平井自身，その自明の事実は認める。しかし，その事実をまともに受け止めると，対独解放戦争の志気が削がれてしまう……。

このところに発生する論調の矛盾，および事実と課題意識（ドイツからの解放）との間のディレンマ意識が，『損害賠償法の理論』の前半部に，あとで見るような種々の混乱を招来しているのである。以下では，こうした視点から，平井の議論を検討していこう。

平井著『損害賠償法の理論』の前半部は，前述のケメラーの講演 "Das Problem des Kausalzusammenhangs im Privatrecht"（1956，注139参照）および "Die Bedeutung des Schutzbereichs"（1970，注140参照）を立論の基礎としている（平井は，そのことを明示していないが）。ケメラーの主張は，次のとおりである：①相当因果関係説は，損害賠償の範囲を限定する機能を充分には果たしていない（賠償責任を否認した判決はごく少ない）；②相当因果関係説で処理されている事例には，因果関係とは無関係で，「法の保護目的・保護範囲」の観点から処理されるべきものが多くあった；③この観点からの判例は英米で発展しており，ドイツはそれに学ぶべきだ；④ドイツでも「運河ロックでの船舶転覆事件」（BGH，23. 10. 1951）以降，次第にその観点からの判決が増えている；⑤ケメラーはこの認識に立って，英米独の判例の変化をも追う。平井の本は，ケメラーのこれら5点に依拠して書かれている。

しかしながら平井は，次の4点ではケメラーから離れる。ところがまさにこれら4点が，平井の本の前半部がもつ深刻な問題点そのものなのである：　(a)比較法学者ケメ

ラーは「完全賠償の原則」や相当因果関係説が広く西洋に見られるとするが，〈日本法のドイツ法からの解放〉をめざす平井は，それらが「特殊＝ドイツ法的」だとする；(b)ケメラーは相当因果関係説が「完全賠償の原則」を限定した理論であったとするが，平井はそれを「完全賠償の原則を支えるための」理論だとする；(c)ケメラーは（「一般的に損害の発生を助長する原因か」を指標とする点で）クリース的相当因果関係説を評価するが，ドイツ法からの解放をめざす平井は，〈相当因果関係説一般〉を破産したものだとし，廃棄すべきだとする（ケメラーは──実際には──「相当因果関係」・予見可能性か「法の保護目的・保護範囲」かの二者択一に向かうのではなく，ケースに応じて使い分けようとする（1956年講演S. 407 f.）。これに対して平井は，二者択一でいく（63頁））；(d)ケメラーは（ドイツにとって条文のルーツ国ではない）英米仏で発達した理論をもドイツに採り入れようとするが，平井は〈日本にとって条文のルーツ国ではない国（＝ドイツ）の理論は採用すべきでない〉とする。（平井は相当因果関係説を主として「特殊＝ドイツ法的」だからとして排除するが，ケメラーが問題にするのは主として，トレーガーらの法的構成が雑で無用である点である。）

7.2.2　トレーガー説をめぐる疑問点

(1)　F. モムゼンとトレーガー──「完全賠償の原則」と相当因果関係説の関係

　相当因果関係説論者中の主峰であるトレーガーが，モムゼン説ないしそこでの「完全賠償の原則」を貫徹させる立場から，『民法と刑法における因果関係』（*Der Kausalbegriff im Straf- und Zivilrecht*, 1904）を書いたのであれば，平井の言うとおり，〈相当因果関係説は「完全賠償の原則」を支える理論であった〉ことになろう。しかし事実は，逆である。すなわちトレーガーは実践的見地から，モムゼン説克服を課題にしたのだった。たとえばトレーガーは，同書の192頁や221頁以下や231頁以下のところで，次のようにモムゼンの全関連説を「衡平」の観点から批判する：

　　損害賠償法をめぐっては，19世紀中葉においても〈行為者は，かれに予見可能であった・あるいは不可避の損害にのみ責任を負う〉というドイツ普通法の原則が支配的であった；この原則の根底にあったのは，〈損害賠償は加害者に対する「刑罰」であるため，加害者は自分が予見できたことにのみ責任を負うべきだ〉という思考であった；この原則を批判してモムゼンが，『利益論』（*Zur Lehre von dem Interesse*, 1853・54）を書いた；かれはこの書で，ローマ法学者の議論を根拠にしながら，「行為者は，賠償義務を課された行為から生じるすべての結果に──それらがその行為に対して単

なる条件関係にあるにすぎなくとも——責任を負う」(S. 231) と主張した；後にヴィントシャイトやコーンフェルト (Cohnfeldt) が，この主張を全面的に支持した；

　この転換にはもっともな理由があった；しかしモムゼンらの，因果関係に限定を加えないこの立場は，そのまま適用すると，「きわめて不合理で，われわれの法感情にいちじるしく反する帰結にいたる」([die] widersinnigsten, unserer Rechtsgefühl aufs äußerst verletzenden Entscheidungen gelangen, S. 221）；たとえば，過失で火事を生じさせた者は，延焼した隣家や持ち出されて盗難にあった隣家の家財だけでなく，火に驚いてショック死した隣家の主婦や，火事のため放置された間に事故にあった近所のこどもなどに関しても賠償義務を負うことになるではないか (S. 221 f.)；

　上の立場を貫けば，(相手に軽い傷を与えたところ，その相手が医者のミスで死亡したとか，ある人の家を損壊したところ，その人が修理のために雇った職人がその人の家で窃盗を働いたとかといった) 通常起こらない，まったく予見不可能な (außer aller Berechnung gelegen, S. 233) 出来事によって生じた損害をも，行為者が負担しなくてはならなくなる；これはローマの法学者が排除したところのものである，と。[*147]

　つまり，トレーガーはモムゼンの全関連説に対し，衡平の観点から (およびローマの法学者の言明を尊重しつつ)，明確に反対するべくその本を書いたのだ。モムゼンが〈被害者救済〉を前面に押し出して全関連説に向かったのに対し，トレーガーは行為者の賠償義務を衡平に照らして限定するべく，〈行為者は，その行為が損害発生の可能性を通常よりも一般的にかなりの程度高めた，そのような後続侵害には責任を負う〉と主張したのである。平井がトレーガー説を紹介した部分 (47-51頁) には，この事実認識が欠けている。トレーガーの相当因果関係説は，モムゼンの全関連説を批判した学説であって，したがってまた全関連説とつながる「完全賠償の原理」を——「支える」どころか——制約するものであった。[*148] しかも，トレーガーないしその相当因果関係説は——平井の

---

*147)　Träger (fn. 143), *Der Kausalbegriff im Straf- und Zivilrecht*, S. 221 f., S. 231 ff. 実際には，モムゼン説でもそこまでは賠償する必要がない。前述のように，第三者の故意・過失が介在しておれば，行為者は責任を免れるからである。

*148)　同様に衡平判断の立場からイェーリングも，すでに1867年の論文 "Das Schuldmoment im römischen Privatrecht" (in: Rudolf Jhering, *Vermischte Schriften juristischen Inhalts*, 1879) で，行為者は因果関係にあるすべての損害を賠償するとするモムゼンらを批判して，〈文書の配送契約をして過失によって遅配してしまった者は依頼人がそのことによって逸失した全利益をも賠償するべきだ，とするなら，誰がそんな配送↗

上述の指摘（「結果的に賠償範囲の制限に導かれた」）とは反対に——「損害賠償の範囲を制限づける」政策的意図＝衡平判断から出発しており，かつ前提として独自の予見可能性も重視する（トレーガーは，民法では，それぞれの道の熟練者を前提とした「客観的予見可能性」（objektive Voraussehbarkeit, S. 195）が重要だとする）。それは，平井が言うようには「責任原因と賠償範囲とを切断する」（133頁）こととしか念頭にない理論ではなかったのである。

⑵　平井における〈トレーガー説と予見可能性〉

　前述のように，平井は一方では，相当因果関係説が，「予見可能性」を排除した「完全賠償の原則を支える」説であると見る。すると，相当因果関係説の主峰はトレーガー説なのだから，このトレーガー説が「予見可能性」に対し消極的な説であることを，平井は証明しなければならないことになる。だがこのトレーガー説は，上述のように実際には「完全賠償の原則」を限定する理論であり，その立場から「客観的予見可能性」をも重視している。平井自身，この事実を認めてはいた（この認識を平井はまた，「トレーガーが，行為者自身にとってそれ以外に認識可能な事情をも問題としたこと（前記c）は，完全賠償の原則と矛盾する要素をはらんでいるといってよい」（50頁）とのかたちでも表明している）。しかし，「予見可能性」がトレーガー説において重要であると認めると，〈相当因果関係説は「完全賠償の原則」を支える理論だから，日本民法416条・709条については排除されるべきだ〉という自説の根拠が崩れてしまう……。

　そこで平井がここで採るのは，相当因果関係説における「予見可能性」の意義を極小化する道であった。この道をとって平井は，トレーガー説を次のよう

↘契約をするだろう〉と論じていた（S. 215 ff.）。
*149)　①澤井裕は，相当因果関係概念を，「「因果関係あるところ責任あり」という命題と「公平の見地による範囲の画定」の要請を調和させた」ものとしている（『事務管理・不当利得・不法行為』有斐閣，1993年，179頁）。②水野（前掲注132))『因果関係概念の意義と限界』2頁は，「ドイツ民法的な完全賠償の原則（損害賠償の範囲は因果関係によって定まる）の下で法技術的意味を有した「相当因果関係」概念」，という言い方をしている。「調和させた」とか「の下で」とかでは，相当因果関係説（その代表がトレーガー説である）が「全関連説」に反対するものであった事実が明確にはならない。両人は，「完全賠償の原則」と相当因果関係論とを直結させる平井説に疑問はもつものの，平井説の呪縛（ないしは平井説の権威下でできていった日本民法学の「常識」が加える重圧）のためか，平井の直結論に対する批判は遠慮しているようである。

に描く。

　「〔トレーガー説では，予見〕可能性の判断に際して考慮さるべき事情は，行為者すなわち債務者が認識した事情ではない。行為者の予見可能性を問題とすることは，完全賠償の原則と根本的に矛盾するからである。したがって「もっとも洞察力のある人間」が「全経験的知識」にもとづいて「予見」し得る事情は，行為者が予見可能な事情よりもはるかに広い範囲に及ぶことが注意されなければならない」(49-50頁)。

　つまり，トレーガー説は「予見可能性」を採用しているものの，そこでの「予見」は，①「行為者が予見可能な事情」(主観的および客観的な予見可能性に関わる)ではなく，②「「もっとも洞察力のある人間」がその「全経験的知識」にもとづいてする「予見」」を意味している，と平井は見る。このようなものを前提にするのであれば，生じたたいていの損害は「予見できた」ものとなり，それゆえ行為者の責任が問われうる：相当因果関係説は，こうして実際には「完全賠償の原則」を貫徹させうるものとなったのだ（＝「現実にも損害賠償の範囲を限定する機能をほとんど果すことができなかったのである」55頁；「具体的な事件において相当因果関係を否定することはほとんど不可能となった」56頁），と。

　しかしわれわれは，トレーガーが「もっとも洞察力のある人間」がその「全経験的知識」にもとづいて「予見」すると言っていたとしても，それはスーパーマン的予見力を想定してのことではなく（もししているとすれば，トレーガー説はリューメリン説と区別できなくなる），〈その道に通じた人〉さらには場合によっては，健全な通常人の判断を考えているのだ（そしてそれに，後述のように(192, 197, 198, 199頁)〈損害の発生可能性を一般的にかなりの程度高めたか〉のチェックを加えるのだ），ということを見逃してはならない（「通常人」問題に関しては，平井471頁の「通常人」をも参照）。それを例示すると，次のようになる。

　(i)　上でトレーガーは，モムゼン説を批判して，モムゼン説では，①過失で火災を生じさせた者は，火に驚いてショック死した隣家の主婦，火事で近所の親が目を離したスキに事故にあったそのこどもなどに関しても賠償義務を負うことになる；②相手に軽い傷を与えたところ，その相手が医者のミスで死亡したとか，ある人の家を毀損したところ，その人が修理のために雇った職人がその人の家で窃盗を働いたとかに関しても賠償義務を負うことになる，と指摘し

188

ていた。こうしたモムゼン批判は，実際には健全な通常人の判断ではなく，スーパーマンの洞察力を前提にした批判だろうか。

　(ii)　トレーガー説に立脚した後述の「北海はしけ転覆事件」（RG, 15. 2. 1913）では，〈10月末以降の冬の北海が荒れがちであること；北海が荒れれば，「多量の荷を積ん」だはしけを曳いて曳船が航海することが危険であること〉が前提となっている。この危険を理由にして，〈はしけの乗り手たちが反対したにもかかわらず出航を1日延期した曳船の船会社〉の責任が問われた。この船会社への帰責は，すべてを見通せるスーパーマンを基準にしなければ出て来ないものだろうか。

　(iii)　同じくトレーガー説に立脚した後述の「警官が誤射した銃弾で負傷して入院し，その病院でインフルエンザにかかって死亡した事件」（RG, 13. 10. 1922）は，〈冬のドイツにはインフルエンザ患者が多い；ドイツの病院は第一次大戦直後の混乱にある；こうした状況下で入院すれば院内感染にかかりやすいし，その人が銃創を受け衰弱しておれば，院内感染が死につながりかねない〉という認識を踏まえた上で相当因果関係ありとした。これは，スーパーマン的な見通しを基準にしなければ出て来ない議論だろうか。[*150]

　(iv)　トレーガー説に立脚した（とドイツの裁判官も筆者も見る）後述の「運河ロックでの船舶転覆事件」（BGH, 23. 10. 1951）では，たまたまロックを操作したのが未経験の助手で，その誤操作が重大でかつ停電があり適切に対処できなかったため，〈自分の船の船幅を誤って実際より狭いものとして操作者に申告して事故の原因をつくった〉船長Aは免責された。すべてを見通せるスーパーマンの洞察力を基準にしていたら，船長Aは，〈助手の未熟さや停電までは予見できなかった〉として免責されたであろうか。

　「予見可能性」の以上のような扱い方からも，平井が〈ドイツの相当因果関係説は「完全賠償の原則を支える」理論だった〉という観念に，かれ自身「呪縛」されていることが分かる。このことと，〈ドイツ理論からの解放戦争のためには，ドイツ理論を「クロ」としなければならない〉という意識とがあいまって，上

---

*150)　トレーガー自身，裁判官は，因果関係判断に必要な知が自分になければ，「事情通に鑑定を求めることができるし，その必要がある」と言っている。Träger（fn. 143), *Der Kausalbegriff im Straf- und Zivilrecht*, S. 161.

のようなかたちでの「予見可能性」による責任限定論を排除する〈スーパーマン的予見者〉論が出て来たのだ。実際には，〈トレーガーらの相当因果関係説は「完全賠償の原則を支える」理論だから，「予見可能性」による責任限定論が入ることはその立場と矛盾する〉とする平井の認識に，そもそも問題があるのだ。

(3) 「北海はしけ転覆事件」判決論の疑問点

　平井の見方の問題性は，上述の「北海はしけ転覆事件」判決（RG, 15. 2. 1913. RGZ 81, 359）の扱い方からヨリ鮮明に確認できる。平井は本判決をトレーガーの相当因果関係説に立った判決中，初期の判決として位置づけ，その分析を通じて〈トレーガー説では，客観的予見可能性も重要でない〉という平井の主張の根拠に使っている。平井のこの見方は，妥当か。

　本判決は，曳船の船会社が，10月の末，クックスハーフェンからノルデンハムへ向けて出航すべき日（晴天だった）に出航せず，明くる日に出航したところ嵐に遭ってそれが曳く2隻のはしけが転覆し，責任を問われたケースに関係する。平井は本判決を，「<u>相当因果関係概念一般に関するリーディングケースでもある</u>」（51頁）と位置づけ，次のように言う：

　　「<u>右の判決も述べているように，結果が「通常（regelmäßig）」期待されるものであることは，必要とされない</u>。すでに述べたように，因果関係の「相当性」は，因果関係が無限に連続する事象間の関係という意味を持つことから生ずるところの・論理的に考えられるかぎりのあらゆる損害を賠償せしめる，という帰結を排除するためだけの意義しか有しない概念だからである。すなわち，判例の表現によれば，「相当」であるためには，右に述べたように，結果が「通常」期待されることは必要でないのみならず〔……〕，稀な・例外的な結果であっても，「一般的経験にもとづいて（auf Grund allgemeiner Erfahrung）」見れば可能だと認められるならば「相当」であり〔……〕，さらに，「特別に異常な・事物の通常の経過によれば〔……〕考慮の外におかるべき事情ある場合を除き，一般的に結果の発生に適しているならば」すべて相当因果関係がある，とされるのである」（53頁）。

　上にあるように，平井によれば相当因果関係説は，「因果関係が無限に連続する事象間の関係という意味を持つことから生ずるところの・論理的に考えられるかぎりのあらゆる損害を賠償せしめる，という帰結を<u>排除するためだけの</u>

意義しか有しない」。つまり相当因果関係説は,「完全賠償の原則」に対しごく弱い限定しかしない；それは,「稀な・例外的な結果」を招来した行為であっても,「一般的に結果の発生に適しているならば」責任を問う（それゆえ「支える」）理論だ, と。平井はこの認識の根拠として,「右の判決も述べているように,結果が「通常（regelmäßig）」期待されるものであることは,必要とされない」を挙げる。そしてこの言明は,本判決が（行為者を基準にする「主観的な予見可能性」のみならず,）客観的な予見可能性をも否定していることの証拠だとするのである。

　しかし,引用部分に関わる〈daß der verhängnisvolle Erfolg objektiv der Regel nach zu erwarten warということを要しない〉とする判決の文言（本判決にはregelmäßigの語はなく, 該当箇所は上のようになっている）は, 本当に平井的意味なのだろうか。der Regel nachについては, 同判決の別の部分（RGZ 81, 362）にwenn der darauf berufende Schaden der Regel nach eintreten mußteとある。これは,「損害が規則的に（＝必然に）生じる」という意味に関わっている。同様に,上の平井の引用部分も,〈損害が客観的に必然に生じるものであることは必要ない〉という意味である。すなわちこれは, 必然性の証明を排除したものであり, 客観的予見可能性の証明を排除するものではない（der Regel nachは,「通常」の意ではない）。

　本判決では結果が「通常」期待されること, すなわち客観的予見可能性は, 逆に, 実質的には前提になっている。このことは, 平井による次の要約からも――内容的に――明らかである。

　　「原審の言うごとく, 十月の末にはしけがクックスハーフェンからノルデンハムへ航海することは, それ自体危険なことではなく, また稀なことではないとしても, 多量の荷を積んだはしけが北海（Nordsee）を航海することには常に幾分かの危険が伴うものであり, その危険の程度は天候の状態に依存していることは疑いを入れず, またその季節には暴風雨が北海に起ることも通常の現象であることは, 疑いをいれない。これらの危険が, 航海の始まるときに考慮に入り, かつその危険が現実に起る, ということは事物の自然の経過の外（ausserhalb des natürlichen Verlaufs der Dinge）には存在しない。したがって, 二八日の航海が二九日に延引されたことによってこの危険が増大したか, ということが問題となる。そしてこの問題は, 一般的経験（allgemeine

Erfahrung）にもとづいて見れば，肯定さるべきである。なぜなら，好天の場合には六時間で終る航海は，十月の終りの好天の日にすぐ始めれば，好天にめぐまれる見込が，その次の日に延ばした場合よりも——たとえ天気予報が次の日も好天だと言ったとしても——多いからである」（52頁）。

　すなわち判決は，「その季節には暴風雨が北海に起ること通常の現象であることは，疑いをいれない」と言う（keine ungewönliche Erscheinung, S. 363.結果がかなり「通常（regelmäßig）」期待されるものであることは実際にはむしろ必要なのである）。「十月の末」以降になると，北海では４日に１日は嵐になる，と言われる。しかもはしけは，「多量の荷を積ん」でいた。このゆえに，出航を１日延ばしたことは，事故発生に一般的にかなりの程度寄与したことになる；別言すれば，北海航路の船会社たる専門家は，上の状況下では，晴れの１日をやり過ごしたことがもたらす危険性が予見できるはず・予見すべきだった，となる。この判決は，平井が考えるようには（スーパーマン的予知力を基準にして）「稀な・例外的な結果であっても〔……〕，すべて相当因果関係がある」とした判決ではない。相当因果関係説は，もっと常識的なものなのである。

　平井は，〈冬の北海の嵐〉を考慮に入れなかったから，出航の一日延ばしによる転覆を「稀な・例外的な結果」だったと見，船会社の責任を認めた本判決の根底にある相当因果関係説を，そういう「稀な・例外的な結果」にまで行為者に責任を負わせる（それゆえ「完全賠償の原則」を支える）理論だとしてしまったのである。

　　予見可能性を排斥した事例として，平井が続けて挙げる1922年の警察誤射事件（RG, 13. 10. 1922。本書189頁）でも，客観的予見可能性は実際には前提にされている：逃走中の犯人に向けて警官が発砲したところ，それた弾丸が一市民を負傷させてしまった。市民は，病院に運ばれそこで入院加療中に，流行していたインフルエンザの院内感染で死亡した。そこで遺族が，当局を相手取って死亡の損害賠償を求めた。
　　この事件をめぐって判決は，「病院に運こばれることは負傷の通常の結果であり，また，そのことは病院で流行している病気に感染する可能性を，負傷しなかった場合に比べて一般的に高めることになるから，相当因果関係あり」とする（53頁）。流れ弾を受けたこととインフルエンザ感染による死亡とは，直接は結びつかないが，①インフルエンザが流行している；②病院にはインフルエンザ患者が多く来る；③病院は戦後の混乱・物資不足下にある，④弾丸で負傷していたら身体の抵抗力が弱まる，と

いう事実を踏まえると，流れ弾による負傷は院内感染に罹って死亡する蓋然性を一般的にかなりの程度高めた，と判決は判断したのである。これは，〈流れ弾によって負傷させれば入院は必然である；入院すれば，この季節にはインフルエンザの院内感染の危険性がある；病院の施設に問題がある上に，銃による負傷で身体の抵抗力が低くなっているので，それに罹病して死亡する危険性がある〉という，（実質的に客観的予見可能性に結びつく）事実が因果関係考察の前提となっていることを意味している。平井は，この判決における上記の季節的・歴史的特性を顧慮しなかったのだ。

　賠償負担の適正化をはかろうとすることは，英・米・独・仏・日本において共通に追求された。そのためには，「関係の相当性」・「予見可能性」や「法の保護目的・保護範囲」の観点から，因果関係ないし責任範囲を限定する道が採られるのだが，第一には，その際，ドイツのように「事故発生に一般的にかなり寄与したものではない」ので「相当因果関係がない」という表現が使われるか，英米のように「予見可能性がない」・「法の保護目的・保護範囲と関係ない」という表現が使われるかは，法的構成のちがいに過ぎない（相当性の判断が衡平を考えて，すなわち「因果関係」の外から，因果関係を限定するものであることは，「相当因果関係」を使う者も承知済みである）。そして第二には，因果関係を限定するために，①予見可能性ををストレイトに押し出すか，②（ドイツ的なかたちで）予見可能性をも組み込んだ相当因果関係説でいくか，③法の保護目的・保護範囲を重視する道をいくかは，①・②・③が効果を発揮するケースが相異なるし，かつ三者は同じ目的のための共謀者なのだから，平井が前提にしているようには二律背反であるのではない（三重フィルターとしても使える）。[*151]

　「完全賠償の原則を支える相当因果関係論」（68頁）という観念に取り懸かれているのでなければ，〈相当因果関係説は，「法の保護目的・保護範囲」等の観点とも共存する柔軟性を本来もっている；すべての事件が因果関係だけで処理可能というわけではないから，相当因果関係説もそうした観点とも結びつくものだ〉という事実も，見えてくるはずである。[*152][*153]

---

　*151)　この点については，水野（前掲注132））が，中心テーマとして詳しく論じている。
　*152)　後年の平井には，主張の著しいトーン＝ダウンが見られる。たとえば，次のように：「「相当因果関係」の概念は，ドイツ民法の下では，完全賠償の原則のコロラリーとしての法技術的意味を有する。すなわちドイツ民法は，直接損害・間接損害の区別・予見可▨

7. 2. 3 「相当因果関係説の崩壊」論の疑問点

平井によれば，「完全賠償の原則」を支える相当因果関係説は，「完全賠償の原則」が基調としていた「予見可能性・法の保護目的・保護範囲の観点の峻拒」を，自身の基調としていた；それは，「「因果関係」以外の要件——予見可能性・直接あるいは間接等の——を要しな」かった（26頁）；しかし，やがて社会が変化し，「損害賠償の範囲は因果関係概念以外のテクニックで限界づけられざるを得なくなった」（63頁）；こうして「完全賠償の原則」の崩壊とともに，「相当因果関係説の崩壊」（57頁）ないし「解体過程」（31頁以下）が始まった，と。以下，平井のこの主張を検討しよう。

能性など，フランス民法にみられるような賠償範囲を制限する規定を一切排除し，損害との間の因果関係（①の意味）のみを要件として要求するが，ドイツ民法施行後，賠償範囲が拡がりすぎるという理論上および実務上の要請に応えて，因果関係概念を法的観点から限定するという発想の下に「相当因果関係」概念が導入されるに至ったものである」（『債権各論II 不法行為』，弘文堂，1992年，81頁）。ここでは，「相当因果関係」の概念について，〈それが「直接には，損害賠償の範囲を制限づけるという発想は」もたなかった〉という先の見解とはちがい，それを「賠償範囲が拡がりすぎるという理論上および実務上の要請に応えて」因果関係に限定を加えたものだ，と性格づけている。それゆえ，平井がここで，相当因果関係説を「完全賠償の原則のコロラリー」と規定している点も，「完全賠償の原則を支える」説であるという以前の意味でではなく，「完全賠償の原則」を限定するため出てきたという意味だということになる（「コロラリー」には，そういう意味は本来ない。むしろ逆に「直接の，当然の，順接の帰結」を意味するのだが）。

しかしそうなると，相当因果関係説を排斥すべきだとする平井の主張には，根拠がないことになってしまう。排斥する根拠を確保しようとすれば，〈この説は賠償責任を限定する力が不十分なので〉とするほかないが，しかしこの場合でも，〈力が不十分だから排斥すべきだ〉ということは，すぐには出て来ない。

*153) 相当因果関係説の成長については，山中敬一の次の指摘を参照：「「相当因果関係の理論は因果関係論ではないという異論は……その理論自身と同程度古くからある」という所見が正当であり，従って因果関係論において重要なのは「答責性の合理的限定」の問題であるという所説が，確かに一方では地下水流となって流れていたとしても，その初期において表立って「正統」の位置を占めていたのは，やはり相当説を因果関係として捉える見解であったと言ってよい。それが，序々に，民事法の目的を考慮に入れた責任限定原理として捉えられるようになり，実体概念というよりむしろ，目的論的概念として捉えられるに至った。」（「規範の保護目的の理論（二）」『関大法学』27巻5号，1977年，68-69頁）。相当因果関係説はもともと実践向きのものであり，それゆえそれにはこうした可塑性・柔軟性（＝時代適合性）があったのである（トレーガーらには，ローマ法文へのこだわりがなお感じられるが）。

平井は，まず，運河ロック（閘門）での船舶転覆事件（BGH 1. Zivil.senat, 23. 10. 1951）を「相当因果関係説の崩壊」の重要な「契機となった」判決と位置づける（66頁）。学界においては，それまでの○○説を批判する新学説（本件ではケメラーの新説）が出現したからといって，それでもって「○○説は崩壊した」とは言わない。[*154] 法の分野で「○○説は崩壊した」と断定できるのは，旧学説が理論破産し支持者が激減してしまった場合，あるいはそれにもとづく判例に重大な改変があった場合である。〈旧学説の破産・消滅〉は，本件では問題にならないので，判例が相当因果関係説を放棄するという〈判例の重大な改変〉があったかどうかだけが問題になる。以下ではこの問題について平井説を検討しよう。

　運河ロックでの船舶転覆事件とは，〈ロックに入るとき船長Aが自分の船の船幅をまちがって狭く申告したため，あとから入って来た他の船とぶつかり混乱が起こった；その際，ロックにはたまたま技師がおらず，未経験の助手が代わりに操作をおこなっていた；この助手は，（停電も作用して）混乱に適切に対処できず，その結果両船が転覆した〉という事件である。本判決は，船長Aの責任を問わなかった。平井は，この事件の判決について次のように言う。

　　「この判例は，相当因果関係を否定した，という結論の点においても，従来の判例に比較して（前掲〔2・2〕判決を想起せよ）注目すべきものであるが，さらに注意をひくのは，その理由である。すなわち，判例は，<u>トレーガー説をほとんどそのまま繰り返し，相当か否かを判断するに際しては行為者自らにも知れていた事情を判断の基礎に入れるべきだ</u>，と判示したのである（前記b）。このことによって，前に述べたように<u>トレーガー説の中の完全賠償の原則と矛盾する要素，すなわち相当因果関係の存否の判断に際し行為者の有責を問う判断（Schuldurteil）が入り込む</u>ことになった。これこそ，まさに完全賠償の原則が峻拒してきたところのものに他ならず，<u>完全賠償の原則を支える相当因果関係論は，その性格を大きく変えるに至った</u>」（68頁）。

---

*154）　しかもケメラーが「規範の保護目的・保護範囲」の概念を導入したことを，平井のように〈因果関係概念〉と相容れない，それゆえ相当因果関係説と矛盾することだ〉と位置づけてよいか疑問である。まず「規範の保護目的・保護範囲」に入る事実はどこまでかで絞った上で，さらに予見可能性で絞り，そのあとで因果関係を詰めていく作業も可能だし，逆に予見可能性，因果関係と絞ってきた事実を，「規範の保護目的・保護範囲」でさらにチェックすることも可能だからだ。

見られるように，平井によればこの判決は，トレーガー説がもつ〈相当因果関係説を崩す要素〉である，「行為者の有責を問う判断（Schuldurteil）が入り込むこと」をもたらした。その結果，「完全賠償の原則を支える相当因果関係説は，その性格を大きく変えるに至った」（平井は，「行為者自らにも知れていた事情を判断の基礎に入れ」たと言っているが，ポイントは，この判決が船長Aについて客観的予見可能性の観点から過失認定の是非を問うた点にあるだろう）。

　しかしこの点については，次のことを問わなければならない：①この判決によって初めて，（客観的）予見可能性が採用されたのか。②（トレーガー的）相当因果関係説と予見可能性は，どういう関係にあったのか。③ここでも平井は，トレーガーが，一方で「完全賠償の原則」（それを支える相当因果関係説）に立ちながら（この前提認識がまちがっているのだ），他方で（それと明らかに「矛盾する要素」，自説を裏切る原理である）「行為者の有責を問う判断」，予見可能性のチェックを採用していた，と言う。トレーガーともある人が，そんな単純な矛盾撞着を本当に犯していたのだろうか。④相当因果関係説は，他の視点（第三者（本件では助手）の介入・法の保護範囲といった）と両立しえないものなのか。

　判決原文と平井の理解とを対照させて考えてみよう。まず，この判決（BGH 1. Zivilsenat, Datum: 23. 10. 1951, BGHZ 3, 261-270）の私訳（部分訳）を示そう。

　　「このような自然の論理連関をたどって原因範囲を定めるのでは，その連関で生じたすべての結果を賠償させることになり，それではあまりにも広すぎる，という点は，法理論と判決とにおいてすでに久しく了解されている。法理論はこの了解を踏まえて，相当因果関係の概念（Begriff der adäquaten Verursachung）を構成した。それは，ライヒ裁判所の1932年11月18日の判決によれば，「もしそれがなかったなら結果は生じなかったであろうとされる，自然科学的意味での原因である個々の諸条件を，法的意味での因果関係論から切り離す道を探らなければならない。すなわち，結果から論理上かけ離れた諸条件は除外されるべきである。なぜなら，法生活においてそのような諸条件を考慮に入れることになれば，衡平に反する結果が不可避だからである」ということであった。

　　こうして，相当因果関係がとりわけクリース（J. von Kries），リューメリン（Max von Rümelin），トレーガーによって定式化された。3人の定式に共通しているのは，ある結果をもたらした個々の不可欠の条件法的因果関係（conditio sine qua non）がど

こまでなのかを一般的な尺度によって評価することである。しかし3人の定式は，この評価をする際の尺度を異にする。

　相当因果関係の提唱者であるクリースは，結果をもたらした不可欠の条件がどこまでなのかを，行為者が知っていた，あるいは知りえた，すべての事情を基礎にし，それを人が事後的にもちえた一般的な経験知と連関させて判断しようとした。

　これに対してリューメリンは，「客観的な結果的予後判定」を提唱した。それは，因果連関の判断をする際に，全人類がもつ経験知と，条件が生じるときに何らかのかたちで生起していたすべての諸事情とを考慮に入れようとする立場であった。そうした諸事情は，高度の洞察力があれば，あるいは事後的に，生じた出来事からその因果連関を遡及させて，認識できるものであった。

　行為者が予め知り得た事情を基礎にするクリースの提唱は，客観的な危害責任と契約責任とを問う民事法では，責任範囲をあまりにも狭くするものであった。これに対して，結果論的な客観的予後判定は，責任範囲をあまりにも広くしすぎるので，因果関係論上の，衡平に反した結果を確実に排除することができなかった。〔……〕これら二つの定式化の欠点は，トレーガーが以下の定式化によって克服した（*Der Kausalbegriff im Straf- und Zivilrecht*, 1904, S. 159）。或る条件は，それが，或る結果の客観的な生起可能性を，普通の場合よりも一般的にかなりの程度高めた場合には，その結果の相当な条件である，と。そしてかれは，この点を考える場合には，次の諸関係をベースにしなければならない，とした。

　a）　事件発生時に優れた観察者に認識可能であった諸関係，

　b）　a）を超えた諸関係も，条件をつくった者〔行為者〕が認識していたならば，ベースにする。

　トレーガーは，このようにしてベースにされた諸関係を，それが損害発生をとりわけ促進したかどうかの点から，裁判の時点で利用可能な人間の経験を参考に使って評価しようとした。

　ライヒ裁判所の判決は，近時のRGZ 133, 126［127］判決以来，トレーガーの定式を次のごとく本質において採用している（RGZ 133, 126［127］［RG 22 Juni 1931］；135, 154；148, 165；152, 49；158, 38；168, 88；169, 91）。「或る事実が，一般的に，すなわち〈単に特殊で，起こりそうにない，そして通常の事の経過を踏まえれば度外視してよいとは言えない〉関係において，或る結果を生起させたのであった場合には」，それは相当因果関係にある，と。

　本法廷も，この，今日まで本質的に変更されておらず，多くの判決において堅持されている考え方を，トレーガーの提唱した判断基準を維持することによって，採用する。その際，もちろん探求の出発点，すなわち純〔自然〕論理的な帰結を衡平に適う健全な帰結に変える調整方法の探求，は見失われてはならない。〈ここでは，因果関

第7章　法解釈論と法の基礎研究：平井宜雄『損害賠償法の理論』考　197

係があるか・ないかだけを問題にするのではなく，原因をつくった者に，その結果の責任を衡平にかなったかたちで負わせることのできるよう因果関係の限定をする課題，すなわち根本において，責任を問うための積極的な前提条件を明らかにする課題をまず探らなければならない〉のだ，ということを自覚した場合にのみ，判決は，定式（因果関係の）が金科玉条化される危険を回避でき，正当な帰結を確実に示せるようになる。」

判決のこの筆者訳部分から読み取れる事実は，次のようなものである。

（i）　平井の認識とは異なって，「予見」・「予見可能性」の思考は，もともと（クリース以来）相当因果関係説が有していた。相当因果関係説は，ある行為主体が結果に対して責任を負うか否かを因果関係の有無で判断する際に，まずその判断対象となる事象を，行為者が予見した・ないしはその道のエキスパートに予見可能であったものに限定しようとした（しないケースもあるが）。この点をめぐる，クリース，リューメリン，トレーガーの関係は次のとおりである：

（a）　相当因果関係説の提唱者であるクリースは，それら事象を「行為者が知っていた，あるいは知り得た，すべての事象」に限定した。[155] これは，（刑法で）行為者の予見および予見可能性がある範囲で責任を問うものであり，民事に使うと，損害賠償を認められるケースは激減する。

（b）　これに対してリューメリンは「予見可能性」による限定を排斥し，〈結果と因果関係にある〉とスーパーマンなら予め確認できた，ないし人が事後的に確認できた，原因行為に対し責任を問うた（これを，「客観的・事後的予測」die objektive nachtragliche Prognoseの立場と呼ぶ）。その結果，賠償範囲は拡大され，モムゼン説に近いものとなった。

（c）　最後にトレーガーが出て，「或る結果の客観的な生起可能性を，普通の場合よりも一般的にかなりの程度高めた」かどうかを指標にし，その立論の前提事実を，〈① 行為者が現に認識していた事象，および② 経験豊かな観察者なら損害発生との連関を行為時に認識しえたであろう事象〉に限定すべきだと主張した（②が，客観的予見可能性への実質的移行を意味する）。トレーガーは，損害

---

[155]　振津隆行「クリースの「客観的可能性」の概念とその若干の適用について」（『刑法雑誌』22巻3・4号，1979年）430頁。

賠償が認められる範囲を，衡平の観点からクリースよりは拡大し，リューメリンよりは縮小したのである[*156]。

(ii)　この運河ロック事件判決は，担当裁判官自身の理解によれば，トレーガーの説に従ったものである（トレーガー説が提唱されたのは，かれの1904年の著*Der Kausalbegriff im Straf- und Zivilrecht*によってである。それが判決に採用されだしたのは，この判決によれば1931年以降である。平井は，もっと前からで，下記RG 15. 2. 1915判決からだとするが）。判決は，賠償範囲を客観的予見可能性の観点から限定しようとする，トレーガーの説にもとづく伝統に立脚し，〈未経験の助手しかいなかったこと，かれによる誤操作が発生することは通常予見できないことに属する〉と判断したのである。

以上から明らかなように，リューメリン説は別として，（クリース説と）トレーガー説としての相当因果関係説は，「完全賠償の原則を支える」ためのものではなく，むしろ「完全賠償の原則」の妥当範囲を限定するために提唱された。すなわち，トレーガーらは，「相当性」と「予見可能性」とによって事象を限定することによって，「因果関係あり」と認定されて行為者が賠償責任を負う範囲を，狭くしようとしたのである。したがって，平井が前提にしているようには〈完全賠償の原則の崩壊，即，「相当因果関係説の崩壊」〉ではない。前述のように後者こそが，前者を実務上，崩壊させたのだからである。

以上が，この運河ロック事件判決から読み取れることがらである。ところが，この判決を平井は次のようにまとめている。

　「Aが正しく船幅を告げておれば，汽船は，はしけの横には，いかなかったであろうから，Aが誤って告げた行為は，間接ではあっても，その後の事件の経過にとって不可欠の条件（conditio sine qua non）である。しかし，この条件で行為者に責を負わすとすれば，責任が大きくなりすぎるので，相当因果関係の概念が採用されてきた。クリース説によって，相当因果関係の概念を定めれば，責任は狭すぎ，リューメリン説によれば，広すぎる。トレーガー説はこの欠陥を免れているが，それによれば「或る事件が，同種の結果の発生の可能性を，一般的にかつ無視しえぬ程度（generell und nicht unerheblicher Weise）」に高めるならば，この結果の相当の条件であるが，その際次の事情が顧慮されなければならない。すなわち「[a]，事件の発生時に，適正な

───────────

*156)　以上については，Träger (fn. 143), *Der Kausalbegriff im Straf- und Zivilrecht*, S. 130 ff.

る観察者（optimaler Beobachter）に知られた事情」および「〔b〕，条件の設定者に，なおそれ以上に知られた事情」である。判例は右のトレーガー説を大体において採用してきたが，次の点が見失われてはならない。すなわち，重要なのは，そもそも因果関係の問題ではなく，「条件を与えた者〔……〕について，その結果に対する責任を正当に期待し得る限界を探求すること」である。この点を判例が意識する限り，トレーガー説の図式化は避けられ，正しい成果の探究が保証されるのである」（67頁）。

　平井本からのこの引用部分において，前半部にはとくに問題はない。問題になるのは，平井の主張に深く関わる，末尾5行分（下線部分）である。この部分の記述は，判決原文から大きく離れている：

　㈠　平井文には，判決文の訳として「〔この判決以前の〕判例は上述のトレーガー説を大体において採用してきたが，次の点が見失われてはならない」とある。これだと，〈平井が言うとおりこの判決は，トレーガー説，それに立脚したこれまでの判例，から距離を置いている〉と見える。しかしこの箇所は，原文では先の引用（本章197頁）のとおり，「本法廷も，この，今日まで本質的に変更されておらず，多くの判決において堅持されている考え方を，トレーガーの提唱した判断基準を保持することによって，採用する。その際，もちろん探求の出発点，すなわち純〔自然〕論理的な帰結を衡平に適う健全な帰結に変える調整方法の探求，は見失われてはならない」というものである。すなわち末尾5行の下線部分は，トレーガー説から距離を置く宣言ではなく，逆にトレーガー説の原点（＝予見可能性テストによって，衡平にかなった責任追及がなされるべし）を再確認している箇所なのである。

　㈡　平井文には「重要なのは，そもそも因果関係の問題ではなく」とある。これだと，この判決は確かに，因果関係を問うことを否定した，と見える。しかし，原文は daß es sich hier nicht eigentlich um eine Frage der Kausalität, sondern um die Ermittlung der Grenze handelt であるから，nicht eigentlich は部分否定（「問題にすべきなのは，〇〇に留まらず，××もである」）であり，したがって，正しくは「ここでは，因果関係があるかないかだけを問題にするのではなく，原因をつくった者に，その結果の責任を衡平にかなったかたちで負わせることのできるよう因果関係の限定をする課題をも追求せよ」である。〈因果関係を考えるな〉というのではなく，〈どの範囲の事象に責任をとらせるのが衡平に適うかを考

えた上で，その枠内で因果関係を問え〉と判決は言っているのである。すなわち，まさにトレーガー説そのものである。本判決は，相当因果関係説に立った従来の判例と変わってはいないである。「因果関係を考える」ことと，その前提として「責任を問うための積極的な前提条件を問う」こと（＝衡平判断）とは，平井が考えるようには，両立しえないものではない。

　（ハ）　平井文には「トレーガー説の図式化は避けられ」とある。これだと，〈平井が言うとおり，トレーガー説の図式化に陥って柔軟さを欠き「完全賠償の原理」を支えてきたこれまでの判決を，この判決は克服した。なるほど，新判決だ〉と見える。しかし，原文は，「判決は，定式（因果関係の）が金科玉条化される危険を回避でき，正当な帰結を確実に示せるようになる」である。ここで判決が避けるべきとしているのは，トレーガー説ではなく全関連説一辺倒の傾向である。つまり判決は，まさにトレーガー説によって思考し，モムゼン的な全関連説を克服しようとしている。判決はこの立場から，〈船長Aの船幅申告は誤っていたが，未経験の助手がロックを操作したことに事故の主因がある。こういうロックに未経験の助手しかいないとは誰も予見できないことなのだから，船長Aに責任を負わすのは衡平に反する〉と判示したのである。[*158]

　上に関連する，平井の論述の他の疑問点についても，ここで考えておこう。

　（i）　平井の念頭にある相当因果関係説とは，トレーガー説のことである。実際，判例は，1900年代初め以来，トレーガー説を基盤にしてきた。上の23.10.1951判決も，「本法廷も，この，今日まで本質的に変更されておらず，多くの判決において堅持されている考え方〔相当因果関係説のこと〕を，トレーガー

---

*157)　ケメラーは，この判決が（客観的）予見可能性を重視したことの意義を強調するのだが，判決そのものは「トレーガーの定式をその判決の基調（Leitsatz）にさえした」とする。ケメラーは，ここではhaftungsbegründende Kausalitätが予見可能性の点から問題にされたとしている。つまり，haftungsausfüllende Kausalitätが問題になる以前の段階で処理されたのであって，それゆえ，相当因果関係の否定とは関わっていない，ということだ。Caemmerer（fn. 134），Die Bedeutung des Schutzbereichs, S. 347 ff.

*158)　そもそも本ケースは，モムゼン説に依拠しても，〈因果関係が，未経験の助手（第三者）や停電が介在したことによって中断された〉とする構成によって船長Aが免責されうるケースである。加えて〈ドイツ民法823条1文は，第三者によってもたらされた，結果の責任の引受けまでを保護範囲とするものではない〉という構成によって船長Aを免責する道もありうる。

の提唱した判断基準を保持することによって，採用する」と言っている。平井も，この自明の事実は認める。しかしそうだとすると，トレーガーの相当因果関係説に立つそれまでの判例の立場を踏襲したのだとするこの判決の自己認識と，この判決を「相当因果関係説の崩壊」の重要な端緒だとする平井の見方とは，どう関係するのであろうか。しかも，もっとも典型的な相当因果関係説こそ，平井においてもトレーガーの説であった。とすれば平井は，その典型的な相当因果関係説を再確認したこの判決をもって，「相当因果関係説の崩壊」の端緒と位置づけていることになる。これでつじつまが合っているのだろうか。

　　先に述べた（195頁以下）ように，平井の上の言明によれば，「行為者の有責を問う判断（Schuldurteil）」は，「トレーガー説の中の完全賠償の原則と矛盾する要素」であった。この平井見解を前提にすると，トレーガーは「完全賠償の原則を支える相当因果関係論」を提唱した際に，その理論中に「完全賠償の原則」を崩解させる「要素」をも併せて入れていた，矛盾撞着きわまりない理論家だということになる（平井は83頁に，トレーガーが「論理的整合性を保っているわけではない」と書いている）。しかし，この点については，上に見た判決での裁判官の見方によれば，矛盾撞着はない。トレーガーたち相当因果関係論者は，「完全賠償の原則」の妥当を支えるためではなく限定するために，自説を提唱したのであって，「完全賠償の原則と矛盾する」，「行為者の有責を問う判断（Schuldurteil）」は，クリース以来，その立場から導入されたのである。矛盾撞着が起こるのは，相当因果関係説を「完全賠償の原則を支える」理論だと考えつつも，相当因果関係説中の，自分の見方では説明しきれない傾向（予見可能性の活用）をも無視することはできず，混乱に陥った者の議論においてである。

(ii)　次の点も，問題である。たとえ平井の言うように，ドイツで相当因果関係説に依拠しない，さらにはそれを否定した，判例がいくつか出たとしても，大半の判例がなお相当因果関係説を採り続けたのであれば，「相当因果関係説の崩壊」とは言えない。実際ドイツでは，多くの判例は，平井指摘の諸判決後（すでに60年が経過している）もなお，基本的に相当因果関係説を採っている。「崩壊」は，未だに起こっていないのである。

　相当因果関係説は，多様な要素を採り入れつつ，時の必要に対応してきたのだ（注153参照）。（だからそれはまた，〈ドイツ特有のものであって，日本には相容れない〉といったものでもないことが明らかになる）

　平井によって，この判決をさらに「一歩すすめ」，「相当因果関係説の崩壊」

を促進した（平井本69頁）とされる，集中砲火被弾事件（BGH 24. 4. 1952, NJW 5. Jahrgang, 1952, 1010-1011）をも見ておこう。1937年に自動車にひかれて右脚を喪った男性が，1945年3月31日に砲火にさらされたドイツの町（西部の？）で，家族と共に自宅から防空壕に逃れようとして被弾し死亡した。遺族は〈1937年に自動車にひかれたため足が不自由になったことが被弾死の原因である〉として自動車の運転者に損害賠償を求めたが，裁判所は請求を認めなかった。裁判所は，「間断のない弾着（kurz aufeinander folgende Einschläge）がほとんどない」（弾着は少ない）という，そういう「純偶然の作用」の下でなら，足の速さが安全につながることになるかも知れない；しかし，本件がそうであったような激しい「弾着下では，弾が当たる可能性は，すべての人に——健常者にも——存在する」；したがってここでは，一般的経験によれば，歩行の不自由さが被弾の可能性を著しく高めたとは言えない，としたのである。

　平井はこの判決について，「右の判示は完全賠償の原則に正面から対立する」とする。平井はその理由を，「因果関係という法的構成が裁判官の価値判断や裁量を排除するためのものであった」のに対し，この判決が「因果関係の相当性の判断に際しては，裁判官の価値判断が介入することを認め」たという点に求めている。だがこの判決は，「相当因果関係説の崩壊」の判決ではなく，むしろ相当因果関係説に立脚して，〈足を不自由にさせた事故は，集中砲火の状況下では，被弾の危険をとくに高めたとは言えない＝因果関係の相当性はない〉として，本件での因果関係を否認した判決なのだ：

　第一に，裁判官の裁量が決め手になることは，すでに相当因果関係説のトレーガー自身の説くところであった。たとえば，かれは言う：　法的因果関係があるかないかの判断は「きわめて難しい」；「難しい場合には裁判官の合理的な裁量——識者（内科医，薬剤師，外科医等）の意見を踏まえた——のみが個々のケースにおいて決め手となる；一般的な基準は示せない[*159]」と。そもそも相当因果関係説は，「完全賠償の原則」を衡平の観点から制限しようとするものであるから，「因果関係の相当性の判断に際しては，裁判官の価値判断が介入すること」を，むしろ前提にしている（前述のように，モムゼンですらそれを前提にし

---

*159)　Träger（fn. 143）, *Der Kausalbegriff im Straf- und Zivilrecht*, S. 40. Vgl. S. 237 f.

ている。注135)。したがって，判決が裁判官の裁量ないし公序良俗や信義則に
言及していることをもって「相当因果関係説の崩壊」を言うことはできない。[*160]

　第二に，この判決を事件の時代的バック＝グラウンドとの関係で読むことが
重要である。被弾死があったのが1945年3月31日であったことに注目しよう（ド
イツ降伏は5月7日）。当時のドイツ西部の諸都市は連合軍による集中砲火を受
けていた。その激しい弾着下を動くのであっては，健常者でも被弾する可能性
は大きい。したがって，足が不自由であることが被弾の主要な原因とは言えな
い。（猛烈な砲火でなければ，健常者の方がはるかに安全である。防空壕にたどり着く
まで健常者が1分，障害者が5分かかるとすれば，①1分に1個の弾着がある状況下では
後者の被弾の危険は5倍になる。②しかし10秒に1個の弾着がある状況下では健常者も
途中でたいていはやられる）。しかも，この集中砲火を受ける事態が生じたのは，
市民にとっては歴史の偶然であり，交通事故時の自動車の運転者も識者も予想
しえなかったことである。

　この判決は，確かに「完全賠償の原則」の否定ではある。しかし「完全賠償
の原則」の否定は，相当因果関係説の否定を意味するものではない。平井は相
当因果関係説が「完全賠償の原則」を支える理論だと思い込んでいるから，上
のことが平井にとっては「相当因果関係説の崩壊」を意味するものと映るのだ。

　平井によって，相当因果関係説の崩壊を決定づけたとされる（72頁以下），交通
事故刑事弁護費用請求事件（BGH 22. 4. 1958, Entscheidungen des Bundesgerichtshofes
in Zivilsachen, 27. Band, 1958) はどうだろうか。本判決は，自動車と衝突したオ
ートバイの運転手が刑事訴追され，無罪になった後，その刑事弁護費用の弁償
を事故の相手に請求したが，認められなかった事件に関わる。本判決は，「刑
事事件に巻き込まれる危険は，すべての市民がさらされている危険である。そ
れは，事故にあった者が被る，けがや物的損害とは別のものである。」「したが
って，行為者の行為と発生が確認された損害との間に相当因果関係があるか否
かを問わずとも，ドイツ民法823条1文にもとづいてこの損害の賠償を請求す
ることはできない」とした。

---

*160)　それどころか，「完全賠償の原則」の提唱者とされるF. モムゼンも，裁判官の裁量
　　が決め手となることを強調している。Mommsen (fn. 135), *Zur Lehre von dem Interesse*, S.
　　122, 138, 176.

これについて平井は，「本判決は，弁護費用が八二三条一項の保護する範囲に入るか，という形で問題を立てることによって，損害賠償の範囲を定めるに際し責任原因を顧慮したのであり，ドイツ損害賠償法の基本構造たる「完全賠償の原則」すなわち責任原因と賠償範囲との切断は，ここに崩壊することになったのである。そしてそれにはラーベル・ケメラーの学説が援用され，相当因果関係説の法律の枠内で「責任の限界づけ」の方向へ近づきつつあった判例は，ここにおいて理由の上でも全く新しい型をとるに至った」（74頁）とする。予見可能性という内なる鬼子に侵されて来た相当因果関係説が，今や別の，外部の力で崩されだした，とするのである。平井はここでも，判決を「「完全賠償の原則」すなわち責任原因と賠償範囲との切断」を否定したものと位置づける。そして平井においては，「完全賠償の原則」と相当因果関係説が一体だから，「完全賠償の原則」の崩壊は「相当因果関係説の崩壊」を意味することになるのだ。

　だが前述のように，（平井的意味のではなく，われわれの意味での）相当因果関係説と，（被害者ないし社会の利益にとって重要な）「法の保護目的・保護範囲」・（ないし行為者の義務に着目した「義務射程」400頁，407頁）の観点とは，平井が前提にしているような二者択一の関係（＝後者が採用されれば，前者が排斥され崩壊するという関係）にはない。(a)まず「法の保護目的・保護範囲」の観点で考察対象となるものを限定し，さらに必要があれば，その範囲内で相当因果関係説によって因果関係を問題にして処理するという手続きも，また，(b)まず相当因果関係説で因果関係を考え，その範囲内の対象に対して「法の保護目的・保護範囲」の観点で処理するという手続きも，ありうる。判決が「行為と損害との間に相当因果関係があるか否かを問うことなしに」と言っているのは，(a)の道を採って「法の保護目的・保護範囲」の観点レヴェルの考察をまずおこなったところ，〈ドイツ民法823条1文は，本件で刑事弁護費用まで保護するものではない〉とする判断だけで十分処理できた，したがって相当因果関係説を持ち出すまでもなかった，というものだったのだ。

　しかも本件では，刑事訴追機関が介在し，事故の相手の意思とは独立にXの行動に関して訴追したのであるから，モムゼンの「完全賠償の原則」に立っても，〈第三者が介入したことであり，かつ訴追される危険には「すべての市民がさらされている」のだから，「事故との因果関係はない」〉という判断がなさ

れえたのでもある。

相当因果関係があることを認定した上で、〈しかし利益が「法の保護目的・保護範囲」に入らないので賠償義務はない〉としたのであれば、相当因果関係説が相対化されたことになり、「理由の上でも全く新しい型をとるに至った」と言えよう。しかしこの判決は、そのような論理のものではないし、そのような場合でも、両方によるフィルターリングがおこなわれたにすぎないのだから、「相当因果関係説の崩壊」とは言えない（注154参照）。

7.2.4　〈相当因果関係説と日本民法416条の関係〉論の疑問点

先に見てきたようにクリース説は、行為者が予め知っていたこと・知りえたことに限定して因果関係を考えた。トレーガーは、行為者が実際に予見したこと、および、その道の人が予見しうる程度の結果発生の可能性・蓋然性に限定して、因果関係を問題にした。

①クリース・トレーガーのように〈行為者が実際に予見したこと・しえたこと〉を問うのは、日本民法416条の第2項の「特別の事情によって生じた損害であっても、当事者がその事情を予見し、又は予見することができたときは、債権者は、その賠償を請求することができる」と共通している。②トレーガーのように〈その道の人、場合によっては健全な通常人が予知しうる程度のもの〉に限定するのは、日本民法416条の第1項の「これによって通常生ずべき損害の賠償をさせること」と重なる部分をもつ。平井は、

　「以上述べたとおり、四一六条が損害賠償の範囲を当事者の予見可能性によって定めるという機能を果しているのであるが、そうだとすれば、日本損害賠償法の構造は、ドイツ損害賠償法がまさに排斥せんとした要素をことごとく有しているということ、換言すれば、わが損害賠償法の構造は、ドイツ損害賠償法の構造と反対の極に立つものである、ということが明らかとなる。〔……〕右にのべた責任原因と賠償範囲を結合することこそ、ドイツ損害賠償法の基本構造たる完全賠償の原則がまさに拒否したものであることは、もはや説くまでもない。ここにおいてドイツとの差異は明瞭となる。そして私が、最初に疑問としたところの、四一六条における「理論」と「現実」との乖離という現象が生ずる理由もまたここに明らかとなったと思う。すなわち、それは〈損害賠償の範囲は因果関係によって定まる〉という命題は、四一六条を有するわが民法においては理論的に無意味であるが故にほかならない」（92頁）。

と述べている。確かにドイツ民法249条の規定自体は予見可能性を排除した。しかし249条のこの排除を限定しようとしたドイツの相当因果関係説なる学説，それに立脚したドイツの諸判決は，上述のように日本民法416条と（予見可能性テストによって因果関係を限定する）姿勢が共通している。[*161]たとえドイツ民法249条が日本民法416条のルーツではなく，日本民法416条は穂積陳重のイニシアティブによってイギリスのHadley v. Baxendaleなどの判例から採り入れられたのであるとしても（平井本147頁），日本民法416条は，トレーガー的ドイツの相当因果関係説，それを踏まえたドイツの判例・法理論，すなわち「ドイツ法」の思考原理と，「完全賠償の原則の否定」（149頁）という立場の点で重なるのである。そしてこの認識を踏まえれば，416条に相当因果関係説を読み取った，鳩山秀夫（232頁）以来の通説・判例は——平井の激しい批判にもかかわらず——

---

*161) 日本民法416条と相当因果関係説との関係をめぐって平井は，「「相当因果関係」が四一六条と同義語となった以上，「相当因果関係」を論ずることは結局四一六条の解釈論に帰着し，したがって「相当因果関係」の概念は先に述べたように簡単に説明すれば足りるからである」とし，「かくして「相当因果関係」の概念およびそれと関連するところの種々の因果関係論を論ずることは，現実には無用となる」と述べている（82頁）。この議論は，妥当か。

　ある法理論・法概念が或る条文ないしその解釈に定着したら，その後は，その法理論・法概念の根拠を一々論じないで，当該条文をその理論・概念で解釈するようになるのは，しばしば起こることである。自然権が憲法に実定法化されると，解釈論で自然権から説き起こす必要はなくなる，というケースがその一例である。自己決定権が憲法13条に定着し，また生存権が25条に，労働基本権が28条に実定化されると，議論はそれら条文の解釈論を中心としたものとなるから，13・25・28「条の解釈論に帰着」することになる。しかしだからといって誰も，それら自己決定権や社会権概念が「現実には無用となる」とは，言わないし，自然権論はなおホット＝イッシューとしてある。

　上のこととの関係で，平井の次の言明も奇妙に響く：すなわち平井は，裁判官は「法律の文言によって判決を理由づけるべく要請されているのだから〔……〕四一六条ではなくして，「相当因果関係」という概念によって保護範囲を理由づけることを主張する学者は，四一六条以外に「相当因果関係」という概念がわが国の裁判の理由づけとして用いらるべき必然性を論証しなければならない」（312-313頁）とする。しかし法実務（裁判官も）は，条文のなかには見出されない，法の理論や概念を実際にはしばしば使う。「受忍限度」・「人格権」・「自己決定」・「除斥期間」・「未必の故意」・「統治行為」・「解雇権濫用」・「LRA」の基準等々がそうである。この場合，平井のように，条文に出て来ない以上，それらの「概念がわが国の裁判の理由づけとして用いらるべき必然性を論証しなければならない」などとは，誰も言わない。〈解釈・運用に役立つ法理・法概念は使う〉というこ↗

——それほど誤ってはいなかった，ということになる。[*162)]

　平井に従って〈ドイツ民法249条は日本民法416条のルーツでない〉としても，ここから〈ドイツの条文（249条）を限定しようとしたドイツの学説が日本でも使えない〉ということには，直ちにはならない。また，〈債務不履行の条文を不法行為に適用するのは問題だ〉としても，そこから〈不法行為条文を限定しようとした学説を不法行為と債務不履行にともに使うことは不当だ〉ということには，直ちにはならないのである。

　そもそも今日の英米法や日本法もドイツ法と同様，「完全賠償の原則」を限定する必要に直面して来た。こうして英米法や日本法がHadley v. Baxendaleなどの判例法に依拠して処理しようとすることと，ドイツ法が相当因果関係説に依拠して処理しようとすることとは，共に，それぞれの「完全賠償の原則」を限定するための工夫に属す，

◸とで実務・学説はやってきたのだ。（しかも，上述のように，「相当因果関係」の中身，とくに予見可能性は，実は日本民法416の規定と内容が対応しているのだから，条文に根拠を置いているのでもある。）

　同じ発想で平井は，「違法性と過失とを区別するドグマティーク上の意味および実益は，ドイツ民法学上では厳として存在する。不法行為において違法性の概念規定を試みた者は他の制度——たとえば物権的請求権——における違法性との関連を常に顧慮しなければならないというのはその一例である。ところが，わが民法典は違法性と過失との言語上の区別を知らない。したがって，ドイツ民法典におけるようにこの区別をドグマティークの体系上維持する必要はないと考えるべきである」とも述べている（395頁）。もし平井のこの発想でいくべきなら，上記の「受忍限度」・「人格権」等々の概念も，わが民法典・憲法典はその概念を「知らない」（＝明文化されていない）以上，「維持する必要はない」ということになってしまう。

*162)　前田達明は，①クリースの主観的因果関係説は「損害賠償範囲を予見可能性乃至有責性によって決定するという制限賠償原則に接近するものであり，完全賠償原則と」矛盾するものであったこと，②これに対してリューメリンが「完全賠償原則との矛盾」を解消しようとして「客観的事後予測によるいわゆる，客観的因果関係説」を唱えたこと，③しかしこの説は「行為者自身の事情を考慮しないことの不都合は否定できず」トレーガーの折衷説が主張されたこと，を指摘している。〔これによっても，〈相当因果関係説は「完全賠償の原則を支える」ためのもの〉とする平井の見方は，リューメリン説にしか妥当しないものであることが分かる。〕

　さて前田は，この認識を踏まえて，平井説に明示的に反対する立場から，トレーガー説と日本民法416条との近似性を次のように指摘している。「しからば，〔……〕日本民法四一六条（平井・損害賠償法の理論一四六頁以下）と相当因果関係説が類似してくることはうなずけ（折衷説と民法四一六条の奇妙な類似），鳩山秀夫博士が，トレーガー説を◹

208

ということである。しかも因果関係の限定は，たとえ「完全賠償の原則」を採用していない国であっても，必要である。たとえば損害賠償の定額制を採用する国でも，〈そのような種類の損害賠償を負うべきケースかどうか〉を適切に決めるには，因果関係の範囲限定が欠かせない。どの国においても，因果関係の範囲を限定しないと，衡平に反する結果をもたらすからである。だとすれば，因果関係の範囲限定の理論としての相当因果関係説は，そういう定額制等の国でも使えるのである。（イギリス法を導入した日本民法416条の下でも，因果関係の範囲を限定する必要はあり，それに使える理論として相当因果関係説を導入することは，別に矛盾でも何でもない。もちろんその範囲限定理論を改良・加工することは，どの理論の導入に際してもそうであるように，必要だろうが。）ある条文のルーツ国でない国の法理論はその条文解釈に使うな，ということ（＝母法主義）は，ありえないのである（以上は，相当因果関係説採用を支持する意図からの議論でなく，事実の指摘に留まる）。

7. 2. 5 　損害賠償を広く認める法理論は欠陥理論か？

　平井は，〈損害賠償の範囲を限定できず，そのため結果的に責任を広く認める理論〉には欠陥があるという前提の下に，次のように書いている。

　「かようにして判例が一致して承認するにいたった相当因果関係説は現実にどのよ

⊠引いて，「私法ノ目的ヨリ考フレバ行為者ニ知レ又ハ知レ得ベカリシ事実ヲ基礎トスベク」として，「民法第四百十六条ハ恰モ相当因果関係説ノ内容ヲ規定シタルモノト解スル」（鳩山秀夫・増訂改版日本債権法（総論）一九二五年七二頁以下）とされたのも道理であるといえよう。」前田（前掲注132））『不法行為帰責論』226頁。同「石田穣著『損害賠償法の再構成』」（『法学協会雑誌』96巻11号，1979年）1480頁，および田山（前掲注163））『不法行為法』91頁をも参照。

　佐伯千仭『四訂　刑法講義（総論）』（有斐閣，1977年）は，トレーガー説について，「行為者本人が現実に認識した事実ならびに相当注意力ある人に認識可能であった範囲の事実を判断の基礎とした場合に，結果の発生が考えられるかどうかによって定まるとする説（トレーガー＝折衷説）」（153頁）と定式化し，その中身について次のようにまとめている。「これによれば，裁判官は自分が行為当時にその場所に居合わせたと仮定して，それらの事情から現実に生じた事実の経過を予測できたであろうかどうか（予則可能の範囲内にあったかどうか）判断すべきものとされるのである。したがって，たとえ現実に生じた結果であっても，行為当時には合理的判断によって予見できなかったようなものとか，かりにその発生を想像することが可能であったとしても，その発生の蓋然性がきわめて小さいために，健全な社会人からは杞憂として黙殺されるようなものである場合には，相当因果関係はないということになるのである（ヒッペル）」（154頁）。

うな機能を営んだであろうか。すでに述べたように，相当因果関係説は，〈損害賠償の範囲は因果関係によって定まる〉という・完全賠償の原則の論理構造自体を変えるものではなかったが，それはやはり，現実にも損害賠償の範囲を限定する機能をほとんど果すことができなかったのである。相当因果関係説の言語的構成それ自体は，損害賠償の範囲を限定しようとすれば，そのような価値判断を含ませることができる可能性を有していたが，それが完全賠償の原則の法的構成という機能を荷ったが故に〔……できなかった〕」（55頁）。

　ここで平井は，ドイツの法実務が「損害賠償の範囲を限定する機能をほとんど果すことができなかった」と言うのだが[163]（本章183, 188頁をも参照），しかし，限定したかったのにできなかったのか，それともあえて限定しなかったのか，の判断については厳密な考察を要する。逆に言えば，なぜアメリカの法実務は「損害賠償の範囲を限定する」方向に進んでいったのか，も問われなければならない。この問題は，第一には法文化のちがい，第二には社会の発展段階のちがい，を踏まえて考察する必要がある。（法解釈学書によく見られるように）ドイツの理論とアメリカの理論とを単純に比較するのではなく，〈それぞれの理論をそれぞれの歴史のなかに位置づけつつ，どういう役割を期待されて成立してその内容を呈しているのかを問う〉比較法学的な観点が重要である[164]。

　すなわち，アメリカの場合，産業革命が完成した1870年代以来，大恐慌が猛威をふるった1935年頃までは，経済的自由主義が強い世論であった。この主義は，いったんはニュー＝ディール政策によって押さえられたが，その後また，新自由主義の影響下で再び強くなっている。この主義の下では，行為者の

---

*163)　ドイツの相当因果関係説が相対的に低くしか「損害賠償の範囲を限定」してこなかったのは事実だが，ドイツではさらに〈構成要件該当性 − 違法性 − 責任〉のテストによって〈責任を問う行為〉の限定をすることが論理的には可能である。しかも，裁判例だけを算定して論じるのは正しくなく，〈明らかに相当因果関係がないので無理だ〉として裁判にしなかったケースをも，計算に入れなければならない。

*164)　平井による，ドイツの相当因果関係説のこうした批判も，ケメラーに見られる。その際のケメラーの議論にも，筆者がここで提示した比較法文化論や社会発展段階比較といった視点はない。Caemmerer（fn. 134），Das Problem des Kausal-zusalnmenhangs im Privatrecht, S. 402. ただし平井は，ケメラーとは異なり，相当因果関係説が責任を限定しなかった事実を，上の引用にもあるように，それが「完全賠償の原則」を支える理論だったことの証拠とする（本章183頁をも参照）。

権利行使・自由が尊重されるから，害が発生しても故意・過失がないかぎりは不法行為の責任を負わないという過失責任主義がヨリ前面に出る（この過失責任主義は，過失を容易には認めない立場だから，しばしば，加害者である経済的強者（企業）に有利に機能する）。

　他方，ドイツをはじめヨーロッパでは，（被害者が落度がないのに苦しむことへの同情に加え）ゲルマン的ないしキリスト教的な連帯・弱者救済の伝統があるところ，弱者が被害者となりやすいから，〈被害者救済〉が重視された。上述のようにモムゼンの学説も，これを背景にしている（近時の〈被害者救済〉再重視の背景には，「行為者は通常は保険をかけているが，犠牲者は単に稀にしか保険をかけていないという事実」もある）[165]。加えてヨーロッパでは，1874年の大きな恐慌を境にして，経済的自由主義は次第に相対化され，社会法的な考え方が強まった。この状況下では，経済的弱者を保護する姿勢が強まるので，被害者になることの多いかれらを護るべく，（過失責任主義を基底としつつも）「完全賠償の原則」が広がった。「完全賠償の原則」自体は，その後トレーガーらによって〈行為者にどこまで責任を負わせるのが衡平に適うか〉の観点から限定されていく。しかし，被害者救済重視はなお続いたし，一部の部門においては，さらに無過失責任主義が採用されたことによって，被害者救済が拡大した。（アメリカでは，こうした方向（＝過失責任主義至上からの脱却）が強まるには，ニュー＝ディール政策と，その下での連邦最高裁判所裁判官の刷新人事を待たなければならなかった）

　こうして，アメリカ法とドイツ法とを比較するときは二つの視点が必要となる。すなわち第一に，双方の法文化圏に見られる，理論・実務を，〈それらそれぞれが，どういう社会段階を背景としているか〉を考えなければならない。第二に，相当因果関係説の下でも実務で損害賠償が相対的に広く認められたのは，平井説にあるように〈相当因果関係説が「完全賠償主義を支える」という使命をもっていた〉ことの結果なのか，それとも〈当時のドイツ裁判所がゲルマン的連帯の傾向ないし社会法的傾向をもっていた〉こと（政策的判断）の帰結なのかを考えなければならない。

---

*165）　E.ドイチェ・H.-J.アーレンス『ドイツ不法行為法』（浦川道太郎訳，日本評論社，2008年）41頁。

相当因果関係説が〈もっぱら経済的自由主義を担うための理論として作られたもの〉であったのなら，平井がケメラーとともに批判するように，「損害賠償の範囲を限定する機能をほとんど果すことができなかった」ことは，この説の欠陥だということになる。しかし，それが不法行為において弱者救済（＝社会的連帯の立場から被害者を救済する立場）をも前提にして作られたものならば（あるいは，裁判所が被害者救済をも念頭に置いてこの説を調整しつつ活用してきたのであれば），「損害賠償の範囲を限定する機能をほとんど果すことができなかった」ことは，むしろこの説の成功を意味している。そしてこのことは，相当因果関係説を排斥せよとの主張には理由がない，とする方向に働く。

　もちろん，トレーガー説に見られるように，ドイツ損害賠償法は被害者救済だけで動いてきたのではなく衡平も重視してきた。また，不法行為における被害者救済の法理は，債務不履行では債権者保護の法理となる。債権者は経済的強者が多いから，ここでは上述の法理は反対方向に作用することになる。（しかし，判決数からしても，主眼は不法行為にあろう。債務不履行における弱者保護は，必要ならば別途，対策を講じるべき問題である）

　「損害賠償の範囲を限定する」実務を奨励しようとする平井は，上の点で，自分の立場をどのような歴史的位置に結びつけるのだろうか。

　【補説】　　因果関係に関して，次のことを付加しておきたい。平井は，conditio sine qua nonを「事実的因果関係」と呼び，相当因果関係説での因果関係を「法的因果関係」と呼んで両者を峻別している。平井は「事実的因果関係」は，「法的価値判断を含まないところの事実関係の科学的探求によって明らかにされ」るとする（136頁，445頁）。平井は，グリーンにならって，この「事実関係の科学的探求」を確認した後，「政策的判断」で帰責を具体化しようとする（「政策的判断」では，「過失」認定，「規範の保護目的・保護範囲」などの認定や，金銭的評価（裁判官の裁量に委ねられる）がおこなわれる）。以上の手続きに対して，相当因果関係説，それゆえ「法的因果関係」概念は，事実判断と政策的判断とを混同する構造になっている（139頁），と平井は言う。ここで平井は，事実と当為とは峻別すべきだし峻別可能だとする方法二元論的な思考を見せている。しかし，

　(a)　事実判断と政策的判断の混同は問題だとしても，両者が絡みあう部分の取り扱いこそ，法的処理には重要ではないか。たとえば，行為者の行為の結果，他人が病気になったり・死傷に至ったりすることが蓋然的である場合や，行為者や要因が種々の

かたちで競合している場合，また結果に複雑な連鎖関係がある場合には，「事実関係の科学的探求によって明らかにされ」る純粋な事実のどこまでを踏まえるべきかは，経験則や効果判断を加味した法的評価を前提にして初めて決まる。ここでは「事実」も，法的価値判断と結びついて初めて有意味化する。〈これらは「事実的因果関係」，それらは政策的判断〉といった二者択一では，そうした意味付与も，政策的判断を「事実的因果関係」や法的な枠によって規正することも，できなくなる（平井は，別の箇所（37-42頁）では，「因果関係概念が，人間の主観ないし価値判断の問題」であるとしている。この言説と，conditio sine qua non を「事実的因果関係」と呼びつつ展開する，上の言説とは，どう関係するのだろうか）。

(b)　加えて，上からも分かるし，平井も認めている（7頁以下）ように，相当因果関係があるとするのも，予見可能性があるとするのも，「規範の保護目的・保護範囲」であるとするのも，ある人に帰責させる場合のレトリック（法的表現）である。「相当因果関係がある」とか「proximate cause にある」とかと表現する人は，「権利をもつ」・「例文規定である」等と言う場合と同様，〈そこに評価的判断が入っていることに気づかず，事実と政策的判断とを混同している〉というわけではないし，「「相当因果関係」という一般的抽象的公式」（461頁）で片付けているわけでもない。常識を踏まえた連関づけや，衡平判断などの政策的判断を踏まえて〈こう処理すべきだ〉と判断した上で，それを「相当因果関係あり」という表現で処理しているに過ぎない（前述のように相当因果関係説は，もともと衡平確保を動機とした学説である）。〈予見可能性がないから，相当因果関係を問えない〉と表現する時に，「予見可能性」を「因果関係」の一要素としているわけではない（両者の異質性は自明である。平井本446頁をも参照）。だから，〈そうした言い方は，認識と政策的判断を混同し，「無用の混乱を招く」（120頁）から止めろ〉などとする必要はない（拙著（前掲注6））『法哲学講義』429・430頁参照）。

(c)　相当因果関係，予見可能性と「規範の保護目的・保護範囲」とは，ケースの特徴に応じて使い分けるべきもの，三つのフィルターとして併用しうるものであって，「どちらかにせよ」といった二者択一関係にはない。

7.3——後半部分： 不法行為法の基礎理論をめぐって

『損害賠償法の理論』後半部分（第4章以下）の主テーマは，日本民法709条（不法行為の基本条文）の解釈であり，中心的な論点は，損害賠償義務の成否にとって重要な，「違法性」と「過失」の位置づけである。平井は，違法性概念を廃し「過失」概念に一元化しようと提言している。その提言の根底にあるのはここでも，

日本民法学を「ドイツ民法学の呪縛」から解放しよう，という課題意識である。平井はこの立場から，次の3点を主張する。①日本はドイツから「違法性」概念を借用したが，それの機能は「特殊＝ドイツ法的」機能とは「全く異っていた」；ところが「権利侵害」の要件を拡大するためという「特殊＝日本法的」な違法性の機能は，判例が定着することによって「その役割を果し終えた」(382頁)。②「特殊＝ドイツ法的」違法性は，理論的な混乱をもたらしているし，硬直していて実務にとって不便である。③加えて今日，過失が客観化して違法性と融合するようになった(350頁)；したがって「違法性」は，もう必要ではないので，それに代えて英仏的・日本判例的な「過失」一元でいくべきである，と。

　これがここでの対独解放戦争向けの平井的戦略設定である。しかしここでも，戦闘の意気込みが，平井の記述に様々の問題を生じさせている。この点を見ていこう。以下では，**7.3.1**で「違法性」を，**7.3.2**で「過失」を考察する。

7.3.1　「違法性」をめぐる疑問点

(1)　問題の所在

　平井は，（実務上のみならず）民法学説上，日独間で「違法性」概念の機能が大きくちがうことを，繰り返し強調する：

　　「ところが，「権利」の拡大が「違法性」に求められたということは，わが国においては，「違法性」概念が言葉こそ同一でありながら厳密に区別さるべき二つの異なった機能を営んだことを意味する。すなわち，一つは，「権利侵害」の要件を拡大するという，特殊＝日本法的機能であり，他の一つは，「過責」と峻別・対置された意味における「違法性」という特殊＝ドイツ法的機能である」(364頁)。

　　「わが国における「違法性」概念の機能は明確でなく，要するに不法行為そのものが成立するか，あるいはしないか，という判断を表現するのと同じに用いられることが多いということが推測されるであろう。そうだとすると，その限りにおいてわが国における「違法性」概念は，ドイツ民法学にいわゆる違法性とはその機能を全く異にしていると言わなければならない筈である。なぜなら，すでに明らかにしたとおり，ドイツ民法学における違法性は——そうして本書で私が規定した「違法性」の意味は——過責（すなわち故意・過失）と峻別・対置されたところの，不法行為の成立要件の一つという意味を有するものだからである」(377-379頁)。

　　「くり返し述べたとおり，わが国における「違法性」概念は，「権利侵害」の要件を

拡大し，ドイツ民法八二三条一項の権利概念の制約から七〇九条を解放して統一的不法行為要件に復帰させる，という機能を果した。わが国における「違法性」の特殊な機能は，まさにここにあった。すなわちそれは，法律上のサンクションの受取り手をより精密に画定するという，ドイツ民法上の違法性——ことばこそ同一の「違法性」ではあるが——と全く異なっていたのである。しかし，「権利侵害」の要件の拡大が，判例・学説によって異議なく承認され，確立するに至ったとき，「違法性」のこのような機能はその役割を果し終えた。なぜなら，すでに考察してきたように，「権利侵害」の要件が限定的なものであるという信念（belief）が判例・学説において消失してしまった以上——そのことは不法行為法の発展傾向を考えればきわめて当然の現象であることは先に述べたとおりである——「違法性」の概念を，「権利侵害」に代えて理由づけに用いる必要は論理的になくなったわけである」（382頁）。

「違法性」の二つの機能の峻別論は，このように平井の立論において重要な意味をもっている。

ドイツの不法行為法は，「生命，身体，健康，自由，所有権その他の権利」（ドイツ民法823条1文）とあるように，基本的に絶対権侵害のみを保護法益としているのであるから——その他にドイツ民法823条2文（保護規定違反），826条（「公序良俗」違反）も問題になるものの——「「権利侵害」の要件を拡大する」余地は確かに狭い。この点は，日本民法709条の「権利」に「法的に保護された利益」をも含めさせようとした日本の不法行為法とは，事情を異にする。

だがこのことから，〈「違法性の概念を，「権利侵害」に代えて理由づけに用いる」というかたちで展開する「特殊＝日本法的」な違法性概念の機能〉を平井のように，「「過責」と峻別・対置された意味における違法性という特殊＝ドイツ法的機能」とは無縁で両者は「全く異なっていた」〉とするのは妥当だろうか。

平井も言うように，大学湯事件（損害賠償請求事件，1925（大正14）年11月28日大審院第三民事部判決）は，「権利」概念を拡大して被害者救済をはかる動きの始まりとなり[*166]，その動きは，とりわけ我妻栄の『事務管理・不当利得・不法行為』

---

*166) 大学湯事件判決において結論を導き出す重要な法命題は，民法709条における「権利」には，所有権や賃借権だけではなく，それらとは「同一程度ノ厳密ナル意味ニ於テハ未夕目スルニ権利ヲ以テスヘカラサルモ而モ法律上保護セラルルノ一利益ナルコトアルヘク否詳ク云ハハ吾人ノ法律観念ト其ノ侵害ニ対シ不法行為ニ基ク救済ヲ与フルコトヲ必▷

（1937年）において，「違法性」概念によって「権利」の中身を拡大する道の確立をもたらした（373頁以下）。これを平井は，「特殊=日本法的機能」だとする。

　しかしそもそもなぜ，「違法性」が「権利」概念を拡張する機能をもちえたのか。それは，日本法学者の，勝手な思弁ないしドイツ違法性理論の誤解，にもとづくものなのか。日本で「違法性」に依拠して「権利」概念を拡張する手法が出て来たのは，本家ドイツの違法性論（「過責」と対置された）に，そうした手法につながるものがあったからではないか。そして日本的な「違法性」の機能がドイツ的な「違法性」の根本から出てきたのであれば（また同様の機能がドイツにもあれば），平井のように「言葉こそ同一でありながら厳密に区別さるべき二つの異なった機能を営んだ」ということだけを強調するのは，二つの「機能」の連続性と，それらが一つの原理ないし思考を共有している事実とを無視する点で，妥当とは言えなくなる。

(2)　違法性の考察

　上の点に関する検討は，平井の本においてはおこなわれていない。平井においては〈日独二つの「違法性」は，相互に無縁である〉ということが自明の前提となっているからだ。そこでわれわれは，「違法性」の原理的考察をつうじて，この問題に迫っていこう。

　違法性は構成要件との関係において，19世紀後半にドイツで問題になった。それは，なぜか。これを理解するには，この時期において，しかもドイツで，「法律」と「法」とを区別する考え方が発達した，という事実を踏まえる必要がある。ドイツの近代法学においては，「法律」とは制定法のことである。「法」とは，「法律」＝制定法と，（慣習法および）制定法の根底にある法秩序とをともに含

要トスト思惟スル一ノ利益」，換言すれば，「吾人ノ法律観念上不法行為ニ基ク損害賠償請求権ヲ認ムルコトニ依リテ之ヲ保護スル必要アル」利益も含まれる，というものである。ここでおこなわれているのは，「権利」概念の——根拠を欠いた——拡張解釈である。ここではまだ，「違法性」の概念はない。この判決には，「法規違反ノ行為ヨリ生シタル悪結果ヲ除去スル為」とか「法規違反ノ行為ヲ敢シ以テ」という「違法性」に関わることばはある。しかしそれらは，上記のような（「権利」たりえない）利益を救済するためだけに使われているにすぎない。〈（「権利」たりえない）重要な利益に侵害も「法規違反ノ行為」，すなわち違法な行為であるとして，そのレヴェルで侵害されたことを理由に救済できる〉との議論は，まだ出ていない。以上の点は，平井が指摘しているところでもある。

んだ概念である（以下では，この，法秩序の面のみを「法」と呼ぶ）。構成要件とは，上記「法律」（とくに刑罰法規のこと。しかし不法行為法・債務不履行の諸規定も，この概念に含まれる）において明記されている行為類型である。或る行為を犯罪ないし不法行為であると判断できるためには，その行為が——形から見て——「法律」の規定に抵触する（＝構成要件に該当する）ことがまず必要である。しかし，それだけで犯罪ないし不法行為となるわけではない。それだけで有罪とするのであっては，あまりにも形式主義である。

そこで，次には，その行為が法生活上の基本的必要性・法感情・正義観念（法秩序上の妥当性）に照らしてどう位置づけられるかを判断する必要がある。「法律」の規定に形の上では該当しても，「法」（法秩序）に照らして（＝実質的に見て）許容される場合，問題ではなくなるからだ。この第2段階では，審査は，次の[167]3点についておこなわれる。

(a) 「法」（法秩序）が許容している限度を逸脱する行為態様であったかの行為無価値の問題。これには，(a-1) 社会が嫌悪する，あるいは脅威を感じるような態様の加害行為であったか，ないし悪質な意図（公序良俗違反・権利濫用を含む）による行為であったか，(a-2) 逆に言えば行為者の行為は，社会が受け入れる，あるいは本来社会にとって有益である，行為であったか，(a-3) 善意の下におこなわれたか，(a-4) 行為者は害発生・害拡大の防止に努力したか，などが含まれる。

(b)法生活（法秩序）上で害とされる結果を行為者の行為はどの程度招いたか，別言すれば，その害は許容されている限度を逸脱しているか（社会にとって危険と言えるほどの害であったか）の結果無価値の問題。これには，(b-1) 被害が，

---

*167)　違法性判断，その根底にある〈「法律」と「法」の区別〉は，正義の2要素に関係してもいる。筆者が本書第1章で述べたように，正義には，①「ルール正義」と，②「帰属正義」と，③「価値適合正義」とがある。①は，ルール，法律に従って判断することであり，これは社会の側から（秩序維持の観点から）見て必要となる。しかし，法生活における正義はまた，各人を各人にふさわしく扱うことを求める。各人の正当な権利・利益を各人に保障すること，各人に値する罰を科すことである。構成要件該当性は①に関わり，違法性は①および②に，責任の判断は②に関わる。法律に形式的に合致していても，行為者の行為に社会的に見て問題がなかったり，行為者に責任能力がなかった場合には，つまり①があっても，②が欠けておれば，罪に問わない。〈構成要件該当性－違法性－責任〉の3段階判断は，すぐれて正義の問題に関わっている。

社会生活上求められている我慢の限度（受忍限度）を超えているか，（b-2）ある危険を被害者本人があらかじめ受け入れていたか，なども含まれる。（aと関連して，行為者の行為が社会にとって本来有益であれば，被害者が我慢すべき限度も大きくなる，という事情もある）。

(c)法生活（法秩序）が求める予見義務および結果回避義務を履行したか，も問題となる。

これらは構成要件そのものを検討しても出てこないのであって，別の観点からの考察を必要とする。[168]これら第2段階の審査をおこなっているとき，人は，「法律」を超えて法生活（法秩序＝「法」）を念頭に置き，それに照らして考察しているのである。[169]

そしてこの思考は，逆転されることによって，〈「法律」に規定がなくとも，すなわち既成の構成要件には該当しなくとも，法生活・法秩序＝「法」が許容しない，有害の行為がある〉という判断を可能にする。[170]その際には人は，違法性判断に導かれて，犯罪・不法行為類型を創り出そうとすることになる。

---

[168]　そしてこれに加えてさらに第3段階として，その行為者に責任を問うことができるかを，その行為者に即して審査する。①責任能力があるか，②故意あるいは過失を伴った行為であったか，③そういう行為をしないことが期待できる状況にあったか（期待可能性）等々の検討である。

[169]　佐伯の次の指摘において，「受命者なき規範」（ないし「規範」・「評価規範」）がわれわれの「法」に対応し，「命令規範」（ないし「命令」）がわれわれの「法律」に対応する。「メッガーは出発点として，「受命者なき規範」（adressenlose Norm）〔と命令とを〕を対比させる。規範は概念的明確さにおいては，ただ非人格的当為（unpersönliches Sollen）で，受命者のあることはそれにとって本質的要件ではない。法的規範はまず第一に評価規範であって，一定の客観的社会状態に向けられており，ただその後でさらに論理的手続きを経たうえで，命令規範としての性質を受取るのである。このような規範と命令の分離は，抽象的独立性における規範に関する記述と，規範実現手段（命令）に関する記述とを純粋かつ明晰に区別するための必然的思考条件なのである。」佐伯千仭『刑法における違法性の理論』（有斐閣，1974年）87頁。

[170]　この思考がまた，刑法38条3項「法律を知らなかったとしても，そのことによって，罪を犯す意思がなかったとすることはできない」の規定の根底をも成す。佐伯が言うように，「行為者は法の明文特に刑罰法現の条文を知っている必要はない。しかし，少なくとも自分の行為が社会的共同生活のうえで許されないものだということの意識は有しなければならない」（佐伯（前掲注162））『四訂　刑法講義（総論）』252頁）。すなわちここでも，条文と，その根底にある法秩序との二項関係が基底となっているのである。

これは，刑法では道義的刑法学，すなわち〈刑法規定にはないが，法生活上（＝道義上）許されざる行為であるから〉として，既存の刑法規定の類推適用ないし法意適用によって罰する立場になる。これは，近代刑法では許されない立場である。

　しかし民法では，同様の発想が，〈厳密には権利には該当しないが，法生活が大事にしている利益を損なった行為であるから，その行為者は損害を賠償する責任を負う〉という発想となる。これが，「権利」を「法的に保護された利益」をも含むものとして拡張解釈する際の思考であり，それはまさに，この意味での「違法性」と結びついた思考によって可能となるものなのである。[*172]

　以上のように考えると，大学湯事件において，あるいはその後の判決において，違法性の概念と，構成要件的「権利」を「吾人ノ法律観念上其ノ侵害ニ対シ不法行為ニ基ク救済ヲ与フルコトヲ必要トスト思惟スルノ利益」へ拡張することとが並んで出てくるのは，けっして偶然ではない。その後の日本の判決や学説において，違法性の概念がもっぱら「権利」概念の拡張のために使われたのは，ドイツの概念を恣意的に借用した法的構成，あるいはドイツの違法性概念を誤解して使った法的構成，によるものではない。

　違法性概念は，〈法秩序のなかで何が法的利益とされているか〉というかた

---

*171)　ドイツでこの，平井の言う「特殊＝日本法的」思考を鮮明に出したのは，ソラヤ事件判決（Soraya Beschluss, 14. 02. 1973, BVerfGE 34, 269）である。ここでは，法律（Gesetz）と法（Recht）が区別され，法律によって保護された「権利」に留まらず，それを「法」概念に依拠して拡張解釈していくことが進められている。

*172)　日本民法709条の旧規定は「故意又ハ過失ニ因リテ他人ノ権利ヲ侵害シタル者ハ之ニ因リテ生シタル損害ヲ賠償スル責ニ任ス」となっていた。①明文で保障されている「他人ノ権利」を侵害した場合には，構成要件該当行為に当たるとして，次いで違法性判断，そして責任判断をおこなうことになる。②明文で保障されている「他人ノ権利」に該当しない場合には，まず違法性判断をおこない，〈法秩序によって保護されている利益〉の侵害＝違法性があるかどうかを審査し，それによって構成要件の「権利」を拡張適用することになる。「違法性二元論」はこの発想に関わる。我妻理論では，これら①と②の手続きの区別がつきにくい。なお，民法709条は2005年の改正によって「故意又は過失によって他人の権利又は法律上保護される利益を侵害した者は，これによって生じた損害を賠償する責任を負う」となった。しかし，これによって上記の二元的把握は不要になったのではなく，何が「法律上〔法的に，法秩序に照らして〕保護される利益」なのかには，法秩序違反＝違法性判断が欠かせない。

第7章　法解釈論と法の基礎研究：平井宜雄『損害賠償法の理論』考　219

ちで考えることによって，[A]「権利」侵害の中身を，単に「法律」に「権利」
と規定されたものに限らず，「法」（法秩序）に照らして保護すべき利益にまで
広げる機能，および逆に，[B]「法律」構成要件に抵触する行為であっても，
法秩序に照らせば許されることを理由にして制裁を加えない機能（違法性阻却
の問題），をともに可能にする思考をもっていた。[A]の「権利」拡大機能と[B]
の違法性阻却の機能とは，同じ原理の思考が現象したものである。平井が言う
ところの，違法性概念の日本的用法（権利概念拡張目的の使用）は，実はドイツ
の違法性概念が基底にしている思考（＝「法律」と「法」の区別）を展開させて
得た思考である。違法性概念の，日本的機能とドイツ的機能とは，一つの思考
の両面なのである（しかも，実際には両機能は，日本のみならずドイツでもともに活
用されている（注171）。この事実もまた，上のことの証左である）。

　日本において末川博が『権利侵害論』（日本評論社，1944年）でおこなった問
題提起は，まさにこの[A]・[B]の両機能の一体性に関わっている。現に末
川は，次のように言っている：[*173]

　　「今日の法律制度の下では，部分的の法律秩序は権利として現われることが多いの
　　であるから，不法行爲もまた権利侵害を伴つているのが普通である。しかし，命令的
　　法規によつて権利と關係なしに違法という評価が爲され，また顯現的法規の欠けてい
　　る場合に公序良俗に反するというので違法という評価が爲されることも決して少くは
　　ないのだから，権利侵害を伴わない不法行爲も稀ではない」（314-316頁）。

　上の「権利侵害を伴わない不法行爲」こそ，構成要件上「権利」と明記され
ている利益の侵害ではないが，法生活で大事にされている利益の侵害なので違
法性を帯びる（「顯現的法規の欠けている場合に公序良俗に反するというので違法とい
う評価が爲される」）行為のことである。末川は，この（法律と「法律秩序」＝「法」

---

*173)　佐伯は，筆者と同様，次のように言う。「民法の不法行為は「……により自己又は
　　他人の権利を侵害したる者は……」といって（七〇九条），権利侵害を要件とするだけで
　　制限列挙的でなく包括的である。故に従来「いかなる権利が侵害せられたか」が問題と
　　され，そこから不法行為の客体たる権利をカズイスティシュに数え上げるという仕方が
　　とられた。これを克服して，現実に妥当する法秩序が反価値的とする行為（すなわち，
　　公序良俗に反する行為）は一切不法行為だとしたところに末川教授の「権利侵害論」の
　　功績があるであろう。」佐伯（前掲注169）『刑法における違法性の理論』124頁。

との区別に対応する）〈構成要件と違法性の区別〉の観点から，構成要件上の「権利」を逆照射して「権利」を拡張解釈し，〈違法性に当たる行為によって，他人の（「権利」化される前の，法生活上）正当な利益を侵害すること〉をも不法行為としたのである。

　末川のこのような思考の根底を成しているのは，リスト（Franz v. Liszt）に代表される，「實質的違法」をめぐる次のような——ドイツ——思考であった：

　　「違法という評価の標準を求めるのに，一方では實定的な法律の内においてすると共に，他方では法律の拠つてもつて立つている支盤たる社会文化財の内においてする見解である。この見解にあつては，違法自体を基点としていうならば實定的な法律規範に違反するという意味においての形式的違法（formelle Rechtswidrigkeit）と社会の共同生活を實質的に害するというような意味においての實質的違法（materielle Rechtswidrigkeit）との二が，区別して認められることになる」（同上200頁）。

「形式的違法」が構成要件上「権利」と明記されているものの侵害行為に，「實質的違法」が「社会の共同生活を實質的に害する」もの，すなわち法秩序違反＝違法性に該当する行為に，関わることは明らかだろう。

　平井が上記のように「特殊＝日本法的機能」の開祖とする我妻栄も，上記の二つの「違法性」の機能をともに前提にしており，それゆえ 2 機能をともにもたらす基本思考を基底にしている：

　　「私も亦権利侵害なる要件は加害行爲の違法性あることを意味すると解する説に從ふ。然し，違法性の有無は超法規的価値判断の問題であるから，一方その内容の硬化せざることを努むべきであるが，同時に，その判断の擅恣となることを厳にいましむべきである。かかる目的の下に，我々は違法性決定について一応の準縄を定める必要がある。そして，私は，これを被侵害利益の種類と侵害行爲の態容との相關々係に於て考察するを至當なりと思ふのである。我々は社會生活に於てその生存繁築の手段として各種の生活利益を有する。而して法律は，その理想に基き，その利益の有する社会的意義に応じて一定の範囲に於てこれを権利として保護する。然るに，その権利として保護する利益の範囲は社会の生活關係の推移と時代の法律理想の進展とによって不断に変遷するものである。〔……〕既存の法律体系に於て絶対的な権利と認められるものを法規違反の行爲によつて侵害するときは違法性は最も強くなる。又新なる社会關係の裡に生成しつつある権利を権利の行使によつて侵害するときはその違法性

は最も弱くなる。従つて，権利としての対世的効力弱きか又はその内容の漠然たるものについてはその侵害行為の態度が特に考慮せられねばならないことになる」（『事務管理・不当利得・不法行為』復刻版，日本評論社，1988年，124-126頁）。

　この引用部分にある「私も亦権利侵害なる要件は加害行為の違法性あることを意味すると解する説に従ふ」とは，本来は上記（本書220頁）の［B］の違法性阻却の機能に関わる。しかしこの考えを裏返すと，「権利としての対世的効力弱きか又はその内容の漠然たるものについてはその侵害行為の態度が特に考慮せられねばならないことになる」となる。しかも我妻においても「権利」は，法生活上の利益（「生活利益」）の一部を法認したものであった。そこで，〈「その侵害行為の態度」＝「違法性」がかなり強ければ「侵害行為」になる〉というかたちで，上記［A］の「権利」拡大機能が出来する。したがって，我妻においても両機能は密接に連関しあっている。平井が言うようには，〈上記［A］が日本特有でこれだけが一人歩きしており，それはドイツ特有の上記［B］の概念とは無関係であった〉というものではない。
　我妻において，「超法規的価値」の「超法規的」とは，「法」（そのうちの法秩序）のことである。すなわち我妻も，「法律」に規定された「権利」を，「法律」を越えて「法」の観点から考える姿勢を基底としており，①考察対象となる利益を「法」＝法秩序がどれだけ尊重しているか，②それゆえ，その利益の侵害を，侵害の重大さと侵害態度の危険度にかんがみてどれだけ法秩序への脅威として受け止めるか，に焦点を合わせて［A］・［B］を使っている（ドイツにおける我妻的な動き（「法」の観点からの権利侵害認定）については，注171）参照）。
　これら日本不法行為論・違法性概念の開祖の思考が，どうしてドイツ不法行為論・違法性概念の思考と無縁だろうか。確かに，条文の構造が違えば理論・概念が異なった機能を見せることはありうる。しかし，機能の根底にある思考・理論が連関しておれば，機能自体についても「全く異なっていた」との評価に留まっていることはできない。また，（「権利」概念を拡張する）日本的機能が無用となったとしても，違法性阻却などドイツ的機能が日本で使えなくなるわけでもない。加えて，後述のように（232頁以下），今日では「違法性」の日本的機能が再び重要になりつつあるのでもある。

⑶　平井の「違法性」理解

　では，そもそも平井自身は「違法性」をどうとらえているのだろうか。平井
の「違法性」理解の態様は，「違法性」概念が基底においている〈「法律」と「法」
との区別〉の有無から明らかとなる。平井は，「法」ないし「法規範」という
語について，次のように語っている：

　　「社会集団内部に，サンクションの最も究極的な手段である物理力を独占する政治
　　権力が成立するに至った段階では，政治権力は，社会集団の構成員の行動を統制する
　　ために「規範」を命題文章の形で予め作出し，それを妥当（社会学的に表現すれば，
　　規範文章が指示する事態からの逸脱に対してサンクションを発動せしめる可能性の存
　　在）せしめることが可能となってくる。特に国家と呼ばれる社会集団においては，こ
　　のことは普遍的な現象である。「法」ないし「法規範」という語は，このような国家
　　権力によるサンクションを伴う文章の形に構成された規範を指示することが多い。
　　　「違法性」ということばは，第一次的には「規範」ないし「法」に関する右のよう
　　な社会過程のうちで，一定の状況における一定の確立された行動の型からの逸脱とそ
　　れに対するサンクションの発動──特にサンクションが「法規範にもとづいて発動さ
　　れると観念される場合──という一連の社会過程を指示ないし表象することば＝概念
　　である。そして，「違法性」の「本質」をめぐる種々の論議は，──諸の社会的・
　　歴史的・思想的背景のもとに──右のような一連の社会過程の或る側面に重点をおい
　　て眺めるという，またはその或る側面に着目してそれをより精密に表現しようという，
　　観点ないし工夫の差異をめぐる論争にほかならなかった，と思われる。
　　　たとえば，「違法性」の「本質」は「権利侵害」にあるのか，それとも単なる「法益侵害」
　　で足りるのか，という論議は，右の過程のうちで「規範」を成立させる基礎となる一
　　定の利益にともに焦点をおきながら，「権利」という歴史的思想的背景──自然法的
　　人権思想──を有する用語慣習にしたがって，表現するか，あるいはそのような用語
　　慣習とは異なった背景──実証主義的思想──に立って表現するか，という差異にす
　　ぎないように思われる」（329-330頁）。

　上記で，「政治権力は，社会集団の構成員の行動を統制するために「規範」
を命題文章の形で予め作出し」とあり，また「国家と呼ばれる社会集団」によ
って「サンクションを伴う文章のかたちに構成された規範」とあるところの「規
範」とは，明らかに「法律」（制定法）を意味している。そうだとすると，「「法」
ないし「法規範」という語は，このような国家権力によるサンクションを伴う
文章のかたちに構成された規範を指示することが多い」という言明における，

第7章　法解釈論と法の基礎研究：平井宜雄『損害賠償法の理論』考　223

「「法」ないし「法規範」」とは，「法律」を指していることになる。明らかに平井はここでは，「法律」と「法」との区別を弁えないで議論している。

このような区別を欠いた思考では，上述の「社会の共同生活を實質的に害するというような意味においての實質的違法」をとらえることも，困難となる[*174]。「法律」と「法」の緊張関係を前提にしないこのような思考から出てくるのは，せいぜい，末川が言うところの「實定的な法律規範に違反するという意味においての形式的違法」でしかないだろう。違法性は，ここでは「法律」との関係でのみ把握されるからである。末川らの「實質的違法性」は，違法性を「法」（法秩序）との関係で考えないと，見えてこないのだ。

実際，平井の「違法性」概念は，次のようなものだ：平井は，上のところで，「「違法性」ということばは，第一次的には「規範」ないし「法」に関する右のような社会過程のうちで，一定の状況における一定の確立された行動の型からの逸脱とそれに対するサンクションの発動——特にサンクションが「法規範にもとづいて発動されると観念される場合——という一連の社会過程を指示ないし表象することば＝概念である」としていた。つまり平井は「違法性」を，「確立された行動の型からの逸脱」（すなわち法律違反行為）に対して，「法規範にもとづいて発動される」（すなわち法律違反を根拠にして国家が行使する）ところの，「サンクションの発動」である「一連の社会過程を指示ないし表象することば＝概念」だと理解している。「サンクションの発動」とは，刑事では科刑のことであり，民事では損害賠償等を課すことであるが，そうした社会過程を「指示ないし表象することば＝概念」が「違法性」だとするのであれば，「違法性」とは，「法律」違反に対し科刑するないし賠償を課す関係だということ（法律に反しているから違法だ，と考えること）になる。

これは，「違法性」の，意味ある定義だろうか。このような「違法性」概念では，その概念の独自性を構成要件と差異化すること，それと関係づけて意義を明確

---

*174)　違法性を理解する上で法・法秩序と法律の区別が重要なのに，その認識がないという点は，平井だけの問題ではない。それは，日本民法学に広く見られる。たとえば錦織成史の論文「違法性と過失」（星野英一編『民法講座』第6巻，有斐閣，1985年）は，日本における理論史を克明に追った重要な著作であるが，ここでも，末川の理論について，本文に示したような区別に立った分析はなされていない。

化すること，はできなくなる。

　このような「違法性」概念を用いるなら，「違法性」を法秩序（「法律」でなく）のなかに（＝行為をその客観的態様において独自に）位置づけられないため，後述するように過失が客観化し始めたことを理由に，〈違法性と過失の区別は要らない；過失概念だけで十分だ〉との主張が出てきて当然というものでもある。

　どう定義しようと論者の勝手だ，ということかも知れないが，しかし平井の本はこれまでの違法性論をどう理解し克服するかをテーマにしているのだから，それらと取っ組み合える「違法性」概念を踏まえるべきだったのである。

　上述のように，これまでの違法性論における「違法性」とは，刑を科したり損害賠償を課したりする時，〈構成要件上は（＝「法律」によれば）科刑すべき，あるいは損害賠償を課すべき行為だが，はたして法生活上（＝「法」に照らせば）そうした制裁に本当に値するか〉の観点からチェックするのに欠かせない概念である。ところが，以上に見た平井の，「法」と「法律」未区別の思考，および「違法性」とは「サンクションの発動」だとする思考では，そもそも日独の違法性概念がどういう思考から産み出されたのか理解できないし，それゆえ日独二つの違法性の機能を相互に連関づけることも，もともとできない。平井はまた，日本の「違法性論」に中身がなく混乱していると言うが，中身がなく混乱していると見えるのは，そのように言う側の概念に問題があるからではないか。

　平井の次の三つの言明も，「違法性」理解の不十分さを物語っている。

　（ⅰ）　平井は，末川の『権利侵害論』について言う：

　　「末川博士によれば，法規の発現形式には許容的法規と命令的法規とがあり，権利とは「許容的法規の主観化された形態」と定義されるから，権利侵害以外に命令的法規違反という違法形態が論理的に導かれることになる。そして，法律秩序はこれら顕現的法規に尽きず，公序良俗違反という違法の形態もあり得る。こうして七〇九条の権利侵害とは違法性の徴表だという主張が生れてくるわけである（『権利侵害論』二九四頁以下）。きわめて概念的であり，一種のトートロジーが含まれているように思われる」（375頁注15）。

　末川は，〈法秩序（末川『権利侵害論』の言う「法律秩序」）が尊重する利益を侵害する行為は違法である：民法709条は，そうした行為の一部を権利侵害として明文化した；したがってこの明文規定は，違法性の徴表にすぎない（違法性

の一部分が明示された規定）〉と考える（我妻も同様であった。221-222頁）。ところが平井は，「法律」のレヴェルとは別の，法秩序＝「法」のレヴェルで考える発想をもっていない。だから，末川が法秩序＝「法」のレヴェルから709条を見て「七〇九条の権利侵害とは違法性の徴表だ」と言うこと（上の引用文中にあるように「公序良俗違反という違法の形態」を念頭に置くこと）が，平井には「きわめて概念的」だとしか見えないのである（そもそも，「法律」とは別に「法」を考えることが，平井には「きわめて概念的」に映るのである）。

　「七〇九条の権利侵害とは違法性の徴表だ」という末川の命題が平井には「トートロジー」だと見えるのも，上の事情と関わっている。違法性を法秩序＝法のレヴェルで考える，末川的な（ドイツ的な）思考を踏まえないと，平井的に〈違法性とは「法律」（＝制定法）──それとは区別された「法」ではなく──に反して行為することだ〉と考えるほかなくなる。すると「七〇九条の権利侵害とは違法性の徴表だ」は，〈709条に規定されている権利を侵害する行為は，709条という「法律」の規定に反して行為すること＝違法に行為することだから，違法〔性の徴表〕だ〉と解することとなり（「徴表」の語が消えてしまうのである），トートロジーが現出する。[*175)]

　(ⅱ)　平井は先の引用部分で，「「違法性」の「本質」は「権利侵害」にあるのか，それとも単なる「法益侵害」で足りるのか，という論議は，右の過程のうちで「規範」を成立させる基礎となる一定の利益にともに焦点をおきながら，「権利」という歴史的思想的背景──自然法的人権思想を──有する用語慣習にしたがって，表現するか，あるいはそのような用語慣習とは異なった背景──実証主義的思想──に立って表現するか，という一差異にすぎないように思われる」と述べていた（320頁）。すなわち平井は，(a)「権利」概念にこだわる立場は「歴史的思想的背景──自然法的人権思想──を有する用語慣習にしたがって」いるものだとし，他方，(b)「「法益侵害」で足りる」とする立場は「その

───────────────

*175)　平井は，328頁でも，「「違法性」の定義を与える学者も，結局のところ，それは「法秩序の違反（Widerspruch）」というふうな形式的かつ同語反覆的説明を与えるにとどまっている」と述べている。これが平井に「形式的」で「トートロジー」だと見えるのは，平井がここでも，引用文中の「法秩序の違反」を，(「「法」の違反」ではなく）「「法律」（＝制定法）の違反」の意味にしかとらえていないからである。

ような用語慣習とは異なった背景——実証主義的思想——に立って表現」したものだとしているのである。だがこの見方は，次のように事実と正反対であり，「法」と「法律」の区別が平井に欠けている事実を物語っている：

(a)の「権利」にこだわる立場とは，法律が「権利」と規定したもののみを「権利」とする立場のことであるから，法律の文言，すなわちまた構成要件，にこだわる点で，法律「実証主義的思想」に結びついている。これに対して(b)の「「法益侵害」で足りる」とする立場とは，法律を超えて法生活（法秩序）を考え，何がどこまで許されるかを判断しようとするものである（この考え方が，法律を超えて法生活（法秩序）を考え，何がどこまで許されるかを判断しようとする点で，違法性の思考と結びつく）。こうしてそれは，「公序良俗」の思考や「衡平」の思考とも共通し，第一には，法社会学的な思考と結びつくものであり，第二には，「自然法的人権思想」とまでは言わなくとも，それとも連関しうる，法道徳論的（条理論的）ないし自然法論的な思考と結びつくものである。これは，法律実証主義ではないし，学問的な「実証主義」でもない（上の法社会学も，実証主義的なものもあればそうでないものもあるのだから，実証主義そのものだとは言えない）。

(iii) 平井の「違法性」把握の問題性は，ドイツ民法の「権利侵害即違法性」を次のように位置づけるところにも現れている：

> 「このような「権利侵害即違法性」という命題はどのような思想にもとづくものであろうか。それは，おそらく「権利」という・歴史的に形成された——それは社会の存立に不可欠な利益を中心に構成されてきたものであろう——ある程度明確な外延を持つところの利益はきわめて強い程度に保護されなければならず，したがってそれに対する侵害には直ちにサンクションが発動されなければならない，という社会的要請ないし信念の存在にもとづくものであろう。そのことは，反面として「権利」と呼ばれるところの一定の利益の追求は個人の自由に委ねられていることが保障されていること，を意味する。すなわち，「権利侵害即違法性」の命題は，——後に述べる過失責任の原則と相まって——まさに経済的自由主義のイデオロギー的表現にほかならないと思われるのである」（344頁）。

見られるように平井は，ドイツ民法823条1文が「権利侵害即違法性」の考え方をとっていることについて，「経済的自由主義のイデオロギー的表現」だとする。

まず，平井のここでの「経済的自由主義」の中身を確定しよう。平井は，それが「過失責任の原則と相まっ」たものだとしている。過失責任主義が経済的自由主義のイデオロギーとなったのは，前述のようにアメリカの1900年前後（＝ロックナー判決時代。Cf. Lochner v. New York, 198 U. S. 45（1905））においてである。この時代においてそのイデオロギーが保護したのは，行為者（たいていは企業である）の自由である。実際，企業は，〈過失がない限りは，他人に害を加えても責任を負わない〉というかたちで広範な経済的自由を享受した。「権利侵害」を過失責任で狭めたのである。

　では，平井が言うように「権利侵害即違法性」の原則は，本当にそうした「経済的自由主義のイデオロギー的表現」だろうか。「権利侵害即違法性」の原則は，第一に，「経済的自由主義」よりはるかに旧い時代の観念にもとづく原則である。

　「権利侵害即違法性」とする考え方は，加害に対する人間の素朴な（直接的な）反応を反映しているものであって，それゆえ古い時代の法感覚，すなわち古代ローマや古代ゲルマン，中世・近世の貴族や農民の観念——フェーデや決闘に結びつく——に見出される。近代初期（＝古典的権利論の時代）においても，それは，権利者を加害行為から護る視点からのものとして機能した。

　「権利侵害即違法性」の原則は，第二に，近代後期以降，「経済的自由主義」を社会的に修正する働きをも期待されて支持された。すなわち，

　①　それ以前の，近代初期においては，たとえ他人の権利に対する侵害があっても，それが権利の行使の結果であれば「即違法性」とはならない，という状態が19世紀遅くまで続いた：たとえば，フランスでも，19世紀遅くまでは，他人に損害を加えても，〈非行（faute）がないから不法行為に当たらない〉とされた。その背後にあったのは，「自分の権利を行使する者は，何人に対しても不法を行うものではない」とか，「自分の権利を行使する者は，何人をも害することはない」という，古代ローマ法以来の発想であり，また「所有権の絶対性」の観念である。例えば，フランス民法典544条は「所有権は無制限絶対に物を利用し処分する権利である」と規定しており，したがって<u>自己の所有権を行使して他人の権利を侵害しても，「即違法」とはならなかった</u>。

　②　ところが，19世紀後半に入ると，フランスでシカーネ禁止の復活を説く学説が活性化し始める。その影響を受けた判決が出始め，シカーネに当たる

「権利侵害」を権利濫用として「違法」化し始めた（1855年 5 月 2 日のコルマール Colmarの裁判所の判決がその嚆矢である）。

　③　そして20世紀に入ると，こうした考えが立法化され始める。たとえば，ドイツ民法（1900年）226条は，「権利の行使は，それが他人に損害を加える目的のみを有する場合には，許されない」規定した（ドイツ民法第一草案（1888年）は，この原則を採用しなかった。しかし，ギールケの批判などが通って，ドイツ民法に採用されたのである）。またスイス民法（1912年） 2 条 2 項は，「権利の明白な濫用は法律の保護を受けない」と規定した。ここには，単なるシカーネ禁止の復活を越える方向が出ている。

　産業革命後の経済的自由主義期には過失責任の原則によって企業保護が進行し，その後，現代が近づくにつれ，他者の権利保護，その観点からの法秩序維持が前面に出たのである。「権利侵害即違法性」の原則もこの現代における並行現象であって，被害者保護，その観点からの法秩序重視の姿勢である（近代初期には，過失責任の原則と「権利侵害即違法性」の原則とが共存していたが）。

　以上を踏まえると，「権利侵害即違法性」の考え方は，平井の説明とまったく別方向のところに求められるべきことになる。たとえば，次のように，である。すなわち〈人々は，ある種の利益の保護をきわめて重視し，その姿勢を法律上に「権利」として明記するかたちで表明した；したがってそうした権利（絶対権）を侵害する行為は，重大な秩序違反行為として人々の反発を招く；このため，そのような権利に対する侵害があれば，違法性が即，推定されるのである〉と。[175a]　末川が『権利侵害論』で，「法律が是認することを得ないような行為即ち法律秩序を破るの故をもつて，違法と評価さるべき行為を表わすために，権利侵害を挙げているのである。この意味において，私は，ここに権利侵害というのは違法の行為の徴表たるにとどまると考える」（303頁）と述べているのは，このことを別の角度から描くものである。「違法の行為」には，「徴表」として（すなわち「法律」化されたもののレヴェルで判断し，）「権利侵害即違法性」で処理されるものと，それに留まらずに「法」のレヴェルに入って（その一部が「徴表」

───────────────

　*175a)　最近における，権利重視，権利侵害の違法性強調の動向──「経済的自由主義」とは正反対の動向である──については，吉村良一「不法行為法における権利侵害要件の「再生」」（『立命館法学』2008年 5・6 号）参照。

される，広範な本体について）違法性を考えることにより確認されるものとがある，ということである。

7.3.2 「過失」一元化論の疑問点

(1) 「過失」一元化論の理論的問題点

　後半部分における平井の第二の柱は，（「特殊＝日本法的」な違法性概念を拒否するだけでなく，さらに）ドイツ的な違法性概念をも拒否し，それにとって代わるものとして「過失」概念（fauteに当たる，違法性と過失が未分化な概念（社会の義務に反した行為によって他人に損害を加えること）。したがってこれは，「過失」と呼ばれねばならないものではない。以下，この平井的概念をカッコ付きで「過失」と記す）を導入しようとする提言にある。

　「実務の中から理論を探求するのを基本的方法」（457頁）とする平井は，日本の判例において過失概念が「注意義務」（予見義務と結果回避義務）違反というかたちで客観化し，したがって違法性と責任とが重なっているという認識を基盤にする。平井はこれを踏まえて，これまで支配的であったドイツ的な〈構成要件—違法—責任〉の3区分は排除しなければならないとし（加えて，日仏英的な統一的要件主義下では3区分は無用だともし），その立場から，新しい「過失」概念を軸にした法解釈学説を提唱する。しかしこの提唱にも，いくつかの問題がある。

　第一に，次の箇所がそうである。

　「「違法性」概念自体が，判例上——そして現実には通説においても——機能を失っていることは前述のとおりであったが，それに加えて右に掲げた事情を考えるならば，理論上もあえてドイツ民法の意味における「違法性」概念を定立することの根拠は全く乏しいと言ってよい。

　さて，そうだとすると，わが国においては「違法性」と「過失」とを区別することは理論的に無意味である，と言うべきである。「違法性」と「過失」との区別は決してアプリオリに受け入れうるべき「理論」ではない。それは特殊＝ドイツ的概念と称すべきものなのであり，それがわが国に自明のごとくに受け継がれてきたのは，ドイツ民法学の呪縛と言うべきであろう。日本の不法行為法は日本の判例・学説の現実の姿を直視し，そこから構築さるべきである。そうだとすると，判例の上で「違法性」

という語があまり用いられていない，という事実，そして何よりもドイツ的意味にお・・・
ける違法性が理論的な混乱をもたらしている，という事実を考えるならば，「過失」・・・・・・・・
ということばを用いたほうが無難であろうと思われる。すなわち，ドイツ民法の意味
における違法性と過失とをともに含む機能を有する概念がわが民法における「過失」
にほかならない。このように言うことは，これまでの体系書的思考に慣れた者にとっ
ては奇矯にひびくかもしれない。しかし，後に述べるようにフランス民法におけるフ
ォート（faute），英米法におけるネグリジェンス（negligence）は，まさにこのような
意味における「過失」なのである。統一的不法行為要件である日本民法七〇九条にお
ける「過失」が右のような機能を有するに至ったことは，比較法的にみても何らあや
しむに足りない，と言うべきである」（395-397頁）。

平井がここで表明している，「判例の上で「違法性」という語があまり用い
られていない，という事実，そして何よりもドイツ的意味における違法性が理
論的な混乱をもたらしている，という事実を考えるならば，「過失」というこ
とばを用いたほうが無難であろうと思われる」という言明は，本書後半部分
での平井の立場の主軸に当たる。しかしそれは，（前述のように「特殊＝ドイツ的」
の認識が誤っていることの他に，）いくつかの論理飛躍の上に成っている：

（i）　日本の判例上，過失が「違法性」化し，「理論的な混乱」が生じ，また「判
例の上で「違法性」という語があまり用いられていない」という事実から，〈そ
ういう語を法学も使うな〉と言う当為は，直ちには出てこない。それには，〈法
学は判例の動向に忠実であれ。判例を批判するよりも，判例に追随せよ〉とい
う立場選択が別にあって，それが介在する必要がある。この立場選択は，しか
し誰もが共有するものではない。[*176)]

---

*176)　平井は，解釈学説と実務の関係について次のように言っている。「およそ解釈学上
　　の議論というのは，常に裁判を念頭において裁判に奉仕をするためのものであるはずで
　　すけれども，実は奇妙なことに，損害賠償に関するかぎり，学者のそれまでの議論は，
　　そういう役割を全く果たしてこなかったと思われます。」平井は，学説が「裁判に奉仕をする」
　　のではなかったこの状況を「現実から遊離し」た状態と規定する（「損害賠償法理論の新
　　展開」，（前掲注132））『特別研修叢書』1977年度，13頁）。しかし，実定法学の意義は，「裁
　　判に奉仕する」こと（端的に言えば，判決に引用ないし採用されること）だけにあるだろ
　　うか。理論化・実証研究をつうじて，裁判・判決の現状を批判し，さらには裁判を超えて
　　立法・法政策の未来を考えることもまた，実定法学の見失ってはならない課題ではない
　　か。こういうことは，平井も本当は否定しないことだろう。実際，平井は，上記講演後
　　の「質疑応答」では，「理論と実務」とはその役割がちがうと回答している（27頁）。↗

しかも，過失が「違法性」化し，かつ「判例の上で「違法性」という語があまり用いられて」おらず，「違法性」を論じることは「法技術的意義を欠く」（397頁）という平井の認識は，最近の日本の実務上の動きにかなり合致しなくなっている。「違法性」の再重視が見られるのである。すなわち，①瀬川信久が指摘しているように，平井の議論が前提にしていた「身体・財物に対する物理的侵害」のとは異なる類型の不法行為（「取引介在型侵害」）の判例が蓄積されつつある。これらにおいては，ネズミ講・マルチ商法・原野商法・豊田商事事件などの取引的不法行為（悪徳商法）事例のように，行為者の──過失ではなく──勧誘行為の違法性（＝「特殊＝日本法的」違法性）に着目することが重要なのである。②今後は懲罰的損害賠償が導入される可能性があるが，ここでも違法性概念が重要である。③内田が指摘しているように，現代契約において「関係的契約規範」が増大していくのであれば，その契約の一方的破棄などの不法行為においては，「関係的契約規範」を反映する道として違法性判断が重要となる。[*177]これらでは行為を法秩序のなかに（客観的に）位置づけて違法性を認定するのであって，過失は，いくら客観化してもそのような作業を担うことはできない。

　(ii)　ドイツ理論を排斥する理由として平井は，日本の民法709条がドイツ起源でなく，ボアソナードによる旧民法370条起源（つまりフランス起源）であるという点をも強調する（354頁以下[*178]）。しかし，ある条文がドイツ起源でない場合には，〈それを扱うのにドイツ起源の理論を使うな〉ということになるだろうか。〈ある法制度の扱いは，それを規定した条文のルーツ国の理論でしか議論すべきでない〉という命題（母法主義＝「準拠法のトポス」，注130参照）に，合理性があるだろうか。現にドイツ人は英米仏の理論を採り入れて，フランス入

　しかしそれなら平井は，上記講演における自分の一面的な言説を，出版に際して訂正すべきだった。）

[*177]　瀬川信久「民法709条」（広中俊雄・星野英一編『民法典の百年』第3巻，有斐閣，1998年）；内田貴『契約の再生』（弘文堂，1990年），同『契約の時代』（岩波書店，2000年）参照。瀬川は，その議論を踏まえて，「以上の整理によると，過失一元論は，判例の一面しか見ていないように思われる」（626頁）とコメントしている。瀬川のこの指摘は，平井理論（本章後半の）に対するかなりのボデー＝ブローだと思われる。

[*178]　前述のように平井は同様な発想で，日本民法416条がイギリス起源であり，ドイツの規定とは構造を異にするから，それをドイツの理論（相当因果関係の理論）で扱ってはならないともする。平井『損害賠償法の理論』150頁以下，312頁参照。日本民法416条や709条がはたしてドイツ法と無関係かは，それ自体，緻密な検討を要することがらである。

はドイツの理論を採り入れて，法実務を豊かにしてきたではないか（243-244頁，注187参照）。問題は，二者択一ではないのである（しかもかれらの法，また日本の法は，「完全賠償の原則」について見たように，ゲルマン法系ないし中世法の流れをくむ諸法として，生活関係の「事物のもつ論理」ないし近代社会の必要に対応した法として，またローマ・カノン法の影響を受けた法として，そのルーツを共有しているのでもある）。

　(iii)　日本において違法性論にこれまで混乱があったとしても（先に述べたように，混乱しているように見えるのはむしろ平井の違法性概念の不明確さによるようだが），そのことが，違法性概念を一般的に捨ててしまって「過失」概念でいくべきだ，ということの根拠になるか。〈そういう混乱があるなら，違法性の理論を精緻化することによって混乱を克服しようではないか〉という方向は，選択肢としてありえないのか。「違法性が理論的な混乱をもたらしている」という事実から，〈だからドイツの違法性概念までも捨ててしまえ〉との主張は出てこないのである。〈混乱があるなら，それを理論の改善によって解決しよう〉という立場もありうるし，むしろそれこそが法学の本来のあり方なのである。

　平井は，ここでの違法性の概念は「特殊＝ドイツ的概念と称すべきものなのであり，それがわが国に自明のごとくに受け継がれてきたのは，ドイツ民法学の呪縛と言うべきであろう」と言う。確かに「ドイツ民法学の呪縛」であるならば，「呪縛」からは脱却しなければならないだろう。平井はまた，「ところが，このような構造的差異にもかかわらず——民法典施行後暫くの間はそうでなかったように思われるが——ドイツ民法学の圧倒的な影響を受けたその後の学説は，ドイツ不法行為法特有の概念ないし論理をわが国の不法行為法にとってもあたかもアプリオリに妥当するかのように，いわば「直輸入」し，それによって，不法行為法の体系化とその解釈とを試みようとしたのである」（361頁）とも言っている。確かに「アプリオリに妥当するかのように」無条件に扱うのであれば，問題だろう。だが，たとえ外国のものであろうと，再検討の結果，使えると判断して採り入れ，加工するのは，「呪縛」でも「直輸入」でもない。ドイツ理論を排斥したいなら，「呪縛」とか「直輸入」とか「混乱」とかといった付加価値語に訴えないで，〈ドイツ理論を使ったから，こういうマイナスが生じた〉という事実を挙げる必要がある。しかも，単にマイナスを挙げるだけでなく，プラスの面をもちゃんと把握して，その上で総合的判断として，排斥す

第7章　法解釈論と法の基礎研究：平井宜雄『損害賠償法の理論』考　233

べきかどうか決めることが欠かせない。

　第二に，次の点も問題である。平井が「過失」概念によって違法性概念を取り除こうとする最大の理由は，〈過失が客観化されることによって次第に違法性に接近しつつある〉という現状認識にある。しかし，平井のこの見方も次の引用箇所が物語っているように，いくつかの論理飛躍の上に成り立っている：

　　「ところがドイツ民法典制定後の判例の発展は，不法行為法において「違法性」と「過失」とが次第に接近しつつあるという現象をあらわにさせた。前述のように，「違法性」と「過失」とを峻別する機能論的意味は，法律上のサンクションの受け取り手の範囲をより精密に画定するという点にあった。このことを不法行為に即して言えば，そこでは「違法性」と「過失」とがともにサンクション（損害賠償義務）が加えられるために必要とされているのであるから，「意思」を形成できない者——法技術的に表現すれば「責任」無能力者——や「意思」を緊張させていた者——無「過失」者——に対しては，たとい「損害」と観念される事態が生じても，もはや損害賠償義務を課することはできない，という結果をもたらすことになる。しかし，このことは，生じた損害をそのままに放置すること，言いかえれば被害者の負担に帰せしめることを意味することになるが，それは紛争解決という法の機能にとって妥当でないと考えられる場合が生じてくる。不法行為法が刑法と異なり，生じた損害の塡補のための機能を果すことが認識され要請されてくると，右の欠陥はもっと明瞭となるであろう。種々の思想的背景の下にそれが強く意識されると「無過失責任」として立法化されるに至るが，そこまでに至らなくても，具体的な事案において加害者の「意思」の要請を強く認めることは妥当でない結果をもたらす場合は想像に難くない。ことに社会生活の複雑化・高度化・各種の交通手段の発展は，日常生活に多くの危険をもたらし，損害発生の危険を著しく高め，その結果，社会生活を営む者が損害発生を避けるべく「意思」を緊張させていてもなお損害が生ずる，という事態は不可避である。

　　以上のような事態において，裁判官は損害賠償義務を負わせるべきだという価値判断に立ち，かつ過失を原則とするドイツ民法典概念ないし倫理にもとづいて法律構成するには，不法行為者個人が意思を緊張させていたかどうかということを離れて，その惹起者個人を超えた基準——職業・性別・年齢等を顧慮するにとどまる——を設け，それに達していない場合には「過失」がある，と構成するというふうに，いわば意思的構成を変質させる方法をとることになる。〔……〕しかし，このことは行為者個人の意思から離れた客観的基準によって「過失」の有無が判定されることを意味しているのであり，したがって，それは「過失」がもはや「意思」に対する非難であるとこ

ろの「過責」の一つとしての地位を失っていることを意味する。これは，ドイツ民法
学における「過失」の「意思」的構成という伝統と「過責主義＝過失責任主義」の原
則とに反するのではないか。こういう疑問が生じてくるのは何ら不自然ではないであ
ろう。こうして，ドイツ民法学説においては二七六条一項二文にいわゆる「過失」の
意味をめぐり，これをあくまで行為者個人の「意思」の緊張の欠如として構成するい
わゆる「主観説」と判例の立場に立ついわゆる「客観説」との対立が生ずるに至る。
しかし，判例・通説は，主観説からする右の疑問にもかかわらず，しかも，過失責任
の原則に反することを承認さえしながら，客観説を採用しつづける。その結果，「過失」
は不作為義務違反として理由づけられるに至り，実務上「違法」性と融合したといっ
てよい。ことに「社会生活上の義務」の実務における広汎な進出と，刑法学における
目的的行為論の民法学への流入とによって，「違法性」と「過失」との関係は，実務
的にも理論的にも再検討される段階に到達したのである」（347-350頁）。

　ここで平井は，(平井説の方向でもある)「過失」の客観化,「「違法性」と「過失」
とが次第に接近しつつある」トレンドがドイツでも見られるとする主張の根拠
として，無過失責任主義や危険責任への，実務の接近などを挙げている。しかし，
　(a)　この接近は，あくまでも特定の不法行為類型において，違法性判断の次
に来るべき責任判断が被告にとって厳格化され，客観的判断の対象とされるよ
うになったことを意味するのであって，なお例外現象である。別言すれば，古
典的な不法行為が中軸であることには変わりはなく，そこではなお違法性と過[*179]
失とが明確に区別されている。だとすれば，無過失責任主義の拡大現象や，ま
た（「社会生活の複雑化・高度化・各種の交通手段の発展」を反映した不法行為類型に
対応して)「「過失」は不作為義務違反として理由づけられるに至り,実務上「違法」
性と融合」する現象が生じたとしても，それを無媒介に一般化すること――こ
の一般化が平井の上記提唱の基底を成しているのだが――は許されない。そう
した〈過失と違法との融合〉が当該類型に限られるものなのか，それともそれ
が一般化して中軸である古典的な不法行為をも駆逐してしまう必然性があるの
か，の考察なしに結論は出てこない。部分現象を，それらが新しい現象だから
といって無媒介に〈新時代の論理だ〉とするのは，論理の飛躍である。[*180]

---

*179)　筆者と同じ見方は，内田（注208）『契約の時代』202頁にある。

*180)　一部に見られる変化にすぎないのに全体がそのように変化してしまったかのように
　　描く叙述は，新理論を打ち立てようと意気込む人にしばしば見られる。たとえば，大衆▱

第7章　法解釈論と法の基礎研究：平井宜雄『損害賠償法の理論』考　235

(b) 「責任」を問う姿勢が厳格化し，したがって違法性さえあれば，ほとんど有責となり，かつ違法性論において過失を不作為義務違反として客観化する傾向が強まっているのが事実だとしても，①違法性判断の際に着目すべき点は，不作為義務違反に尽きないのだから（その他にも，結果の無価値性，行為の有益性・態様等が問題になり，相互の差異性は消えないのであるから），また他方で，②責任を問う際に主観的予見可能性，行為主体の行為時の態様を考える過失判断，および期待可能性をチェックする必要は，なお残る。それゆえ，「過失の客観化」の面だけを見て「責任性」が「実務上「違法」性と融合した」とするのは，論理の飛躍である。

(c) 平井は「刑法学における目的的行為論の民法学への流入とによって，違法性と「過失」との関係は，実務的にも理論的にも再検討される段階に到達したのである」と言う。確かに，新理論が提唱されると従来の理論が「実務的にも理論的にも再検討される」ことが必要にはなる。しかし，その結果として新理論がつねに定着するとは限らない。ここで言えば，〈目的的行為論が提唱されれば，それに規定されて違法性概念が不可避的に主観性を強める〉というものではないだろう。目的的行為論が支配的になればそうなるだろうが，しかし，その支持者は現在にいたっても少数派なのである。平井の議論は，新理論が提唱され従来の理論を一度「再検討」してみる必要が出ることと，「再検討」の結果，新理論が広く受け入れられパラダイム転換が起こることとを混同しているのである（換言すれば，新理論が出ると，それを即，新時代の論理だとする論理飛躍を犯しているのである）。

　上の点をめぐってはまた，平井的「過失」を採る場合，何をその構成素（＝「因子」）にするかが問題となる。平井によれば，平井的「過失」の因子としては，次の三つがある。

　①「被告の行為から生ずる損害発生の危険の程度ないし蓋然性の大きさ」，②「被侵害利益の重大さ」，③行為の有用性。この②について平井は，次のよ

▧社会論やポストモダニズム，法化論やリスク社会論等を導入したがる人は，日本の一部にその現象が見られると，それを一挙に一般化し，「現実はもはやこう変わっている。だから，これまでの論理はもはや通用しない」と主張するのである。この「もはや」思考の傾向については，拙著『法思想史講義』下巻292-293頁参照。

うに言う。

「「過失」の存否の判断は「被侵害利益の重大さ」によってもまた影響を受ける。このことは「違法性」のカテゴリーの下に通説も，承認してきたところであり，「権利」要件の拡大と法的保護の拡大とが対応してきた七〇九条の構造からも肯定されるであろう。問題は，何をもって「重大さ」のメルクマールとするかという点である。究極的にはこれもさまざまの社会的歴史的諸条件によって規定される価値判断の問題であるが，少なくとも通説のように「権利」の「強弱」と〔を？〕みて物権的なものから債権的なものへ重大さの程度が低くなるという単純なものにとどまり得ないと思われる。このような段階づけは純粋に法律構成の上でのものであるが，ここでの被侵害利益の「重大さ」とは，当該具体的紛争における具体的当事者との関連で規定される程度がもっと高いと考えるべきである。とはいえ，一般的には，生命・身体の侵害が最も重大な侵害と意識され，所有権の内容として観念されている利益がそれに次ぐという程度のことまでは，時代や価値観の差異を超えて一応承認されてよいと思われる。

判例上「過失」の存否を決するについて右(ii)の因子と前記(i)の因子とは，相関関係にあると認められる。すなわち，一定の行為者の一定の行為から生ずる損害発生の危険の蓋然性が高ければ高いほど，被侵害利益が軽微であっても，行為者に要求される損害回避義務＝「過失」の程度は高くなり，したがっていったんその行為から損害が生ずればその行為についての「過失」ありと判断される可能性は大となる。逆に，被侵害利益が重大なものであればあるほど，損害発生の危険の蓋然性が低くても，要求される損害回避義務の程度は高くなり，したがってその行為からいったん損害が生ずれば「過失」ありと判断される可能性は大となる。つまり損害発生の危険の蓋然性が大であり，被侵害利益が重大なものであれば，「過失」は容易に認められ，双方の因子がともに小の場合は「過失」と判断される可能性はそれに応じて小となる，という帰結が導かれる。以上の命題を若干の例をあげつつ判例に即して考えてみよう。具体例としては，周知の梅毒輸血事件があげられる」（402-404頁）。

ここで平井は判例の立場をとり，「過失」の語で「損害回避義務」（権利侵害の結果を回避すべき義務。結果回避義務）違背を考え，したがって〈違法性概念と過失概念〉を融合させたfauteに当たるものを使おうとしている。これ自体は，定義の問題であるから，論者の勝手という面がある。しかし，この定義の提唱は，その定義によって生じる，次のようなマイナス面をも押さえた上でなされるべきだった。

すなわち第一に，①予見義務違反においては，義務違反の違法性判断が，本

人の予見の有無という過失判断とオーバーラッピングするが，結果回避義務違反には，義務を自覚していながら実行しなかった（権利侵害の故意はないが，取締法規等に故意に違反している）場合と，過失によって義務を自覚していなかったから実行しなかった場合とがあり，このちがいは損害賠償の額と無関係ではない。②予見義務や結果回避義務違反についても，期待可能性を考えなければならない。[181]

違法性と有責性とを「過失」で総括したとしても，違法性と有責性とでは「義務違反」の位置するところが違うから，「過失」のなかで，法秩序に即した客観的要素（違法性的要素）と行為者に即した主観的要素（有責性的要素）とをそれぞれ分けて検討する必要が出てくる[182]（緻密化のためには，違法性的要素と有責性的要素とをそれぞれさらに細分化する必要も出てくる）。それゆえ，平井のように柔軟化のために「過失」で総括しようとしても，その「過失」の精緻化のためには，それが否定した〈違法性・過失二分化〉に再度頼らざるをえなくなる。

第二に，結果として生じた「被侵害利益の重大さ」によって違法性が強まるのは論理の問題（違法性の概念に関わる問題）である。重大な被侵害利益の発生は，大きな害を社会に与えたこと自体によっても，また重要な「予見義務違反」によっても，法秩序を大きく害した点で違法性が強まるものだからである。他方，（生じた害が大きいため違法性が強まると）違法性のもつ責任推定力も強まるという事実，換言すれば，裁判官は「被侵害利益の重大さ」を目の当たりにするとつい行為者に厳しくなるという事実（「損害発生の危険の蓋然性が大であり，被侵害利益が重大なものであれば，「過失」は容易に認められ，双方の因子がともに小の場合は「過失」と判断される可能性はそれに応じて小となる，という帰結が導かれる」という事態）は，（裁判官の）心理の問題である[183]（危険行為への高度の注意義務付与，

---

*181)　「なお，留意すべきは，故意による取締法規違反は，故意による権利侵害ではないが，ときに重過失や未必の故意の推定が働くことはあろう」前田（注163）『不法行為帰責論』215-216頁。

*182)　フランスのfauteに関しても，有効な運用のためには，義務違反の要素illicitéと可罰性の要素imputabilitéとの区別が必要になっている。Winfried-Thomas Schneider, *Abkehr vom Verschuldensprinzip?*, 2007, S. 121.

*183)　これは，〈構成要件該当性が事実として違法性を推定させる傾向をもつが，しかし実際には，違法性は独自に判断されなければならない〉というときと同様の複合思考を求↗

その帰結としての類型的過失推定は，別の話である）。論理問題と心理問題を，混同してはならない（違法性と過失の区別は，この点でも重要である）。

第三に，たとえば運転手が注意を誤って歩道に乗り上げ，犬を殺したのと人を殺したのとでは，損害の価値に着目する違法性ではちがいが出るが，運転手に求められる注意義務は定型化されたものであるから，両者の結果によって過失判断自体にちがいが出てくるわけではない[184]。また，違法性としての結果回避義務違反判断は，結果の重大性に着眼するが，過失判断は，行為時を基準にして，その行為者の行為が責を負う態様のものであったかを考えなければならない。この，post factumとex anteとのちがいも無視しえない。

ここでも違法性と有責性とでは「義務違反」の位置するところが違うから，平井的「過失」を採ってもその下で，違法性の要素と有責性の要素とをそれぞれ分けて検討する必要があり，「過失」で総括した意味がなくなる。

民法起草者の穂積陳重は，「過失」を「為すべきことを為さぬとか或は為し得べか

↘める。この点については，次の指摘を参照。「そこで問題はタートベスタントか違法性のratio essendiか，ratio cognoscendiかというので争われているのである。マイヤーが違法性の徴表といったのが，あたかも煙が火の存在を推知せしめ，鰯の群が後方にある鯨の大群を推知せしめるような関係の意味であるならば，メッガーらの非難はあたっている。違法類型は，正にある態度が通例一応違法と判断されるために具備すべき要素の型的総括であって，違法行為自体に直接関係する。しかしながら，違法類型は違法性判断の終局的標準ではない。一応違法類型に該当しながら，しかも違法とされえない行為がある。正当防衛その他の違法阻却事由がそれである。故にタートベスタントを違法性のratio essendiとしても，違法阻却の事由の場合には，それ自体違法なものが，その違法性を阻却されると考えるべきでなく，もはやその場合にはタートベスタントには該当しても始めから違法行為はないのだ」佐伯（前掲注169））『刑法における違法性の理論』126頁。

違法性判断に関わる過失（予見義務）と責任判断に関わる過失の関係についても，同様に言えるだろう。医療過誤で担当医の責任を問う場合には，医者として高度の予見義務が必要である以上，過誤があり過失があったとして違法性が認められる場合であっても，責任判断では，たとえばその医者が長時間のやむをえぬ救助活動医療から帰ったばかりの時の急患であったとか，病院から残業を強いられていたとか，患者がその処置を強く求めたとかいった場合など，期待可能性の問題を別途判断する必要があろう。

*184) 梅毒輸血事件は，結果回避義務が基底となる事例ではない。「この場合には特定人の血液の採取行為の具体的危険性の程度を確認すべき義務に違反したことを以って過失と認定している。ここで問題となっているのは結果回避義務違反というよりも一種の予見義務違反の要素が強い場合である。」田山（前掲注132））『不法行為』54頁。

らざる事を為すとか又は為すべきことを為すに当って其方法が当を得ないとかそう云うような風の場合を総て過失と致し」ました，と説明している。判例が結果回避義務を過失要素としたのは，この「過失」観に見合っている（前田（前掲注132）『不法行為帰責論』210-211頁）。しかし，これはドイツ的な〈構成要件－違法－責任〉3区分が発見される前の（フランス・イギリス的）発想によるのであるから，この陳重説を根拠にして，また陳重説の線上での判例が積み重なっていることを根拠にして，〈構成要件－違法－責任〉3区分論を排除する，ということはできない。逆に，もし〈構成要件－違法－責任〉3区分論が有意義であれば，それを知らない陳重説的な日本の判例を3区分論によって正すことも，妥当となりうる。

(2) 根拠判例の分析上の疑問点

「過失」概念を前面に押し出す立場を支える判例として平井が扱っているいくつかの判例の分析にも，問題がある：

平井は，449頁以下のところで，いくつかの判決について，「きわめて注目すべきことには，四一六条の適用の実質的意味が次第に失われている」（449頁）とする。平井がその根拠として挙げているのは，(a)1969（昭和44）年2月27日の，弁護士費用に関する最高裁判所判決と，(b)1969（昭和44）年2月28日の，墓碑建築に関する最高裁判所判決とである（452頁の〔4・17〕判決は，判決自体がおかしいのでここでは扱わない）。確かにこれらにおいては，賠償させるべき範囲を「相当と認められる額の範囲内のものに限」るとの言明に見られるように，予見可能性とは別の判断が基底的となっている。平井のことばで示すと，

　「ここにいわゆる「相当因果関係」は四一六条的表現を用いながらもはや実質的には四一六条と切り離され，要するに賠償さるべき範囲を「相当因果関係」と呼ぶというだけの機能しか果していないと考えるべきである。言いかえれば，四一六条の本来的機能であるところの予見可能性が「相当因果関係」概念の内容から脱落している以上，四一六条＝「相当因果関係」の等式は不法行為においては実質的には変質していると認むべきである。そこにおける「相当因果関係」は単に，賠償さるべき損害の範囲ということと同義語にすぎない」（452頁）

ものとなっている。しかし，上記諸判決は本当に予見可能性を問題にしていないだろうか。上記諸判決は「相当因果関係」を問うことを無意味化したのであろうか。これらの点を検討しておこう：

(a)の判決には,

「現在の訴訟はますます専門化され技術化された訴訟追行を当事者に対して要求する以上,一般人が単独にて十分な訴訟活動を展開することはほとんど不可能に近いのである。従って,相手方の故意又は過失によって自己の権利を侵害された者が損害賠償義務者たる相手方から容易にその履行を受け得ないため,自己の権利擁護上,訴を提起することを余儀なくされた場合においては,一般人は弁護士に委任するにあらざれば,十分な訴訟活動をなし得ないのである。そして現在においては,このようなことが通常と認められるからには〔……〕その弁護士費用は〔……〕右不法行為と相当因果関係に立つ損害というべきである。」

とある。この箇所に関して平井は,「このようなことが通常と認められるからには」の「通常」の語と予見可能性とを連関づけていない。しかしこの判決を,〈今日においては,訴訟追行を余儀なくされた場合,弁護士に頼ることが通常である。それゆえ被告の行為が弁護士費用を将来することは,予見可能である。したがって被告の行為は,弁護士費用の発生可能性を一般的に高めた〉とするのに妨げはないのではないか。

また,(b)の判決においては,

「人が死亡した場合に,その遺族が墓碑仏壇をもってその霊をまつることは,わが国の習俗において通常必要とされることであるから,家族のため祭祀を主宰すべき立場にある者が,不法行為によって死亡した家族のため墓碑を建設し,仏壇を購入したときはそのために支出した費用は,不法行為によって生じた損害でないとはいえない。〔……〕死者の年齢,境遇,家族構成,社会的地位,職業等諸般の事情を斟酌して,社会の習俗上その霊をとむらうのに必要かつ相当と認められる費用の額が確定されるならば,その限度では損害の発生を否定することはできず,かつその確定は必ずしも不可能ではないと解されるのであるから,すべからく鑑定その他の方法を用いて右の額を確定し,その範囲で損害賠償の請求を認容すべきである」

とあるのだから,ここでも「通常必要とされることである」の「通常」は,〈通常生じることだから,予見可能な事実に属する〉というものであると理解することことは,自然なことである。

このように(a)・(b)の判決でも予見可能性がなお規定力をもっているのであれば,民法709条をめぐって「相当因果関係」を使うことは,問題ないことになる(先

に7.2.1で見たとおり，相当因果関係説がもともと予見可能性を重視するものであった）。

7.3.3　比較法論の疑問点

　平井の比較法的考察にも，論理の飛躍が見られる。たとえば次の箇所がそうである。

　　「それでは，何ゆえにフランス民法や英米不法行為法においてfauteあるいはnegligenceが違法性と過失とを含む概念となったのか。言いかえれば，違法性と過失との対置峻別がなぜ観念されなかったのか。この問に答えることは，これらの法系の社会的文化的背景や法的思考の型の研究に立ち入ることが必要であり，ここでは到底不可能である。しかし，次のようなきわめて法技術的な角度からのアプローチもその答の一たりうるのではないかと私は考える。すなわち，両者とも多種多様な社会的紛争に不法行為としての法的保護を与える唯一の要件であるという点に，これらが違法性と過失との集合概念となった一因を求むべきものと推測されるのである。〔……〕裁判官は社会生活の変化進展に伴って発生する多種多様な紛争を原則としてこの一ケ条によって処理しなければならない。したがって，不法行為によって損害を受けた旨を主張して訴が起された場合には，裁判官は専らfauteがあったかなかったかという理由づけによってしか法的保護を与え又は拒否する以外にこれらを処理できないことになる。言いかえれば，fauteはおよそ法的保護を与えるべきかどうかという裁判官の政策的価値判断そのものを含む機能を荷わざるを得ない。fauteがドイツ民法の意味において違法性と過失との双方の意味をもつに至ったのはそのためではないかと私は推測する」（424-426頁）。

　フランスやイギリスでは，「多種多様な紛争を原則としてこの一ケ条によって処理しなければならない」から，「fauteあるいはnegligenceが違法性と過失とを含む概念」，包括的な不法行為規定，となった（日本民法709条もこれに属す），と平井は言う。この言い方では，フランス・イギリスでも，もとは違法性と過失とが区別されていたが，それでは実務に必要な柔軟性に欠けるので，「裁判官の政策的価値判断」がやりやすくなるよう，「違法性と過失とを含む概念」を工夫して作り出した，と聞こえる。

　しかし実際の問題は，過失概念はどこの国でも古くからあるのだから，〈違法性概念が析出されたか，それとも違法性概念がfauteやnegligenceの蔭に隠れたままだったか〉であろう。

242

この問題に関しては，上の平井的理解では，刑法の世界の動きを説明できな
い難点がある。刑法は，フランスでもイギリスでも（ドイツでも），多数の条文
から成り立っている。すなわち，ここでは3国間に，条文が「この一ケ条」し
かなかったかどうかの違いはない。にもかかわらず，フランスとイギリスは刑
法でも，不法行為での場合とまったく同様，（ドイツの影響を受ける前は）違法性
の概念を知らなかった。これに対しドイツでは刑法でも〈構成要件－違法－責
任〉の3区分が発達した。だとしたら，違法性概念が析出されなかったことと，
「多種多様な紛争を原則としてこの一ケ条によって処理しなければならない」
事情があったこととは，相互に無関係だということになる。

　上の事情については，平井説のように，〈フランス・イギリスでは「新しい
紛争類型を処理するため」（426頁）の工夫をこらした結果，違法性と過失とを
含む概念が作り出されたのだ〉と説明するよりも，〈フランス・イギリスでは，
刑法教義学がドイツほど発達しなかったため，行為に関わる客観的要素と主観
的要素，すなわち違法性と有責性の区別ができず，〈構成要件－違法－責任〉
の3区分も成長しなかった：こうして，損害を生じさせた者は，行為の反社会
性に着目して追及されたのである。これに対しドイツでは，刑法学で確立した
違法性や構成要件の概念が，やがて私法学に採り入れられ，行為の客観的検討
（構成要件と違法性）と，行為主体の主観的要素（過失・責任能力等）の検討とが
相互独立に，できるようになった〉と考える方が，自然である。

　実際，違法性や構成要件の概念はドイツでも，19世紀遅くに，バンデクテ
ン法学の成果の上に立ってようやくできた。これに対して，フランスのfaute
概念はその100年前，イギリスのnegligence概念は，tresspassやnuisance等とと
もに，それよりももっと早く，すなわちともに法学が未熟な時代にすでに出現
していたのであり，これらは行為の態様によって区分している点で即物的思考
の産物なのである。[185]フランス・イギリス・アメリカの法学が，ドイツ法学の影

---

*185)　von Bar（前掲注139））『ヨーロッパ不法行為法』14-17頁が指摘する次の関係も，
　同種の関係である：フランスやイギリスの不法行為法に見られる（構成要件や違法性の
　概念を知らない）包括的規定は，古くからの「何人をも害するな」の原則の直接的反映
　である。つまり，伝統的思考の産物である。これに対してドイツの不法行為法では，近
　代の法治主義の立場が出，これが「不法行為」の構成要件を明確にすべきだとする動き
　をもたらし，その結果，ドイツ民法823条に見られる個別的規定を生むことになった。

第7章　法解釈論と法の基礎研究：平井宜雄『損害賠償法の理論』考　243

響を受け高度化していくのは，19世紀後半以降のことである。[186][187]（だとしたら日本法をめぐって，（未発達の）母法に帰れ（427頁）と説く必要はなくなるし，ドイツの（発達した）理論によって進化しても問題ないということになる）

　しかもドイツが，不法行為制度においてこのような厳密化の道を選んだのは，単に概念法学に規定されたからではない。それは，今日でも多くのドイツの法律家が支持しているように，法治国家化の要請に応えようとしたからなのである（注185参照）。

　以上の論述は，ドイツ贔屓の立場からのものではない（注126参照）。ドイツでの法教義学の発達にはまた，影もあった。平井が言うように，ドイツ不法行為法は今日，その近代私法学の厳密性や個別的要件主義に立つ厳格理論が，柔軟な政策的判断（裁判官の裁量）の余地を求める今日の社会の要請にそぐわなくなったという問題に直面している[188]；フランスのfaute・イギリスのnegligenceないしfaultに見られる，包括的な

---

*186)　筆者のこの認識は，当の平井自身が語っていることからさえ裏付けられる。すなわち平井は，カルボニエ（Jean Carbonnier,1908-2003）が，「特にドイツ民法学の違法性概念をillicitéと表現しつつ，意識的にfauteからillicitéの要素の分離をはかった」ことを紹介している。平井によればカルボニエは，「ドイツ・スイス・オーストリア・オランダ等ゲルマン法系諸民法典が皆illicitéに明確に言及しているのに対してフランス民法はillicitéの概念がfauteの概念に包含されていることをはっきりと指摘し，フランス法の伝統には反することを認めつつもillicitéの観念を前面に出しつつ，その内容をさらに具体的に分析しているのである」（425頁）。フランスの代表的な現代民法学者が，伝統的なフランスのfaute概念が未加工であることに気付いて，ドイツ法から学んで精緻化しようとしたのである。
　平井自身は，カルボニエを取り上げたこの箇所で，それを〈フランス人が，フランスのfaute概念の未熟さゆえに，理論的に高度なドイツ法学に依拠して精緻化を図った〉事例としてではなく，単に〈フランスではfaute概念が違法性と過失とを内包している〉という自分の主張の「証拠」にしよう（＝だからカルボニエの作業が出てきた，と言いたいのだろう）として扱っている。

*187)　フランス法もドイツ法の影響を受けて進化して来た。たとえば瀬川信久によれば，フランスで，不法行為の成立には，①faute，②損害の発生のほかに，③〈fauteと損害の間の因果関係〉が必要だという認識が出てきたのは，1890年代以降であり，それにはドイツ法学の影響が重要な一因であった。瀬川信久「因果関係の形成」（北村一郎編『フランス民法の200年』（有斐閣，2006年）。それにしても，フランスでのドイツ理論のこの導入も，〈系譜が違う国からの輸入〉として平井理論から批判されることになるのだろうか？

*188)　筆者は，ドイツ法研究をもしている。しかし，ドイツ法研究者が常にドイツ法讃美↗

不法行為規定でいく道の方が今日，柔軟で実務適合的だ。この観点からは，日本の私[*189)]
法学はもっとフランス法学やイギリス法学からも学ぶべきだ，と言える。しかし，事
はここでも単純ではない。すなわち，だからといって〈ドイツ法学を実質的に捨て去る〉
ということには，簡単にはいくべきでない。われわれは，ドイツ法学が採った法治主
義的厳密性を重視する道が，今日なお価値を有することを，上の点についても忘れて
はならない。

7.4 ── まとめ

『損害賠償法の理論』には，次のような問題点があった:

（ⅰ）　前半部　　平井は，〈日本民法416条はイギリスの判決などから獲得さ
れたものであるのに，ドイツの相当因果関係説で解釈されてきたのは不適切で
ある〉とし，この点に関しドイツ法の呪縛からの日本法の解放を唱えた。その
際平井には，〈相当因果関係説は，（予見可能性といった「因果関係」以外の要件」
を要しない）ドイツに特有の「完全賠償の原則」を「支える」ための学説であり，
したがって「特殊＝ドイツ法的」だ〉という見方が基底にあった。

しかし，①そもそも「完全賠償の原則」は，ドイツ固有でもなく，ドイツの
──条文はともかく──法学と実務とを，制覇し続けたわけでもなかった。②
相当因果関係説（とくにその主軸であるトレーガーの説）は，モムゼンの全関連説
を衡平の観点から否定するために導入され，また因果関係判断の対象事実を限
定するために「予見可能性」を重視したものであり，「完全賠償の原則」を「支
える」どころか，それを制限するためのものであった。それゆえ，たとえ「完
全賠償の原則」が硬直したものであったとしても，そのことから直ちに〈相当
因果関係説は硬直した理論だ〉ということにはならない。ドイツ民法の条文(に

　　者・擁護者だとは限らない。筆者は，拙著『近代ドイツの国家と法学』（東京大学出版会，
　　1979年）に見られるように，ドイツ法学に対しても，元々批判的なスタンスをとってきた。
*189)　フランスのfauteやイギリスのnegligenceをドイツの不法行為との関連で考えるとき
　　には，前者が後者に比して，古い時代のものであったからこそ，今日に適合したという
　　点を見逃してはならない。相対的に新しい理論や制度が新たな困難に直面し問題性を露
　　呈したとき，相対的に遅れている理論や制度が，逆にその問題性から自由であるがゆえに，
　　新しい理論や制度を修正する際にヒントになり一歩前をいく先達に見える。これが，拙
　　著『法思想史講義』下巻202頁等で示した，「一周遅れのトップ＝ランナー」の論理である。

結晶化した「完全賠償の原則」）と，それに制約を加えようとする解釈学説（としての相当因果関係説）とを一体と考えた平井の前提に根本的な問題があったのである。また，この事実に立脚して考えると，ドイツの条文と日本の条文とが系譜的に異なっていたとしても，〈それに関わるドイツの学説が日本でも使えない〉ということにはならないことも分かる。③平井は，〈完全賠償の原則を「支える」相当因果関係説〉という見方をとった結果，ドイツの相当因果関係説と，それに依る諸判例において「予見可能性」が重要な要素となっていることを見逃し（ないし鬼子扱いをし），また，やがて判決に「予見可能性」や「法の保護目的・保護範囲」が強まるや，「相当因果関係の崩壊」を仮構することになった。④主峰であるトレーガーの相当因果関係説が衡平ないし健全な法感情の観点からクリースやリューメリンの予見可能論を批判し，独自の「客観的予見可能性」を提唱したことが確認されれば，それが「法の保護目的・保護範囲」等の別の視点をも受け入れうること，それが柔軟な自己修正力をもつこと，は充分考えられる。この場合，〈硬直したドイツの相当因果関係説を排し，アメリカのグリーン理論でいこう〉との提言の説得力は減殺する。

　(ii)　後半部　　第4章以下の後半部でも平井は，日本の不法行為理論が依拠しているドイツの「違法性」論を批判して，その呪縛からの解放を主張した。平井によれば，第一に，「違法性」の機能が日本とドイツでは異なり，「権利」概念拡大のための日本の違法性概念はもはや用済みであり，第二に，ドイツの〈違法性－責任〉区分論も，過失概念の客観化によって無意味化した。

　しかしわれわれの考察は，次の6点において，これらの言明に事実認定上，問題があったことを確認した。すなわち，①日本民法での違法性概念は，根底にある思考においてドイツの違法性概念と無関係ではない。だとしたら，機能についてさえ日独を切り離すことは，皮相だということになる。②平井自身の違法性概念には，「違法性」を考える上で重要な〈法と法律の区別〉も欠けており，これまでの「違法性」論を扱う上で問題があった。③平井は，「違法性」を排して平井的「過失」でいくべきだとした。だが平井的「過失」を前提にしても，フランスにおいてそうであるように，そのなかで違法性的考察と過失的考察が必要となる可能性がある。④近時，原野商法等，「違法性」が決め手になる民事のケースが増えており，過失のみに注目した平井の前提認識には問題

があった。⑤平井が相当因果関係説の思考を脱却したとする諸判決に関しても，平井の見方には疑問が残る。⑥違法性と過失の区別をめぐる独仏英の比較法論にも疑問が残る。

　『損害賠償法の理論』は，ドイツ法学から日本法学を解放しようとする意欲に強く規定されつつ基礎研究がおこなわれた形跡をもち，かつ二者択一的な思考が目立つ。同書の立論上の問題点は，最終的にはこれらに起因している。

第**8**章

民主主義科学者協会法律部会50年の理論的総括：
現代法論を中心に[*190]

8.1——はじめに

　法学の全分野で活躍中の多数の研究者が合同で議論する珍しい学会，民主主義科学者協会法律部会（以下，「民科」と略す）が本年1996年に創立50年を迎えた。本章の課題は，この記念すべき年に，この学会での共同討議の流れを総括し，今後の議論の方向を考えることにある。その際に本章は，とりわけ日本と世界で大きな構造変化が見られた1980年以降において，民科の法理論がその変化にどのように対応してきたかを軸に，上記課題を追究する。

　ここではそのための柱として，「現代法論」を対象にする。高度に発達した資本主義国の法を全体としてどのように捉えるかをめぐって民科を中心に展開されてきた現代法論には，(a)1960年代後半以来の「旧現代法論」，(b)1987年以来の「新現代法論」，(c)1994年度以降のもう一つの，第三の現代法論，の三つがある。これらの現代法論では民科の設立当初の主要な議論であった，（後述する）近代法論，社会法論，法体系二元論を踏まえて展開されており，現代法論は民科における今日に至るまでの議論の共通基盤を成しているので，民科の議論を総括するには現代法論を素材にするのが最適だからである。

　(a)の旧現代法論では，高度成長によって発達した日本資本の国家と法を，国家独占資本主義（国独資）論を活かしてトータルに把握することが追求された。[*191]

---

　*190)　『法の科学』26号（1997年）所収論文に改訂を加えたもの。上記論文は，1996年秋の学術総会シンポジウムの基調報告「民科法律部会50年の理論的総括——現代法論を素材にして」にもとづく。

　*191)　国独資法論の積極的な意義は，次の3点にある。第一に，市民法論では国家の位置づけが弱かったが，これを克服しえたこと。第二に，社会法論では社会法や社会権，福祉国家が階級闘争の成果として高く評価され，このためそれらが資本主義のシステムに組み込まれた，体制内化を帰結させる性質のものでもあることの認識が弱かったが，この↗

ところが,「国独資」の概念は,およそ1980年以来,経済学や政治学,そして民科でもほとんど死語化してしまった。資本主義の現状が変わったこと,また国独資論が理論的に問題をもっていたこと,議論の仕方が今日の時代意識や雰囲気に合わなくなったこと,が原因である。本報告は,これを踏まえつつ**8.2〜8.8**の7点について考察を加えるかたちで,これまでの民科の議論を総括しこれからの民科の理論的課題を考える。

8.2 ——国独資論と経済主義

(a)の旧現代法論を喚起するのに大きな役割を果たしたのは,「NJ討議資料」(以下,NJと略す)[*192]であった。これは,民科の東京在住の若手研究者たちが共同討議で作成したものである。NJは,1960年代以降,経済・政治・法の面で大きく変貌した日本をその全体連関においてとらえようとした。その総論部分である第一章は,変貌した日本を国独資段階,すなわち巨大独占資本へと成長した資本家階級(大企業・その経営陣)が,民主主義の仮装下で国家を手中に置き,直面している「全般的危機」の打開,体制の維持・成長を国家政策として展開する段階にあると見る。NJは,このような国独資論によったため,戦前と戦後の連続性を強調した他[*193],次の傾向をもつことになった。すなわち,

NJが国独資論に依拠し,とくに「全般的危機論」を基底にしたことは,その主要関心が,独占資本の論理を反映する国家政策の分析を中心にし,法現象を「主として体制側の政策的帰結として説示することにとどま」[*194]ることをもた

↳点を克服しえたこと。第三に,現代の資本主義法が全体としてどのような構造を成しているか,現代において国家が産業資本制の再生産過程に対してどのように介入しておりそれがどのような意味をもつか,をトータルに把握する試みを示しえたこと。

*192) NJ研究会「国家独占資本主義法としての現代法をいかに把握するか」1967年(『季刊現代法』第5号,1971年,再録。) NJとは,「新しい法曹・法学者」を意味するNeue Juristenの略称である。

*193) 「戦前の天皇制,戦後の安保体制,それらの国家権力の問題をぬきにして,戦前・戦後の国独資法を論ずるとすれば,そのようなアプローチは経済主義の非難をまぬがれえないであろう」。長谷川正安『現代法入門』(勁草書房,1975年) 18頁。

*194) 稲本洋之助「現代日本法と民主的変革」(『法の科学』6号,1978年)。

らした。この見方はまた，当時のマルクス主義社会科学に見られた，経済決定論ないし階級闘争還元論の傾向を反映してもいる。経済の論理，支配階級の利益追求と対階級闘争の論理がストレイトに国家と法を規定するという発想である。この見方は，「法の政策化」（法のもつ権力規正，規範性が一般条項や利益衡量などによって形骸化される現象）の現状や，特別立法・基本法が濫用され法が（国家を規正するよりも）国家政策を表現し推進するものになるなどの重要な現象を明らかにし，かつその現象の根源的原因を探るためには有効であった。しかし経済と法との関係を考える場合には，両者を媒介しあるいは独自のかたちで経済と法に作用する，〈人々の社会関係，生活態様，イデオロギー・文化，企業の活動態様，政治〉など，市民社会の諸事象と，それらに対応して複雑な動きを見せる国家作用とを押さえる必要があるのに，それが十分には踏まえられないことをもたらした。[195]

　以上に対して(b)1987年以来の新現代法論では，高度成長によって資本主義の機構と人びとの意識とが大きく変貌した現状を踏まえ，企業と労働者・市民の動向，問題克服の模索の正確な把握，が課題となった。戦前はともかく戦後の経済構造は，危機への対応からだけでは把握できず，第一に，1960年代以降の経済成長をもたらした，国家の社会資本充実化政策，および独占資本のすぐれた適応能力，それにともなう資本主義体制の相対的安定性，商工業の高度化に対応した産業構造を国家的に整備する必要があった事情への視点も，欠かせない。[196]高度に成長した企業は，国家のみならず，社会と労働者・市民を，生活の社会化，商品経済の生活への浸透，アメリカ的生活様式化，競争原理の強化，

---

*195）　もっとも，NJ討議資料のこれらの傾向が当時の民科の議論のすべてであったとは言えない。民科の伝統は，実際の社会問題と現状との分析から出発して議論することにあり，その結果，渡辺洋三に見られるように，戦後の国独資について，公共の福祉イデオロギーを使って公用収用し社会資本を充実化させようとする政策や，福祉国家イデオロギーを使って市民を体制支持に変えようとする政策を批判的に論じるなど，全般的危機論が基軸ではない国独資法論を展開した業績もあるからである。渡辺洋三は，「現代福祉国家の法学的検討」（『法律時報』36巻9号，1964年，『法社会学研究』第1巻所収）において，戦前と戦後の国独資について，「共通性と差異，あるいは同質性と異質性とを，ともに見」る必要性を説いている。渡辺はまた，この論文において，独占資本のための社会資本充実政策について分析し，福祉国家行政法学の問題点を突いている。
*196）　宮本憲一『現代資本主義と国家』（岩波書店，1981年）108頁。

新中間層意識によって取り込むとともに，企業内での権威主義的支配と，企業による国家支配，社会意識の掌握を強めた（企業社会の成立）。

　他方では，戦後伸びてきた，福祉政策や，強者を社会的に規制する諸政策を，民営化・規制緩和によって修正する動きも強まった。このようにここでは，「法を直接的に規定している国家政策」だけでなく，「そうした国家政策の前提となり，また国家政策に一定の形態を付与するのに基本的な重要性をもつ「社会」の構造の検討」が前面に押し出された。[197]新現代法論はこうした分析に，全般的危機論や経済主義とを克服する方向を求めた。もっとも，巨大化した独占資本が国家を支配し，国家が企業本位の成長戦略を軸に動いている事実，その支配による企業の社会秩序形成力に着目する点では，国独資論の見方は継承されている。それゆえ，国独資の語を使うかどうかはともかく，巨大独占資本による国家掌握は，ここでも重要な視点であり続けた。

　(c)の1994年度以降の，もう一つの（第三の）現代法論では，1989年から進行した東欧社会主義の崩壊，アメリカの覇権主義・EU の動き・グロバリゼーションの進展，IT革命，民営化・規制緩和（新自由主義）の一層の進行，一層の権威主義的支配，政治と社会意識の右傾化の現状を踏まえた日本のトータルな位置確認が課題となった。これについては，後述する（259頁以下）。

8.3 ── 国家論

　一般に国独資論が前提にしており，かつ今までの考察から明らかなように，民科の多くの議論，とくにNJが前提にしていた「国家」とは，階級支配の道具であり，とりわけ全般的危機を回避すべくブルジョワジーのために機能する装置であった。ここには，経済関係や支配階級の意思が直接に国家の政策決定を規定し，その政策実行のために法が活用されるという見方があった。これに対してその後，国家を，階級支配の道具としての役割とともに，市民社会に関わる共同社会事務の受託機関としての役割をももつものと位置づけ，かつ現代

---

*197)　西谷敏「生活・社会構造の変化と法」（『法の科学』16号，1988年）12頁。同「現代法論の新たな展開に向けて」（『法の科学』15号，1987年）をも参照。

国家は民主主義の発達によって人民の権利の擁護者として機能する可能性をも
もつようになったとする見方が広がり，民科でも支持を受けるようになった。

　すでに(a)旧現代法論の時期に，前田達男は，支配者が譲歩ないし懐柔策によ
ってつくった法制度が力関係によっては人民に有利な方向に働くこと，支配の
ために作られた法制度さえもが——法の中立性や国家の公共性の原理に依拠し
て——それらを逆手に取って人民に有利に働かせうること，を指摘した。[*198]

　また藤田勇は，国家と法のゲネシス論を展開しながらも，物質的社会関係と
しての階級関係が国家に作用し国家が機能する際の重要な媒介項である，「政
治的関係」と「政治的意識」（さらには，直接的に政治である関係以外の社会的関係
と社会的意識）の分析の重要性を提起した。[*199] 階級関係に還元できない社会的関
係の独自な動きや，そうしたものによって階級関係の発現が屈折化されること，
法制度や官僚制，国家の独自の動きや役割などを深めねばならないということ
である。

　室井力は，現代国家について，その階級支配の道具としての側面とともに，「共
同的＝社会的権能」が増大したこと，後者にかかわる福祉国家的給付行政の発
達は，人民のための一定の働きをもすることを説く。すなわち室井によれば，
こうした行政が，国家の抑圧的側面を隠蔽する働きをする一方で，第一に，厚
生省などのサービス行政組織の働きを一定程度は促し，第二に，立法府による
行政の民主的統制によって人民のための働きを一定程度はもたらすものともな
る。第三に，行政活動は公益性・公共性を理由として展開されるものであるか
ら，それらの具体的内容を批判的に明らかにするとともに，実定法とくに憲法
に即して人民側の利益をそれらによって実現することが，有効な道となる。[*200]

　以下は私見だが，国家や法をめぐっては，その階級的本質や経済に規定され
る面の実体論とともに，実際にどう機能し，人びとにどういう作用を及ぼして

---

*198)　前田達男「現代法と国家独占資本主義」（『季刊現代法』4号，1970年）。同「国家
　　　独占資本主義：現代法論と社会法視座」（季刊『科学と思想』14号，1974年）。
*199)　藤田勇『現代法の学び方』（岩波新書，1969年）第2章。同「国家概念について」（『法
　　　律時報』41巻1号，1969年）など。
*200)　室井力「現代日本の行政機関とその作用」マルクス主義法学講座』6巻，1976年）。
　　　同「民主的変革と公法学」（『法の科学』6号，1978年）。

252

いるかの機能分析が大切である。その際この機能としては，㈠制度の固有性に
規定された機能とともに，㈡政治上の諸運動の力学に基づく機能が問題になる。
㈠は，本来的に反人民的な国家制度である，君主制，非民主的な法律・官僚制・
治安警察・軍隊などがその制度の性質からしてたいていの場合反人民的に働く
ことである。これに対し㈡は，民主主義国の，選挙制度，議会，裁判制度とい
った国家制度をめぐって，それらの建前からして，また人民の運動が効果を挙
げることによって，国家がときに人民的に機能したり（場合によっては反人民的
な国家制度もまたこのように機能することがある），逆にそうした運動がなんらかの
原因で効果を妨害されることによって国家が反人民的に機能したりすることが
あることである（そうした妨害原因としては，支配階級の経済力・社会的権威，官僚
の特権化・官僚主義，反民主的イデオロギーなどがある）。㈡はまた，逆に社会主義
国家におけるように人民が支配階級となっても，反人民的な官僚制や社会的権
威，特権層によって国家が反人民的に機能することがありうることをも意味す
る。とくに現代国家では，その作用が多様化し政治力学が複雑に絡み合い，㈡
の機能が強くなる。すなわち，現代国家は，抑圧・公安的作用や資本蓄積のた
めの経済的・財政的作用ばかりでなく，資本蓄積の活動をある程度は抑制する
働き，人民の自由を擁護する働き，人民の福祉・文化を推進する働きなどをも
するようになることが否定できない。

　そうした人民的機能を現代国家がもつに至る社会的基盤については，次の3
点が問題になる。第一に，一般に，経済的土台が国家に対して強い規定力をも
つものの，社会的諸力の関係としての政治もまた国家の機能の動因となる。そ
の際，政治は，単に階級関係の動態に関わるものであるだけでなく，市民社会
における多様な人的関係の動態に関わるものでもある。こうした多様な人的関
係は，階級関係を反映する一方，それとは異質の思想，人種民族的・宗教的・
文化的諸要素，部分社会の利益，地域性・ジェンダー・歴史伝統などの諸要素
によっても規定されているのであるが，これらの諸要素は，階級関係から作用
を受けるとともに，それに対して作用することもある。第二に，一般に，国家
が機構として整備され官僚化が進めば，官僚制は独自の論理で——すなわち現
体制を維持するための方策を長期的でより広い視点から考えることによって，
場合によっては支配者階級の即時的な利益追求行動を制約するようなかたち

第8章　民主主義科学者協会法律部会50年の理論的総括：現代法論を中心に　253

で，支配階級に一定程度反するかたちでも——活動することが挙げられる。支配階級の内部での多様化・矛盾が進行すると，官僚制の，したがって国家の，相対的自律性が高まるのでもある。また，公務労働者や官僚の個人レヴェルないし組織的な民主化によっても，国家機能に変化が生じる。第三に，とくに現代においては，民主主義や基本的人権，公平な裁判，市民的な行政（行政の公益性・公共性）などが国家制度ないし原理として導入されている。これらもまた，上述のように経済的な支配階級によってその働きを歪められることはあるものの，状況によっては人民の利益にかなった働きをもする。そして，上記第一点（政治の独自性）と第二点（官僚制の自立）という一般的傾向は，この第三点によってとくに現代社会でその傾向をより強める。

　それまでの民科の主要な議論の一つであった「法体系二元論」，すなわち日米安全保障条約とそれにもとづく諸特別法とを軸とした，一連の軍事・経済・イデオロギー政策を反映した法体系（安保法体系）と，自由・人権，平和主義，民主主義を原理とした憲法の下での法体系（憲法体系）とを対置させて，日本の経済・政治・法の動きを，対抗する二つの階級・運動体を軸に構造的にとらえる議論もまた，上の第三点にも関わっている。それは，現代経済の分析や国家論そのものには結びつかなかったが，現代において，支配階級の政策が安保法体系に依拠して具体化されるのに対して，憲法の3原理がそれに対決しうる可能性をもっていることを明確にすることによって，人民の実践的課題を憲法擁護闘争を軸に具象的に指し示そうとしたものであって，国家や法について「階級闘争の道具としての国家・法」と規定する，それまでのマルクス主義法学の見方を越えうるものであった。

---

*201）　その主たる提唱者は，長谷川正安と渡辺洋三であった。長谷川正安・宮内裕・渡辺洋三編『新法学講座』第5巻：『安保体制と法』（三一書房，1962年），渡辺洋三『安保体制と憲法』（労働旬報社，1965年）。「法体系二元論」の問題点としてその後指摘されていたのは，たとえば，①憲法典自体にも，天皇制や「公共の福祉」規定，議院内閣制・裁判官任命制度（多数派の独裁を排除できない）等に問題があるが，それらが批判的に扱えない，②安保条約・対米関係に還元しきれない，労働法制や教育政策，治安法制，開発行政などを扱う枠組みが不十分である，③特殊日本的な構造論であり，現代資本主義国の法を全体として国際比較することができない，等であった。

254

8. 4 ——法の歴史分析

　法（とくに近代法）の歴史分析の方法は，それらが採用された時期ごとの民科の議論を反映して，三つに分かれる。

　第一のものは，旧現代法論より前の時期に見られた近代主義的な議論（近代法＝市民法モデル）に関係している。それは，フランス民法典のような，自由な人格・自由な所有権・契約の自由を原理とする近代市民法の構造を，近代資本主義の経済構造，とくに商品交換の論理との連関において解明しようとした。[*202]こうした議論において国家は，レッセ・フェールの国家観が念頭に置かれることによって，第一義的には市民社会を夜警国家的にバックアップするものとされ，また国家の活動態様は市民法に規定されるべきものとされた（民科の議論では高柳信一の市民的公法論がその典型である[*203]）。このような国家が市民革命によって成立し19世紀末頃まで続いたとされたため，市民革命期と産業革命期における国家権力の作用の違い（後述）については目が向かなかった。

　この時期には，さらに「市民法から社会法へ」という法史のモデルが見られた。それは，資本主義の矛盾，とりわけ独占資本主義段階において，近代法が形骸化し，社会問題が深刻化し，また労働者階級の権利闘争や社会主義運動が一定の成果を挙げた状況を反映して，その観点から近代法モデルを修正したものであった。[*204]しかしここでも法を規定する国家作用の分析はなお弱かった。

　第二のものは，旧現代法論と不可分に関係している。稲本洋之助は，現代法論において経済構造が法規範体系を規定する際の媒介物である，国家権力の政策に注目したのと同様，近代法の歴史分析においても国家権力の媒介活動の態様に時期的な違いがあることに着目した。[*205]すなわち，(イ)市民革命期から産業革

---

*202）　川島武宜の『所有権法の理論』（岩波書店，1949年）を代表とする。

*203）　高柳信一の近代公法に関する基礎理論の評価については，広渡清吾「潮見・高柳・渡辺法学の検討」（『社会科学研究』32巻1号，1980年），『行政法学の現状分析——高柳信一先生古稀記念論集』（勁草書房，1991年）の兼子仁論文，村上順論文参照。

*204）　沼田稲次郎『市民法と社会法』（日本評論社，1953年）。渡辺洋三『法というものの考え方』（岩波新書，1959年）など。

*205）　稲本洋之助「資本主義法の歴史的分析に関する覚え書き」（『法律時報』38巻12号，🖅

第8章　民主主義科学者協会法律部会50年の理論的総括：現代法論を中心に　255

命期までの時期には，封建遺制の駆逐と資本賃労働関係の形成とに国家権力が積極的な役割を果たし，このため法がとくに活用された。㈡これに対して産業資本主義段階においては，労働力の商品化が普遍化して商品交換＝価値法則が貫徹し，かつ資本主義は自立し，この結果，経済が市民の意思の関係に直接反映し自律的規範としての市民法が発達するとともに，国家権力はこの市民法の妥当と産業資本主義の活動とを強制装置によって背後から担保するものとなった，という違いである。このように，ここでは国家権力が経済と法との間で果たす積極的な役割に着目したことによって，近代法の歴史分析がより緻密になった。[*206]

　しかしながら，私見によれば，この第二の視点だけでは歴史分析はなお不充分である。なぜなら，①この視点からは，産業資本主義確立期においても産業ブルジョワジーとともに伝統的商業ブルジョワジーや独立自営業者が，西欧の近代法や近代法学の展開上で重要な歴史的意味をもった事実や，このことを反映して近代西洋において前近代的な伝統（たとえば身分制的自由，近代法を補完するものとしての伝統的な倫理性の重視，あるいはヴェーバーが指摘したプロテスタンティズムの精神の社会的役割など）が重要な意味をもっていた事実が捉えられない。それらの見方では資本賃労働関係としての経済関係がもっぱら問題になるためである。[*207]②この視点からはまた，一九世紀後半のいわゆるベル・エポック（ヴィクトリア時代）の歴史の逆流現象（自由資本主義の最盛期に社会全体が伝統回帰し，貴族文化・中世志向・権威主義が強くなって独自の政治・文化をつくり出したこと）が捉えられない。[*208]③さらにイギリス近代・近代法の分析においても，産業革命を

　1966年）。
*206)　第1期と第2期の位置づけや議論の中身については，広渡清吾「現代法とブルジョワ法の歴史的分析」（『季刊現代法』10号，1979年）21頁以下参照。
*207)　ここでは〈近代社会は産業資本家が支配的な社会〉という前提が歴史分析を規定している。このため，たとえば近代イギリスの土地法について，イギリスがもっとも早く産業革命を起こしたのだからもっとも近代的だとされ，かつその近代性は――農業資本家・工業資本家が借地に依拠して活動しているので――「借地権の優位」（貴族の土地所有権に対する）に求められる，とされた。
*208)　この点については，拙稿「女性史から見た〈ヴィクトリア時代から一九二〇年代へ〉」（『法学雑誌』41巻4号，1995年）；拙著『法思想史講義』下巻13章参照。

達成した進歩的産業ブルジョワジーへの着眼が中心となり，（広大な土地をもち畏敬の対象である）貴族や（公共性の中心的担い手である）自由専門職がもった政治的・社会的・文化的重要性が捉えられない。[*209]

こうした事柄を捉えるためには，市民社会において多様な階層が文化的・宗教的・政治的・社会心理的・伝統的要素などに影響されて複雑に関係し合う状況を分析することが大切である。市民社会はまた，各国によって共通する面と相互に異質・多様である面とを併存させているから，各国の共通性と特殊性を浮き立たせる比較研究が大切である。そしてこの視点こそ，新現代法論の視点——すなわち市民社会（労働と政治，経済，家族を含む諸活動の場）の在り方を現状分析し，それが経済にいかに作用し，国家の動態や法の実態をいかに規定するかを問う視点——を歴史分析に導入することを意味する。この視点を民科の歴史研究にさらに加えることによって，第三の，民科に伝統的な上述のような経済史的・国家論的歴史論と，民衆史，政治史，思想史との結合の上で，より緻密な歴史分析が展開することであろう。

8.5 ——国際的な諸関係

通常の国独資論においては，経済的諸問題を国家が一国単位でどのように「総括」するかが主題となる一国資本主義論が前提になっていた。このため国独資論では国際条件の把握は難しかった。(a)旧現代法論においても，NJに対する名古屋民科研究会の批判の主要論点の一つは，安保条約を基軸とする国際的関係[*210]（とくにアメリカへの従属）が「現代日本の国家権力の本質と機能を基本的に規定する」一条件であるのに，国独資論の一国資本主義的な視座のためその認識が欠落したというものであった。

実際，戦後資本主義国家においては，国家の二つの主要任務のうち，第一の，軍事的任務については，それを自力で遂行できるのはアメリカのみであり，他

---

*209)　村岡健次『ヴィクトリア時代の政治と社会』（ミネルヴァ書房，1980年），村岡・川北編『イギリス近代史』（ミネルヴァ書房，1985年），村岡編『ジェントルマン』（ミネルヴァ書房，1987年）など参照。

*210)　1968年度春季学術総会に提出された討議資料。

の国はアメリカを盟主とする国際同盟に頼る他ないという情況にある。また第二の，生産と生活との条件整備，資源の確保，環境保全についても，国際的調整を欠かすことができない。[211] 以上からして国際化の視座が欠かせない（ただし，法学界の外に広く見られた，国独資論の上述の欠陥は，民科では，安保条約，アメリカの世界戦略をはじめとする，法の国際的分析が精力的に進められたので，早くから克服されえたのでもあった）。

　国際化は，しかし最近に至って飛躍的に進行している。すなわち，①多国籍企業・国際金融市場の発展，②EUやNAFTAなどの新しい国家関係，③人権保障，環境問題，外国人労働問題，高度情報化社会化（IT革命），市民生活の国際化，犯罪の国際化などの点での「グローバリゼーション」が著しいこと，そしてそれらが国内関係に深刻な影響を与えること，④東欧・ソ連社会主義の崩壊による世界の「再西欧化」の波が，こうした方向での地球の一体化をさらに促進していることなどの事態がある（もっとも国際化は，他方では，貿易摩擦や第三世界の累積債務処理などをめぐって国家の強力な介入を帰結させたし，自国の利益・宗教的立場を国際的に主張することによって国内での支持を集めようとする勢力を伸ばすことになり，ナショナリズムや原理主義の強化を帰結させてもいる）。

　民科は，1994年度の学術総会において「国際関係の変動と日本法」のテーマの下に国際化の問題に取り組んだ。そこでは，国際的な関係の変動に伴って国際機関の役割が拡大していること，そうした国際機関による一国の主権の制限が起こっているが，しかしなお「主権や自決権」の「現代における〔……〕再生の道を追求する」課題が重要であることが中心問題となった。[212] これは「人権外交」や「ならず者国家」論に見られるようなアメリカの最近の動き（特定の国に対し人権無視や条約違反を理由に，国連を無視して単独で軍事行動を起こす）からすると，理解できることではある。しかしながら，市民社会が上述のように国際化を強めていく現代のような状況下では，国家ないし国際機関がそうした国際的市民社会をどのように総括していくかの現状分析と，それを踏まえた国際法学・国内法学の新しい理論とが追求されるべきであろう。

---

*211)　宮本憲一（前掲注196))『現代資本主義と国家』134，313頁。

*212)　松井芳郎「国際的枠組みの変動と民主主義法学」（『法の科学』23号，1995年）

8.6——新自由主義

　1970年代後半以来，福祉国家が批判されたり民営化や規制緩和，行政改革，地方分権が進められるなど，「小さな政府」への政策転換が強まった。またこれと連関してケインズ経済学が有効性を失い，反ケインズの新古典派経済学が強まった。さらに，現代社会では個性や個人生活を求める「個人主義」（連帯を失い他者に無関心となる「私化」）が一層強まった。こうしたことを背景にして，新自由主義が広まっている。これも，介入主義国家を理論の基盤とする国独資論・旧現代法論への疑問を喚起する性質のものである。

　民科は，1995年度に，「地方分権」と並んで「規制緩和」を主題とした。そこでの課題は，新自由主義のイデオロギーが，日本の社会と国家の再編（たとえば「小さな政府」の観念に依拠して民営化・行政改革・規制緩和・地方分権化が進んでいる点）にどのように働いているかを分析し，それに対抗する具体策を打ち出すことであった。また1994年度の課題は，この「自由」の新しい観念が国際社会の再編（たとえば，東欧での「自由革命」・「市場経済体制化」，アメリカの「人権と自由のための」介入・「人権外交」，「自由貿易」・「市場開放」などが進んでいる点）にどのように働いているかを分析し，それに対抗する国際的な場での主張の仕方を打ち出すことであった。

　これら1994年度と1995年度との(c)第三の現代法論において共通して明らかになったのは，次の4点である。第一に，国際的および国内的な社会再編に新自由主義のイデオロギーが「キー概念」として使われていること，第二に，この新自由主義のイデオロギーが崩そうとしたものも，国際的には，戦後に社会主義国や発展途上国によって主張された，「平等」原理によって国際社会を編成する動き，[213] 国内的には，「平等」原理を実質化するための福祉国家や経済法政策である動きであったこと（つまり，国際的・国内的に，ともに「平等」や「公

---

*213)　1994年の民科静岡合宿での桐山報告（「冷戦終結と新国際秩序の模索」，『外国学研究』32号，1995年，参照）や，1994年の民科学術総会全体シンポジウムでの間宮報告・竹森報告（間宮勇「国際関係の変動と自由貿易体制」，竹森正孝「社会主義の崩壊と人権イデオロギー」。ともに『法の科学』23号，1995年，所収）参照。

正」が「自由」によって攻撃されていること），第三に，国内的な規制緩和などは，単に国際的な圧力やそれを背景にした経済協定にもとづいて進められているだけでなく，逆に，国内の再編のために国際的な新しい「自由」の動きに呼応しそれを利用するかたちで進められている点で，国際社会の動向が国内社会の動向と相互規定的に緊密に結びついていること，第四に，課題として，新自由主義イデオロギーの実際の働きの分析と，真の自由「平等」や「公正」，連帯をも組み入れた自由を具体化しそれに対置する作業とが重要であること，であった（1994年以前にも，(b)新現代法論の2年目，1988年度学術総会のシンポジウム「国家機能の変化と法」における渡辺治，吉田克己，田端博邦の各報告は，1980年代前半期に顕著になった規制緩和の問題を重視していた[214]）。

さらに，規制緩和の批判としては，次の2点が強調された。第一に，「規制緩和」や「新しい自由」は，主として「企業と国民経済のコストを最小化し，国際競争力を高めるための方策」という企業本位のものであること[215]。第二に，経済的・社会的領域への国家の介入には，(イ)治安維持ないし資本蓄積を促進するための介入と，(ロ)資本の無制約な蓄積衝動を押さえるための介入との，二つがあるのだが，1980年代以降の規制緩和は，国家介入のうち資本蓄積に阻害的なものについて，それゆえ(ロ)に対して，進められていること，である。

　こうした動向の背後にあるのは，第一に，企業が社会支配や資本蓄積を独自に行なえるほどに成長し(イ)の国家介入がむしろ邪魔になったこと，またそうした成長によって企業が(ロ)の国家介入を阻止できる力をもつようになったこと，第二に，(ロ)を推進すべき人民の側の力が後退したこと，第三に，「私化」や「個人主義化」に伴って現実の労働者像が変化したこと，第四に，アメリカをはじめとする諸外国から市場開放・国内の規制緩和の要求が強まったことなどである。

以上のことはまた，企業にとって有利な国家介入である(イ)は，今後もなお活用されうるものであることを意味する（たとえば東京都の湾岸副都心整備事業・首都移転などの社会資本充実政策，住宅専門金融会社の国費による救済問題・ODA・原子

---

[214]　渡辺治「現代日本の国家・法の構造」，吉田克己「国家機能の変化と土地・開発・住宅法制」，田端博邦「八〇年代の労使関係と国家」，ともに『法の科学』17号（1989年）に所収。

[215]　田端博邦「『日本的企業社会』と社会法」（『法の科学』24号，1996年）。

力政策，軍事力・治安の強化などにそれが見られる）。また，規制緩和によって企業の蓄積衝動が放任された結果，新たな社会問題が生じ，そのために国家の介入㈠が再度世論によって要求される可能性が出てくることも考えられる（たとえば狂乱地価問題・産業空洞化・失業問題・新たな公害問題・貧困問題に関してそれが見られた）。田端によれば，1980年代は，前半期において規制緩和が盛んであったが，後半期には「国家の能動的な役割が必要とされるような局面が訪れている」[216]。実際，1980年代の前半と後半とでの動向のこの違いは，経済学においても指摘されている。すなわち1970年以来の新自由主義的な反ケインズ経済学の流行は1980年代半ばから収束に向かいだし，今ではケインズ経済学の延長線上での，現代資本主義の諸問題に対する取り組みが復活した[217]。

　私見だが，生産と生活との社会化を拡大していく現代市民社会を国家的に総括するところに現代国家の特徴があると見るならば，生産と生活との社会化や企業社会化が進行し，その結果，新たな環境問題・社会問題・貿易摩擦なども起こっている最現代の状況下では，国家による総括の拡大が他方では避けられないであろう。こうした大きな流れに照らせば，新自由主義現象は，一面の事実にすぎず，国独資論にとっても決定的な反証事例ではないことになる。しかしながらまた，資本主義にとっては社会的規制や福祉国家的介入は必要悪であり，〈それらを削ることによって企業と国民経済のコストを最小化し国際競争力を高めるための方策〉は，可能なかぎり追求されるべき性質のものである。したがってそのための政策イデオロギーとして新自由主義は今後とも力をもつであろうから，また，新自由主義は「私化」が進行していく世風に合致しているから，これとの対決は民科にとってこれからも重要な課題であろう（他方ではまた，社会問題や環境問題などへの対処を全て国家に委ねるのでは，公共部門が肥大化し財政危機が深刻化するのも事実であり，新自由主義の問題提起から我々が学ぶ必要があることも否定できない）。

---

*216)　田端（前掲注214））「八〇年代の労使関係と国家」。

*217)　宇沢弘文『経済学の考え方』（岩波新書，1989年），佐和隆光『これからの経済学』（岩波新書，1991年），伊藤誠『現代の資本主義』（講談社学術文庫，1994年）。また山口正之は，日本の輸出攻勢に対抗してアメリカがレーガノミックスから「国家経済戦略」へ転換したとする。山口『資本主義はどこまできたか』（大月書店，1989年）。

第8章　民主主義科学者協会法律部会50年の理論的総括：現代法論を中心に　261

8. 7 ──Grand Theory

　「国独資」が死語化した要因は，それのもつ理論的な問題点とともに，そもそ
もそうしたGrand Theoryへの懐疑が強まったことにもある（ここでGrand Theory
とは，根本原理からの体系的展開において全体像・世界像を提示しようとする総合理論
のことを意味する）。懐疑の要因としては，社会主義体制が崩壊したことによっ
て資本主義体制を相対化できなくなったこと（資本主義が歴史的に始まりと終わ
りをもつ相対的なものであり，かつ別の体制選択もありうる点でも相対的なものである
としてその全体を見渡すことが，多くの人びとに困難となったこと）や，学問の専門
分化・研究の細分化が進行しGrand Theoryへの関心やそれの説得力が弱まっ
たことのほかに，新たな反Grand Theory論が強まってきたことが挙げられる。
　反Grand Theory論として目下問題になっているのは，ポストモダニズムで
ある。①ポストモダニズムは，反構造主義であるため，もともとものごとの
客観的連関づけに対しては懐疑的である。②それはまた「言語論的転回」に
依拠することによって認識論的にも社会構造の科学的・体系的記述に対し懐
疑的となる。③加えてポストモダニズムは，提言としては，これまでの〈中
央権力による設計・管理〉という近代モデルに対して，現代社会を混沌状況
にあるものとし，そこでは「自己組織性」に依拠した自生的秩序形成（偶然性
による面が大きい）が，柔軟で開放的な社会を確保するためにも，人間の能動
性を取り戻すためにも，唯一可能でありかつ有効であるとするため，社会の
壮大な青写真を打ち出すGrand Theoryを「設計主義」と結びついたものとし
て拒否する。④ポストモダニズムはさらに，フーコー（Michel Foucault）の権
力論──マクロな権力としての国家よりも，血肉化され知の中にも潜み込ま
されたミクロな権力を問題にする議論──とも結びつく。その結果，従来型
の（巨大な権力機構を想定する）国家論への関心がうすらぎ，個人の意識・思考
の批判に関心が向くようになる。⑤最後に問題になるのは，ポストモダニズ
ムと「社会史」の結合による反国家論である。「社会史」は，中世以来の歴史
的に連続した社会関係を強調することによって，近代市民革命（国家変革）や
近代化の意義を相対化するものであり（これ自体は重要な問題提起ではあるが），

これが「反近代」を媒介にしてポストモダニズムと結びつくことによって，国家への関心がさらに弱められる（ポストモダニズムについては，『法の科学』25号別冊（1996年）所収の拙稿「ポストモダニズム考」，拙著『法思想史講義』下巻第16章をも参照されたい）。

しかしながら，他方ではまた，社会の構造変化と新しいパラダイムを求める議論とに反応して最近いくつかの法分野でGrand Theoryへの関心が高まっている。「憲法論論」とか「現代○○法の新たな展開」といったタイトルがそれを示している。[218] リベラリズムを中心に法哲学への関心（それは新しい原理を求める考察につながるとともに，その原理からの体系的記述を促すものでもある）が高まっていることも，この傾向と無関係ではない。

民科の課題自体について言えば，Grand Theoryの追求は今後とも避けることができないであろう。なぜなら，第一に，民科は他の法学関係の学会とは異なり，法学のあらゆる部門の研究者で構成されている。こういう学会で法について科学的な共同討議をしようとするならば，どうしても現代の法が全体としてどのような構造連関にあるのかの問いを避けることはできない。第二に，しかもこの問いは，法がそれだけでは自立しておらず経済的土台や市民社会の生活態様と密接に連関しており，また，法の制定と妥当とに国家の作用が深く関わっているため，法と経済・市民社会・国家権力との連関に関する問いとして展開しないわけにはいかない。第三に，社会をラディカルに（根本から）批判するためには社会のトータルな認識が必要である，からである。法学は，伝統的には法律の解釈学という，法的なものに自己を限定する作業に特化していく性質を有している。しかしそれが科学であろうとするならば，経済・市民生活・法・国家の連関を問う総合的な学問となりうるし，ならなければならない性質のものであり，民科はそのような課題を担いうる性質の学会である。

問題は，どういうGrand Theoryかという点にあろう。この点については，これまでに民科においてなされてきたように，社会の変化に即応して絶えず現状分析から再出発し，その上に立って新しい実践的課題とその実現の道を考える

---

*218）反Grand Theory論自体が，「近代思想とはそもそもどういうものだったか」，「それが近代社会の原理としてどう現れているか」，「現代社会の特徴はどういうものか，したがってどのような思考が今日必要か」等々と，すぐれてGrand Theory的に議論されているのである。

ことによって，対象の総体的把握に関するこれまでの理論を総括し発展させて
いくことが大切だと思う。また現代法論のようなGrand Theoryと個別の法分野
の研究（とくに法解釈論）との関係をどう考えるかについては，双方の結び付け
に困難がある法分野やテーマはあるものの，実際には多くの場で結び付けが重
要であることが実証されたと言えよう。この点は『法の科学』を読めば一目
瞭然であろう。結び付けが困難な分野でも，Grand Theoryを意識しないで法解
釈の作業をすることが危ういものであることと，法解釈を意識しないでGrand
Theoryを進めることが空虚であることとは，ともに否定しえないから，Grand
Theoryへの関心があるかないかは，今後とも法学の水準に大きな違いをもた
らすであろう。

8.8 ── 近代法・社会法への新スタンス

　1960年代までの，①近代法（市民法）論，②社会法論，③法体系二元論では，
批判の対象と獲得目標とは明確であった。①近代法論では，近代化が遅れた日
本の現状に対して近代法の自由・平等原理が対置され，②社会法論では，抽象
的・一般的な近代法がもたらす現代的な問題に対して，自由や平等を実質的に
保障するものとして社会法の定着が強調され，③法体系二元論では，非民主的・
反人権的な安保法体系に対し憲法体系が対置され，それらが追究課題となった
からである。
　これに対して(a)NJは，現代資本主義が近代化・市民社会化の上に成り立っ
ているという前提からして，近代的な自由や平等の確立を進めることに対して
それを「階級矛盾の隠蔽策」と見る，近代主義批判の立場にもあった。したが
ってNJは，現代資本主義が帰結させる，政治的非民主主義，経済的収奪強化，
自然と生活の破壊といった巨大な不正義を暴露することによって，それらに対
する闘いを喚起することを目指した。しかし暴露だけでは，何にどう依拠して

---

*219)　たとえば『法の科学』12号（1984年），13号（1985年）。
*220)　座談会「現代法論争の到達点と課題」（『季刊現代法』10号, 1979年）54, 63, 71頁参照。
　　広渡清吾「現代法とブルジョワ法の歴史的分析」（『季刊現代法』10号）135頁をも参照。
*221)　稲本洋之助「現代日本法と民主的変革」（『法の科学』6号, 1978年）。

闘うかは出せなかった。

(b)新現代法論では，現代日本社会のひどさが国内分析と国際比較とを通じて明らかにされた。しかし提言としては，西谷敏の，「人間的な生活なり，ゆとりある生活自体が価値理念とな」った運動によって日本社会に西欧市民社会型のシヴィル＝ミニマムを根付かせていこうとする立場と，渡辺治の，日本社会の市民社会化が企業社会化をもたらしたのであるとし，さらに企業支配にとってシヴィル＝ミニマムは容認しがたく，それの実現自体が「日本の資本主義そのものの原理的な変革抜きには，どうもなかなか難しい」ともする立場とに分かれた。西谷の立論には近代法の原理を抵抗に使おうとする動きがあり，渡辺の立論には体制の論理が貫徹している構造の暴露を問題にする，NJと共通の近代化批判が見られたと言える。[*223]

私見だが，前述のように法体系二元論が明らかにした，一つの社会に法体系が重層的に存在しているとする見方は，現代法論においても，現代法と近代法とが重層的に存在しているとする見方において，思考としては生かされるべきである。現代法の世界では，たしかに一方で，NJが捉えたように「法の政策化」が進行して近代法原理が空洞化していく面があり，渡辺治が指摘したように〈近代の不足〉でなく〈近代の過剰〉（近代化の一方的進行）が会社社会を産んだという面があり，ポストモダニズムの人びとが言うようにモダンの基盤が崩れつつあり，新自由主義によって社会法の解体のためにモダンが使われている面も

---

*222)　討論「日本社会の特殊性をどう捉えるか」（『労働法律旬報』1183号，1988年）。

*223)　民科には，大別して二つの傾向の相克が伝統である。法解釈学をもっぱらとしている会員の中には，法や法制度の中に——支配の論理と共に——歴史的進歩の契機，人民の権利闘争の成果，近代法の自由・平等の原理，支配者に対する抵抗の手がかりを探り，これら後者に依拠してさらなる権利拡大を進めようとする傾向がみられる。これに対し，法解釈学よりも法の社会科学的な分析を重視する会員，ないしそれを課題とした論文には，リアリズムに徹し，近現代の法や法制度のイデオロギー暴露，資本の論理や体制内化の構造の暴露に専念しようとする傾向がある。この二つの傾向の対立が，これまでの民科を中心とした法学論争のひとつの要因となってきた。たとえば，法社会学論争における市民社会派とマルクス主義派との論争，生存権論と福祉国家批判論，旧現代法論争における京都グループ（社会法視座）とNJ研究会グループ（国独資法論）との論争，多くの労働法学者と論文「労働法の基本問題」（『社会科学研究』18巻1号，1966年）をはじめとする諸論文（『法社会学研究』第7巻第3章に収録）によった渡辺洋三との論争，そしてここで取り上げた西谷と渡辺治の議論などがそうである。

第8章　民主主義科学者協会法律部会50年の理論的総括：現代法論を中心に　265

ある。しかし他方では，近代法（市民法）原理がなお市民社会の骨組みを成し続けかつ重要な現代的働きをすることも否定できない（それに，かりにモダンの基盤が崩れつつあるとしても，「だからモダンを解体するべきだ」ということには直ちにはならない）[224]。

　さまざまな問題性と障害とがあるとはいえ，近代法と社会法とは，反人民的な，企業や国家に対し〈個人の尊厳〉をもってその動きを規制する装置でもあり（憲法や刑法，社会保障法），また個人の自立性と主体性とを涵養する装置（民法や訴訟法，労働法）でもある。これら近代法や社会法が今日置かれている状況を見据えつつ，また両者の相互の関係を緻密化しつつ生かしていく道（それは憲法体系を今日において生かすことでもある）は，民科において伝統的なものでもあるが（1983・84年度の民科学術総会ではこれがテーマとなった），結局，これがいまなお現実的なものであることは，否定できないのではないか。

---

[224]　拙稿「複合的な思考——丸山真男の場合」（『法学雑誌』42巻4号，43巻1号，1996年）参照。

第**9**章
「法学」なるものの再考／再興

9.1 ——法的思考はどこから法的か？[*225]

9.1.1 　法的思考の特質？

　法の分野では，法的思考とかリーガル・マインド（英語でのThink as a lawyer, legal reasoningに当たる）とかがよく論じられる。法的思考の研究も（特に京都大学で）進んでおり，1989年には田中成明の『法的思考とはどのようなものか』が，1990年には田中の『法の考え方と用い方』が，1993年には総合研究をまとめた山下正男編の『法的思考の研究』が，2006年には亀本洋の『法的思考』が出た（こうした点は，お隣の政治の分野で「政治的思考」の議論がさほど聞かれないのとは，対照的である）。

　ただ，これらの議論を聞いていて筆者がもつのは，議論対象となっているものに関しては，どこからが特殊「法的」な思考でどこまでは他の分野にも共通の思考だろうか，との疑問である。たとえば田中は，法的思考の特質として，①法への準拠を前提にする点，②正確な事実認識を重視する点，③過去を志向した営みである点，④白か黒かの二分法的思考が中軸である点，⑤結論だけでなく（三段論法や賢慮の）思考過程が大切である点，を挙げる。同様に亀本は，法的三段論法，排中律，権威あるルールへの依拠を挙げる。しかし，田中の②〜⑤はたとえば歴史学でも見られる。歴史学では，③「過去志向」や②「正確な事実認識」は当然であるし，史実か否かの④「二分法」，実証作業や歴史の解釈などに関わる作業において⑤（三段論法や賢慮の）「思考過程」も重要である。亀本の３点も，道徳規範や宗教規範，教訓等を議論する場合にも通常見られる。とすれば，五つの法的思考の要素のうちで法の世界だけに独自なのは①だけ，

---

　*225）　『UP』（東京大学出版会）の2010年11月号（423号）所収。改訂を加えた。

ということになる。

　ではリーガル・マインドは，特殊法的である思考か。リーガル・マインドは，勘が重要だから，法実務をこなした人間の秘技だとする人もいる。しかしその真意は，思考の態様が特別だということではなく（上述のように法的思考は特別ではない），法分野向けにその（特別だとは言えない）思考を駆使して仕事をこなすにはそれに向けた訓練・習熟が欠かせないということにあるにすぎない。だとすれば事情はスポーツや職人の技の習得と同じであり，ここでも法の分野特有のものだということにはならない。

　確かに法律家は永らく，難しい表現を使ってその世界を隔絶させてきた。しかしこの点については，法律用語や判決文の改善などが進められている。今後はいわゆる法的思考についても，「本当に法的か」の立ち入った分析を通じて，同様な民衆化が図られるべきであろう。

9.1.2　定説の法的思考

　以上の点を，もう少し詳しく考察しよう。前記の本を含め，法的思考とされるのは，(イ)法的な概念・条文や判例・法理・法律家の知識（法律知識）を使いこなしながら，(ロ)一方で，ルールに従った判断という意味での正義判断ないし法的安定性を尊重しつつ，他方で，個々のケースに即したという意味での妥当性（＝衡平）をも尊重しつつ──つまり原則を大事にしつつ例外にも適切に対処して──問題を順序立てて処理していく思考である。

　このうち(ロ)の中身は，次のようなものとされる。(a)ルールに従った判断のためには，条文ないしその根底にある法原則を大前提とし，ケースを小前提とした三段論法で結論を獲得することが重要であるとされる（また，原理や概念から下位の概念・命題を導出しながら全体を構成して体系をつくっていく思考が大切とされる）。(b)個別妥当性の判断のためには，問題を的確に解析しその特殊性に即して考える思考が大切とされる（このためには，両方の言い分を公平に聞く正義感覚，他者への共感，賢慮とかトーピク的思考とかと呼ばれる健全な常識判断，が重要とされる）。そして，(c)これらの判断の妥当な統合のためには，法の解釈技術，およびリスク予測・政策定立能力，個々の判断がもたらす全体の帰結の予想，判断の一貫性への配慮，責任感等が欠かせないとされる。

では，これらのどこからが特殊「法的」なのだろうか。どの分野でも初心者は固有の用語・諸原則・諸理論をまず習得しなければならない。したがって(イ)の課題の遂行に必要な思考は，特殊「法的」というものではない。そこで(ロ)が焦点となる。この(ロ)のうち，三段論法や演繹，個別妥当性重視，リスク予想等々は別に法に固有ではない。従って，最後に検討すべきは，法解釈であろう。以下ではこの法解釈の作業について（民事法を対象にして）検討しよう。

9.1.3 文芸等と法学

まず，文芸・歴史・倫理等（文芸等と呼ぶ）の学問的な扱い方を取り上げて，それらでの解釈が法解釈とどう対応するかを考えよう。詳細は，昨年（2009年）に東京大学出版会から刊行された拙著『法解釈講義』に委ねざるをえないが，法解釈を考える場合には，一方での，(A)条文の意味の大枠を確定する作業と，他方での，(B)条文を適用する作業とについて考えなければならない。このうち(A)大枠確定作業（狭義の解釈のことであり，文理解釈・体系的解釈・立法者意思解釈・歴史的解釈・法律意思解釈の五つに分かれる）に関わる一論点として前記拙著では，法解釈との関連で本居宣長の和歌解釈を考察している。和歌解釈で或る歌を本歌との関連で読み解こうとするのは，他の条文と関連させて意味を考える体系的解釈に当たる。また，或る歌をそれが作られた歴史的背景から解釈する（historical contextualism）や，歌人の日記・手紙等から意味を探る，立法者意思解釈的作業である「心理主義」も重要だし，語の通常の意味を踏まえる文理解釈的作業が基礎となることは言うまでもない（和歌の作者は，このtextualismを考えて推敲に努めるのである）。

それでは，（解釈者の主体的な読み込みを中身とする）法律意思解釈的作業はどうであろうか。これに属するもののうち，(a)作品が書かれた事情等からそのねらいを知る目的論的解釈，(b)解釈者の解釈姿勢の一貫性（法的安定性）を重視することや，(c)事柄のすじみちを押さえる「事物のもつ論理」による解釈に当たる作業は，文芸等にも見られる（(a)・(b)は自明だが，(c)についてその初期の例として，『万葉集』3822の「橘の寺の長屋に我が率寝し童女放髪は髪上げつらむか」について椎野連長年がおこなった作業を見ておこう。かれは，この歌について，「それ寺家の屋は俗人の寝処にあらず。また若冠の女を称ひて放髪岬といへり」として，この歌を

道理に合わないとし，有意味にすべく，「橘の照れる長屋にわが率寝し童女放髪に髪上げつらむか」と直している。「事物のもつ倫理」による修正である）。

　以上に対して，法律意思解釈のうち，解釈の帰結が正義や経済的効果等に照らして妥当かの考察は，今日の文芸等での解釈ではふつう必要ではない。しかしこの点に関しても，自分の問題意識を強くもって文芸等を解釈する（その立場から攻撃したり再評価したりする。現代的意義を説く解釈の）場合には，解釈者の意思・思想を反映した解釈が強く出る。この場合には解釈者は，自分の問題意識・新たな世界観・歴史意識・人間観等に規定されつつ体系的解釈・立法者意思解釈・歴史的解釈をおこなうのでもある。

　では，(B)適用の作業（文字通りの適用・宣言的解釈・拡張解釈・縮小解釈・反対解釈・もちろん解釈・類推・法意適用・反制定法的解釈の九つに分かれる）についてはどうだろうか。法の場合，条文を適用しつつ事件を処理しなければならないので，条文の意味を確認するだけでなくその概念を拡張したり，類似点を根拠に類推等で広げて適用したりしなければならない。こうした作業は，上述の文芸等においてはまず必要ない。しかしこの場合でも，「時代に合わない・道理に合わない」として作品の意味を別様に改める反制定法解釈・変更解釈は，上で『万葉集』に見たように，おこなわれてきたところである。

　次に，文芸作品や歴史書・道徳書等を，その読み手が生き方の指針ないし当面する問題解決の参考に使うといった実践的な読み方をする場合（歴史上はこれが主流であった）はどうだろうか。結論から言えば，この時にはその解釈作業の全部が法解釈と重なる。その代表例が聖典解釈（神学）であるが，それ以外にも，勧善懲悪小説や歴史書・儒者の書等から教訓・指針を引き出したり，自説の権威づけに使うような読み方をする時も，そうである。——その一典型としてマキァヴェッリの『ディスコルシ』がある。かれはたとえばその第3章19節「被治者を統御するには寛大と苛烈のどちらが有効か」において，タキトゥスの苛烈説に反対して，〈被治者が統治者と同じ身分か，それとも下層の民かで区別すべきで，前者の場合には苛烈説は妥当しない〉と，縮小解釈をおこなっている。かれはまたその第1章14節で，ローマ人の諸事例から，宗教を政治的に利用することが重要だとの一般的な命題を帰納しているが，これは法解釈で言えば，諸事例から一般的な命題を帰納し異種のケースを処理する法意適用

（比附）である。あるケースを前例を参考にして処理する類推適用も，実践的歴史書にはよくある。

このように，実践的な読み方をも含めると，文芸等の解釈は法解釈と重なる。というよりも，法解釈の諸思考は，実は人がもともと人生を生きていくうえで使っている解釈作業上の思考を，各専門分野でも活用した，その一分枝に過ぎないのである。実際，西洋の法学史を見ても，ローマの法学はギリシャの諸学やローマ人の生活上の思考と結びついていたし，中世から近世にかけて法学は，神学や数学・哲学の思考を採り入れて精緻化されて来た。ただ，法の世界ではルールを適用して実際生活を営むので，ことばの厳密な運用（概念と論理の重視），および「これでいって生活上に支障を来たさないか・正義に適うか」等の実践的判断が目立つだけである。

法律家が法的思考ないしリーガル・マインドを法の世界の秘技のように語るのは，どうも，日本しか見ないでする日本人論・日本文化論に似ているようだ。

9.1.4　見えてくるもの

さて，こうした観点から法的事象を見る時，見えてくるものがある。その一つは，明治初期において近代西洋的な思考の受容が超スピーディであったことに関してである。江戸時代においてはそうした思考は（熊本藩等を除いて）発達しなかった。日本近世の民事裁判ではカーディ裁判の傾向が強く，他方，刑事裁判では「詰文言」での処理が一般的だったからである。しかし，明治に入って以来，西洋の法・法学・法実務への日本人の順応は速かった。思考のそうした速やかな受容を可能にしたものは何か。筆者は前記拙著『法解釈講義』で，それを江戸時代の国文学・漢学（儒学の他，律学を含む）の発達に求めた。ここで培われた解釈学の思考は，上で見たように近代西洋で法を扱う際にする思考に対応していたので，受容の際に思考上のギャップがなかったのだ，と。

上のことは，第二に，法的思考・法解釈の構造が時代と文化圏とを越えて広い共通性，すなわち通時性と国際性をもっている事実をも，説明してくれる。たとえばドイツのヴォーゲナウアー（Stefan Vogenauer）は，*Die Auslegung von Gesetzen in England und auf dem Kontinent I/Ii: Eine vergleichende Untersuchung der Rechtsprechung und ihrer historischen Grundlagen (Beitrage zum ausländischen und internationalen Privatrecht)*, 2001（『イギリスと大陸とにおける法律解釈』）において，ヨーロッパ大陸法の世界（とくにドイツのパンデクテン法学）で発達した法解釈の技術と同様な手法が，法文化が異なるイギリスでも見られることを明らかにした。この指摘は，ドイツの法学者にとって驚きだったようである。また筆者は，前記拙著において，西洋の法学史上で構築された法解釈の手法が，実は——相互影響のない——古代の中国や日本でも見られたことを指摘した。法的思考が本質的に生活上の思考（日常知は，だいたいどこでも同じである）の一環であるという前記の事実を踏まえると，こうした共通性が偶然でないことも，容易に理解できる。

　上述の視点は，第三に，法学部の学生やロースクール生に希望を与えるものだとも思う。かれらは確かに，最初は沢山の法概念・条文・法理・法理論等の知識を集中的に身に付けねばならない。この——しんどいが，どの分野でも新参者には共通に課される——暗中模索の試練をある程度突破すれば，あとはそれまでの生活，人生の中で各人が使ってきた思考がどう活用されているかを再確認して，それらを使って処理する道を進んでいけばよいものとなる（どの分野でも習熟の道は遥かだ）。先輩の法曹たちはリーガル・マインド論において秘技性を強調するのであるが，それを聞かされても，萎縮する必要はないのだ。

　ただ上に述べたことの再確認のためには，法的思考がどういう構造をもち・どう展開するものかのガイドが必要である。法的思考の全体構造を知ってはじめて，自分に旧知の思考を生かしつつ技法を磨く道も開ける。筆者は『法解釈講義』で，そうした構造の解明をも追求したつもりである。

　前記拙著は一見，〈法律家の思考は複雑な構造をしているのだな〉との印象を与えるかも知れないが，実はむしろ他分野での解釈の技法と思考との共通性を訴えているのでもある。拙著の問題提起が届いて，実務家によるそれらの緻密化を踏まえつつ，他分野の技法や思考との比較検討が始まればと思う。

9.2 ——開いた法学／閉じた法学[*226)]

　法学は奇妙にも，二つの相反する顔をもつ。

　法は，政治や経済，文化などと緊密に結びついて生まれ機能していく。この

ような法を考察対象とする法学は，それゆえ政治学・経済学・社会史学・文化史学などと結びついた考察を不可欠とする。このような方向で，実際に諸学と連携し総合科学をめざす法学を，ここでは「開いた法学」と呼ぶ。

法はまた，他方では，各法の内なる約束事や論理整合性（首尾一貫性）・体系性を尊重しつつ動く。このため法学は，よほど注意しないと，法の世界内で，またそれぞれの個別法分野内で，自己完結してしまう。こうして自閉化した法学を，ここでは「閉じた法学」と呼ぶ。

9. 2. 1 　開いた法学

前者の「開いた法学」について考えよう。法が作られるのは，支配強化の必要とか，経済活動・社会生活上の必要とか，宗教・文化活動上の要請とか，生活の習慣による方向付けとかによる。また，こうして形作られる法は，その国（その地方）の法生活の伝統・政治的な力関係・国際世論・他国の法実務の影響，法理論・法思想の規定力などに規定されて，それぞれ特有の態様をとる。法を運用する時にも，ある政策の実現のためその法を使うのだから，上述の諸要素が作動する。したがって，そういう法を理解し運用するにあたっては，また法について考える際には，法を政治・経済・文化・社会生活・思想や宗教などの中に位置づけ，それら諸力が結晶したものとして考察することが求められる。法学はこの方向に進むとき，社会に関する諸学と結びつき，それらの総合の上に自分を築き上げる「開いた法学」となる。たとえば，

①民法の基本構造，すなわち「人格」・「所有」・「契約」のそれぞれの特質・機能ないしそれら3要素相互の関連をくわしく知るためには，法学は，民法がローマ法からどのように発達してきたか，その途上で法が，人や物支配や人間関係の実態（思想や慣習，諸民族の生活やルール）とどう関わってきたか，近代民法でなぜ「人格」・「所有」・「契約」が純化され三つの構成素として維持されて来たか，そのことと現実の市民革命，資本主義的な社会関係・その変化とはどう関係しているか，などを問題にする。

②なぜ近代憲法で「自由」をめぐって，基本的人権とともに「三権分立」や

---

*226）『UP』（東京大学出版会）の2008年11月号（448号）所収。改訂を加えた。

「地方自治」・「大学の自治」などの制度が問題になっているか，を考えるに当たって法学は，それら諸権利や諸制度の淵源，とくにそれらが自由保障と関わってきた，中世から近世にかけての歴史（その根底にある政治・経済・文化の意味），それらが近代憲法に入る際の思想や社会事情，現実の機能を問題にする…。

このように見てくると，法学が「開いた」ものになることはあたりまえに思える。しかし，この認識が自覚されだしたのは，やっとモンテスキュー（C. -L. de Montesquieu）の『法の精神』（1748年）以来であり，方法論として精緻化したのは，マルクス主義やヴェーバーの影響を受けた法理論・法社会学・法史学においてである。

そしてこの流れを汲んで，法を社会関係の総体の中で理解する学を築いたのは，他ならぬこの日本の近代法研究（我妻栄・川島武宜・渡辺洋三・広中俊雄・村上淳一等々の学）においてであった。1920年代以来のマルクス学やヴェーバー学，種々の歴史論の蓄積，その基盤上での法学と他の諸学との連携が，これを可能にした。加えて，日本では東洋・西洋の法と法学の継受が重きを成すので，外国法・比較法研究や法史学研究が発達した。こうして日本の法学は，諸国の法学に比して社会科学性・総合性を強め，「開いた法学」を現前させた。

これに対し他の国では，戦後においても法学の社会科学化や外国法研究はさほど進展しなかった。おおざっぱに言えば，

①ドイツでは，パンデクテン法学，とくにその構成法学的手法が規定的で，法の各分野で原理から論理的に体系を構築し，それによって個々の問題をも処理していく法教義学ないし解釈学が，中心傾向であり続けている。この教義学・解釈学を担う実定法学者が，基礎法学を兼担する。この兼担制度には長所と短所があるが，それは，法学者が政治学や経済学，歴史学と連携して法を考えることに対しては，概して阻害的である。加えてドイツでは，法学部内に政治学科があることはまずなく，法学部内でも法社会学講座などは，やっと1960年代末以降に設置され始めた程度である（大学によっては今日でも独立の法社会学講座設置を受け入れていない）。ただしドイツの場合，法史学が，この法教義学偏重の傾向を緩和してきた。ドイツの法史学には，法の歴史を文化史や社会史，政治史，思想史などに連関づけ総合的に描く伝統がある。このため——法思想史書や政治思想史書は思想家のオンパレードに留まり歴史性が感じられないの

だが——法史学者の書いたものは法思想史に使える，という状態にある。

②英仏においても，法学の社会科学化は進まなかった。ここではまたイギリスでのノミナリズムへの執着や，フランスで強い実証主義が，個人・個物を超えた全体的ベクトルを問うこと（個々のものがその全体的相互作用において予期せぬかたちで作り出す運動の「法則」を問うこと）を阻害した。

③アメリカでは，法社会学が発達した。しかし社会科学と言える，法の歴史や比較法，国家論・政治論などを踏まえた法の考察は，例外はあるものの，概して見られない。法学部内に政治学科があることは，英・仏と同様，ない。

9.2.2 閉じた法学

「閉じた法学」が出現する原因は，次の点にある。

(1) 法律は，その文言によって人々の行為を方向付ける。すなわち，権力の作用や各人の権利行使を規制し，紛争裁定の基準ともなる。それら行為・紛争処理の態様や新設されるルールは，既存の規定，それらの上位にある規範ないし先例に適っていることを求められる。「適っている」とは，それらが法の規定や先例から論理的に演繹できること（それらに包摂されること）を意味する。確かに，権力作用・権利行使・紛争処理・ルール新設は政策的判断の産物ではある。しかし，それらを法的に正統化するには，政策的判断とは別の，この包摂化の操作が重要である。そこで，法を扱う人々は，この論理操作を重視する。ところが，論理的に筋が通っていれば強い説得力をもつが，逆に論理矛盾や公理（原理・基礎概念）・定理（法準則・法命題）との整合性を欠くと，説得力をもたない。法の世界ではこの点が決定的なので，ここでは論理によって整合化する作業が，ともすれば主要関心となる。こうして法学は，法が相互にもつ論理にしばられ，それが嵩じると論理だけで自己完結していく傾向に陥っていく。

(2) しかもその際，法学はともすれば，民法なり刑法なりの個別法ごとに自閉するものともなる。これが起こるのは，自分の慣れた世界（その専門分野）に自閉していくという人間の傾向がもたらすところでもあるが，それに加え，民法や刑法に次のような学問的操作が施されることにも起因している。すなわち法学は，個別法の諸条文の背後に，「民法秩序」や「刑法秩序」を想定し，その中の独自原理（民法においては，自由な意思，それをもった人格。刑法においては，

旧派では自由な主体がその行為に自己責任を引き受けること，新派においては特別予防の必要性）を捻出し，民法や刑法の全体をそこから再構成し解釈する。これが各部門の自己完結性を現象させる。

　加えて，実務家や実務傾斜の法学者は，裁判で勝つために公定解釈や判例，官製の要件事実論に従おうとし，また自分たちが蓄積してきた手法・経験・常識を尊重する。官製の理論・先例や伝統，常識が重視される場では，既存のものが拘束力をもつのだから，その分野の法に批判的に向き合い相対化する姿勢は弱まる。批判が必要なければ，事柄を総体的に見ることも必要なくなるので，思考は自閉化する（このことは，逆に，批判的姿勢をとる法曹の下では「開いた実務法学」が開花しうることをも意味している）。

　「閉じた法学」は古くから，それを擁護する法学方法論・法哲学に事欠いてはこなかった。たとえば，

　①クリスティアン＝ヴォルフやカント以来，人々は数学や物理学をモデルにして法学を学問化しようとしてきた。人格ないしその自由な意思を基点にして，そこからア＝プリオリに法の全体を引き出そうとしてきたのである。こうしたところでは，事柄は純法的に処理可能と映る。悪名高き「概念法学」も，サヴィニーやイェーリングがそうであったように，この数学・自然科学モデルによる思考の流れを汲んでいるのである。

　②ケルゼンは，前述のように「因果科学」と「規範科学」とを区別した。「因果科学」には，法的な事象を原因と結果（因果関係）に着眼して捉える，法社会学や法史学等が入る。これに対して「規範科学」とは，法を〈強制をもって行為を命じるもの〉（＝「規範」）とし，そこにある規範論理，規範同士の論理的連関を解析し，全体を統一的に構成する学であった。かれは，この後者を「純粋法学」として重視したのだが，法学はこのことによって，法をそれ自体で完結した全体として扱うものとなった。

　③ヴィトゲンシュタイン（Ludwig Wittgenstein）の「言語論的転回」も，〈法を担う法曹の独自の共通了解が法の実際のあり方を規定する〉というかたちで応用すれば，「閉じた法学」の構成主義的擁護論となりうる（言語論を法論にストレイトに適用できるかは，問題なのだが）。この場合には，法の主体である法曹がもつ観念を超えた，客観的な社会関係や社会の運動が法を性格づける面は問

う必要がなくなるから，法学は，ハート（H. L. A. Hart）に見られるように，近代法一般を前提にし，法曹の活動に着目して法を記述するだけの学になる。

④ルーマンのシステム理論に依拠して，法は法独自の論理で環境に対し反応する（＝「アウトポイエーシス」）とし，事柄を法的論理に強く拘束されて処理することを正常だとする見方もある。

これら①から④においては，法は，近代法に限定され，その概念・論理構造の分析や，法実務の自己完結性が基底となる。

⑤「大きな物語」の歴史は終わったとする，ポストモダニズムの言説も，大きな視野を失って法の世界に閉じこもることを肯定する働きをする。

9.2.3 日本の法学部

ところで日本の法学部教育がこれまで担ってきたのは，①法的素養をもった中央・地方の公務員，企業の管理職など総合職，ジャーナリストなど（以下では「法エリート」と呼ぶ）の養成，②法曹の養成，③法を中心とした総合知を身につけた市民（「法市民」と呼ぶ）の形成，であった。

①法エリート，ないし③法市民は，法だけでなく政治や経済，文化にも立ち向かって生きるので，総合的感覚の獲得が必要である。②法曹についても，総合知は欠かせない。社会は，めざましく変化していくし，従来のノウハウどおりにはいかない複雑性を強めている。現行の法や制度・判例など，すぐ変わる。この現実に対応できるためには，自由な思考が欠かせないが，それを可能にするのは，総合知と批判精神だろう。

こうした課題に従来の法学教育がどこまで応ええたかには，反省の余地がある（専門学校化がここでも進んでいた）。しかし少なくともこれまでの日本には，法学を学問として捉える雰囲気があった。先に見たような近代法研究の蓄積もあって，社会科学としての法学が，少なからぬ法学者にとって気になる存在であった。歴史的・総合的に法を扱う科学である限り，法学は「開いた」知を提起し，現状を批判し相対化できる。それが教育を通じて学生に伝わるところに形成される総合力・批判精神が，かれらが将来なる，プロのそして市民の条件となる。

9. 2. 4　ロースクール下の日本法学

　その日本で，2004年にロースクールがスタートした。この新制度の検討は
ここではしないが，こと法学について言えば，少なくとも，この制度がこれま
での「開いた法学」を衰退させ，「閉じた法学」を支配的なものにする可能性
は，否定できない。その要因の一つは——今や法学研究者がアンビシャスさを
失い小さくまとまろうとするようになったことに加えて——実務家による授業
が増大するであろうことにある。ロースクールだからといって実務家が——し
かもその多くがパートタイムで——教えるということが直ちに出てくるとは思
えないのだが（日本がモデルにしたアメリカのロースクールの場合，ハーバード大学
で1870年以降にラングデル（C. C. Langdell）が推し進めた改革に見られるように，実務
家のパートタイム授業を廃し，法学研究者に教育を担わせたことによって，法曹養成の
発展があった），しかしここ 3 年来（2007年時点），日本型ロースクールでは逆に
実務家によるパートタイム授業が，「実務と理論の架橋」の目に見えるてっと
り早い道として定着してしまった。そしてこの実務家依存を拡大再生産するも
のとして，〈ロースクールの「少なくとも実定法科目担当者」は「法曹資格を
持つことが期待される」；つまりなるべくロースクール出の実務経験者を教員
にする〉の方針が既に出ている（司法制度改革審議会意見書，2001年）。

　筆者は，実務家を敵視するものでは毛頭ないし，「開いた法学」だけで十分
とするものでもないし，研究への指向をもつ実務家がいることを認識してもい
る。しかし概して言えば，上述のような実務指向・パートタイマーとして教え
る実務家への依存が進行すれば，①その担当分野において法を政治学や経済
学，歴史学等々と結びつけて論じること，②比較法や外国法の研究をつうじて，
外国の法文化や別の法への感覚をロースクール生にもたせること，③そうした
かたちで経験を普遍化・理論化すること，すなわち学問ないし社会科学として
の法学の営みは，基盤を喪失する（はじめから基礎法学の比重が極端に低い「虚学」
排斥のロースクールもある）。

　ロースクールでのこうした傾向は，やがて学部での法学教育をも捉えるだろ
う。まずロースクールで，そして続いて法学部で，法学が「諸学の総合者」と
しての姿勢を喪い，専門学校的ノウハウ伝授などで自閉化していくとしたら，
総合力と批判力をもつ，法エリート・自立精神の法曹・法市民の形成は，この

国ではどうなるのだろうか。グローバル化が進むこの世界で，日本の法エリート・法曹は，他の国の，広い教養・自由な精神に立脚する相手と，はたして対等にわたりあえるだろうか。このようにして法学部が「大志」を失い「小者化」していくならば，社会的に一目置かれてきた伝統は失われ，志望者がじり貧化することも，避けられないことであろう。

　総合力をもったエリートをつくることを伝統としてきた日本の法学部が，視野狭窄の法律専門家養成の場になることが，はたして日本の政治生活の全体にとって望むべきことなのか，ロースクールの論理がはたして本当にそれほど魅力的なものなのか，われわれはこの時点でもう一度考え直さなければならないのではないか。

9.3 ——法科大学院を出て基礎法学研究者へ[*227)]

9.3.1　はじめに

　与えられたテーマは，「法科大学院修了生は，基礎法学研究者になれるか？」である。筆者も含め，多くの基礎法学者は，この種の問いには否定的に答えてきた。確かに，これまでの「すぐれた基礎法学者」の典型的イメージである，〈複数の外国語を駆使し，浩瀚な古典・歴史・比較法の知識を基盤に，かつ最前線の理論動向をも踏まえて，緻密な実証研究のかたちをとりつつも独自の思索を反映した問題提起をするような研究者〉を養成することは，とりわけ法科大学院では制度上，困難である。なぜなら法科大学院には，

　①上記のような基礎法学研究者を養成するための，外国語教育，歴史教育，理論的深化・現状分析の視座や手法を伝授する教育等々の場が，ほとんどない。

　②院生間で基礎法学的な議論をし，ともに読書会や研究会をもつ雰囲気も条件もない。

　③研究者志望者を支える，アカデミックな実定法学者の授業や基礎法学関係の授業は少なく，あっても半年単位である。

　④しかも法科大学院では基礎法学担当教員も，法科大学院を意識し，なるべ

---

*227)　『法学セミナー』693号（2012年10月号）所収。改訂を加えた。

第9章　「法学」なるものの再考／再興　279

く法実務と関連づけて教えようとする。このためかれらから歴史的・理論的な議論や実態調査の訓練等を受ける可能性も少ない。

⑤アメリカのロースクールでは，基礎法学・基礎理論関連の科目も多く，とくに，1970年代以降，著名ロースクールの一種のステータス＝シンボルともなった批判法学（CLS:法をめぐる政治性，法のもつ権力性等を暴く）やそれに影響を受けた授業などへの学生の参加態度も積極的である，と言われる。ところがアメリカをモデルに出発したはずの日本の法科大学院では，司法試験の重圧が教育のあり方を規定しているうえに，裁判官・検察官等の派遣教員や弁護士の非常勤教員等の影響が強いこともあって，アメリカとは事情を異にする（アメリカの1870年代以降のロースクール改革は，このようなパートタイマー教員をなくし，専任教員に責任をもたすことが改革の目玉であった。本書278頁）。

⑥しかも，法科大学院は，研究者養成に必要な〈一つのテーマを自分で選定し，それを探求することを通じて知の再構築に向かう〉という思考回路が働く場ではない。法科大学院では院生は，総花的に諸法を法実務に即して，司法試験準備を意識した法学者や法務官僚の教員から教わる。しかも授業は，教員指導で，院生はせいぜいのところ教室で出された質問に思いつきで発言するだけの，受け身的立場にある。こうした，焦点が定まらない受動的授業，専門学校的教育を若い頭脳が2，3年間も集中的に受け続けていると，アカデミズムの世界とは無縁の思考パターンが身についてしまう。

9.3.2　法科大学院修了生と基礎法学研究者の多様性

しかしこうした法科大学院を修了した者が基礎法学研究者の道をとれないかというと，そうとも言えない。(1)法科大学院修了生も多様だし，(2)「基礎法学研究」も多様化しているからだ。

(1)　法科大学院修了生の多様性

法科大学院で学ぶ前から，あるいは学ぶうちに基礎法学に興味をもち，教員からも勧められて研究者の道を探る，ということはありうる。(a)そうした院生のなかには，多かれ少なかれオールマイティーの人で，司法試験を難なくクリアーし，かつ研究者としても頭角を現すという人もいるだろう。(b)（既習者偏重が強まっているので）比率はますますしぼんでいきつつあるのだが，学部時代

に（法学履修に偏らず）社会学や哲学，歴史学，外国研究などにおいてすぐれた卒業論文を書いたあと法科大学院に進んだ院生もいるだろう。(c)学部時代に基礎法学に関心をもち，教員から研究者への道を進むよう話があったが，大学教員となる際に有利なようにと，まず法科大学院に進んだうえで研究者になろうという院生もいるだろう。これら3者の場合，研究者養成のスタートは——研究者養成大学院の院生に比べて——多少遅れるが，その後の期間にキャッチアップすることが不可能ではない。かれらの場合，すでに何らかのかたちで研究の雰囲気を経験しているからだ（以上からすると，学部時代にゼミ論文等で「研究」への感性を養っておくことは重要なことである，と思われる）。

　加えて，多くの国では，法学関係の教員は複数の実定法学・基礎法学科目を担当する。こうしたことが日本でも起こるかも知れない。その際には，法科大学院修了者の基礎法学者が重宝がられることとなるだろう。

(2) 「基礎法学研究」の多様性

　近時の基礎法学的研究の中身や手法も多様であり，基礎法学研究のすべてが法科大学院修了生の手の届かないところにあるわけではなくなっている。法科大学院修了者の学習体験と異質・無縁ではない作業も多くなっているのである。たとえば，

　①近時の法社会学では実態調査とその分析を軸にし，理論面にも若干言及するといった態様の研究が多い。これは，政治学や法社会学ではアメリカの行動論の影響がなお続いているからである（アメリカにおいては行動論の影響は，法学の分野では20世紀初頭のリアリズム法学以来のことであるが，日本においては，とりわけ1960年代の川島武宜やその弟子たちの「経験法学」が盛んな頃から顕著である）。この方向なら，法科大学院修了者でも，ある事件・裁判問題の分析を基軸にした，それゆえ実務家とも共同研究を重ねつつ全体像を構築していくかたちで研究を進めることはできる。

　②法哲学の世界では，ドゥオーキン（Ronald Dworkin）のそれに代表されるような実務家的法哲学（即，弁護士の準備書面に使えそうな法理論）も優勢である。これも，法科大学院修了者と親和的である。たとえば，現実の裁判で問題化している，尊厳死・安楽死や人工妊娠中絶などをめぐって，自己決定権・個人の尊厳・平等や政教分離などを根底に置きつつ諸意見の分析・調整をはかろうと

する議論や，英米の法実務の歴史的伝統を解析し，そこから法解釈のあり方（コモンローの法原則やヘルメノイティーク）を提示する議論がある。これらは，特別の歴史的・比較法的知見や哲学の古典の素養を要しない（アクサセリーとして必要な程度である）うえに，実務と理論の架橋を重視する法科大学院の教育とも結びつけうる。それゆえ，こうした手法で日本の裁判上の諸問題を考えることは，法科大学院修了者に有利となる面がある。

③日本の法哲学の若手にかなり広範に，ますます強まった姿で見られるのは，英語圏における新進の学者や最近のホット＝イッシューを探し出して（著名人に関する研究はすでに先行研究が多いし，過去の思想家や伝統的テーマを研究するのでは学界で着目されることが少ないから），それらを日本に紹介するかたちで論文を書き「研究業績」として売り込んでいく傾向である。法哲学の外の，現代の法学研究にも，英語圏を対象にした制度や理論の紹介，それを踏まえた日本との比較の議論といった傾向がトレンドとしてある。実務家が大学で法律学を教えるようになり，日本語の文献や判決・実務例だけで「論文」を書くことも増えた。このようなものが研究業績として扱われる世風が今後もなお定着度を強めるのであれば，歴史や思想や比較法学的知識を欠き，英語以外には語学の素養もない法科大学院修了者であっても，その種のものを研究テーマに選んで作業を進めればそれなりに「第一線」に並べるから，スタートにはさほど困難がないと思われる。

④法制史においては，古代・中世・近世研究は，法科大学院修了者が手を出すのは困難であろう。古文書の解読や史料収集，広いバックグランドでの考察が必要とされるからである。しかし，これらに対して，近代以降の法制度・法生活の歴史的考察といった法制史の営みは，法科大学院修了者の研究テーマとして——相対的に——困難ではないだろう。文書の解読や史料収集等が，さほど困難ではないからだ（法制史においては，若手研究者は，この近代以降にかなり傾斜し始めている。なかには，明治研究ではなく，大正期・戦前期を自分の法制史研究の対象にしている人もいる）。

語学や歴史，基礎理論の訓練を受けていない法科大学院修了生も，とりあえずはこうしたかたちで研究を始め，「業績」を積んで就職口を見つけ，そのあとで，教師生活が落ち着いた頃から，時間を見つけて冒頭に述べたような〈伝

統的なすぐれた基礎法学者〉の業績にも眼を向け，先輩の教員や書物に導かれつつ，研究のそうした本道においてキャッチ＝アップしていけばよい。20代はもちろんのこと，30代，40代も肉体的・精神的成長期である。問題意識をもって真摯に学びさえすれば，そうした方向への自己変革，欠けている基礎のキャッチ＝アップは可能だろう。

9.3.3　基礎法学研究者への具体的道程

　問題は法科大学院在学中および修了後，どういうプロセスで研究者への道を歩むかである。法科大学院によっては在学中に2万字前後の「ペーパー＝オプション」（試験によって単位を取る代わりに，ある程度研究論文に近い報告書を書くことによって単位を認定される）を書き，その上で5万字程度の「研究論文」・「リサーチ＝ペーパー」を研究者教員の指導下で作成する制度がある（ただしリサーチ＝ペーパー等は，研究者養成のためにだけあるのではない。研究の経験は，弁護士が問題を色々調べて準備書面を書くときにも役立つし，裁判官・検察官等もまた，将来，研究論文・雑誌論文を書くことが多いのであるから，論文作成を経験しておくことも，無駄ではない。研究を通じて涵養される創造的思考が，未知の問題への対応を可能にするということもある）。そうした制度がなくとも，研究者を志望する者は法科大学院在学中に研究者教員の指導の下，論文を書いておくべきである。論文執筆は，研究の手法を知る上でも，問題意識を鮮明化するためにも，また自分の研究能力を評価してもらい自分の適性を判断するためにも，不可欠である。

　論文を書くに当たっては，研究者大学院で院生が修士論文や博士論文を書くときと同様，指導してくれる教員に，月に1〜3度は，まず全体，次に各章ごとの，10頁前後の詳しい概要書を，その都度改訂して提示し，次第にそれを拡大させ，全体の構成，表現，問題意識，文献などについて指導を受けつつ，並行して執筆を進めるべきである。長文の論文をいきなり教員に提示するのは，生産的ではない。大幅な改訂作業やテーマの見直しが必ず入るし，執筆中に付いた悪い癖を直すのに手間がかかるからである。悪い癖を防ぎ良い習慣を身に付けるためには，あらかじめ，斉藤孝『学術論文の技法』（日本エディタースクール，初版：1977年）等から「技法」をよく学んでおくべきである。

　論文作成作業と並行して，司法試験の準備を怠らないことも大切である（両

第9章　「法学」なるものの再考／再興　283

作業の両立は，きわめて困難ではあるけれども）。研究職への門は，実定法学者の場合でも必ずしも広くはない。ましてや基礎法学研究者としての就職は，さらに困難を極める。したがって，生活の道を確保しておくことが，欠かせない。

法科大学院終了後の研究者への道としては，次のようなものがある。

㈑大学によっては法科大学院修了後，在学中の成績が優秀である者を助手ないし助教に任用する制度をもっている。

㈻司法試験に合格し司法研修を受けたあと研究者を志望する者を，助手・助教に採用するところもある。この道を進みたい場合には，司法試験合格直後に法科大学院の教員と連絡を取って研究論文を準備することが重要だろう。

㈤実務家となってから，研究論文でも実績を挙げ，さらには外国の大学に留学するなどして，その業績を買われて法科大学院の教員となるという道もあろう。

㈢これらの制度を使わない修了生は，研究者養成大学院の博士課程を受験する道をとることになる。この㈢の道を選ぶに当たっては，第一に，学資が大変だし（大学院によっては，博士課程の学費を実質無料にしているところが出てきているが），第二に，修士課程からの積み上げのない者が3年間で博士論文を書くのが困難だという問題があり，第三に，業績を挙げたとしても，とりわけ基礎法科目では，とくに最近，就職の道が狭くなっている（実定法の科目を増やすために基礎法学科目を廃止する動きが強まっているのである）ゆえ，相当の覚悟が必要である。[228]

ちなみに，ドイツやアメリカの法学研究者養成においては，㈻・㈤の道が圧倒的である（つまり法科大学院から研究者に進む道に近いのである）。これらの国では司法試験の重圧はさほどなく（合格率が高いので），それゆえ法学部ないしロースクール在学中に研究に専念できる条件がある。①ドイツでは，司法試験に合格し，実務経験を経た後，特定の教員に頼み込んで助手に採用してもらい，給料を確保しながら博士論文，さらには教授資格取得論文を書いて，研究者の道を進む者が多い。②アメリカでは，実務経験，とくにロー＝クラーク（在学

---

*228）　この点は，上の㈑・㈻・㈤の道をとれた人にも妥当する。こうした困難を考えると，学部時代やロースクール時代に，良い論文を書いたり優れた発表をしたりして研究能力の芽を教員等から高く評価された経験のある者でない限り，研究者の道を進むのは無理ではないか，との思いを払拭しきれない。モラトリアム的に大学に残ろうとする人がいるが，そのことと研究者をめざすこととは，混同されてはならない。

中に優秀であったロースクール修了者は，最高裁判事等の下で調査官として働くのである）等の経験を踏まえた者がその実績を買われて大学に招聘され，研究をスタートする道が通常である。

しかしまた，ロースクール修了後ないし入学前に別の分野でも博士号をとり，それらを踏まえて教員採用に応募し任用される道がある。この最後の場合，自分で多くの大学の公募に応募し面接にいたるなどを繰り返しつつ職を見つけることになるのである。日本の㈡と同様，「賭」の要素が強くなる。

上記のうちドイツでは，今でも前述の古典的な基礎法学者が輩出されている。これは，20代後半以降の自覚的なキャッチ・アップの努力によるのだろう。これに対してアメリカでは，基礎法学は実定法学者が副業的にやっている観がある。そうした人が書いたものは，深みがない分，読みやすいし英語なので，日本をはじめ世界でよく言及される[229]。

9.3.4　研究者の道の魅力

最後に，研究者の道の魅力とは何だろうか。答えは――法科大学院修了生だけに限らないが――次のようなところにあるだろう。

第一に，研究という創造活動を楽しみつつ生きられる，という点である。未知のものを明らかにする，これまでの誤った認識を正すといった活動は，それに携る人に幸せを与えてくれる。

第二に，人生と日々の生活とを自分で設計運用しつつ生きられる，という自由さの魅力である。研究者には，教育上の諸公務も多いが，それでもかなりの自由な時間がある。それを，自分で設定した仕事目標に向かって構成し，自分の判断で生きていく自由は，何物にも代えがたい幸福である。

第三に，教えることがもたらす充実感・楽しさである。研究者として業績を発表しても，実際にはそれほど反応があるわけではない。しかし，授業に参加した学生たちのかなりの部分は，熱心に聞いてくれ，反応してくれる。そこか

---

*229)　このアメリカ，さらにはイギリスや，そもそも古代ローマの法学を取り巻く状況を見ていると，〈哲学や社会科学の深い理論が基礎になっていなくとも，基礎法学が発達していなくとも，世界の法的覇権国家にもなれる。それゆえ，理論法学や基礎法学にさほどこだわらなくとも，法的世界はうまくやっていける〉とも思ってしまう。

らの人間的交わりもある。こうしたことは，自分の存在意義を実感させてくれる貴重な体験である。[*230)]

9.4 ── 近代法の再定位[*231)]

9.4.1　はじめに

　本節の課題は，著書『近代法の再定位』(石井三記・寺田浩明・西川洋一・水林彪編，創文社，2001) を念頭に置きながら，「近代法」は，今日どのような方向で「再定位」されるべきかを考えることにある。

　法制史学会を中心にして現在 (2001年時点) 進められている「近代法の再定位」には，二つの動きがある。

　それは，第一には，これまで提示されてきた抽象的な「近代法」イメージを，歴史研究や比較研究によって肉付けし，また必要な修正を加える作業である。これまでの日本の法学の一部では，西欧近代の法が示す一定の「進歩的」な動きを「近代法原理」(「市民法」として提示されることもあった) として捉え，それにもとづいて近代社会の構造や日本の法実務が進むべき理想の像を描き出すことに重点を置く動きがあった。「近代法の再定位」は，これに対して，西欧近代の内実を歴史的にリアルに捉え，すなわち「近代法原理」を体現した「近代法」は西欧の法史においてどこまで実際に見られたか，「近代法原理」が該当しない側面はどのようなものとしてあり，どう展開していたかを問う。そして，そうした実際的把握を踏まえて，日本の法のこれまでのあり方を再評価し，これからのあり方をも考え直そうとする作業である。

　第二には，「近代法の再定位」は，「近代法原理」を今日において，実践面で再評価しようという動きをどう位置づけるかの考察としてある。

---

*230)　本節に関連して，木下昌彦「法学研究者という道」(『法学セミナー』682 号，2011 年) をも併読されたい。

*231)　「近代法の再定位」(『創文』2001年10月号所収) を改訂したもの。

9.4.2　西欧近代の内実の考察

　まず，第一の点から見ていこう。これまでの日本の法学において「市民法」は，自由で平等な個人（＝「市民」）が形成する市民社会の法だとされた。市民社会は，国家とは区別された取引・私的自治中心の社会とされることもあるが，国家をも含むとされることもある（この場合は国家は，個人が合意によって形成するものとされ，その個人の自由を保障するため，法の支配の原則と私的自治の保障を原理とする）。

　そうした市民社会がいつ出現したかについては，産業資本主義が確立する前の（近代的な）独立自営業者の世界のものとする見解や，産業資本主義確立後のその体制の根底にあるものとする見解がある。議論の背景には，市民革命の歴史研究から得た歴史像や，資本主義の考察，とりわけ原始的蓄積論や商品交換法則の考察から得た構造像があった。

　「市民法」は，実定法の各部門でも，私的自治や罪刑法定主義，法治国家などを原理とした法として構成されたが，さらに，これら実定法の個別問題でも原理からの構成が解釈論に活用された。たとえば，〈市民的国家は，市民の合意としての法律によっている。したがって，法的根拠のない行政行為には，公定力は認められない〉（高柳信一）とか，あるいは，〈市民法の基底には商品交換法則がある。行政の法律行為はそれを基盤にしている場合には市民法に服すべきであり，行政権の優位を主張しえない〉（渡辺洋三）とかといった議論がそれである。原島重義や石田喜久夫は，約款が消費者に押しつけられることに対して，「私的自治と対等性の原則とに照らせば，契約の一方当事者が自分の契約案を法規範として強制することはできない」と批判する。近代法に関わる歴史研究もこの視点に方向付けられて，近代法がいかにして成立したか，とりわけ前近代的な要素がいかにして克服されていったかの近代法形成史に集中した。

　「近代法の再定位」は，こうした傾向への実証的批判というかたちで展開する。それには，西川洋一が『近代法の再定位』の中で指摘しているように，次のような考察を進める。①前近代社会と近代社会とを一面的に対立させるのではなく，前近代社会において近代的な要素がどのように準備されていたかの考察，②「近代法」がどのような矛盾を呈し「現代法」に変容していくかの考察，

③「近代法」における一見背反しあう要素が実は相互補完の関係にあることの考察（たとえば，財産法のゲゼルシャフト性と家族法のゲマインシャフト性の関係，近代法の抽象性と実生活上の倫理との関係といった視点），そして④前近代的な要素（たとえば身分制的な自由の観念やシヴィック=ヒューマニズム，家父長制）が近代において重要な制度的・精神的な支柱となったことの考察，などである。

これらのうち③・④についての「近代法の再定位」に重要な貢献をした一人が，村上淳一である。村上の近代法論は，当初は1979年の著書のタイトルのように『近代法の形成』の観点からのものであったが，『ドイツ市民法史』（1985年）所収論文の頃から，近代化に当たっての中世的諸制度の貢献，近代になお残る伝統的な実質的倫理やその根底にある家父長制などに着目し，近代法を複合的に考察する作業となった。

これらの視点は，確かに重要である。それは，アダム=スミス問題（『国富論』と『道徳感情論』との関係論）や，ヴェーバーの「初期企業家」像における，合理的営業活動と高い倫理性との関係を解くカギとなるばかりか，物象化論や経済還元主義，前近代・近代二元論の克服の道となる（近代法と倫理の関連については，拙著『近代ドイツの国家と法学』東京大学出版会，1979年，参照。また，この点で丸山真男の「忠誠と反逆」が重要な点については，拙著『丸山真男論ノート』みすず書房，1988年，参照）。

筆者自身は，「近代法の再定位」を上との関連では，さらに次の二つの点からも追究したいと考えている。一つは，「近代」の担い手の推移を明らかにする，とりわけそのエートスの特徴に着目することである。二つは，ベル=エポック（ないしヴィクトリア時代・ヴィルヘルム時代）の文化とその後史とを軸にして「近代」の中身をより具象化する作業である。

このうち前者は近代法を担った「市民」とは，歴史的実在の階層としてはBürger（旧市民・旧中間層）としてあり，また近代法を担った階層はBildungsbürgertum（教養専門職）であった。マルクスに見られるように資本主義社会は，産業資本家・労働者・地主の3階級中心に捉えられてきた（このうち産業資本家がブルジョワ，すなわち「市民」に当たると考えられてきた）。この見方においては，旧中間層は資本主義の発展の中で衰退していくものとされた。しかし旧中間層は，実際には1870年代に至るまで増えていき，その後も衰退は示していない。「近代

法」は，本来この旧中間層と密接な関係を有している。トーマス=マン（Thomas Mann）が『ブッデンブローク家の人々』や「トニオ=クレーガー」で，ステファン=ツヴァイク（Stefan Zweig）が『昨日の世界』で，そしてルカーチ（György Lukács）が「トーマス=マン」や「市民的芸術家」論で描いているように，この階層は古い伝統の中で「秩序」や倫理性を重視しつつ近代を担ってきたのだった。この点でこの階層は，「近代法」の複合性を体現しており，産業資本主義とは，営業面でもメンタリティーの面でも，順接の関係にはなかった。こうしたBürgerの伝統は，20世紀に入っても持続するとともに，ホワイトカラー層，さらには経済成長・福祉政策の下で生活を向上させた労働者市民に受け継がれもした。この事実が，1950年代における（とくにアメリカを中心とした）「ヴィクトリアニズムの再生」を解くカギでもある。また，それまでは労働者と農民に基盤を求めていた北欧社会主義は，1960年以来，ホワイトカラーにも担われるようになり，Bürgerの伝統である教養自由主義が，労働者の伝統である民主主義と結合し，現代ヨーロッパで新しい「近代」像を現出させている。

　次に，近代法を担ったBildungsbürgertum（法学者や法曹）への着眼ということの意味は，以下のようなものである。まず，リンガー（Fritz K. Ringer）が『読書人の没落』（西村稔訳，名古屋大学出版会，1991年）で指摘しているように，かれらの「教養自由主義はしばしばその本来のブルジョワジーに対して強い嫌悪感を示し，その唯物論的精神と純粋の利益政治を」非難した。しかし教養自由主義を奉じる人々はまた，「あらゆる民主主義的志向をも拒絶し，自分たちを国民の中の精神貴族，そうでなくとも上層階層の一部とみなしていた」（83頁）。産業資本主義や民衆に対するかれらのこの独自性に着目する必要がある（かれらを「ブルジョワ（意味するところは産業資本家の代弁者である）法学者」と規定して批判したり，逆に「市民（意味するところは近代化の担い手である）法学者」と規定して賞賛するのでは，見落とされるものが多いのである）。

　さらに，ヴェーバーが『法社会学』（世良晃志郎訳，創文社，1974年）において指摘しているように，かれらの学問的な営みに見られた「純論理的な法学的構成」は，法の「生からの遊離」を帰結させ，「非常にしばしば，取引利害関係者たちの期待に対して，まったく非合理的な関係に，まさに相反的な関係に立つ」（468頁）。

第9章　「法学」なるものの再考／再興　289

こうした法学と産業社会の独自の関係をも問題にする必要がある（詳細については，拙著『近代ドイツの国家と法学』東京大学出版会，1979年，参照）。

次に，後者の，19世紀後半のベル=エポック文化に注目することは，「近代法の再定位」にどのように貢献しうるか。拙稿「女性史から見た〈ヴィクトリア時代から一九二〇年代へ〉」（『法学雑誌』41巻4号。拙著『法思想史講義』下巻13章）で示したように，この文化の特徴は，産業資本主義が確立した19世紀後半においても，西欧では貴族・ジェントルマン文化の権威が高く，成功した産業資本家がそれに取り込まれたことにある。また，女性の家庭回帰，ノルベルト=エリアス（Norbert Elias）のいう「文明化の過程」に見られるマナーの洗練，ヴェブレン（Thorstein Veblen）のいう「衒示的消費」の傾向が上の点と相まって，社会全体に伝統回帰・権威主義や反産業主義の気風を強めたことにある。

以上のような時代的背景の中に近代法や近代法学を位置づけることによって，産業資本主義の法文化としての位置づけとは異なった「近代法」の特徴が浮かび上がってくるはずである。たとえば，この点に着目することによって，『近代法の再定位』で水林彪が指摘しているような「civilの論理」の独自性はより鮮明になる。しかしまた，19世紀においては上述のような社会主体が水林のいう「commercial」の法や法学をも担ったのであるから，本書の中で金山直樹が水林批判のかたちで指摘しているように，「商人のモラルが市民のそれと同じだった」（256頁）ことも推定される。水林の議論を深化させるためには，「commercial」の中の「civilの論理」を深る必要があろう。

9.4.3 「市民法」の現代的再評価

冒頭の第二点，「市民法」の現代的再評価とは，次のことである。原島や石田の約款論について見たように，「市民法」は，単に近代化を進めるためだけではなく，現代型契約において市民の主体性を擁護するという現代的課題への応答としても主張されている。それはより広くは，自己決定権・人格権・個人の尊厳論・正義論・利益衡量論批判の立場からの法の支配論など市民法的パラダイムの活性化に見られる。こうしたことは，理論的にどう位置づけられるか。

この問題に関して，われわれはまず「近代」・「近代化」の意味連関を明らかにしなければならない。それらの語の内容として人々が考えてきたのは，①工

業化および生活を近代的な装置によって便利にすること，②（官僚制や近代法システムによる）国家の合理的編成，および国民の紀律化，③初期ブルジョワ社会または資本制社会の成立・発達，④合理的・科学的思惟（数学・自然科学をモデルにした）の発達，「文明化」（洗練性・マナーの発達），⑤個人の解放・自由と民主主義化，親密圏（プライヴァシー）の成立，⑥内面的に自立し社会に向けて主体化した人間の形成，の六つである。

　以上のうち，①・②・③はおおむね一体的であるが，それらと④，⑤ないし⑥とは常に一体であるわけではない。⑤と⑥との間でもそうである。たとえば，国家主導により（上から）資本主義化（①・②・③化）を進める国では，国家主義が強まるから，⑤が不徹底となり，⑥は重視されない（開発独裁がそうである）。また強度の資本主義的合理化を進めるためには労働者市民の反対を避ける必要があるため，⑤や⑥は阻害物となる。③の発達は，当初革新的であった資本家および上層労働者を体制内化することによって，政治的反動（⑤・⑥の否定）をもたらす。また資本主義の矛盾が高じ社会的不安が高まると，非合理主義が強まり②や④さえ害なわれる。③の発達による官僚制（②）の肥大は官僚支配や官僚主義をもたらし⑤を害ない，かつその国家パターナリズムの強化によって⑥を害なう。⑤のマス＝デモクラシー的発達は，アパシーを強めることによって④・⑥を害なう。また，広渡が『近代法の再定位』の中で問題にしているナチスの「近代化」とは，④・⑤・⑥抜きの①・②・③のことだと位置づけられる。

　「市民法」の現代的再評価は，①・②・③と④・⑤・⑥との関係付けに関わっている。すなわち，それらは第一には，①・②・③にも拘わらずなお⑤・⑥が達成されていないことから，それを「個人の復権」等のスローガンによって達成しようというのである。日本では，制度の近代化にも拘わらずなお主体的人格の形成や人権保障等が進んでいないので，それを進めようという，いわば近代化の課題である。

　第二に，①・②・③によって⑥が形成されつつあり，それに応じた法実務や制度が必要なことが反映している。日本でも，制度の近代化によって自由や主体性を求める意思が現に強まっている面もあるので，それを反映して「個人」を尊重する必要があるということである。

第9章　「法学」なるものの再考／再興　291

第三に，さらに①・②・③の発達により④・⑤・⑥に新たな危機が発生しているところから，これに対処しようとしているのでもある。制度の近代化・資本主義の高度化が進み，それが近代の疎外をもたらし「個人」が危機に直面している。それに対抗するために「個人の尊重」を改めて説くという点である。この点では「市民法」は，永久革命的な課題である。

　次に，市民法論の手法である，近代法の史的・構造論的分析から得た原理を法解釈に活用するという点は，方法論的にどう位置づけられるか。この点との関連でまず問題になるのは，ドイツ基本法第20条3文の「行政権と裁判権は法律と法に服する」という規定に代表される視点である。この規定にある「法」とは，「憲法適合的な秩序に内在しているが，成文法の規定には明記されていないか不完全にしか規定されていない，価値観念」である。裁判官は，それを「実践理性の基準と社会の理由づけられた普遍的な正義観念」に基づいて認識し判決の根拠付けにしなければならない（vgl. ソラヤ事件判決, Der Beschluss des ersten Senats vom 14. 2. 1973, BVerfGE. 34. 269 ff.　石部雅亮・筆者『法の歴史と思想』155頁, 本書注171））。この規定は，戦前・戦中の法律実証主義への反省から，また法律には欠缺がありかつ時の変化によって問題を生じるものだという認識に立って，法律だけでなくそれを超えた「法」の原理的考察を裁判官に求めているのである。

　ところでこの，「憲法適合的な秩序」に内在している価値観念・原理は，単に実践理性や正義観念によってだけでなく，法秩序の歴史的・構造論的分析からも獲得することができる。市民法論は，われわれの法秩序の基底にある原理を明らかにし，成文法の規定をそれに照らして方向付ける（それは具体的には体系解釈の一環として展開される）のであるから，そうした作業の一環であり，「事物のもつ論理」（事物の本性）を明らかにしそこに解釈の根拠を求める作業の一つである（「市民法」の物差しで全てが裁けるものでもないが）。（その際，この作業に対して，「存在から当為は論理的には引き出せない」とすることは批判にはならないだろう。法は存在に深く関わっているのだから，既にかなり定着している存在の態様が法の当為を大きく規定するからである。）

　われわれは，上述の「近代法の再定位」作業が歴史的肉付け作業であり，それによってこれまでの近代法の原理的・構造論的考察の成果をすべて崩すよう

なものではない点をも認めなくてはならないだろう。近代法をヴィクトリアニズムに定礎させたり，その根底を成す家父長制やBürgerの要素を析出したとしても，それによって，近代法の商品交換法則との関係や，近代法のもつ，人類のあり方についての普遍主義的な価値が解体されるわけではない。

9.4.4 むすび

　最後に，以上の点との関係で，こうした近代法ないし市民法は，『近代法の再定位』で広渡清吾が論じている意味で法的フィクション（擬制）かを考えておこう。フィクションとは，事実ではないものをそれと知りながら，一定の本質的類似性にもとづいて事実と見なすことである。みなし規定に典型的に見られるように，法的フィクションはみなし規定によって直ちに法的効果が生じる。これに対して市民法論が前提にする全員の自由意志や平等などは，現実の一部に見られる自由や平等を基盤にしつつそれを普遍化させようという努力目標設定であり，設定によって直ちに効果・現実が生じるとは誰も思わない。たとえば，「全ての人が平等である」・「すべての人が人権をもつ」という近代法ないし市民法の命題は，実現に努力を要する目標にある。努力目標だから現実そのものでなく構成物であるが，実効性をもつためには現実に基盤（本質的類似性）を見いだしていなければならない。この構成と現実との関係はフィクションに似ているが，明確な努力目標を内容とした当為は，法的フィクションとは異なるのである。したがって，近代法・市民法をフィクション概念で解明しようとするのでは，そもそも議論において出発点が誤っている（フィクションについては，本書第3章参照）。

▶── 人名索引

*外国語表記は，出てくる最初のページに示す。

▶▶あ行

芦部信喜　56
アリストテレス　　10
有馬朗人　73, 75
アルブレヒト　　145
イェーリング　　160, 177, 186
イェリネック　　145, 152
石田喜久夫　287
稲本洋之助　255
井上達夫　1ff., 38ff.
ヴィトゲンシュタイン　　276
ヴィントシャイト　　177
ヴェーバー　　85, 256, 289f.
ヴェブレン　　290
ヴォーゲナウアー　　271
内田貴　232
エーリッヒ　170
エリアス　290
大岡越前守　92f.
オークショット　　152

▶▶か行

カステリオ　87
金山直樹　290
亀本洋　267
カルヴァン　87
カルボニエ　244
川島武宜　281
カント　8, 13, 58, 62, 166
クリース　196ff., 208
グリーン　175, 212
来栖三郎　89, 108ff.
ケメラー　178f., 184ff., 201, 210
ケルゼン　163, 276
ゲルバー　145, 152
小坂井敏晶　129f.
木庭顕　115

▶▶さ行

サヴィニー　148
佐伯千仞　209, 218
佐々木惣一　58
佐藤功　55f.,
澤井裕　187
サンデル　1 ff.
椎野連長年　269
シャフツベリー　12, 62
シュクラー　73
シラー　12, 62
末川博　220ff., 224ff.
末弘厳太郎　89ff., 148
スミス，アダム　6, 12, 62
瀬川信久　232, 244
セネカ　58
セルヴェート　87
銭其琛　157
ソクラテス　58

▶▶た行

高木喜孝　154
高柳信一　255, 287
田川建三　122f.
田中成明　267
団藤重光　133f.
恒藤恭　149
ツバイク　289
唐家璇　157
ドゥオーキン　281
トレーガー　181ff., 196ff., 208

▶▶な行

那須弘平　77
西川洋一　287
西谷敏　265
西原博史　58

▶▶は行

ハート 277
バール 178f., 243
長谷川正安 254
ハチソン 12, 62
鳩山秀夫 207f.
ハラー 145
原島重義 287
ビューロー 169f.
平井宜雄 171ff.
平野龍一 133f.
広渡清吾 293
ファイヒンガー 115
フーコー 262
藤田勇 252
藤田宙靖 77
フラー 42
プラトン 21
ブルジョワ 146
フロイト 60, 65, 71
ベーズ 87
ベンタム 13
ホッブズ 161
穂積陳重 207, 239

▶▶ま行

前田達明 208
前田達男 252
マルクス 96
マルベール 146
丸山眞男 288

マン 289
ミシュウ 146, 152
水野謙 187
水林彪 290
宮沢俊義 56, 164, 167
ミル 17 ff.
室井力 252
メッガー 133
モムゼン 176ff., 204
森田修 172f.
モンテスキュー 274

▶▶や行

柳井俊二 158
山中敬一 194
山本晴太 158

▶▶ら行

ラーバント 145
ラングデル 278
リスト 221
リペール 146
リューメリン 196ff., 208
リンガー 289
ルーマン 58, 277
ルカーチ 289
ロールズ 1ff., 35ff.

▶▶わ行

我妻栄 215, 222
渡辺治 265
渡辺洋三 250, 254, 287

▶──── 事項索引

▶▶あ行

愛国心　86f.
アクイリウス法　135, 140
アファーマティブ＝アクション　17
違法性　220ff.
　──の再重視　232
ヴァージニア州人権宣言　59
ヴィクトリア時代／ヴィクトリアニズム
　256, 289f.
内なる法廷　58
運河ロック事件　195f.
エゴイズム/エゴイスト　39, 50
NJ討議資料　249ff., 264
縁坐　125f.

▶▶か行

カーディ裁判　118
外交保護権　158
解釈学説と実務の関係　231
会話の作法　41
家産国家　145
過失（フランスの）論　107f.
過失一元化論　230ff.
過失責任主義　140f., 211
仮象　95
家団論　148f.
価値適合正義　21
鴨裁判　92f.
完全賠償の原則　174ff.
帰結主義　13
擬制　89ff., 293
　──の定義　94ff.
　神と──　113f.
　自白の──　96
　胎児の──　99
規制緩和　259
帰属正義　21, 116f.
起訴便宜主義　105
既得権益　39
君が代　75ff.

義務論　13
共同知　65f.
教養専門職　288f.
近代法モデル・原理　255, 264ff., 286
空想　95
形骸化　95
警官誤射事件　189, 192f.
経済的自由主義　210ff., 227ff.
結果責任主義　126, 140
幻覚・幻聴　95
言語論的転回　262
原状回復　177
現代法論　248ff.
　旧現代法論　248ff., 255, 264
　新現代法論　248ff., 265
　第三の現代法論　248ff., 259f.
憲法
　──19条　55ff., 70, 72
　──76条3項　59
権利
　──侵害即違法　227
　──保護説　169
構成要件該当性 − 違法性 − 有責性　217, 240,
　243
交通事故刑事弁護費事件　204ff.
公平　14
衡平　31, 42, 49, 177, 185f., 196f., 209, 212
公務員　二つのタイプ　85
功利主義　7, 13
国際化・グローバリゼーション　258
個人道徳　67
国家的法観念　170
国家独占資本主義（国独資）　248ff.
国家法人論　145ff.
コミュニタリアニズム　11

▶▶さ行

差額説　177
サンフランシスコ平和条約14条　154
死刑　152
自生的秩序　262

自然法　162
失火ノ責任ニ関スル法律　136
実践理性　63
事物のもつ論理　8, 12, 16, 128, 159, 292
死亡宣告　97
私法秩序維持説　169
市民法　287
　　——から社会法へ　255
　　——の現代的再評価　290ff.
社会史　262
社会法　264
自由意志と擬制　114
集団道徳　67, 159
集中砲火被弾事件　203f.
主権免除　144
受忍限度　74f.
純粋法学　163ff.
象徴　95
条理　31
女性差別　33f.
自律的人間　128f.
人格と人間　164
新自由主義　259ff.
信条　61
正義
　　——の2原理　36
　　——の構造　18f.
　　——の普遍主義的要請　31, 39
正戦　34f.
正に対する善の基底性　31, 43, 49, 51
責任無能力者の処罰　123
全関連説　176
戦争責任　129
全体社会　149
善に対する正の基底性・優先　31, 36
全般的危機論　249
相当因果関係説　174ff.
ソラヤ事件　219, 292

▶▶た行

大学湯事件　215
体刑　152
ダイモーン　58
ダブルスタンダード　39
タリオ　127, 139

チアリーダー事件　28f.
徴兵制　152
抵抗権　84f.
ドイツ民法
　　——249条　177
　　——252条　177
同性婚　30f.
道徳感情論　12, 62
道徳と正義　4ff.

▶▶な行

日韓基本条約　155f.
日中共同声明5項　144, 156ff.

▶▶は行

梅毒輸血事件　237, 239
ハラスメント（パワハラ・セクハラ）　73ff.
ハリケーン＝カタリーナ事件　4, 27
被害者救済　135, 176, 211f.
被害の社会的分散　135
美徳　7f., 10f., 15
フィクション→擬制
福祉国家
　　——イデオロギー　250
　　——批判　259
踏み絵　80ff.
フリーライド　39
プロゴルファーとカート使用　28f.
ベル＝エポック　256, 290
弁論主義　106
法意適用　111
法エリート　277
法市民　277
法人
　　——擬制説　151
　　——実在説　148
法体系二元論　254, 264
法的思考　267ff.
法の政策化　250
法律と法の区別　216ff., 224ff.
ポストモダニズム　262f.
北海はしけ転覆事件　189
母法主義　232, 244

▶▶ま行

ミニョネット号事件　24f.
民営化　259
民法
　――416条　111, 172f.
　――709条　111, 172f., 213ff., 225f.
無過失責任　134f., 136f., 234f.
名義上の損害賠償　103f.
黙示の法律行為　101
目的的行為論　236
目的論　8, 12
もはや思考　236

▶▶や行　ら行

予見可能性　176, 182, 187f.
リーガル＝マインド　267
離婚裁判　105f.
理想像　95
リバータリアン（リバータリアニズム）　32
リベラリズム　7, 51ff.
良心
　――的兵役拒否　62
　――と思想　68ff.
　――の呵責・葛藤　66ff.
　――の構造図　64f.
　――の自由と表現の自由　69
　――の命じるところに従う　59
累進課税　32
類推と擬制　98
ルール正義　21, 116f.
連坐　125f.
連帯責任主義　125f.
路面電車事件　23f.

▶▶欧文 (a, b, c……)

Bürger　288
citoyen　143f., 150
conditio sine qua non　177, 212f.
faute　237f., 242, 244
homme　143f.
ius cogens　153
monstrum　102f.
nation　143f.
negligence　242
peuple　143f., 150
super-ego　60

◆著者紹介

笹倉 秀夫 (ささくら・ひでお)

略歴

1947年　兵庫県に生まれる
1970年　東京大学法学部卒業
現　在　早稲田大学法学学術院教授

主要著著

『近代ドイツの国家と法学』1979年，東京大学出版会
『丸山眞男論ノート』1988年，みすず書房
『法の歴史と思想』〈共著〉1995年，放送大学教育振興会
『法哲学講義』2002年，東京大学出版会
『丸山眞男の思想世界』2003年，みすず書房
『法思想史講義　上・下』2007年，東京大学出版会
『法解釈講義』2009年，東京大学出版会
『政治の覚醒』2012年，東京大学出版会
『法学講義』2014年，東京大学出版会

法への根源的視座　Criticism of Some Legal Theories

2017年11月10日　初版第1刷印刷
2017年11月20日　初版第1刷発行

著　者　笹　倉　秀　夫

発行所　(株)北大路書房

　　　　〒603-8303　京都市北区紫野十二坊町12-8
　　　　電　話　(075) 431-0361 (代)
　　　　ＦＡＸ　(075) 431-9393
　　　　振　替　01050-4-2083

企画・編集制作　秋山　泰（出版工房ひうち：燧）
装　丁　上瀬奈緒子（綴水社）
印刷・製本　シナノ書籍印刷（株）

ISBN 978-4-7628-3000-6　C3032　Printed in Japan©2017
検印省略　落丁・乱丁本はお取替えいたします。

・ JCOPY 〈(社)出版者著作権管理機構　委託出版物〉
本書の無断複写は著作権法上での例外を除き禁じられています。
複写される場合は，そのつど事前に，(社)出版者著作権管理機構
（電話 03-3513-6969,FAX 03-3513-6979,e-mail: info@jcopy.or.jp）
の許諾を得てください。

思想への根源的視座

Studies on Legal and Political Ideas

笹倉　秀夫　著　（早稲田大学教授）

法思想史・政治思想史界に一石を投ずるポレミッシュな論文集

　これまで著者は，法学・法哲学／法思想・政治思想など，多領域にわたる学問をポリフォニックに渉猟しつつ，学問横断的なプロブレマティークを，該博な知をもって論究してきた。

　本書『思想編』では，「自由思想史」から「ドイツ観念論思想」「立憲主義」「東洋軍事学思想」「良寛論」まで，思想（とくに法・政治思想）という営為の根源にあるものをクリティカルに剔抉する。

★目次：：：：：：：：：：：：：：：：：：：：：：：：：：：：：：：：：

第1章　「自由」の形成史

第2章　二つの近代：人文主義的近代／理科主義的近代

第3章　家族をめぐる「全体性」と「個人」：ドイツ観念論法思想の一断面

第4章　近代的所有権の考察

第5章　日本における「立憲主義」

第6章　東洋の古典軍事学：政治的思考の水脈

第7章　良寛の生：その作品から考える

▶A5判，横組み，上製・カバー巻き　　340頁　　本体価格　6000円